本书研究获国家重点研发计划项目"村镇建设资源环境承载力测算系统开发"（2018YFD1100100）的支持

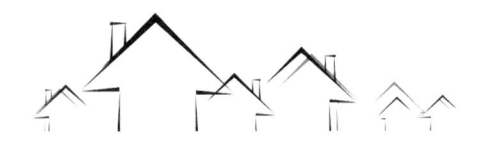

村镇建设资源环境承载力系列丛书

中国村镇建设与资源环境承载力协调性评价

类型与模式

王传胜　王　磊　薛东前　等◎著

科学出版社

北　京

内 容 简 介

2010 年以来，中国乡村人口持续减少、村庄聚落空心化和乡村功能退化呈全国蔓延态势，而随着农村人口向发达地区、当地县城和重点镇的集聚，村镇建设当中出现了一些区域性的、阶段性的资源环境问题，如村镇水土资源的低效利用、村镇社区设施的供给不足、东中西部村镇经济发展水平的巨大差距，等等。针对这些问题，本书在厘清村镇建设资源环境承载力理论问题的基础上，通过对现阶段中国村镇建设面临的资源环境问题的深入解析，探讨中国村镇建设与资源环境承载力的协调模式，提出承载力提升的路径，为深入推进乡村振兴战略、加快美丽乡村建设提供科学依据。

本书可供人文地理学、资源科学、环境管理等学科领域的专业技术人员、政府管理人员及高等院校师生阅读和参考。

审图号：GS京（2023）1396号

图书在版编目（CIP）数据

中国村镇建设与资源环境承载力协调性评价：类型与模式 / 王传胜等著. —北京：科学出版社，2023.8
ISBN 978-7-03-075906-1

Ⅰ. ①中⋯ Ⅱ. ①王⋯ Ⅲ. ①城乡建设－研究－中国 ②环境承载力－研究－中国 Ⅳ. ① F299.21 ② X21

中国国家版本馆 CIP 数据核字 (2023) 第 110477 号

责任编辑：林　剑 / 责任校对：樊雅琼
责任印制：吴兆东 / 封面设计：无极书装

科学出版社 出版
北京东黄城根北街16号
邮政编码：100717
http://www.sciencep.com

北京中科印刷有限公司 印刷
科学出版社发行　各地新华书店经销
*

2023年8月第 一 版　开本：787×1092　1/16
2023年8月第一次印刷　印张：15
字数：350 000

定价：188.00元
（如有印装质量问题，我社负责调换）

国家重点研发计划项目
"村镇建设资源环境承载力测算系统开发"

项目组织与参加单位

项目名称：村镇建设资源环境承载力测算系统开发

项目编号：2018YFD1100100

所属专项：绿色宜居村镇技术创新

项目承担单位：中国科学院南京地理与湖泊研究所

专业机构：中国农村技术开发中心

推荐单位：中国科学院

项目负责人：段学军

课题负责人：王传胜、李恒鹏、欧维新、张龙江、田莉

起止时间：2018年12月~2022年12月

主要参加单位

中国科学院地理科学与资源研究所

中国科学院南京地理与湖泊研究所

南京农业大学

生态环境部南京环境科学研究所

清华大学

中国科学院东北地理与农业生态研究所

陕西师范大学

江汉大学

中国科学院寒区旱区环境与工程研究所

湖北大学

中国科学院亚热带农业生态研究所

中国国土勘测规划院

华南农业大学

中国科学院南京土壤研究所

中国科学院水利部成都山地灾害与环境研究所

安徽农业大学

重庆交通大学

同济大学

上海大学

国家发展和改革委员会城市和小城镇改革发展中心

本书撰写组成员名单

(按姓氏笔画排序)

王　磊　　王传胜　　王雅竹　　叶　昊
刘圆圆　　宋永永　　宋春桥　　张晓雯
林耀奔　　段学军　　徐　宁　　唐　宇
黄　晶　　康珈瑜　　董朝阳　　樊　婷
薛东前

前　言

村镇建设与资源环境承载力协调性是研究村镇资源环境承载力的关键问题。自承载力研究成为可持续发展研究的热点以来，有关资源环境承载力的研究在学术界持续深入，也渐渐成为政府关于区域可持续发展的系列文件中的关键词之一。一方面，村镇是城市群区域资源环境的主体，为城市提供承载力的本底条件；另一方面，村镇也面临资源环境利用的合理性问题。村镇地域范围小，功能类型多样，很难用传统承载力关于人口规模的研究思路回答村镇资源环境承载力面临的诸多问题。因为村镇建设的资源环境承载力研究不仅有超载的问题，还有利用不充分的问题，而这种利用不充分，也会降低城市群区域城乡发展的承载力水平。

新中国成立以来，农业和农村问题一直是中央政府首要关注的重大问题。党的十八大以来，随着改革开放的深入，农村问题更成为政府每年首要关注的问题。从2017年习近平总书记在党的十九大报告中提出实施乡村振兴战略，2018年中共中央和国务院联合发布《乡村振兴战略规划（2018—2022年）》，到2020年，全国农村贫困人口全面脱贫，区域性整体贫困得到解决，实现了"人民生活从温饱不足到总体小康、奔向全面小康的历史性跨越"，为2035年我国建成中等发达国家奠定了坚实的基础。2010年以来，伴随着乡村人口的减少，村庄聚落空心化和乡村功能退化的趋势呈全国蔓延态势。随着农村人口向发达地区、当地县城、重点镇的集聚，村镇建设当中出现了一些区域性、阶段性的资源环境问题，如村镇水土资源的低效利用、村镇社区设施的供给不足、东中西部村镇经济发展水平的巨大差距，等等。上述问题，需要在进一步厘清村镇建设资源环境承载力理论问题的基础上，通过对现阶段中国村镇建设面临的资源环境问题的深入解析，探讨我国村镇建设与资源环境承载力的协调模式，提出承载力提升的路径，以便为深入推进乡村振兴战略、加快美丽乡村建设提供科学依据。

本书在国家重点研发计划项目"村镇建设资源环境承载力测算系统开发"的支持下，通过全国12个案例县（市）的实地调研，开展了村镇建设与资源环境协调性分析和协调模式的研究。本书主要分为两大部分，第一部分是对村镇建设与资源环境承载力协调性的理论研究和全国层面的研究，通过理论层面的分析，从全国层面研究了我国现阶段村镇建设面临的主要问题及其资源环境的主要限制性因素及限制程度，进而完成了全国村镇建设与资源环境的分区和村镇建设主导功能分类方法的研究，并根据村镇建设主导功能分类和资源环境分区确定了村镇建设资源环境承载力协调性评价与模式分析的思路。第二部分是案例区的实证研究，该部分首先对溧阳、沅江、甘州各个分别代表东中西部、重点开发区和限制开发区（农业类和生态类）的典型地区进行深入解剖；其次分别在全国选择不同主体功能区的县（市）进行协调性分析，提出村镇建设资源环境承载力提升路径。

全书共分7章，第1章由王磊、段学军、刘圆圆、徐宁执笔，第2章由董朝阳、薛东前、王传胜执笔，第3章由董朝阳、黄晶、王传胜执笔，第4章由王磊、林耀奔执笔，第5章由王磊、宋春桥、王雅竹、康珈瑜、刘圆圆、黄晶执笔，第6章由宋永永、唐宇、叶昊、董朝阳、樊婷、张晓雯、王传胜、薛东前执笔，第7章由宋永永、王传胜执笔。全书由王传胜、王磊、薛东前构思，拟定提纲，并修改定稿。此外，陕西师范大学、江西师范大学、太原师范学院的研究生居尔艾提·吾布力、杨彬、马艳艳、戴维、羊金凤、戴雄祖、钟堃、杨凯悦、张晓倩、李雨欣、王佳宁、弓颖、陈棋、陈恪、庞先锋、袁水妹、袁鑫等参与了典型村镇基础数据的野外调查和收集工作。

在野外考察和实地调研过程中，得到案例区市县及乡镇政府、村委会和农户的大力支持。其中，溧阳市人民政府，甘州区人民政府，沅江市人民政府，运城市和永济市发展和改革委员会，吉安市和永丰县发展和改革委员会，昭通市和鲁甸县科技局，以及临泽县、凤县、永宁县、门源县、西和县和米林县等地相关部门领导、干部直接组织并参与调研，为本书的完成奠定了坚实基础。对上述相关部门和参与调研的领导、干部及农户，在此表达诚挚的谢意！

本书是国家重点研发计划项目"村镇建设资源环境承载力测算系统开发"课题一"中国村镇建设与资源环境协调度评估及其类型和模式研究（2018YFD1100101）"的成果之一，部分资料来源于课题组的《资源科学》（42卷第7期）、《生态与农村环境学报》（37卷第7期）专刊文章成果及课题组在案例区的调研报告。在这里还要感谢项目负责人段学军研究员、项目专家虞孝感研究员在案例区调研和本书成稿方面给予的指点与帮助。

由于村镇建设资源环境承载力研究涉及内容广泛，书中难免存在不足之处，也恳请学界同仁、专家和读者批评指正，提出宝贵意见和建议。

目 录

前言

第1章 村镇建设与资源环境承载力协调性评价的理论研究 1

  1.1 村镇建设与承载力的理论研究 1
    1.1.1 国内外关于村镇建设的研究 1
    1.1.2 国内外关于承载力的研究 2
  1.2 村镇建设模式的理论分析 4
    1.2.1 村镇与村镇地域系统 4
    1.2.2 村镇建设模式的演变 5
  1.3 村镇建设与资源环境承载力协调评价的理论分析 6
    1.3.1 村镇建设与资源环境承载力关系及演变 6
    1.3.2 村镇建设与资源环境承载力关系演变的影响因素 11
    1.3.3 村镇建设与资源环境承载力协调的国外经验 13

第2章 中国村镇建设资源环境承载力的限制因素及其空间格局 18

  2.1 气候要素限制 18
    2.1.1 降水 18
    2.1.2 气温 18
  2.2 土地和水限制 21
    2.2.1 土地限制 21
    2.2.2 水限制 25
  2.3 生态和灾害限制 27
    2.3.1 生态限制 27
    2.3.2 灾害限制 30

第3章 中国村镇建设资源环境分区分类研究 31

  3.1 村镇建设资源环境分区 31
    3.1.1 分区依据 31
    3.1.2 分区方案 34

	3.2 村镇建设主导功能分类 ·· 38
	3.2.1 分类原则 ·· 38
	3.2.2 分类思路 ·· 39
	3.2.3 分类技术 ·· 41

第 4 章 中国村镇建设与资源环境承载力协调模式 ········ 44

4.1	中国村镇建设与资源环境协调特征 ······················ 44
	4.1.1 中国村镇建设的阶段特征 ···························· 44
	4.1.2 中国村镇建设资源环境各类型区承载力协调特征 ······ 45
4.2	不同主导功能类型区的村镇建设承载力协调模式 ········ 51
	4.2.1 二三产业发展主导类 ·································· 51
	4.2.2 农产品供给主导类 ···································· 52
	4.2.3 乡村旅游主导类 ······································ 52
	4.2.4 生态保育主导类 ······································ 53
	4.2.5 多功能复合类 ·· 53

第 5 章 重点案例区 ·· 54

5.1	甘州区 ·· 54
	5.1.1 村镇建设与资源环境现状 ···························· 54
	5.1.2 村镇建设与资源环境承载能力的协调性 ·············· 60
	5.1.3 典型村镇的协调特征与经验总结 ······················ 68
5.2	溧阳市 ·· 72
	5.2.1 村镇建设与资源环境现状 ···························· 72
	5.2.2 村镇建设与资源环境承载能力的协调性 ·············· 85
	5.2.3 典型村庄的协调特征与经验总结 ······················ 97
5.3	沅江市 ·· 108
	5.3.1 村镇建设与资源环境现状 ···························· 108
	5.3.2 村镇建设与资源环境承载能力的协调性 ·············· 115
	5.3.3 典型村庄的协调特征与经验总结 ······················ 118

第 6 章 其他案例区 ·· 124

6.1	城镇化地区 ··· 124
	6.1.1 鲁甸县 ·· 124
	6.1.2 永济市 ·· 139
	6.1.3 临泽县 ·· 147
6.2	农产品主产区 ·· 163
	6.2.1 永宁县 ·· 163

6.2.2　永丰县 · 169
　　　6.2.3　西和县 · 178
　　　6.2.4　米林县 · 190
　6.3　重点生态功能区 · 199
　　　6.3.1　凤县 · 199
　　　6.3.2　门源县 · 206

第7章　结论与展望 · 217
　7.1　主要结论 · 217
　7.2　展望 · 219

参考文献 · 222

第 1 章　村镇建设与资源环境承载力协调性评价的理论研究

1.1　村镇建设与承载力的理论研究

1.1.1　国内外关于村镇建设的研究

村镇作为与城镇对应的概念，有别于城市和乡村二元地域空间划分，不但包括广大农村地区，同时也包含了部分城乡之间的过渡地带，囊括建制镇、行政村和自然村等行政体系（高文杰和连志巧，2000）。村镇区域是以农业和农村为主导的产业体系与地理景观，也具有部分工业和城市性质的发展特征（贺灿飞等，2016）。这种多要素组合的地域单元决定了发展路径的复杂性和非线性，既有城镇化（urbanization）的趋势，也有村镇化（ruralization）的倾向，以及村镇空废化的现实。加之，村镇建设因区位多样，资源禀赋有差异，因而具有多元化的发展模式。基于城乡要素联系理论，在城乡转型与融合发展理念下，村镇建设不但有助于减轻城市发展的压力，也有助于提升广大农村地区发展水平（刘彦随等，2014）。村镇建设的目标在于村镇居民生活福祉的提升，及其与区域生态环境状况的协调，不但涉及居住、产业、基础设施和生态环境等方面的内容，也体现村镇居民生产生活状况的综合发展水平。

对于村镇建设功能类型，可以分别从功能、空间、社会文化等维度做出诸多定义，是对村镇发展价值及其演变规律的认识变化。具体可总结为三种：生产主义—后生产主义—多功能（申明锐和张京祥，2015）。自 20 世纪 50 年代以来，西方国家农业政策就被置于政府农村发展的中心地位，乡村也因而由农业生产功能所定义，为城市发展提供基础的农业产品。政府的补贴、耕地保护、农产品价格保护等政策支撑了乡村"生产主义"的发展。然而，由于过度地追求农业规模化、产业化，高强度农业生产、大量使用化肥和农药破坏了村镇生态环境。20 世纪 80 年代中期以来，"生产主义"下的村镇建设模式遭到批评，"后生产主义"的认识开始出现，强调乡村提供的产品是多元的，而不是专门化的某一种产品。随着人们对环境的危害，以及食品安全的认识，一些环境友好型耕作方式被提倡，如有机农业等。"后生产主义"的提法仅仅否定村镇的生产功能，对于村镇建设的认识随后转向以"多功能"视角进行认识。此外，农业与乡村的概念开始分离，农村地区被认为是地域空间的一种类型，同时为人类社会提供居住、游憩、教育等空间。

我国经过 40 多年的快速工业化、城镇化，村镇地区的生活方式、发展要素组织发生了快速转型与空间重组，深刻影响区域资源利用与生态环境状况（刘彦随，2007）。在新时期背景下，随着我国城镇化进程的加快、乡村工业化的实施、农村人口流动性的增强，村镇地区功能由单一转为综合，学者们对村镇概念的认识逐渐模糊，因此如何定义这一地域空间，厘定其具体内涵，具有重要意义。基于村镇功能概念的多维性，村镇地域系统可具体表述为：是由人文、经济等构成的承载对象系统，以及资源、环境等构成的承载体系统，在一定的地域空间相互作用、相互影响而形成的复杂开放系统。

此外，随着村镇地域空间发展转型，传统的"三农"问题在不少地区呈现出了居民老弱化、产业非农化等新问题，耕地撂荒、固废蔓延和水环境污染等问题也日渐显现，严重影响村镇地域空间的可持续发展（Li，2012；Yin et al.，2015）。独特的国情和管理体制使中国城镇化进程呈现出城乡二元分割格局，限制了村镇区域建立有效的空间治理机制（Jun，2007）。为此，党的十九大报告提出了乡村振兴战略，包括"产业兴旺、生态宜居、乡风文明、治理有效、生活富裕"的建设要求。村镇建设一方面是要解决长期以来淹没在快速城镇化中的村镇建设问题，另一方面也是我国经济发展转型、国土空间治理现代化的重要一环。然而，乡村振兴并不意味着要脱离农村农业发展的地理基础，也不意味着要按照城镇化的单一路径去建设，而是在处理好村镇建设与资源环境协调关系的前提下，以美丽乡村为目标，以配套良好的公共基础设施与服务为基础，因地制宜地走多元化发展道路（申明锐和张京祥，2015）。

1.1.2 国内外关于承载力的研究

承载力概念起源于 1798 年英国人口学家马尔萨斯的《人口原理》一书，以及比利时数学家吕勒 1838 年提出的逻辑斯蒂方程（Malthus，2011）。20 世纪初，生态学家创造性地将承载力概念引入生态学研究中，并将其界定为用于"测度区域最大生物种群数"（Leopold，2008）。20 世纪 40 年代后，承载对象研究从生态系统或生物体转为人类社会发展规模（Leopold，1943；威廉·福格特，1981）。20 世纪 70 年代以来，国外学者主要关注以协调人地关系为中心的承载力研究（Higgins, et al.，1982；王宁等，2004）。在国内，较早的承载力研究起始于土地资源承载力研究，最初范围主要是农业产出潜力（任美锷，1950；郑振源，1996；竺可桢，1964）；改革开放以后，相关方法和理论快速发展（《中国土地资源生产能力及人口承载量研究》课题组，1991；陈百明，2001；谢俊奇，1997）。随着全球变化趋势加快，承载力研究的范围扩展到环境和生态领域（Meadows, et al.，1972；程国栋，2002；王开运等，2007）。1991 年国内学者提出"环境承载力"概念（曾维华等，1991），研究对象多集中于大气环境、水环境和土壤环境等（郭怀成和赵智杰，1994；夏增禄，1988；左其亭等，2005）。承载力关注的另一重点是水资源承载力（施雅风和曲耀光，1992），其理论范式与土地资源承载力的概念相近（牟海省和刘昌明，1994；王浩，2003）。2000 年以来，相关研究开始探讨资源环境承载力的综合特征，包括生态承载力和区域承载力。其中，生态承载力的概念是在保持生态系统稳定的前提下，综合了资源承载力、环境承载力与生态系统本身弹性力（高吉喜，2001；王开运，2007；张传国等，2002）；区域承载力的概念是作为承载体的自然环境对作为承载对象的人类生产生活的支撑能力，自然环境方面主要考虑资源环境系统进入不可持续过程时的阈值或阈值区，而人类生产生活主要用人口规模或经济规模进行衡量（樊杰等，2013；樊杰等，2015；陆大道，2012）。关于承载力有相对和绝对的概念，主要有"容量""阈值""能力"三种类型的定义方式。从学术研究的角度看，承载力概念的演化实质是，在不同发展阶段下人类社会经济对人地关系的认知不断深化的过程，反映了人类发展的资源环境需求与自然环境供应能力这一对矛盾体的解决方案（封志明等，2016）。

进入21世纪后，承载力的概念逐渐由传统的土地、水、生态等单项承载力发展到资源环境综合承载力。全球环境问题的不断恶化与复杂化促进了环境承载力概念和内涵的发展与丰富。承载力的概念在自然环境与人类发展活动之间建立了连接的工具，使人地关系协调发展的实践活动有了宏观依据。国家发展和改革委员会会同工业和信息化部等部门联合印发的《资源环境承载能力监测预警技术方法（试行）》中指出："资源环境承载力是指在自然生态环境不受危害并维系良好生态系统前提下，一定地域空间可以承载的最大资源开发强度与环境污染物排放量以及可以提供的生态系统服务能力。"资源环境承载力评估的基础是资源最大可开发阈值、自然环境的环境容量和生态系统服务功能量的确定。

总结国内外区域环境承载力研究的发展趋势，可归纳为三个方面：①承载力研究由单一化向综合化发展。承载力研究经历了非人类生物种群承载力、人口承载力、资源承载力、环境承载力、生态承载力、经济承载力、社会承载力等单要素研究的演进过程。然而，随着资源环境的日益恶化及人地矛盾的复杂化，着眼于缓和人口与单一要素间矛盾问题的单一要素承载力研究已经不能满足现实需要，而且任何一个区域的社会经济发展都是建立在多因素协同作用的基础上的，由此区域综合环境承载力研究逐步兴起（牛文元等，2012；武凤阳等，2016）。②评价指标体系由单一指标向系统指标体系发展。承载力评价指标体系是量化研究的基础，起初的环境要素承载力研究主要采用资源条件的可开发利用量来评价，而忽视了人类社会对环境系统的干预（黄敬军等，2015）；伴随人类对环境问题认识的深入，承载力评价的指标体系逐渐丰富，但不同学科以不同的视角建构指标体系，尚未达成普遍共识（彭再德等，1996；徐琳瑜等，2005；刘仁志，2010）。③承载力评价方法由静态分析走向动态预测。承载力的评价方法多种多样，主要有指数评价法、承载力评价法、系统动力学方法和多目标模型最优化方法等（曾维华等，1998；Slesser，1999；蒋晓辉等，2001）。其中，前两者属于静态分析方法，具体包括矢量模法、模糊评价法、主成分分析法等多种方法；而后两者属于动态预测方法，相较于静态分析方法，能够体现包括环境的自净能力、社会经济活动的惯性等因素，并且还能反映系统各个模块变量之间的因果反馈关系。现代技术如遥感（RS）、地理信息系统（GIS）等逐步应用到承载力的研究领域，但由于动态预测方法数据要求较高，参数阈值不好掌握，在模型求解上会存在一定的难度，是量化评价方法需要解决的主要问题。

1.2 村镇建设模式的理论分析

1.2.1 村镇与村镇地域系统

"村"和"镇"是村镇地域中各个要素空间集聚的形式,因规模和发展水平的不同呈现出聚落空间类型的不一,具体包括城关镇、中心镇、行政镇、中心村、行政村及自然村(段学军等,2020)。村镇作为乡村地域系统内部各个生产、生活、生态要素集聚的空间载体,在地域范围及功能属性方面并不能与城市完全剥离,两者在地域与功能上有一定的交叉,如经济、基础设施、政府政策、社会文化等。村镇也是一个空间地域系统,是指城市以外的地域,是由经济、人口、社会、基础设施等构成的内部系统与资源、环境、生态构成的外部系统在村镇地域空间相互影响、相互作用而形成的复杂地域系统(刘彦随,2011)。村镇地域空间系统是认知现代城乡关系、透视乡村发展问题的重要视角,也是厘清村镇建设与资源环境承载力互动关系、内在机理的关键内容。村镇地域系统由于经济、社会、资源、生态等要素的不同可划分为多种类型,并成为"分类指导"村镇规划的基本原则与依据。国内外学者对村镇地域类型划分的研究较多,大体上可分为经济发展和地理环境两种视角。经济发展分类包括经济水平(崔明等,2006;张步艰,1990)、经济结构(龙花楼等,2009)、主导产业(张小林,1999)等分类体系,地理环境分类包括生态环境(柴舟跃,2016)、地形地貌(陈兰,2011)、发展与管控(李祥龙和刘钊军,2009)、区位(洪亘伟和刘志强,2009)等分类体系(表1-1)。综合已有分类体系研究结果,结合资源环境承载力测算的需求,本书将村镇地域功能类型划分为小农经济类型、大农经济类型、工业发展类型、商旅服务类型和生态保育类型(表1-2)。

表1-1 村镇地域功能类型划分

视角	依据	类型
经济发展	经济水平	落后型、相对落后型、发展型、较发达型、发达型
	经济结构	均衡发展型、商旅服务型、工业主导型、农业主导型
	主导产业	畜牧养殖型、商贸流通型、休闲产业型、工业发展型、旅游产业型
地理环境	生态环境	生态保护优先类型、生态保护并重类型、城镇化发展类型
	地形地貌	平原类型、山地类型、丘陵类型
	发展与管控	集聚提升型、城郊融合型、特色保护型、搬迁撤并型
	区位	远郊村类型、城郊村类型、城中村类型

在具体的村镇地域空间类型识别方面,国内诸多学者从不同地域范围、不同衡量指标等方面进行了研究。龙花楼等(2012)以"苏南—陕北"样带为案例区,以乡村经济发展、农业生产发展和乡村社会发展为指标,将样带划分为8个乡村转型发展地域类型区。周扬等(2019)依据资源禀赋、功能定位、区位条件、政策文化等因子,将全国乡村地域类型划分为11个一级区和45个二级区。文琦和郑殿元(2019)对乡村主体、产业发展、人居

环境、资源禀赋子系统进行分类判断，对高程、坡度、人均 GDP、少数民族占比、距省府距离等因素进行分级和聚类分析，构建了西北干旱贫困地区和西南地区村落类型识别体系。李琳娜等（2019）基于城乡融合系统与乡村地域系统理论，尝试构建包含城乡融合体、村镇有机体、乡村综合体、居业协同体的乡村地域多体系统识别方法。刘玉等（2013）以 3 项乡村地域功能态和 3 项功能的增长势为指标，将环渤海地区划分为经济发展、粮食生产、生态保育 3 个主导功能区，并细化为 13 个功能亚区。杨忍等（2016）对平原、高寒山区、沙漠边缘地带、丘陵、山地交汇过渡地带等不同地域类型区的村庄空间分布模式进行研究，并做出空间优化重组解析。徐凯和房艳刚（2019）分析了农业生产、非农生产、居住生活和生态保障四类功能的空间格局特征，识别了辽宁各区县优势功能类型，将其划分为 8 种乡村地域功能类型。

表 1-2　综合多要素特征的村镇地域功能类型划分及典型代表

类型	特征	案例
小农经济类型	以自给自足的粮食作物、经济作物种植活动为主要经济活动的村镇	遵义市新场村
大农经济类型	以规模化种植粮食作物、经济作物为主要经济活动的村镇	上海市金山区张堰镇旧港村
工业发展类型	以制造、加工等工业化手段为主要发展途径的村镇	渭南市富平县梅家坪镇岔口村
商旅服务类型	以农家乐、旅游休闲等商服旅游业为主要发展途径的村镇	安徽省查济村
生态保育类型	存在小规模的人类生产生活活动，以生态环境保护为主的村镇	迭部县尼欠村

1.2.2　村镇建设模式的演变

村镇建设的相关理论最初形成于二十世纪五六十年代，以工业化、城镇化为核心，如刘易斯二元经济论、哈里斯-托达罗模型、罗斯托的经济增长阶段论等理论，但这一时期本质上是牺牲农村地区利益来推动城市发展。二十世纪七十年代以后，公平发展、消除贫困成为乡村发展所追求的目标，注重空间均衡发展成为村镇地区发展理论的核心（彭新万，2009）。实践方面，法国、英国、德国及东亚的韩国、日本等国家为推进乡村发展，积极探索适合本国国情的乡村发展模式，取得了有效成果，积累了一定经验（王磊等，2020）。法国的农村现代化通过土地流转来改善地多人少问题，以促进农业专业化生产；二十世纪四五十年代英国的"新城运动""中心村建设"及德国的"村庄更新""土地整治"等政策，致力于改善工业化、城镇化进程中造成的"城市病"及乡村发展滞后、资源环境破坏问题（曲卫东和斯宾德勒，2012；虞志淳，2019）；二十世纪七十年代后，日本、韩国也认识到了城乡、工农的发展失衡问题，分别开展"新村运动""造村运动"，大力推动乡村发展（星野敏和王雷，2010；刘载祐和赵民，2016）；欧盟也通过不断改进"共同农业政策"解决村镇发展问题（Matthews，2018）。

自 20 世纪中后期开始，我国形成了几种典型的区域乡村发展模式。例如，苏南地区依托中心城市，由县乡干部主导，以乡办和村办工业为主，通过市场调节，形成一种农业经营规模化、乡村工业向园区集中、农民向社区集中、乡村经济形态由内发型转向开放型的发展模式,即"苏南模式"(武小龙和谭清美,2019);在温州地区,依靠民营主体,运用市场机制获得建设资金,建立工厂—商场联营的经营方式,向产业集群化发展,形成了充满经济活力的"温州模式"(叶子航,2019);"珠江三角洲"模式则是以外资为主导发展外向型经济和制造业,与香港、澳门在经济上形成优势互补的"前店后厂"模式,并经过不断的功能演进,逐步形成"厂店融合"的新模式,有效推动了这一地区的乡村城镇化进程(杨敏,2009)。

目前,国内村镇发展模式及其演变研究形成了不同的分类标准和判断依据,主要有:根据驱动力差异,分为外援和内生发展型(郭艳军等,2012;张富刚和刘彦随,2008);根据行为主体划分,可分为政府推动型和民间推动型(冯健,2005);基于产业发展,可分为农业、工业、商旅服务业主导型等(曾尊固等,2002;罗守贵等,2001)。屠爽爽等(2015)基于农村发展动力源差异性,将乡村发展模式划分为外援驱动型、内生发展型和内外综合驱动型三个一级模式,并在此基础上细分出城镇建设带动型、劳务输出带动型、农业专业化和产业化带动型、乡镇工业带动型、乡村文化产业带动型、旅游产业带动型及专业市场组织型七个二级模式。苗长虹(1998)依据环境主导因素将农村工业发展划分为六种基本模式:农副产品加工型、城市扩散辐射型、矿产资源开发型、外资外贸推动型、人力资本推动型、市场加工循环推动型,并根据其主导阶层进一步细化出十二种亚型。李智等(2017)在乡村性评价基础上,分析乡村性与乡村发展之间的逻辑关系,提炼出资源置换、特色发展、城乡融合三种乡村发展模式,并依据产业发展、区位特征进行细分。

1.3 村镇建设与资源环境承载力协调评价的理论分析

1.3.1 村镇建设与资源环境承载力关系及演变

城乡关系是理解村镇功能演变的一个重要视角。从国外城乡关系脉络来看,大体上可分为从城市支配乡村发展,到城乡二元矛盾对立,再到城乡融合三个阶段,且总体呈现出城市偏向发展观、城乡互动发展观及城乡一体发展观三种倾向(Ma,2005;王华和陈烈,2006;申晓艳和丁疆辉,2013)。第二次世界大战后,发达资本主义国家城市快速扩张,并且不断蚕食城市周边的乡村空间,导致城乡分界模糊,最终带来空间冲突的结果。这一时期的空间发展理念较侧重于城乡关联,主张城市与乡村的联动与协作,城市与乡村空间具有同等重要的价值。村镇发展理念强调乡村是面向生产的,即一方面能够为人民提供舒适的住所,另一方面也有效制约城市的蔓延,为城市提供产品并承接城市的溢出功能(叶超和陈明星,2008;张英男等,2019)。20世纪50~70年代,由于城乡之间发展差距逐渐扩大,城乡关系也逐渐从依附走向了对立,形成了城乡二元结构模式。在这一时期村镇公共服务设施建设得以完善,大众对村镇价值的理解开始转向社会和生态服务功能,但农业政策仍被置于农村发展的中心位置(Douglass,1998);乡村也因此由农业所定义,为城市的快速发展提供基础农业产品,政府的补贴、耕地保护及农产品价格保护等政策支撑了乡村"生产主义"的稳步发展(张京祥等,2014)。之后,"重工轻农"的理念忽视了乡村内生发展动力，造成农村劳动力流失、农业发展水平停滞等不良后果。加之第二次世界大战后，乡村基础设施破败，农民居住环境恶劣，土地管理破碎化，大量农村人口迫于生计而涌入城市，农业凋敝。为了解决上述问题，改善乡村发展现状，西方主要发达国家相继开展乡村发展方式变革，如法国的农村现代化，英国的"新城运动""中心村建设"和德国土地整治、村庄更新等重点措施，大多效果显著。在东亚，第二次世界大战后，由于过度推进城镇化、工业化，忽视了农业农村的恢复和发展，最终造成城乡差距不断拉大，农村人口流失严重，农业濒临崩溃，为此韩国和日本相继推行"新村运动"和"造村运动"，形成一种以政府为主导、农民为主体的自上而下村镇建设模式。这些国家的村镇建设措施既缓和了城镇化带来的负面影响，也有效地改善了城镇化对村镇地区的强烈冲击。

西方国家村镇建设中的资源环境问题也不断显现。从20世纪80年代开始，不少国家开始正视城乡之间经济社会发展的差距，注重城乡过渡地带的重要性，并强调城乡融合发展。这一时期"后生产主义"的乡村发展认识和混杂性（hybridity）概念应运而生，即强调乡村提供的产品是多元化的，而非专门化的某一种产品（吕祖宜和林耿，2017）。随着人们对化学肥料的危害和对食品安全认识的深入，一些环境友好型的耕作方式被大力提倡，如有机农业、绿色食品生产等，并且也开始提倡从"多功能"视角进行乡村的治理和建设（Ramniceanu and Ackrill，2007；申明锐等，2015）。与此同时，农业与乡村的概念呈分离态势，乡村愈发被认为是与城市并行的一个地域空间类型，一个可以为城市发展提供居住、游憩、教育等的空间。例如，德国就以城乡空间"等值化"理念指导村庄更新（Ma，2005；叶剑平和毕宇珠，2010），结合土地整治推进村镇建设（曲卫东和斯宾德勒，2012）。欧盟以促进乡村可持续发展、动员和联合村镇社会发展的各个要素为基本理念，秉持可持续发展的多方参与原则，不断培育村镇发展内生动力，为此LEADER（Liaison Entre Actions de Développement de l'Economie Rural）计划在欧盟基金会（EU Strukturfonds）支持下应运而生。欧盟的"共同农业政策"也是欧洲实现跨国解决农村发展问题的最重要政策之一（Chen et al.，2015；贺灿飞等，2016）。"共同农业政策"的不断改革，不仅解决了欧盟农产品市场短缺问题，保障了粮食安全，也很好解决了由于价格保护带来的农产品过剩问题，对欧盟乡村复兴起到了积极的作用（Matthews，2018）。在东亚，日本和韩国的乡村发展也取得了显著成果，成为了发展乡村振兴的典范。日本的"乡村振兴运动"与"造村运动"旨在发展农村产业和使得日益衰落的乡村恢复生机，村镇建设则是统筹考虑劳动、土地和资本三要素，有效提升农村组织机构的能动性（中国农业银行三农政策与业务创新部课题组和李润平，2018）。而韩国的"新村运动"，则以政府为主导，有效干预乡村经济和社会发展，采用激励机制和竞争机制，调动农民发展农业、建设农村和保护乡村环境的主体意识（陈昭玖等，2006）。

总体而言，村镇长期发展的过程就是经济水平和发展程度不断提升的过程，村镇建设的资源需求、村镇环境质量都会随着村镇发展阶段的变化而呈现出动态正向变化。村镇建设资源环境承载力具有综合性、动态性与限制性等主要特征。综合性是指村镇建设资源环境承载力计算涉及经济、社会、资源、生态、环境多方面的要素，整体计算中需要采用多要素综合分析方法；动态性是指村镇建设资源环境承载力不仅会随着科技水平的发展而发生动态变化，甚至会随着村镇定位、功能、发展阶段的变化而变化；限制性是指村镇建设资源环境承载力往往容易受到村镇地域系统最薄弱环节的制约，主要表现为短板要素的单要素约束。因此，村镇建设资源环境承载力及其阈值会随村镇发展阶段呈现变化。如图1-1所示。在村镇的发展初期，主要是以自给自足的农业生产模式为主，与自然资源和生态环境之间的互动强度较低；之后随着村镇的不断发展壮大，农业生产逐步向规模化经营转变，产业结构也逐渐趋向多元化，此时对资源环境的影响会逐步提升，直至最终超过资源环境承载力的阈值；最后，当村镇发展至阈值点O_2时，可能会出现三种不同的发展情景，即主动转型、被动限制、放任发展，可用情景a、情景b、情景c三种互动曲线表示。

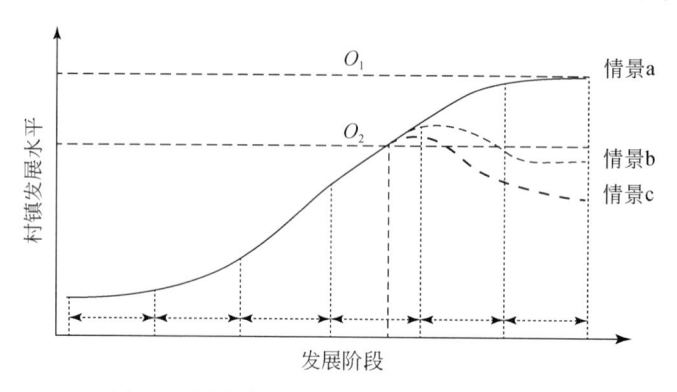

图1-1 村镇建设与资源环境承载力互动曲线

情景a：当村镇发展达到资源环境承载力的极限阈值时，需要通过采取一系列手段，如技术提升（熊建新等，2013）、经济投入或产业转型等方式，有效提升资源的利用效率，从而降低环境的影响，使得资源环境承载力由O_2能够提升至O_1（周侃和樊杰，2015），即村镇发展与资源环境恢复到平稳互动的良好发展态势。

情景b：当村镇发展超过资源环境承载力阈值后，会被动地转变发展模式，降低发展速度，资源环境短期内仍然承受着较大压力，经济保持在较高水平但整体变化趋势会处于低或无增长的状态。

情景c：在达到资源环境承载力阈值O_2后，未采取任何措施，过度地开发利用会导致资源环境的恶化达到不可逆的状态，在资源环境条件的约束作用下，村镇的发展逐渐呈现衰退态势。

村镇建设与资源环境的相互作用大致表现为：承载对象的规模结构→资源与环境需求→资源环境影响→资源环境效应→承载对象的规模-结构调整的闭合反馈路径，不同功能类型的村镇，其主要内容存在一定差异。在技术条件短期内保持不变的情况下，不同功能类型的村镇建设对于资源环境的需求、影响及反馈都会呈现出不同特征，具体如下：
①小农经济类型（图1-2），该类型主要的承载对象是居民的生活居住和自给自足的农业活动，由于日常生活资源的需求及小规模农业生产对于水土资源需求的增加，会造成生活废弃物增加，以及生物多样性受到干扰等生态方面的不良影响。之后随着村镇规模的不断扩大，资源利用速率加快，资源环境干扰力度增强，资源有限性的约束增大，则会反过来影响村镇建设的整体进程。②大农经济类型（图1-3），该类型承载的对象主要是粮食作物、各类经济作物等农作物规模种植及畜牧业规模养殖等。虽然当前该种类型还不多，但其整

体发展速度较快。该类型村镇对资源环境的需求也是农业生产所需的土地、水、劳动力、农业消耗品等,规模农业生产如果管理不善,造成的土地退化、生态破坏、环境污染等问题会更大,甚至会反过来约束规模农业的进一步发展。③工业发展类型(图1-4),该类村镇主要承载对象则是人口和第二产业,人口要充分考虑到村镇尺度的特殊性,尤其在对承载对象的范围进行界定时,要充分考虑由第二产业发展所带来的临时就业人口增加等因素。人口的大规模集聚及外来人口的过度流入会造成生活废水、垃圾等污染物的增加,进而导致居住环境的恶化;而对于产业而言,第二产业所需的能源、原材料、水等资源的消耗,以及工业废水、固体废弃物的排放都会造成资源条件、环境质量等生产条件的下降。第二产业的发展对资源环境的影响也要充分考虑村镇地域所在更大范围区域和流域的生态环境地位与功能等因素。资源消耗和污染排放所造成的资源环境效应进而会再反馈作用于人口与第二产业发展规模。④商旅服务类型(图1-5),这种类型下的资源环境主要承载

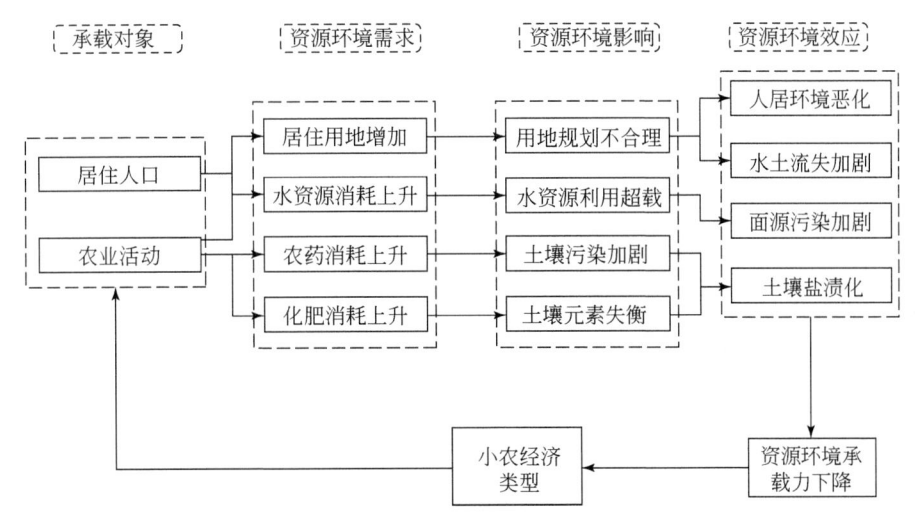

图1-2 小农经济类型村镇建设与资源环境互馈关系

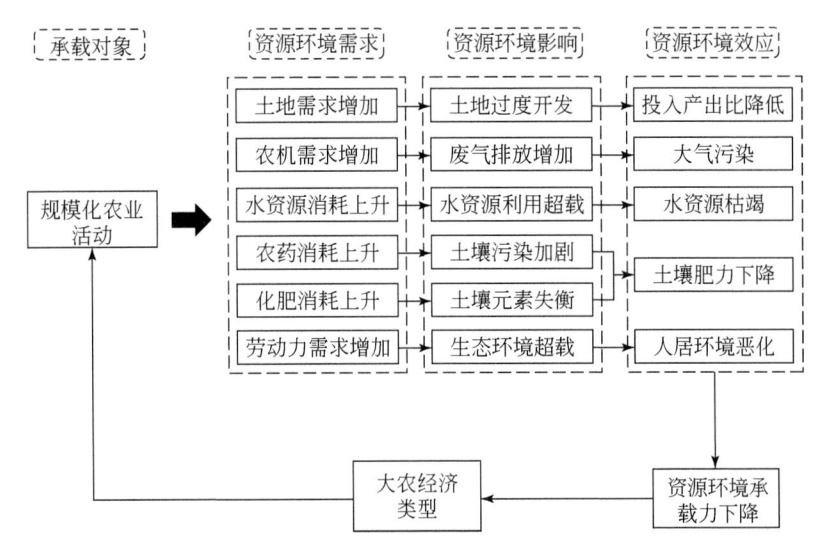

图1-3 大农经济类型村镇建设与资源环境互馈关系

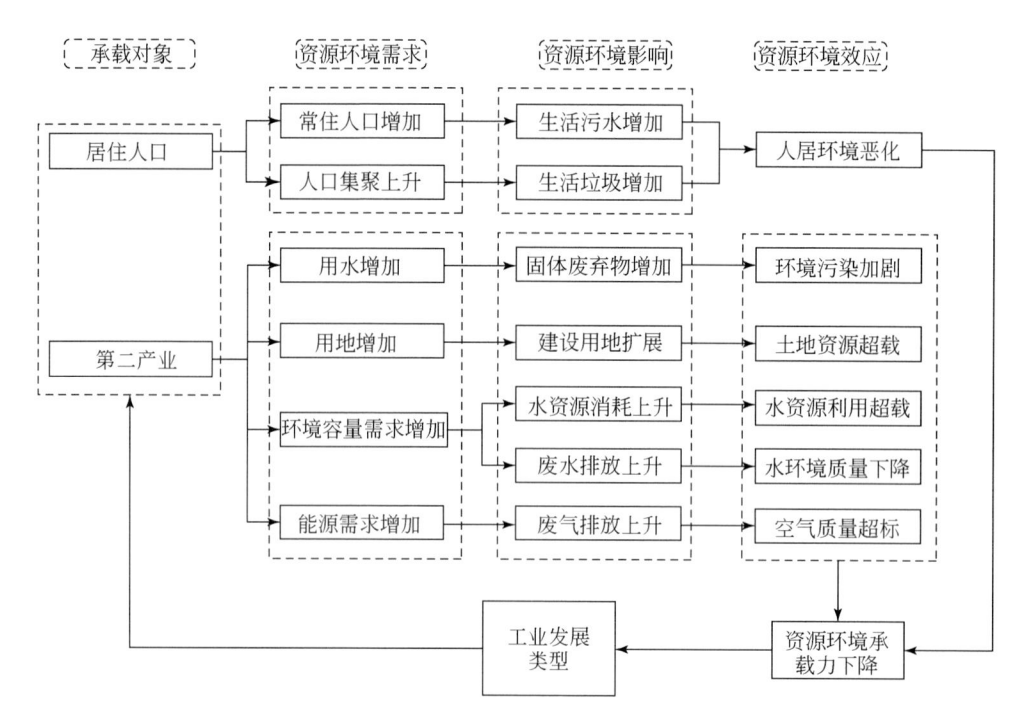

图 1-4　工业发展类型村镇建设与资源环境互馈关系

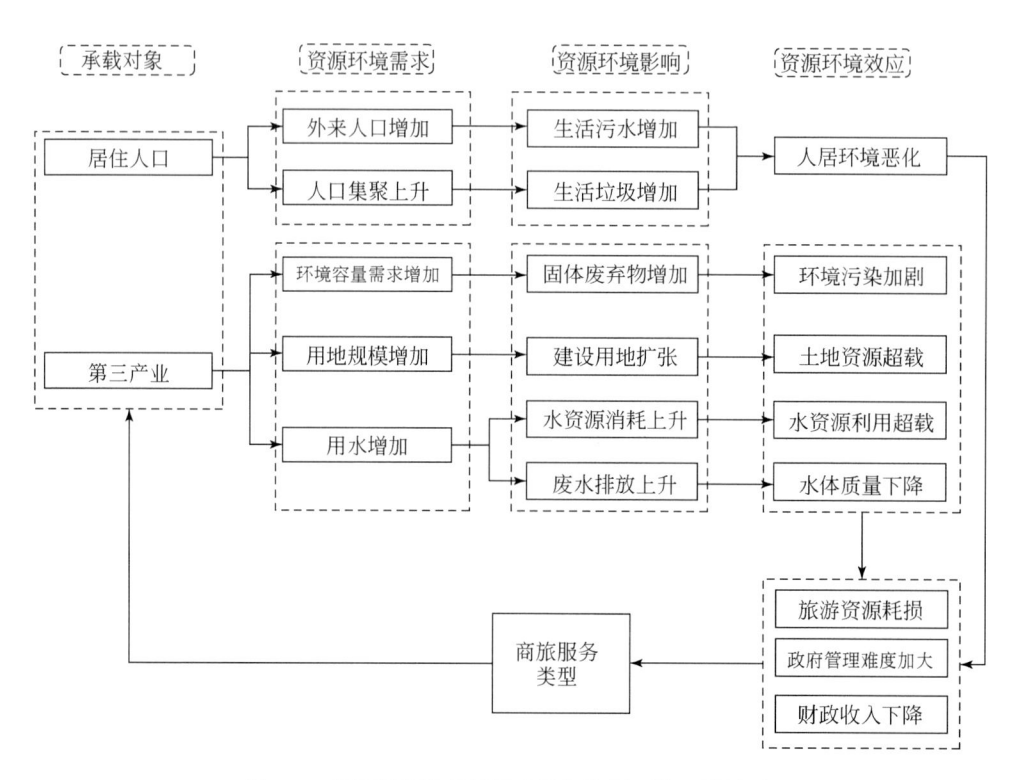

图 1-5　商旅服务类型村镇建设与资源环境互馈关系

对象是人口和第三产业。首先，人口应该包括旅游人口在内的所有人口规模。其次，人口增长所带来的生活废弃物排放，以及商服旅游所需的各类自然资源消耗和基础设施建设，将对资源环境产生胁迫作用，而后由于可利用资源紧缺、政府税收下降等形成的约束反馈作用于人口和产业发展。⑤生态保育类型（图1-6），该类型生态系统重要性和敏感性较高，地域空间整体以生态保护为主，村镇建设和发展会受到较大限制。该类型村镇的承载对象是少量的人口和农业活动，其互馈机理可以大致概括为以人类基本生活需求为导向的生产生活活动，通过消耗自然资源来产生相关废弃物等对生态环境造成影响，最终再反馈于承载对象。

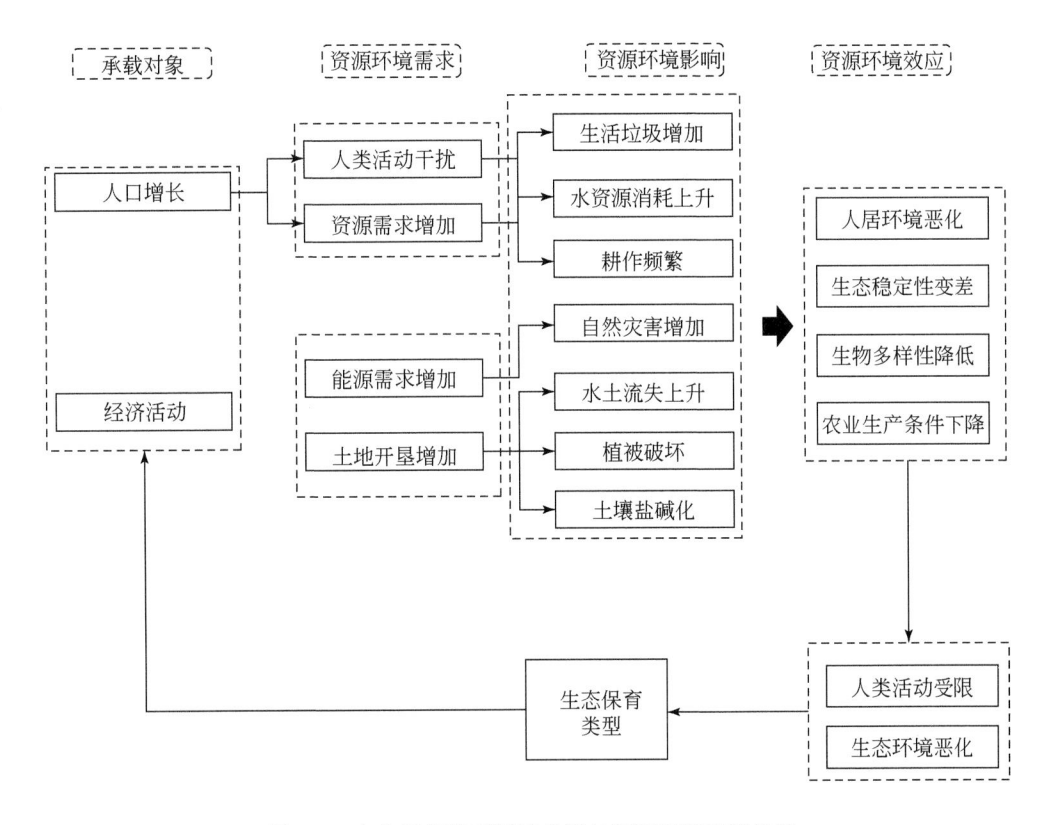

图1-6 生态保育类型村镇建设与资源环境互馈关系

1.3.2 村镇建设与资源环境承载力关系演变的影响因素

村镇建设与资源环境协调过程实质是村镇地域系统的要素、结构、功能变化的过程。村镇建设受到城乡要素流动、市场经济价值导向、政策体制干预等的共同影响，村镇地域系统内部各要素发生变化，村镇地域系统结构出现重构，村镇地域系统功能不断演进，这深刻地影响村镇建设与资源环境协调状态。这些驱动要素的相互作用构成村镇建设与资源环境协调状态变化的成因机制，形成了不同形式的具有区域典型特色的发展模式（张笃川，

2020；张书海和阮端斌，2020）。这些发展模式在为其他村镇地域空间提供发展模型的同时，也在不断优化调整中自我完善，所以，村镇建设与资源环境的关系并不是一成不变的，是在现实条件下较为合理的阶段性状态。

（1）城镇化与工业化因素

城镇化和工业化是区域社会经济发展的必然过程，城镇化和工业化的推进不仅意味着经济结构与产业结构的转变，同时发生着生产方式、生活方式的扩散。城镇化和工业化进程的加深使得村镇的劳动力、资金、水土资源、技术等区域发展要素快速流向城市。由于不同城市城镇化和工业化程度不同，其对发展要素吸引的能力也不一样，这造成了不同区域的城镇化和工业化对该地区村镇建设与资源环境协调发展的影响强度和影响方向的不同（郑德凤等，2021）。一方面，城镇化和工业化进程中，经济能量的空间集聚为村镇地区创造了大量的就业机会，并基于劳动力价值的回报带动当地村镇经济的发展，同时也有利于实现村镇建设与资源环境协调状态的提升；另一方面，生产要素集聚的外部性对村镇地区的人口结构、土地利用结构、社会组织结构等方面还产生了诸多负面影响。部分村镇地区面临社会发展主体弱化、土地空置荒废突出、市政及基础设施配套不足等问题，在一定程度上抑制了村镇建设与资源环境的协调发展（屠爽爽等，2015）。

（2）经济基础与市场化因素

村镇已有的产业结构、基础设施水平和村民收入等经济基础，在一定程度上决定着村镇当前经济发展水平和未来经济发展潜力，是村镇建设与资源环境高度协调的物质基础（屠爽爽等，2015）。村镇第二、第三产业的发展为强村富民搭建了平台，吸引农村劳动力回乡，推动村镇建设，使资源转化为资产，实现村镇建设与资源环境高水平协调。市场在一定程度上还是调节资源配置和经济发展的无形之手。市场导向可改变产品的价值认同，由于供求关系、市场竞争、价格差价的影响，村镇资源出现流动，村镇产业发生演进，进而对村镇建设与资源环境的协调程度产生影响。例如，种植、养殖等初级农产品的生产和加工是村镇地域的初始职能，在工业市场需求与原材料指向、劳动力指向、运输指向等综合作用下，部分村镇地区开始具备工业生产功能；而现代社会对生存环境和生态利益的关注，促使村镇地域系统的生态功能日渐凸显，生态旅游业、有机农业等村镇经济新业态蓬勃发展。

（3）城乡制度与村镇发展政策因素

城乡制度与村镇发展政策因素对促进村镇发展及村镇建设与资源环境协调发展起着重要作用(郭敬生，2015)。近年来，国家和地方政府先后颁布的新农村建设、新型城镇化、乡村振兴等相关战略的实施政策，很大程度上改善了农村生产生活环境，有助于提升村镇建设水平，促进村镇资源环境协调可持续发展。此外，不断改革的城乡户籍、土地、金融等制度，也不断提升村镇发展要素利用效益和空间优化配置效率，推动村镇建设与资源环境的协调发展。

（4）村镇资源环境本底条件

通常情况下，国家或区域资源环境的好坏与社会经济的发展存在正相关关系，村镇发展中"三生"空间的优化均离不开土地资源、水资源、生态环境的支撑（邓玲，2019）。村镇地域的自然资源开发和生态环境利用具有较强的外部性，这种外部性需要行为主体根据村镇地域实际情况对其进行调控，使村镇资源环境的外部性内部化，实现村镇资源环境最大限度的开发利用。村镇资源的多寡、生态环境的好坏是实现村镇建设与资源环境高度协调的基础。

（5）社会行为主体

村镇社会行为主体包括地方政府、村镇精英、村民自治组织、普通民众等。地方政府作为村镇的管理和服务主体，在村镇的发展规划、产业培育及资源调配等方面起着基础性作用（李小建等，2021；李小建等，2010）。村镇精英包括创业能人、技术能人和营销能人等。其中，具有企业家精神的关键主体在村镇产业发展方向选择和培育方面起着关键性作用；技术能人通过为农户提供技术、信息等服务支撑带动农业现代化发展；营销能人对提高农民进入专业市场和拓展销售渠道发挥着重要作用。基层政府和村民自治组织对于协调不同利益主体关系、发展集体经济和引领村镇建设，以及推动村镇地区节约集约利用水土资源具有重要作用。

1.3.3 村镇建设与资源环境承载力协调的国外经验

后工业化国家农业科技发达、生产效率高，村镇生态环境得到较好整治与保护，农村居民就业结构多样，人口逆城市化现象也较为突出。其中较典型的发展模式有以下两类：第一，以英国、德国为代表的西欧协调模式，其人均土地资源较多，经历了最为漫长的工业化过程，以市场发展为主导，积极发展现代农业与高效农业，城乡发展政策经历漫长的探索，以保护农业与乡村空间为主，形成了较好的村镇发展与资源环境协调系统。第二，以日本、韩国为代表的东亚协调模式，其人均土地资源短缺，工业化实行赶超与外向型发展战略，以政府干预和市场调节相结合为原则，大力发展现代农业，并推动村镇建设项目、发展特色产业和保护乡村环境，形成了较好的产业兴旺和生态宜居的村镇建设模式。日本、韩国两国与我国同属东亚国家，经济、社会及历史条件与我国存在一定的相似性；而以英国、德国为代表的西欧国家作为世界上最早开启工业化进程、推进城镇化的国家，自工业革命以来，经历了城镇化、工业化过程产生的所有社会和空间问题。这些国家旨在解决本国农业、农村、农民问题的探索，对于我国村镇建设有重要的借鉴意义。

1.3.3.1 西欧协调模式

西欧国家以自由市场为主，强调政府对市场主体的行为进行约束，村镇产业政策相对空泛，政府较少直接参与产业发展，主要通过立法和规划的形式，约束村镇建设对资源环境的破坏，其次通过政府引导，动员自下而上的社会力量实施村镇建设项目。

（1）英国的村镇资源法治建设

一方面，英国家庭农场由于"生产主义"主导下的农产品过剩和农业补贴缩减而受到严重冲击，乡村土地也未能得到有效保护，导致乡村人口大量外流，乡村逐渐衰落（Scott，2010）。另一方面，工业化和城市扩张带来的问题又促使城镇居民向往"田园生活"，出现了"逆城市化"现象，以人口城镇化居住导向的村镇建设盛行（虞志淳，2019）。村镇房地产建设对乡村生活产生了很大冲击，加速了传统乡村的消失，也导致了两种生活方式的冲突（Nadin，2007；吕晓荷，2019）。此外，农业环境问题开始显现，机械化生产破坏了乡村景观特征，化肥和农药的大规模使用降低了土壤质量，污染了水体，破坏了生物多样性（Gila，2019）。为解决上述问题，英国采取了"市场为主，政府引导，立法保障"的村镇建设措施。

A. 村镇空间建设与管制

实行了立法先行的策略，早在1949年就颁布了《国家公园和享用乡村法》，注重建设时序的规划，预测未来人口，同时在土地利用管制中刚柔并举，主要体现在"国家公园"和"绿带政策"的划定与调整，以及村镇土地利用规划的持久性上（卢英方等，2014b）。政府重视环境与生活设施的协调和配套，根据村镇发展现实与趋势，进行公共设施建设，以保障村民生活满意度，也根据各地不同的自然、社会和经济特点，进行针对性、差异性规划建设，充分发挥地方特色，这种建设规模小、环境影响低的模式被称为"嵌入式发展"（于立，2016）。此外，英国政府下设"企业化"机构，即城镇运营商（夏方舟等，2017），其拥有土地规划和开发等权力，代表政府出资进行公共基础设施的开发建设，一方面改善了居住环境，另一方面也吸引了更多社会资本进入，给村镇健康发展创造了更多基础性条件。

B. 村镇产业发展

注重农业科技发展，推广设施农业，提高农业生产的效率和现代化水平。英国根据不同地区地理环境特点，因地制宜发展生态农业和有机农业，在保持农业生产主体地位不变的情况下，提出"分类发展政策"（卢英方等，2014b），通过产业融合助力乡村农业发展，农业及农村生态环境得到有效保护的同时，实现农业经营品种与主体多样化及农民增收。此外，英国也注重新建村镇的第三产业发展，如1967年规划的新市镇——密尔顿·凯恩斯（Milton Keynes）——汇集居住、休闲娱乐等多种服务功能，是一个成功的村镇建设案例。

C. 村镇生态环境保护

1926年英国提出"保护性治理"理念；1947年《城乡规划法案》中提出了"绿带"（greenbelt）的理念用以控制城市蔓延；1949年又构建"科研专用区（site of special scientific interest，SSSI）"制度，作为自然保护区、生态脆弱区、特殊保护区的集合扩展区域（夏方舟等，2017）；2002年颁布《乡村发展计划》以保护乡村环境，加强其可持续性。诸多政策法规的出台，成为英国村镇生态环境的有效保障。首先，英国对乡村周边的自然环境和资源进行保护性利用。其次，按照"零能源发展"的设计理念，最大限度利用太阳能等自然能源，减少乡村环境破坏与污染，加强废物处理，基本实现循环利用。为了降低农药、化肥等化学品对乡村生物多样性和村民生活环境的破坏，英国将环境保护与农业补贴政策相结合，并对积极的环境保护行为进行资助，强调首要任务是保护环境，增加绿化空间（Edwards，2000）。其中，"国家公园"和"绿带政策"设定不同类型国家公园及城市郊区环带，并以法律形式确定国家保留地并长期执行，以控制城市无序蔓延，保护乡村和自然景观，对于生态环境保护作用显著。

（2）德国的村镇资源环境空间规划

德国在农业发展过程中，一度成为世界上生产和使用化肥、农药最多的国家，在实现农业发展的同时，对生态环境造成了严重破坏。城镇化还导致了乡村基础设施破败和土地管理破碎化等问题。1950年德国提出了以城乡等值化理念（Stadt-Land-Äquivalent）为主的村镇建设空间规划体系，即通过土地整理、村庄更新的方式实现"城市与农村生活不同类但等值"的目的（Schopphoven，1991；Böcher，2008）。国家也进一步强调从区域层面关注农村发展的有关内容。

A. 树立城乡等值化理念

城乡等值化理念倡导居民无论在城市还是农村居住，都应当享有同等的生活条件，承担相应的责任（Tangermann，2000）。在规划体制方面，首先，乡村建设不受城市建设影响，乡村建设规划与城市平行；其次，政府层级间推动"自上而下"与"自下而上"的平等规划过程。"自上而下"体现在各州政府实施村庄更新的过程中，依照相关政策法规，制定有利于乡村发展的地方规划方案及乡村更新秩序，如调整地块分布、改善基础设施、调整产业结构、整修住宅和传统民居等；"自下而上"的规划过程主要体现在公众参与，即乡村更新过程中村民的参与程度。在行政体制方面，德国乡村与城市之间是平行关系而非从属关系，处于平等的发展地位，拥有平等的发展权力（郑坤生，1990）。

B. 土地整治与村庄更新

1953年出台的《联邦土地整理法》将土地整治与村庄更新进行同等对待。农用地规划倡导农用地土壤改良，进行小块农用地整合，加强农业机械化，有效发展规模农业，提高农地产出率。农村建设用地中严格划分生态、居住和工业等不同功能区，通过荒地开发、旧房翻新等形式，提高土地利用效率，改善居住环境。在村庄更新方面，严守新增建设用地不侵占耕地的原则下，划定工业集中区，吸引工业企业落地。此外，还提出了综合型农业发展模式（Goodman，2000），以生态环境可持续发展为前提，因地制宜进行农业经营，实现经济效益与环境保护等多方面协调。在村庄更新过程中，政府提供专业化知识和生产技术培训，使农民获得有效专业生产知识，专业素养得到提升。

C. 整治村镇居住环境

依据村镇建设规划，德国村镇居住环境建设主体主要为政府、村民和地方企业。政府综合生态环境、社会发展、历史文化和资金等方面条件，为推进乡村生产生活质量改善及乡村持续健康发展作出顶层设计，地方企业和村民进行落实推进（郑坤生，1990）。为保障村落具备优良的生产生活环境，强化居民地方认同感和归属感，政府将历史和传统建筑与现有自然环境协调融合，形成了优美独特的乡村风貌。此外，各村镇建有排污系统和完善的水系监控系统，有效控制污染物处理和排放，保障供水水质。除了工业和生活污染，德国也加强了对农业生产活动本身可能造成的污染问题的管理，如限制畜禽饲养数量和密度。垃圾处理方面，主要依靠村镇居民环保自主意识，以及建立生物循环系统，实现废物再利用（Goodman，2000；左停和鲁静芳，2007）。

1.3.3.2 东亚协调模式

东亚的日本、韩国村镇建设强调有为政府，引导市场发展，积极制定产业政策，因此有了各种各样的"造村"行动，自上而下地干预村镇规划与环境整治，设立发展项目，并减缓建设带来的资源环境影响，形成良好的村镇建设与资源环境协调发展模式。

（1）日本的村镇规划与建设运动

第二次世界大战后日本的快速工业化，加剧了城乡关系紧张，导致村镇空间的功能开始分化，村镇建设也面临着人口外流、农业衰退、村居环境破败的现象（星野敏和王雷，2010）。为此，日本先后进行了三次新村建设规划，从20世纪70年代的乡村整治建设、产业振兴和缩小城乡差距，到80年代鼓励村民参与特色村镇社区建设，再到90年代中期的村镇景观规划和城乡交融计划、提升村镇生活环境，都顺应着不同时代的村镇功能定位和居民生活需求而开展。

A. 发展村镇特色产业

日本的村镇建设从转变发展理念入手，逐步开展生产、生活、生态和文化综合性的"一村一品"运动（李耕玄等，2016），以涉农的一、二、三次产业为基础，推动农林水产品高附加值化，进行新技术开发与推广，认定农业文化遗产（GIAHS），修缮保护特色民居，积极发展村镇观光产业（廖丹凤，2019）；推动"和食"文化遗产的保护与继承，寻求扩大农村饮食文化的市场，加强传统文化传承与村镇经济振兴共同发展；把GIAHS打造成包括经济、科技和教育等方面的综合功能载体，结合政府倡导和公众参与，有效促进了农业高质量发展和农民增收。比较之下，中国是拥有农业文化遗产最多的国家，与日本的发展条件也有许多相似之处，但目前发展类型较单一且不充分（闵庆文等，2011）。

B. 培育村镇农业人才

虽然日本的新村运动最初也是以政府主导为主，但在后期发展中，这种建设模式的局限性逐渐显露，为此"自下而上"的造村运动应运而生。通过成立"农协"组织，提高农民地位，充分调动社会主体的积极性，而政府则发挥引导和辅助职能。村镇建设政策中，公众参与是重大内容，表现了对村镇居民意见和自主决策的重视。日本在村镇建设过程中，十分看重农民教育，注重提高其生产和管理的技能，通过支持政策培育农业发展的新生力量，重视女性和老人在农业中的作用。同时，设立农业学院，针对不同学历和不同需求人群进行课程设计。

C. 注重农村生态管理

资源环境管理立法也是日本村镇建设的重要措施，在日本的农法体系中专门针对农村、农业、农民及村镇生态环境的法律有近百部（唐相龙，2011）。"一村一品"等村镇建设运动虽显著促进了村镇的发展，但也产生了水环境污染和土壤污染等问题。对此，日本政府不断更新法律保护措施，于1970年颁布了防治农药、化肥及生活污水排放污染的《农用地土壤污染防止法》；2001年修订《土地改良法》，明确村镇建设的环境保护的基本原则；2012年颁布了《农林水产省生物多样性保护战略》，以保护农业和农村的多功能性。因环境公害事件，日本还将《公害对策基本法》和刑法条例作为环境保护的主要保障，打击环境破坏行为。

（2）韩国的村镇产业培育与环境整治

20世纪60年代以来，韩国工农业发展严重失衡，"三农"问题日益显现，区域性生态环境问题日趋严重。70年代，韩国中央政府主导了以改善乡村生活环境、促进农业发展、提高农民收入水平为主要内容的"新村运动"，促进了村镇发展逐步从传统社会向现代社会的转变。

A. 政府有效引导

韩国政府以《农业基本法》为基础，先后制定了农村振兴、农业组织现代化和土地利用管理等方面的法律法规，形成了比较完善的村镇建设法律体系。自"新村运动"启动以来，政府对村镇发展实行了大幅度的政策倾斜，制定了扶持农业和全面发展村镇生活环境的政策措施（刘载祐，2016）。政府也从提高农民生活质量入手，在生活、交通、教育等各个方面进行村镇基础设施建设，成立村民会馆，注重村民自身素质教育和互助意识的培养（Park，1979）。在支撑村镇发展的同时，政府也借此调动了居民参与村镇建设的积极性，与日本的"造村运动"相似，设立专业学校，培养农业技术人才，为提高生产率、促进农业发展起到积极作用，也改善了村镇建设中的资源浪费等问题。

B. 培育村镇产业

韩国把全国村庄划分为若干类型进行分类指导，如根据村民参与程度，划分为自立村、自助村、基础村；根据功能，划分为亲环境观光体验型村庄、农产品生产型村庄、山村型村庄、渔村观光体验型村庄。政府主导更新村庄旅游产品，提高产品附加值，提升乡村旅游发展可持续性；积极引导经济作物种植、畜牧养殖等村镇特色产业，因地制宜地针对城郊、平原、山区等发展特色农业区，拓展了农民增收的渠道，与村镇基础设施建设形成良性互动（Turnock，2002；Saxena et al.，2007）。

C. 整治村镇生态环境

为解决村镇建设产生的污染问题，韩国颁布了"亲环境农业"为准则的多项法律政策和措施，在《亲环境农业培育法》中指明了环境农业的标准和发展方向，以及相关利益方及团体的责任，制定了《亲环境农业培育五年计划》，从政策和行动上确保村镇发展的可持续性，并通过建设生态示范村，全面带动村镇建设的环境治理。

第 2 章 中国村镇建设资源环境承载力的限制因素及其空间格局

2.1 气候要素限制

2.1.1 降水

年均降水量是区域气候的重要衡量指标之一，是村镇建设特别是农业生产的重要影响因素。根据中国干湿地区划分，将年降水量划分为五个等级（周立三，1993）（表 2-1）。

表 2-1 年均降水量划分标准

限制程度	无限制	低限制	中等限制	高限制	极高限制
年均降水量 /mm	>800	400~800	200~400	100~200	0~100

年均降水量对村镇建设资源环境承载力的限制程度的南北分异显著（图 2-1）。年均降水量无限制区集中在秦岭—淮河以南地区，该地区年均降水量在 800mm 以上，属于湿润地区，能够满足村镇居民生产生活和农业生产需求。其中，在 1100~1200mm 降水量范围内的湿润地区村镇数量较多，占中国村镇数量比例达 8.56%（周扬等，2020）。东北、华北、黄土高原及青藏高原中南部和东北部属于年均降水量低限制区。这些地区年均降水量在 400~800mm，属于半湿润地区，降水相对丰富，对村镇建设限制程度较低。降水中等及以上限制区主要位于西北干旱半干旱区，包括内蒙古、甘肃、青藏高原西北部及新疆等地区。这些地区深居内陆、降水量少且蒸发量大，水热矛盾突出，人居环境条件差。其中，极高限制区集中在内蒙古西部、甘肃北部、新疆南部及青海西北部，年均降水量低于 100mm，以荒漠景观为主，村镇聚落集聚性强，主要分布在水资源条件较好的绿洲地区。

2.1.2 气温

1 月和 7 月均温是影响村镇聚落布局与居民生活的重要气候因素。结合中国建筑气候区划标准和热工设计分区标准，将 1 月 /7 月均温划分为五个等级（表 2-2）。

| 第 2 章 | 中国村镇建设资源环境承载力的限制因素及其空间格局

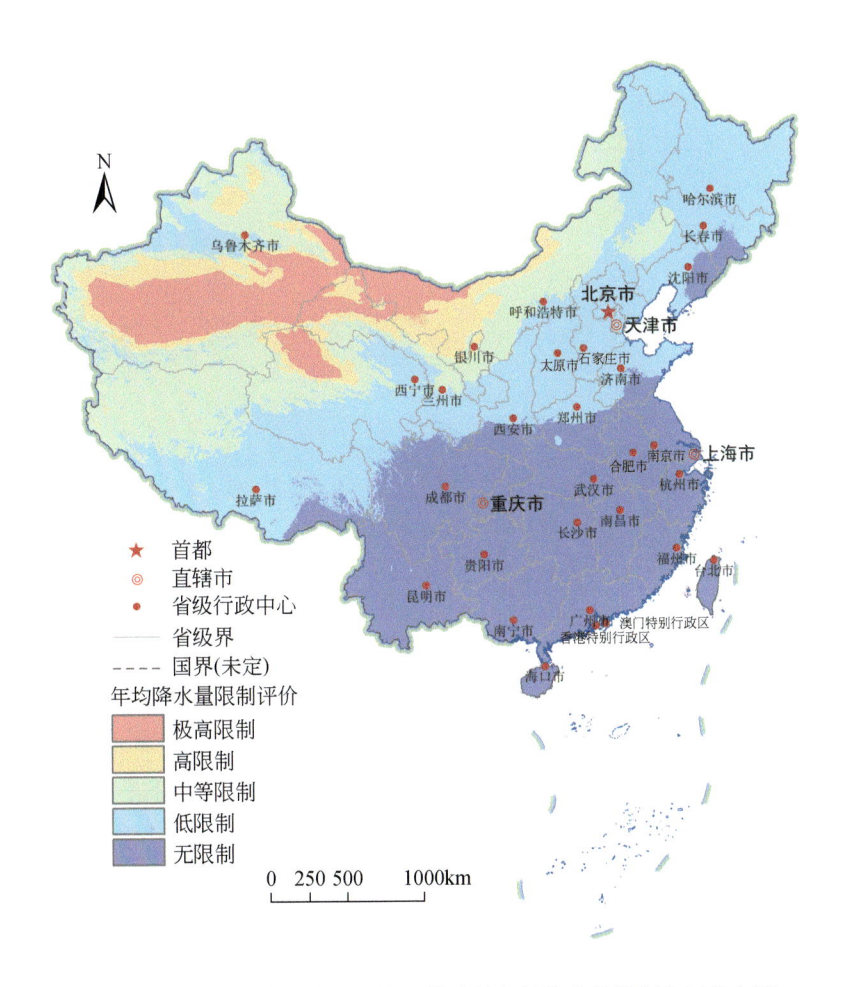

图 2-1 中国村镇建设资源环境承载力的年均降水量限制空间分布图

表 2-2　1 月 /7 月均温划分标准　　　　　　　　　　　　　　（单位：℃）

限制程度	无限制	低限制	中等限制	高限制	极高限制
1 月均温	>10	0~10	−10~0	−20~−10	≤−20
7 月均温	>30	25~30	18~25	10~18	≤10

1 月均温对村镇建设资源环境承载力的限制程度总体上呈北高南低的空间格局，南北差异显著（图 2-2）。云南南部及华南沿海地区属于 1 月均温无限制区，这些地区以亚热带季风气候区为主，冬季温度条件较好，1 月平均气温在 10℃以上，满足水稻生长的最低温度，农业资源和土地类型多样，有利于村镇资源开发和产业多样化发展。秦岭—淮河以南的江南丘陵、浙闽丘陵、长江中下游平原和四川盆地等地区属于 1 月均温低限制区，1 月平均气温在 0℃以上。该地区农业资源丰富，尤其平原和盆地地区的村镇建设资源环境承载力相对较高。高和极高限制区主要分布在东北、内蒙古、新疆北部和青藏高原等地区，

这些地区1月均温低于–10℃，部分地区甚至低于–20℃，旱、涝、低温冻害频繁，同时低温也给土地资源开发利用带来了一定难度，对村镇建设具有显著的限制作用。中等限制区分布范围也较为广泛，主要包括华北、黄土高原、川西高原、内蒙古中西部、新疆南部和甘肃等地区，1月均温总体低于0℃，村镇聚落布局和建筑对防寒有较高要求。

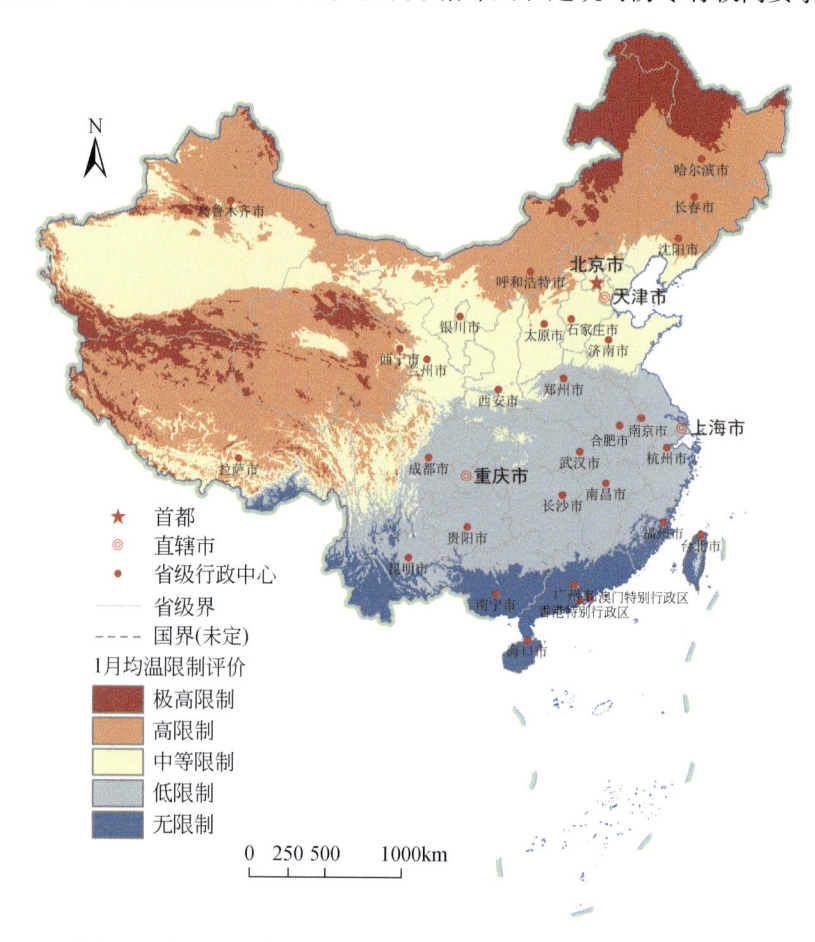

图2-2 中国村镇建设资源环境承载力的1月均温限制空间分布图

7月均温对村镇建设资源环境承载力的限制程度在空间上东西分异显著，总体上呈西高东低的地域分异特征（图2-3）。仅考虑7月均温的高低值水平，不考虑分布地区，7月均温高能够保证较好的热量资源；但加入对分布地区的考量时，当7月均温高值位于内陆降水量稀少的地区，就成为显著的高限制区。如图2-3所示，7月均温＞30℃地区主要位于吐鲁番盆地和准噶尔盆地局部地区，由于降水量低，因此对这些地区而言，＞30℃会限制居民生活。中东部平原、盆地、丘陵地区和新疆的盆地地区以低限制区为主，光热充足，其中中东部地区人居环境好，村镇布局选择的限制性因素较小（杨忍等，2016）。青藏高原地区绝大部分地区属于7月均温极高限制区，7月均温总体在10℃以下，受高山高原气候影响，农作物生长期短、积温严重不足，以畜牧业为主，不宜人类居住，对村镇建设资源环境承载力的限制明显。

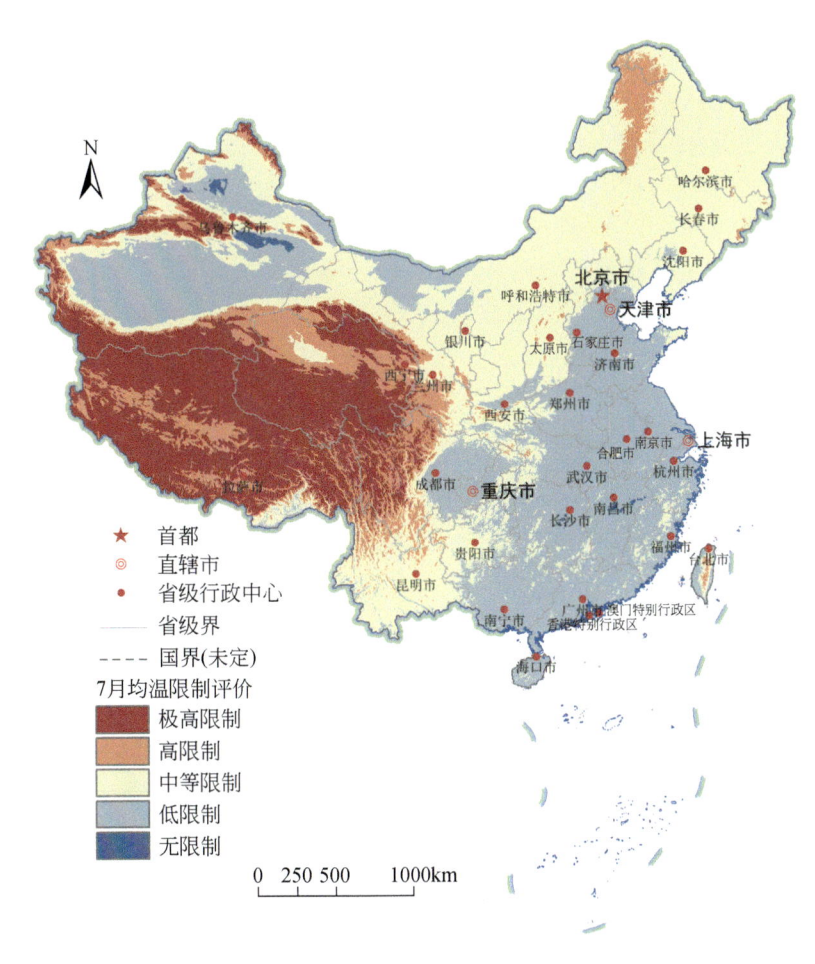

图 2-3　中国村镇建设资源环境承载力的 7 月均温限制空间分布图

2.2　土地和水限制

2.2.1　土地限制

2.2.1.1　地形地貌

海拔的区域差异能够反映地形条件对区域内水、气、热等资源要素的再分配作用，因此海拔属于村镇聚落建设和农业生产的自然基础要素。中国海拔空间分异显著，对村镇建设资源环境承载力的限制总体上呈西高东低的空间格局，与三大阶梯的分布格局具有一致性。将海拔限制程度分为以下几个等级：500m 以下为无限制区；500~1000m 为低限制区，1000~2000m 为中等限制区；2000~5000m 为高限制区；5000m 以上为极高限制区（图 2-4）。

从东西方向来看，第三级阶梯整体属于无限制区。该地区海拔多在 500m 以下，地形平坦，村镇聚落和人口分布密集，是中国主要的粮食产区。低限制区分布范围较小，主要位于无限制区边缘和新疆盆地的局部地区。第二级阶梯的内蒙古高原、黄土高原、云贵高原及新疆盆地地区多处于中等限制区，海拔集中分布在 1000~2000m，对村镇建设存在一定的限制作用。就黄土高原地区而言，村镇聚落主要分布在 1000~1500m，且随着海拔的增加，村镇聚落数量随之减少。青藏高原与云贵高原北部属于海拔的高限制区和极高限制区，海拔多在 2000m 以上，局部地区高达 5000m 以上。其中，青藏高原西部属于海拔的极高限制区，人居环境条件差，对村镇建设资源环境承载力的限制最为显著。

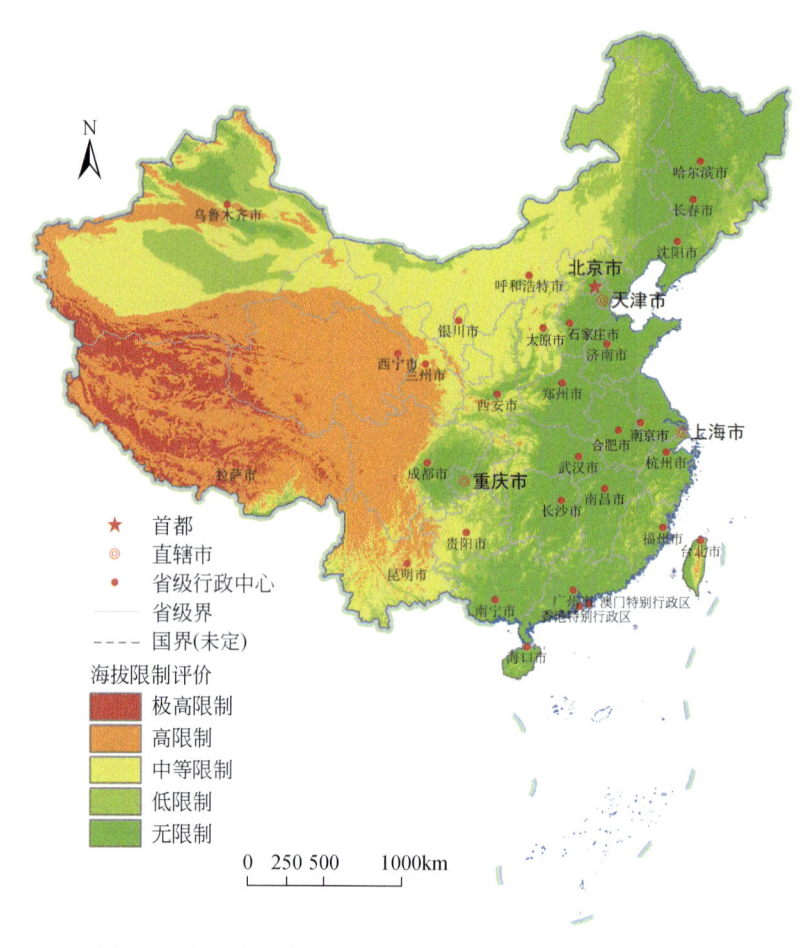

图 2-4 中国村镇建设资源环境承载力的海拔限制空间分布图

2.2.1.2 坡度

坡度决定了区域土地开发利用难易程度，是村镇聚落选址需要考虑的首要因素，直接关系到村镇空间分布、集聚特征及发展水平。中国村镇在坡度 2°以下范围内数量最多，约占全国村镇总数的 35.5%（周扬等，2020）。根据坡度对村镇聚落建设和农业生产的影响，将坡度限制程度划分为无限制、低限制、中等限制、高限制、极高限制五个等级（表 2-3）。

表 2-3　坡度划分标准

限制程度	无限制	低限制	中等限制	高限制	极高限制
坡度/(°)	0~5	5~15	15~25	25~30	>30

坡度对村镇建设资源环境承载力的限制在空间分布上表现为南高北低、西南高东北低的特征（图2-5）。坡度的无限制区主要位于第二级阶梯的塔里木盆地、准噶尔盆地、内蒙古高原、甘肃中西部、黄土高原北部、四川盆地等，以及第三级阶梯的东北平原、黄淮海平原和长江中下游平原。仅从坡度而言，这些地区对村镇聚落布局基本无限制。东北的山地地区、黄土高原和南方丘陵等地区整体以中低限制为主，对村镇建设资源环境承载力限制相对较低。

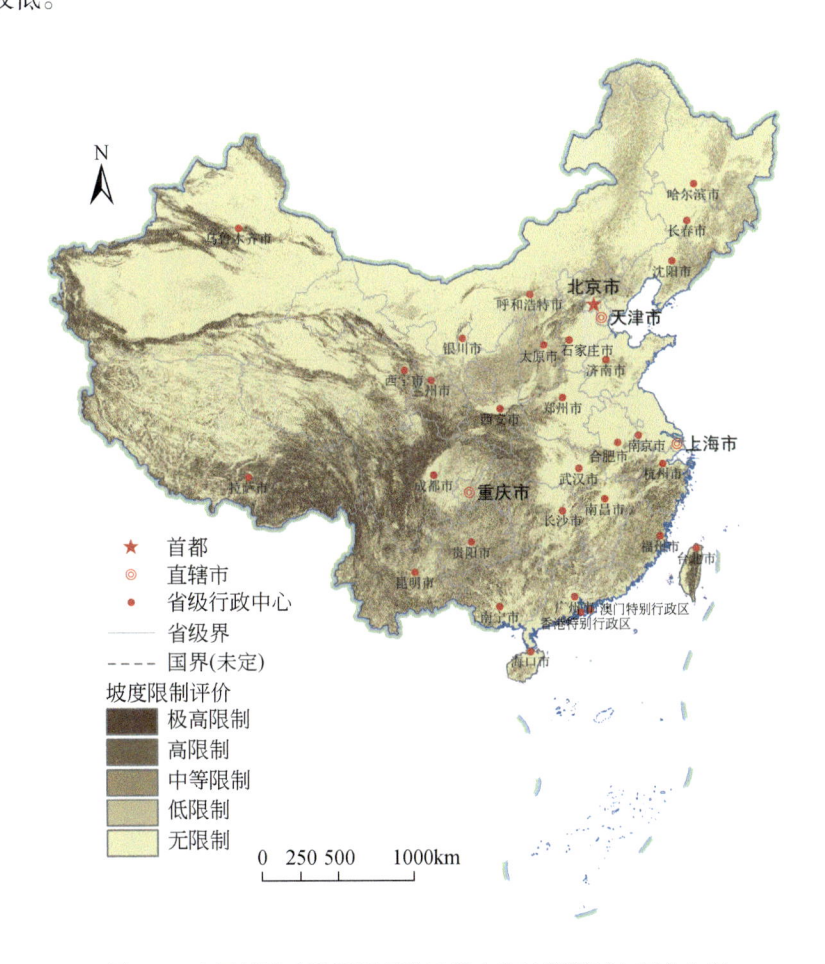

图 2-5　中国村镇建设资源环境承载力的坡度限制空间分布图

坡度高限制区和极高限制区主要分布在青藏高原东南部、秦巴山地、天山山脉、四川盆地外围山地等地区。这些地区坡度多在25°以上，达到聚落建设的坡度上限。同时，这些地区土层较薄、水力冲刷较大、侵蚀严重，不利于农业生产（周扬等，2020）。

2.2.1.3 地形起伏度

作为村镇发展的自然本底条件，地形起伏和缓地区更有利于村镇建设布局与发展。根据相关文献（肖池伟，2019），将地形起伏度对村镇建设资源环境承载力的限制程度划分为无限制、低限制、中等限制、高限制、极高限制五个等级（表2-4）。

表 2-4 地形起伏度划分标准

限制程度	无限制	低限制	中等限制	高限制	极高限制
地形起伏度	0~0.5	0.5~1	1~3	3~4	>4

地形起伏度对中国村镇建设资源环境承载力限制的东西差异显著，总体上呈西高东低的空间特征（图2-6）。地形起伏度对村镇建设资源环境承载力无限制区主要分布在第三级阶梯的东北平原、华北平原、长江中下游平原和四川盆地等地区。该类地区地形起伏和缓，以微小起伏为主，利于大规模村镇聚落建设，村镇聚落发育密集，且农业开发强度较高。低限制区分布范围较小，沿无限制区边缘分布。

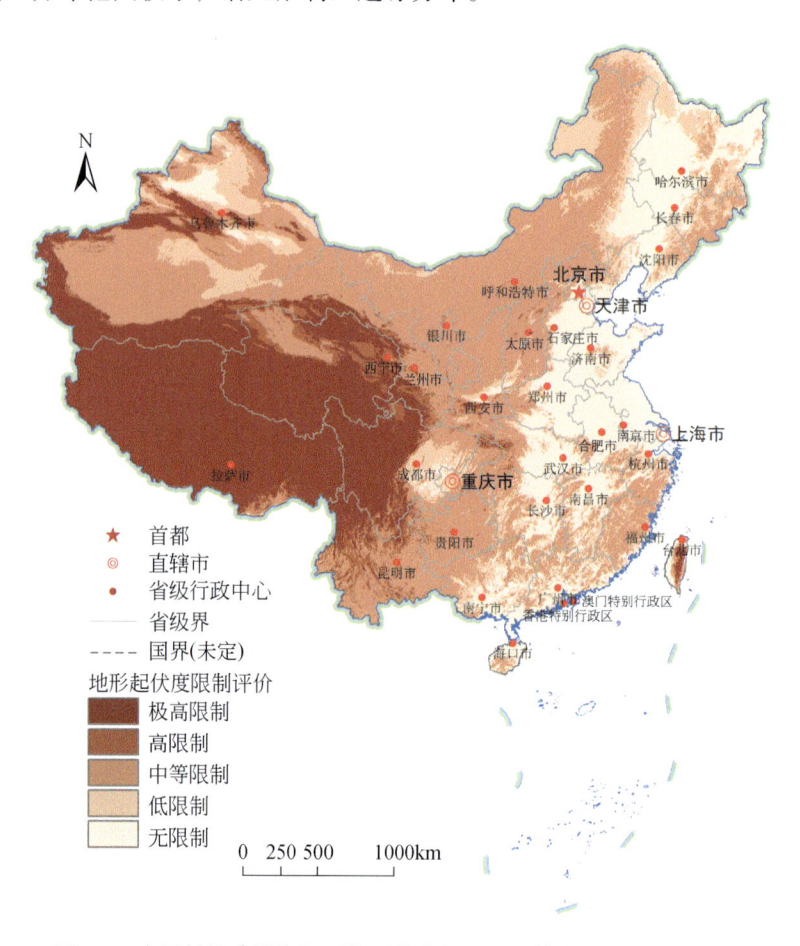

图 2-6 中国村镇建设资源环境承载力的地形起伏度限制空间分布图

中等限制区主要位于第二级阶梯的塔里木盆地、准噶尔盆地、内蒙古高原、河西走廊、黄土高原、云贵高原和大兴安岭等高原、山地地区，以及第三级阶梯的南方丘陵和长白山山地等地区。该类地区多为切割丘陵地和小起伏的高地，水土流失严重，对于村镇布局与建设存在一定程度的限制。例如，在黄土高原地区沟壑纵横，村镇多分布在地形起伏较为和缓的河谷阶地、坡麓坪地，而在黄土梁峁地区村镇分布较少。

地形起伏度极高限制区集中分布于青藏高原和天山山地。该类地区以切割山地和高山为主，地形起伏剧烈，村镇建设难度较大，村镇聚落分布稀疏，同时高原气候对种植业发展存在极强限制。地形起伏度高限制区分布范围也较小，主要环绕极高限制区外围分布。

2.2.2 水限制

2.2.2.1 地表水

河流作为重要的地表水资源，是村镇分布与发展的依托，能够为村镇建设提供生产生活用水。采用分位数法将河网密度划分为五级，以此表示河网密度对村镇建设资源环境承载力的限制程度（图2-7）。中国河网密度总体上呈东南高、西北低的空间格局，其对村

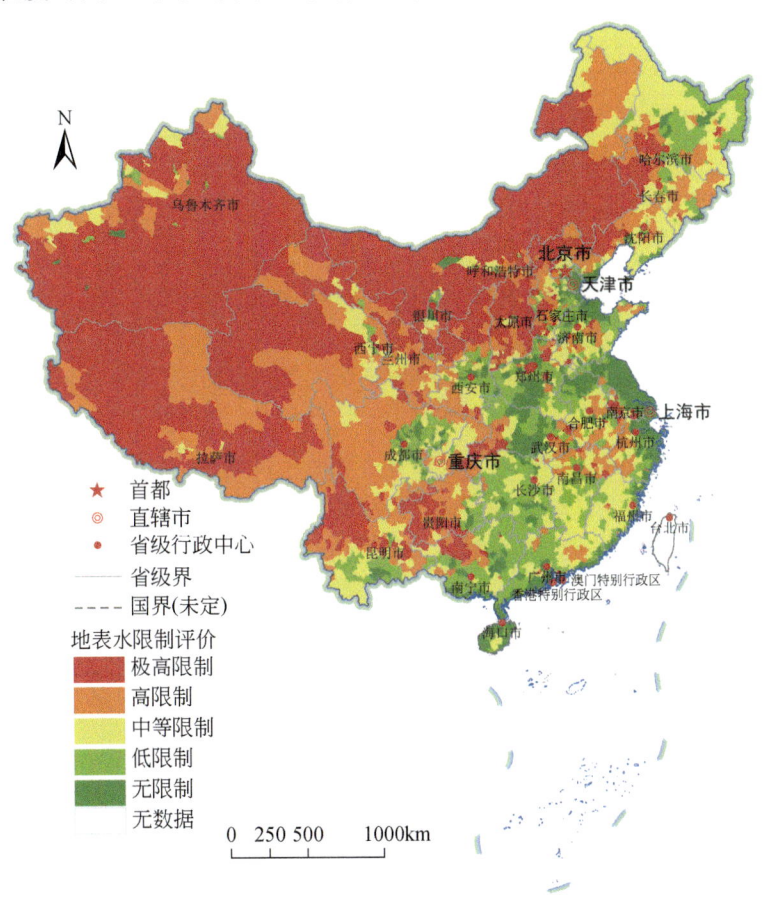

图 2-7 中国村镇建设资源环境承载力的地表水限制空间分布图

镇建设资源环境的限制程度自东南向西北呈增强趋势（图2-7）。河网密度中等及以下限制区总体位于黑河—腾冲线以东地区，且集中分布在以东地区的平原、盆地和丘陵。这些地区主要位于季风气候区，降水较为丰富，且地形起伏较小，河网密度高，有利于村镇聚落分布和农业生产。其中，无限制区主要分布在东部沿海平原、低地，尤其在长江三角洲及北部的淮河流域、渤海湾等地区分布最为显著。

河网密度高及以上限制区主要位于黑河—腾冲线以西地区，包括内蒙古高原、黄土高原、青藏高原、新疆和甘肃等地区，面积分布广泛。该地区以温带大陆性气候为主，深居内陆，降水较少，多沙地，水系结构简单，仅有干流和极少的一级河流，无法为村镇生产生活提供充足的地表水资源，对村镇建设具有明显的限制作用。另外，云贵高原地区虽然位于季风气候区，但由于受喀斯特地貌影响，河网密度也较低，存在地表水资源利用极高限制。

大型河流周边往往能够形成密集的村镇，除了与生产结构相关，便利的航运条件带来的地区人口和物资流动也是影响村镇建设资源环境承载力的重要因素。中国不同等级河流10km周边村镇密度具体表现为三级河流＞二级河流＞一级河流，且随着距离半径的增加，村镇密度逐渐降低；在2 km范围区内村镇密度变化显著，一级河流周边0.5~1.0 km、二级和三级河流周边0~0.5 km范围区内村镇分布密度最高（周扬等，2020）。

2.2.2.2　地下水

地下水承载能力是在一定时期和技术水平下，在保障地下水系统的资源、生态环境功能稳定且良性发展的前提下，区域地下水系统支撑当地各种经济社会活动的能力。地下水承载能力一方面会影响村镇人口规模，另一方面也会影响其建设强度。

地下水利用对村镇建设资源环境承载力的限制整体呈现西北高、东南低的特征（图2-8）。地下水利用中等及以下限制区主要位于黑河—腾冲线以东地区，其中无限制区主要位于华北、长江中下游和华南地区，主要受海拔、地形和地质条件影响，地下水利用开采限制较低。华北平原地区作为地下水支撑农业高产的重要粮食产区，地下水长期过量开采，区域地下水位下降严重，目前仅有33.3%的地区位于未超采未超载区，57.2%的地区位于超采未超载区，9.5%的地区位于超采超载区（刘敏等，2017）。黑河—腾冲线以东的南方丘陵、西南山地，以及松嫩平原、辽河平原等地区以中高限制为主。西南岩溶山区地下水资源承载能力相对较强，地下水允许开采资源量、资源保障程度均较高，地下水水源点数量多、资源量大；但受地质环境条件脆弱的影响，水资源时空分布不均且开发困难，工程性缺水问题凸显，是制约该区域村镇经济与生态环境发展的瓶颈（唐佐其等，2020）。松嫩平原和辽河平原种植业发展对地下水开采已达到较高强度。三江平原地区作为中国重要的商品粮基地，其地下水开发已有相当规模，但仍有一定的开发利用潜力，部分地区地下水资源仍有较大的承载能力，地下水资源供给情况比较乐观（付强等，2010）。

黑河—腾冲线以西地区呈现为地下水利用极高限制，涉及地区包括内蒙古高原、黄土高原、青藏高原、甘肃和新疆等地区，与地表水限制具有相似性。青藏高原冻土分布广泛，对地下水利用产生较强约束；其余地区降水少、蒸发旺盛，地表水资源较为匮乏，其村镇生产生活对地下水依赖极强。但气候条件、水资源禀赋和地质条件等对地下水利用限制显著，进而影响村镇建设资源环境承载力。

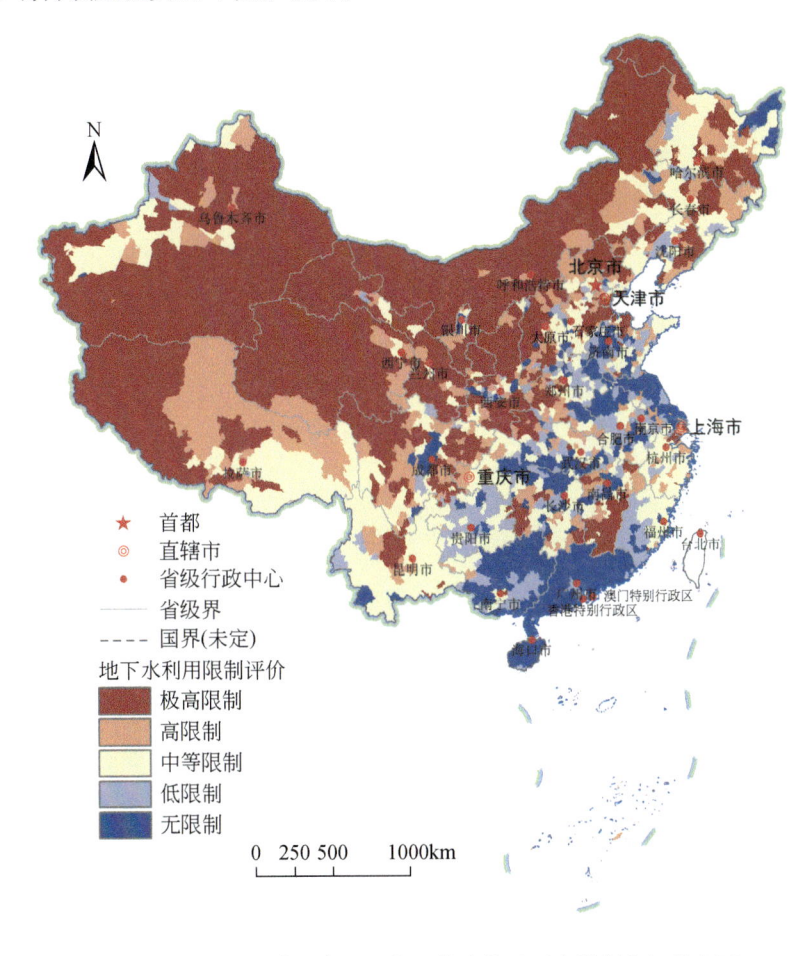

图 2-8 中国村镇建设资源环境承载力的地下水限制空间分布图

2.3 生态和灾害限制

2.3.1 生态限制

2.3.1.1 生态脆弱性

生态脆弱性是生态系统在特定时空尺度相对于外界干扰所具有的敏感反应和自我恢复能力，是生态系统的固有属性（蔡海生等，2003）。根据我国宏观气候、地貌、植被和土壤侵蚀等特征，从生态敏感性、生态弹性和生态压力三个角度对生态脆弱性进行综合评价。

生态脆弱性对村镇建设资源环境承载力的限制分为五级：无限制、低限制、中等限制、高限制、极高限制（图2-9）。生态脆弱性对中国村镇建设资源环境承载力的限制程度在空间分布上呈西高东低的空间格局。中东部平原和盆地地区以生态脆弱性无限制区为主，自然地理基础条件较为优越，村镇聚落密度较高，是种植业的优势集中区。中东部的丘陵和山地地区以生态脆弱性低限制区为主，村镇建设强度相对较高。以上地区总体属于季风气候区，地形起伏较为和缓，生态系统的自我恢复能力较强。生态脆弱性中等及以上限制区主要分布在西北干旱半干旱区，包括内蒙古、甘肃和新疆等地区，该类地区属于林草、农牧和荒漠绿洲混合交错区，水资源量少，植被覆盖度较低，生态敏感性较高，村镇分布较为稀疏且建设强度较低。青藏高原地区多种限制等级并存，呈现西高东低，其中东部主要为牧区和种植区，限制等级较低，西部冻土广布、生存环境恶劣，限制等级以中高等级为主。

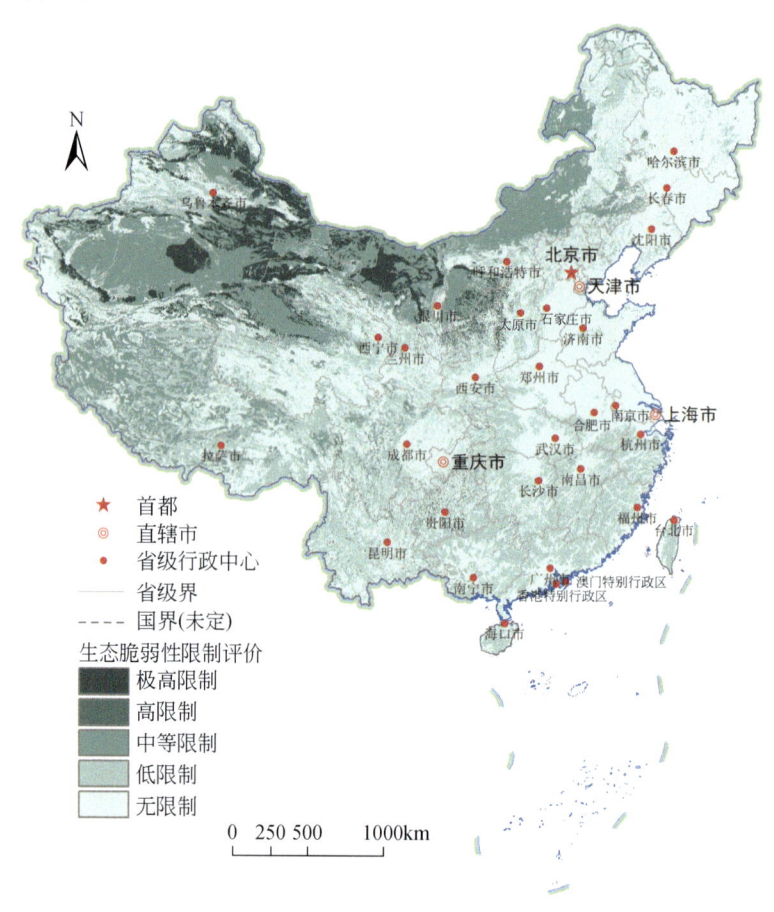

图2-9 中国村镇建设资源环境承载力的生态脆弱性限制空间分布图

2.3.1.2 生态重要性

生态重要性是表征区域生态系统结构和功能重要性程度的综合指标（牛晓楠等，

2022），明确生态系统在特定时空尺度的功能价值及其对区域可持续发展的作用与重要性。通过生态重要性评估能够推进村镇自然资源有序开发和产业合理布局，促使村镇建设与生态保护协调健康发展。生态重要性对村镇建设资源环境承载力的限制程度分为五级：无限制、低限制、中等限制、高限制、极高限制。生态重要性指标对中国村镇建设资源环境承载力的限制程度总体上呈西高东低的空间格局（图2-10）。生态重要性高限制区分布在青藏高原和内蒙古中东部地区。该地区草地覆盖率高，为中国主要的牧区，具有极强的生态重要性。生态重要性高限制区分布在青藏高原东南部、新疆和内蒙古部分地区。该地区以高原山地气候和温带大陆性气候为主，分布的新疆喀纳斯自然保护区、塔里木胡杨林保护区、阿尔金山高原生态自然保护区等地区都属于禁止开发区。这些地区地质环境脆弱，资源开发、村镇建设等人类活动易于破坏原有的自然环境而导致其生态功能受损。云贵高原、黄土高原、南方丘陵等地区以中等限制或低限制区为主。西南地区生态保护极重要区约占区域总面积的32.5%，川滇森林及生物多样性生态功能区等分布于此，对村镇建设具有一定的限制作用，需适度开发建设（林子雁等，2018）。生态重要性无限制区广泛分布在中东部的平原、盆地地区，该类区域适宜进行村镇建设和开发利用，村镇建设强度高。

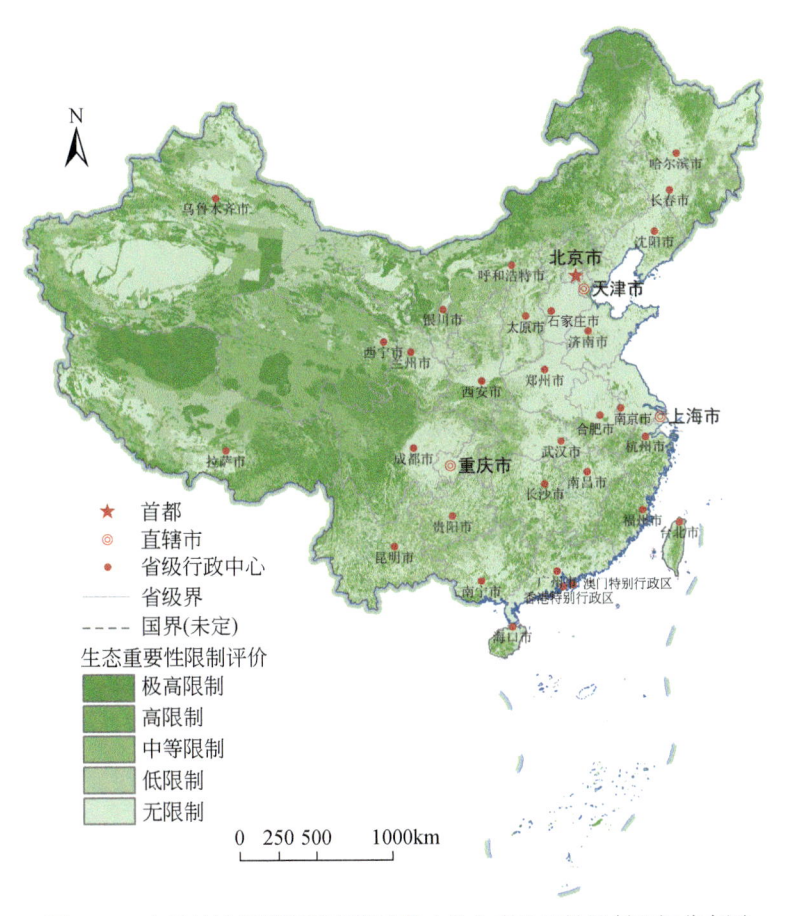

图2-10　中国村镇建设资源环境承载力的生态重要性限制空间分布图

2.3.2 灾害限制

地质灾害对村镇聚落分布和农业生产存在极大的威胁，对村镇建设资源环境承载力而言属于重要限制因素。以县域为基本单元，测算各县地质灾害密度，通过分位数法将其划分为五个等级：无限制、低限制、中等限制、高限制、极高限制（图2-11）。

地质灾害对村镇建设资源环境承载力的限制程度总体上呈南高北低、东高西低的空间格局（图2-11）。地质灾害高发区主要分布在西南山地、秦巴山地、黄土高原及浙闽低山丘陵等地区。这些地区山地、丘陵广布，地层岩性及构造复杂，同时不合理的人类工程活动等也加剧了地质灾害的发生，对村镇建设资源环境承载力的限制程度以高限制和极高限制等级为主。地质灾害低限制或无限制区主要分布在东北平原、华北平原、长江中下游平原、内蒙古高原、青藏高原及新疆等地区。该类地区内部地势平坦，滑坡、崩塌、泥石流等地质灾害发育较少，呈现出无显著限制。

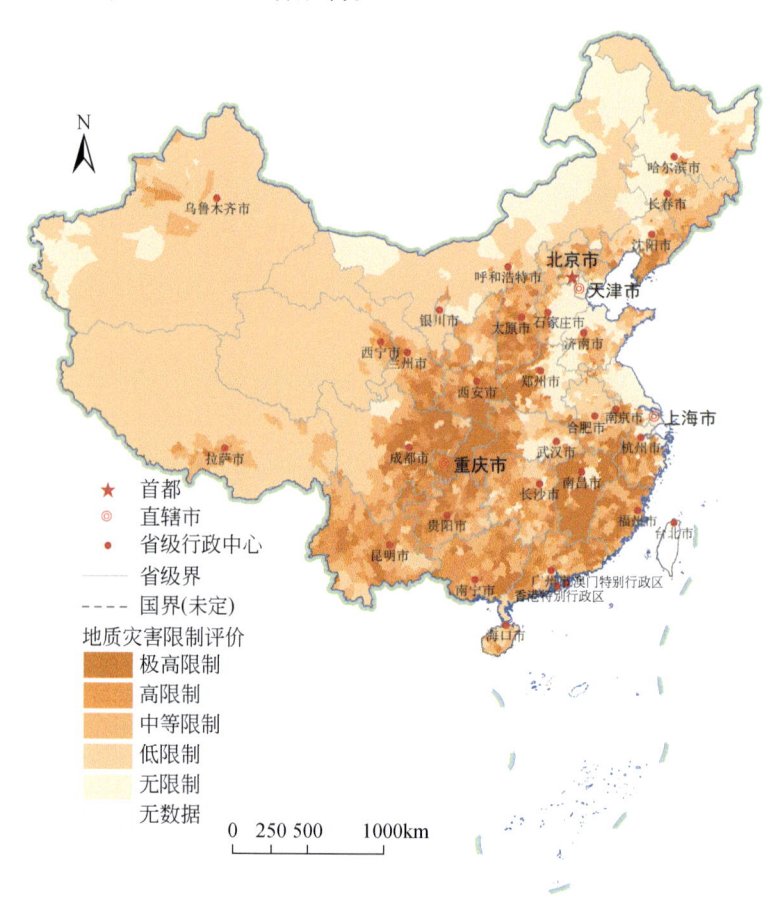

图 2-11 中国村镇建设资源环境承载力的地质灾害限制空间分布图

第 3 章　中国村镇建设资源环境分区分类研究

3.1　村镇建设资源环境分区

3.1.1　分区依据

中国村镇建设资源环境区划的目的在于揭示村镇建设与资源环境的地域差异性特点，研制村镇建设资源环境区划方案，为全国宏观层面村镇建设与发展提供空间管控和方向指引。村镇建设资源环境区划是综合揭示和反映村镇建设的资源环境条件、特点与潜力，以及村镇建设方向和途径的区域差异性及区内一致性的地域单元系统。基于此，中国村镇建设资源环境区划将遵循五大一般原则和五大特色原则。

3.1.1.1　分区原则

（1）一般原则

1）村镇建设的资源环境主导性原则。村镇建设资源环境系统具有层次性、复杂性和多样性。在区划的不同层级，以主导的影响因子作为边界识别的关键因子。例如，区分农区和牧区的主导因子是400mm等降水线，在划分农区村镇和牧区村镇时就应当以降水线为边界识别的主导依据；而农区、牧区与高寒区区分时则主要考虑积温。

2）村镇资源环境条件相对一致性原则。村镇建设受到自然基础和资源环境条件的深刻影响。中国村镇建设与发展应遵循自然地理环境的地域分异规律。在开展中国村镇建设资源环境区划时，要将当地气象气候、资源状况与环境特点等自然地理和资源环境条件有一致性与相似性的区域归为一种地域单元。

3）村镇地貌单元相对一致性原则。中国地域辽阔，地貌单元类型多样。不同地貌地区村镇建设的规模、型式和方向地域差异大，村镇建设对资源环境的作用强度也不尽相同。根据统计，全国村镇数量和密度在海拔0~200 m的区域内最高，分布受地貌类型约束显著。在边界识别时，尽量考虑将地貌类型一致的地区划为一个区。

4）村镇建设方向一致性原则。在水、土、生态、灾害和环境等资源环境条件支撑下，不同地区能够承载的村镇聚落建设规模会存在明显差异。在边界识别时，应将村镇建设方向相似的划分为一个区。

5）区域共轭性与行政单元边界完整性原则。区域共轭性原则，即空间连续性原则。

在分区过程中，要求所划的分区单元在空间上不可重复。参考中国以往各类自然和人文要素区划的实践经验，考虑到村镇建设与资源环境数据的可获得性和区划技术的可操作性，在开展中国村镇建设资源环境区划时，一级区和二级区以县级行政区划为基本空间单元，保持县级边界的完整性和县级行政单元的全域覆盖。

（2）特色原则

1）农业发展的自然条件应作为宏观尺度村镇建设资源环境空间分异的基础。

2）以资源环境最基础的本底条件为主，将影响村镇建设资源环境承载能力的主要因素作为指标。

3）充分使用已有相关区划的成果，如自然区划、农业区划、生态区划、生态地理区划、自然灾害区划、生态/环境功能区划、建筑气候区划等。

4）兼顾自然界线的稳定性和变动性。兼顾资源环境变化的因素对一些重要界线的变动影响，对由于技术进步或气候变化等因素带来的农业生产格局和自然界线变化的情况，适当加以考虑，但总体上按照已有区划的方案判定界线。

5）宜粗不宜细，体现宏观格局。根据大尺度的自然区划界线，落实行政单元的分区归属。

3.1.1.2 分区指标

结合村镇建设资源环境各等级的区划目标，主要选取反映村镇聚落建设和农业生产等的资源环境指标，构建村镇建设资源环境区划指标体系（表3-1）。

表3-1 中国村镇建设资源环境区划指标体系

区划等级	主要指标	辅助指标	来源
一级区	年均降水量 ≥10℃积温	—	中国农业自然区划（刘明光，2010）
二级区	1月均温 7月均温 年均降水量 ≥10℃积温	地貌/7月相对湿度	中国建筑气候区划[《建筑气候区划标准》（GB 50178—93）]；民用建筑热工区划[《民用建筑热工设计规范》（GB 50176—2016）]；中国农业综合自然区划（刘光明，2010）

村镇建设资源环境一级区：主要考虑到村镇建设农区、牧区、高寒区的差异，因此选取了年均降水量和≥10℃积温作为主要指标。

村镇建设资源环境二级区：反映了气候条件对村镇建设的影响。在聚落建设方面，主要区划指标为1月/7月均温、7月相对湿度；在农业生产方面，主要区划指标为≥10℃积温和年均降水量。

3.1.1.3 区划指标阈值厘定

(1) 村镇建设资源环境一级区划指标阈值

村镇建设资源环境一级区划指标主要选取年均降水量和≥10℃积温。参考丘宝剑和黄秉维的农业自然区划（丘宝剑，1986；刘明光，2010）的农业综合自然区划，这两个指标的阈值如表3-2所示。

表3-2　年均降水量和≥10℃积温阈值划分标准

指标	阈值	含义
年均降水量/mm	≤400	牧区
	>400	农区
≥10℃积温/℃	≤2000	高寒区

(2) 村镇建设资源环境二级区划指标阈值

1月均温和7月均温作为村镇建设资源环境二级区划指标，阈值借鉴《建筑气候区划标准》（GB 50178—93）的建筑气候区划，以及《民用建筑热工设计规范》（GB 50176—2016）的建筑热工设计区划（表3-3）。影响农业生产的≥10℃积温和年均降水量（表3-4），阈值主要借鉴丘宝剑和黄秉维的农业自然区划（刘明光，2010）。

表3-3　1月、7月均温和7月相对湿度划分标准　　（单位：℃）

指标	严寒区	寒冷区	夏热冬冷区	夏热冬暖区	温和区	寒冷-严寒区	寒冷-严寒区
1月均温	≤-10	(-10~0]	(0~10]	>10	0~13	0~-22	-5~-20
7月均温	≤25	18~28	25~30	25~29	18~25	<18	≥18

表3-4　年均降水量和≥10℃积温阈值划分标准

≥10℃积温/℃	主要熟制/a	年均降水量/mm	主要植被	农业生产主要类型
>4500	2~3	>800	森林	水田
3400~4500	1~1.5	400~800	森林、草原、草甸	旱地
1600~3400	1	200~400	草原	牧业、灌溉农业
≤1600	1	≤200	荒漠	牧业、灌溉农业

3.1.1.4 方法

1）空间叠置法，是贯彻综合性原则常用的方法，是将同一地区的两组或两组以上的要素（图层）进行叠置，产生新的特征（新的空间图形或空间位置上的新属性）的分析方法。例如，村镇建设资源环境一级区主要将降水和积温等要素叠加后进行分区边界识别。

2）主导标志法，即通过综合分析选取某种反映地域分异主导因素的自然标志或指标，作为划定区界的依据。每一个区域单元都存在自己的分异主导因素，但反映这一主导因素的不仅仅是某一主导标志，而往往是一组相互联系的标志和指标。对能够反映村镇建设资源环境地域分异的关键指标或标志进行综合分析，以其结果作为区划的依据。在村镇建设资源环境二级区划分时，要依据各气候因子的主导界线进行划分。

3）地理相关法，这是一种运用各种专门地图、文献资料及统计资料对各种自然要素之间的相互关系做相关分析后进行区划的方法。充分比较分析各区划指标的分析图和分布图，在了解村镇建设资源环境地域分异规律的基础上，对若干重要区划指标之间相互关系进行分析，确定区划的界线。

4）区划对比与专家经验法。在定量化的研究中，由于指标的选取和分级标准等的不同，往往使区划结果出现差异。为此，在中国村镇建设资源环境区划方案的研制中，将通过把计算机给出的区划结果与农业区划和建筑气候区划等进行比对，并充分考虑专家经验判断，对区划结果进行人为校正和完善，以避免分区出现明显错误和过度碎片化。

3.1.2 分区方案

3.1.2.1 中国村镇建设资源环境一级区划

中国村镇建设资源环境一级区主要将400mm等降水线和2000℃的积温（≤10℃）线作为边界识别的主要标志。结合分区原则、方法和技术，将中国村镇建设资源环境一级区分为三个：东部村镇区域、西北村镇区域和青藏村镇区域。东部村镇区域在各项基本要素方面数值均十分显著，在这不到半数的国土囊括了全国绝大部分的乡镇单元（89.42%），是村镇分布的集中区（表3-5，图3-1）。

表3-5 中国村镇建设资源环境一级区基本特征

一级区名称	区域面积占比/%	乡镇单元占比/%
东部村镇区域	46.95	89.42
西北村镇区域	29.10	6.29
青藏村镇区域	23.95	4.29

3.1.2.2 村镇建设资源环境二级区划

中国村镇建设资源环境二级区主要将1月/7月均温、年均降水量、≥10℃积温作为主导指标，将7月相对湿度作为辅助指标，进行分区。结合分区原则、方法和技术，在一级区的基础上将中国村镇建设资源环境二级区分为10个（表3-6）。东部村镇区域，包括5个二级区，其中长江流域热湿冬冷环境两熟水旱农作村镇地区的面积虽然低于西北村镇区域的西北内陆寒干环境牧业兼灌溉农作村镇地区，但乡镇单元占比最高。西北村镇区域，包括两个二级区，其中西北内陆寒干环境牧业兼灌溉农作村镇地区的面积占比最高，但乡镇单元占比整体低于东部村镇区域各二级区。青藏村镇区域，包括3个二级区，其中青藏高原东南部寒冷半干湿环境牧业兼灌溉农作村镇地区的面积占比最高，且乡镇单元占比也高于青藏村镇区域的另外两个二级区（图3-2）。

图 3-1　中国村镇建设资源环境一级区划

表 3-6　中国村镇建设资源环境二级区基本特征

一级区名称	二级区代码	二级区名称	区域面积占比/%	乡镇单元占比/%	≥10℃积温/℃	1月均温/℃	7月均温/℃	年均降水量/mm
东部村镇区域	I	东北寒湿环境一熟旱农作村镇地区	10.13	8.36	2 515	−19.37	20.81	603
	II	黄土高原及华北冷湿环境一到两年三熟旱农作村镇地区	10.81	24.92	3 691	−5.30	23.68	577
	III	长江流域热湿冬冷环境两熟水旱农作村镇地区	16.09	40.71	5 421	4.66	26.98	1 316
	IV	华南热湿环境两到三熟水农作村镇地区	4.19	7.61	7 690	13.22	23.98	1 719
	V	云贵高原及川西温润环境两熟水旱农作村镇地区	5.73	7.82	5 061	7.53	21.28	1 152
西北村镇区域	VI	内蒙古高原中东部寒冷半湿环境牧业兼灌溉农村镇地区	6.22	1.97	2 838	−15.79	22.13	289
	VII	西北内陆寒干环境牧业兼灌溉农作村镇地区	22.88	4.32	2 996	−11.53	21.23	237
青藏村镇区域	VIII	青藏高原东南部寒冷半湿环境牧业兼灌溉农作村镇地区	12.00	3.86	752	−12.10	8.28	663
	IX	青藏高原西北部极寒旱环境牧业村镇地区	10.57	0.25	622	−16.79	8.58	297
	X	青藏高原南部温润环境牧业兼灌溉农作村镇地区	1.38	0.18	3 169	−0.20	14.75	929

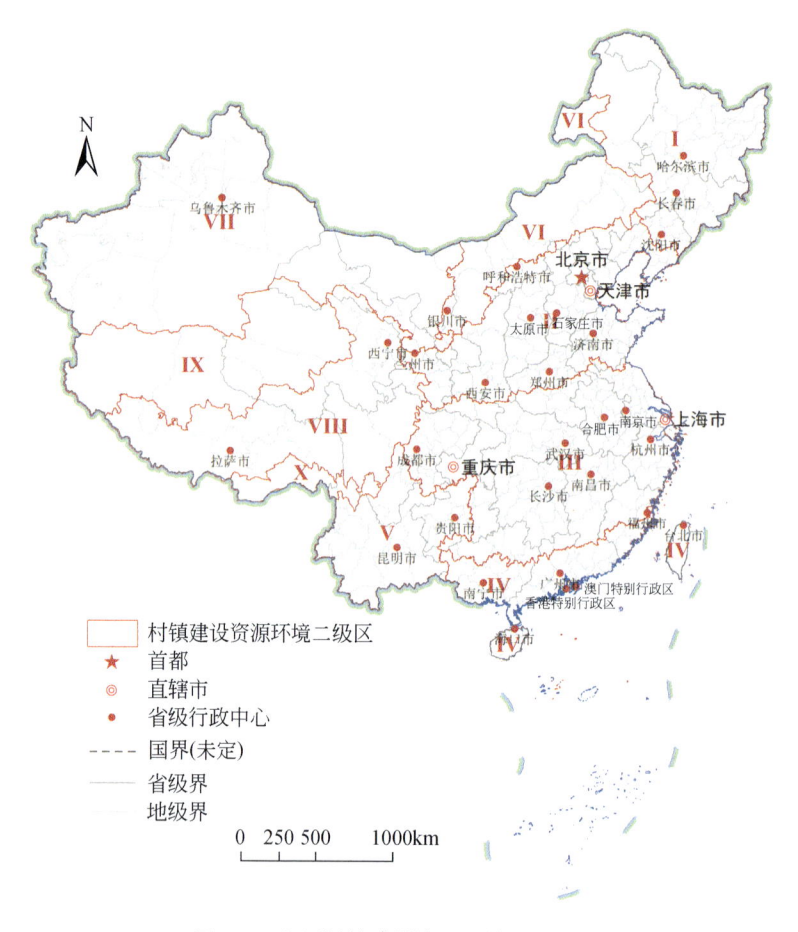

图 3-2 中国村镇建设资源环境二级区划

3.1.2.3 分区基本特征

（1）东部村镇区域

A. 东北寒湿环境—熟旱农作村镇地区

该二级区包括黑龙江省、吉林省、辽宁省东北部、内蒙古自治区东部，地形单元包括东北平原、大兴安岭北部、小兴安岭和长白山。该分区1月均温≤-10℃，年均降水量大部分介于400~800mm，≥10℃积温≤3400℃。该区是中国粮食主产区之一，农业发展以旱作农业和林业为主。冬季严寒和低热量条件是限制该区村镇聚落建设和农业生产的重要因素。

B. 黄土高原及华北冷湿环境—到两年三熟旱农作村镇地区

该二级区包括北京市、天津市、河北省、山东省、山西省、陕西省的关中和陕北地区、甘肃省的甘南和陇东地区、河南省中北部地区、内蒙古自治区南部部分地区、辽宁省西南部地区，地形单元包括华北平原、黄土高原、辽河平原南部。该分区1月均温整体≤0℃，年均降水量大部分介于400~800mm，≥10℃积温在华北平原和关中盆地地区

>4500℃、其余地区总体介于 1600~4500℃。冬季严寒是限制该区村镇聚落建设和居民生活的重要因素。该区为中国的粮食主产区和村镇人口集聚区，但从降水量来看，属于半湿润地区。高强度的农业需水和生活需水是该区村镇建设面临的主要问题。

C. 长江流域热湿冬冷环境两熟水旱农作村镇地区

该二级区包括上海市、江苏省、安徽省、浙江省、江西省、湖北省、湖南省、重庆市、四川省东部地区、陕西省和河南省南部地区、贵州省东部地区、广西壮族自治区和广东省北部地区和福建省中北部地区，地形单元包括长江中下游平原、淮河平原、四川盆地、江南丘陵和浙闽丘陵。该分区 1 月均温 >0℃，7 月均温 >25℃，≥10℃积温平均约5421℃，年均降水量 >800mm。该区夏季炎热、湿度高会影响村镇居民生活和聚落建设，但雨热同期等条件有利于农业生产。该分区也是中国的粮食主产区和村镇人口集中区。丘陵、山地地区对村镇聚落建设和农业耕地垦殖具有一定的限制性。

D. 华南热湿环境两到三熟水农作村镇地区

该二级区包括广东省、海南省、香港特别行政区、澳门特别行政区、台湾省、广西壮族自治区中南部、福建省东南部，地形单元主要包括两广丘陵、珠江三角洲和文本盆地等。该分区，1 月均温 >10℃，7 月均温总体 >28℃，≥10℃积温约 7690℃，年均降水量 >800mm。该区是我国重要的热带作物分布区，但夏季高温、高湿度影响村镇居民生活。另外，多山地、丘陵的地形条件也影响了当地村镇聚落和种植业的布局和发展。

E. 云贵高原及川西温润环境两熟水旱农作村镇地区

该二级区包括云南省、贵州省西南部地区和四川省南部地区，地形单元包括云贵高原、横断山南部。该区 1 月均温 >0℃，7 月均温在 18~25℃，≥10℃积温大部分地区 >4500℃，年均降水量 >800mm。气候等条件对村镇建设限制不显著，但较高的地形起伏度和多发地质灾害对村镇居民生活和农业生产限制较明显。

（2）西北村镇区域

A. 内蒙古高原中东部寒冷半湿环境牧业兼灌溉农作村镇地区

该二级区包括内蒙古自治区中东部地区、宁夏回族自治区中北部地区，地形单元包括内蒙古高原、河套平原、宁夏平原等。该分区 1 月均温 ≤ −10℃，7 月均温在 18~25℃，≥10℃积温 ≤ 3400℃，年均降水量 ≤ 400mm。该分区是中国重要的牧区和灌溉农业分布区，其冬季严寒、全年热量和降水条件差等因素影响村镇聚落建设和农业生产。灌溉农业对水资源依赖较大，农业需水强度高。

B. 西北内陆寒干环境牧业兼灌溉农作村镇地区

该二级区包括内蒙古自治区西部地区、新疆维吾尔自治区、甘肃省的陇中和陇西地区，地形单元包括阿拉善高原、河西走廊、甘肃北部山地、塔里木盆地、准噶尔盆地、天山、阿尔泰山等。该分区 1 月均温 ≤ −10℃，7 月均温在 18~28℃，≥10℃积温在塔里木盆地 >4500℃、昆仑山和天山等山地则 ≤ 1600℃、其余地区总整体介于 1600~4500>0℃，年均降水量 ≤ 200mm。该分区农业发展以畜牧业、灌溉农业和绿洲农业为主。冬季严寒，降水量低，地表水资源匮乏，使得该分区村镇聚落和农业生产分布的集聚性较强。

(3) 青藏村镇区域

A. 青藏高原东南部寒冷半干湿环境牧业兼灌溉农作村镇地区

该二级区包括西藏自治区中部地区、青海省东部地区、四川省西部地区，地形单元包括青藏高原东南部、柴达木盆地、河湟谷地、雅鲁藏布江谷地等。该分区1月均温为-22℃~-5℃，7月均温≤18℃，≥10℃积温≤1600℃，年均降水量总体介于400~800mm。该分区农业以畜牧业和种植业为主。该分区海拔较高，使得冬季寒冷，热量条件限制显著，农作物适宜的生长期短，且适宜种植区较小。

B. 青藏高原西北部极寒旱环境牧业村镇地区

该二级区包括青海省西部地区、西藏自治区西北部地区，地形单元包括藏北高原等。该分区1月均温位于-22℃~-5℃，7月均温≤18℃，≥10℃积温≤1600℃，年均降水量整体介于200~400mm。该分区冬季严寒，同样受热量条件限制，冻土广布，人居环境差，人口和聚落稀少。

C. 青藏高原南部温润环境牧业兼灌溉农作村镇地区

该二级区包括西藏自治区南部地区、云南省西北部地区，地形单元为喜马拉雅山南麓和横断山中段。该分区1月均温为-5℃~0℃，7月均温≤18℃，≥10℃积温平均约为3170℃（部分地区＞4500℃），年均降水量在大部分地区＞800mm。该分区是青藏高原热量条件最好的地区，同时降水条件也较好，适宜村镇聚落和种植业分布。

3.2 村镇建设主导功能分类

3.2.1 分类原则

我国村镇数量众多，但由于资源禀赋的差异性、社会经济发展的不均衡性及土地利用方式的多样性，使其呈现出功能类型多元化、主导功能差异化和功能组合复杂化的特点。村镇建设功能类型是对村镇地域自然、经济、社会等多方面发展特征在地域空间上差异性的客观描述，其主导功能类型识别需要遵循以下原则。

（1）"自上而下"与"自下而上"综合判断

在村镇地域系统内，资源环境作为承载体，是村镇发展的基础；而村镇建设作为承载对象，其社会经济发展离不开与资源环境本底的相互耦合和协调。村镇建设功能分类应以甄别承载对象的类型与格局为重点内容，科学研制"自上而下"与"自下而上"相结合的主导功能分类方案，自上衔接国家主体功能区划及省市县级国土空间规划，自下与村镇资源环境本底相协调。

（2）优势资源与限制因素相互权衡

资源禀赋赋予了村镇不同的发展潜力，但我国村镇数量众多、地域广泛，资源禀赋差异较大、自然灾害不尽相同，而全面反映村镇发展建设实际的社会经济数据又较难获得，村镇主导功能类型识别既要考虑优势资源，也要考虑限制因素，并采用正向思维和逆向思维相结合的方法综合判断，即正向思维确定优势功能，逆向思维确定非优势功能，两者结合综合确定全国村镇建设的主导功能类型。

（3）发展方向与发展模式高度统一

村镇建设类型由于承载体与承载对象的性质和类别的不同，而存在一定差异，应基于一定村镇地域的资源禀赋状况、地理环境条件、经济发展基础和比较优势，科学甄别村镇发展方向、特点相一致的地域，系统梳理具有地域特色的村镇发展模式，因地制宜、分类施策、分区推进，为实施乡村振兴的地域差异化战略提供科学依据。

（4）定量测算与定性判断有机结合

通过采用指标构建、空间解构、模型分析、专家决策支持等定量和定性相结合的方法，尽量减少人为主观因素的影响。但定量测算通常受限于数据来源和指标的选择，还需结合自然区划、农业区划、主体功能区划等研究成果和专家经验，提高区域认知的准确性和分类方案的合理性。

（5）空间连续性与行政区划完整性

区域划分的空间单元是一个连续整体，不同地域系统类型之间具有较强的空间异质性，但其内部又具有相对一致性。考虑到行政区划仍是国家重大战略和政策实施的组织基础，对属于同一地域系统类型但又独立分布的少数村镇，则通过邻近归类调整，保证分类边界的完整性。

（6）类型划分普适性与特色性兼顾

村镇建设主导功能类型划分方法和思路应能够在全国不同村镇地域普遍推广运用，同时类型的设计也要兼顾少量特殊地域的村镇建设特色类型，如特色小镇、民族村落等。

3.2.2 分类思路

针对村镇建设与资源环境协调性评价及分区分类进行村镇承载力测算的现实需求，本研究在遵循村镇发展地域分异规律的基础上，依据"压力—状态—响应"分析框架，建立反映村镇承载对象特征的指标体系，通过逐级筛选，结合主体功能区划、生态规划、农业区划，衔接国土空间发展战略，充分考虑区域要素的分异性和一致性，划分不同空间层级、不同功能等级的相对独立、有机联系的特色地域单元，最终得出分类结果。村镇建设类型由于承载体与承载对象的性质和类别的不同，而存在一定差异，结合村镇建设的资源环境"压力—状态—响应"特征，可以将全国乡镇划分为三种一级主导类型，案例区村镇划分为六种二级主导类型（表3-7）。

（1）全国乡镇一级类划分思路

主要根据资源环境本底供给差异，遵循村镇发展地域分异规律，在全国县域主体功能类型的基础上，以推进主体功能区细化落地、衔接国土空间规划和乡村振兴规划为宏观目标，以提高村镇建设与资源环境区划方案成果和承载力多目标测算的指导效用为具体目标，将县域主体功能降尺度到乡镇尺度。针对全国乡镇，根据其水、土、生态资源在县域中的占比情况，以及村镇建设、农业发展和生态保育适宜性，将乡镇级别行政区分为综合型、农牧型和生态型三大主导功能类型。

表 3-7　不同村镇建设主导功能类型"压力—状态—响应"特征

村镇建设主导类型		社会经济压力	资源环境状态	村镇建设响应
一级类	二级类			
农牧型	种植类	人口规模、粮食产量、林业产值、蔬菜瓜果产量	人均耕地面积、水土环境质量、地均水资源消耗量	种植结构、单位耕地面积施肥量、水资源利用效率、土地综合整治
	养殖类	人口规模、肉类产量、水产品产量	水环境质量、养殖水资源消耗量、草地退化程度	环保养殖面积占比、养殖粪污处理水平、水资源利用效率、禁牧休牧措施、禁渔养殖措施、人工草地建设
综合型	产镇融合类	人口规模、经济产值	人均居住面积、人居环境质量、人均水资源消耗量、建设用地整合度	环保投入水平、水资源利用效率、土地利用效率
	工业类	非农经济和人口规模	水环境质量、单位产值水资源消耗量、建设用地整合度	
	商旅类	非农经济规模、旅游人口规模	人居环境质量、人均水资源消耗量、生活垃圾产生量、建设用地整合度与闲置率	
生态型	生态保育类	人口规模	土地垦殖率、土地开发强度、水源涵养能力、植被覆盖率、生态退化区面积	自然保护区面积占比、生态公益林建设、水土流失治理面积、退耕还林面积

（2）案例区村镇二级类划分思路

主要根据经济社会发展状态差异，针对典型案例区，根据村镇人口、农业生产、二三产业、生态保护等指标，以村镇最大优势类型为依据，分为产镇融合类（产业发展与人居功能主导类）、种植类、养殖类、工业类、商旅类和生态保育类六大主导功能类型。对具体的村庄而言，根据发展实际或地域、民族、政策导向差异等特殊情况可以细化为不同类型（图3-3）。

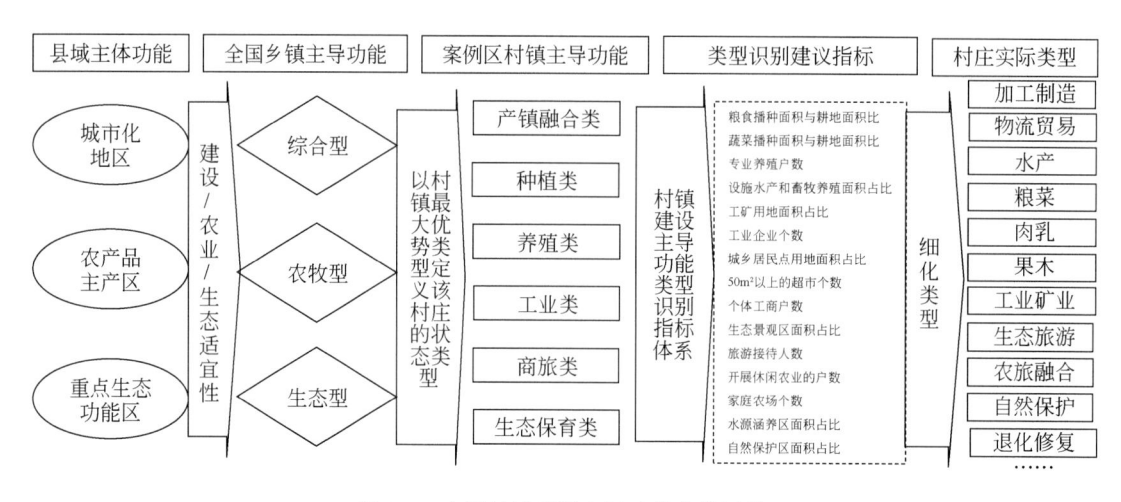

图 3-3　中国村镇建设主导功能分类思路

3.2.3 分类技术

对全国乡镇而言，在主体功能区（城市化地区、农产品主产区、重点生态功能区）框架下，按照乡镇在其所属县域优劣势资源（建设用地与耕地适宜面积、生态保护极重要/脆弱区面积、农田生产潜力、草地生产潜力、人口等），综合确定全国乡镇建设的主导功能类型。其中，乡镇在县域中的优劣势资源的识别分别根据正向思维和逆向思维来确定：①采用正向思维确定优势功能，即乡镇耕地适宜面积、建设用地适宜面积、生态保护极重要和极脆弱区面积占县域比例越大，其分别对应的功能越强。②采用逆向思维确定非优势功能，即对城市化地区来说，其农田生产潜力和草地生产潜力越高、人口比例越低，其功能劣势越明显；对农（牧）产品主产区来说，其人口比例越高、生态保护越强，其功能劣势越明显；对重点生态功能区来说，其人口比例越高、农田生产潜力和草地生产潜力越高，其功能劣势越明显（图3-4）。

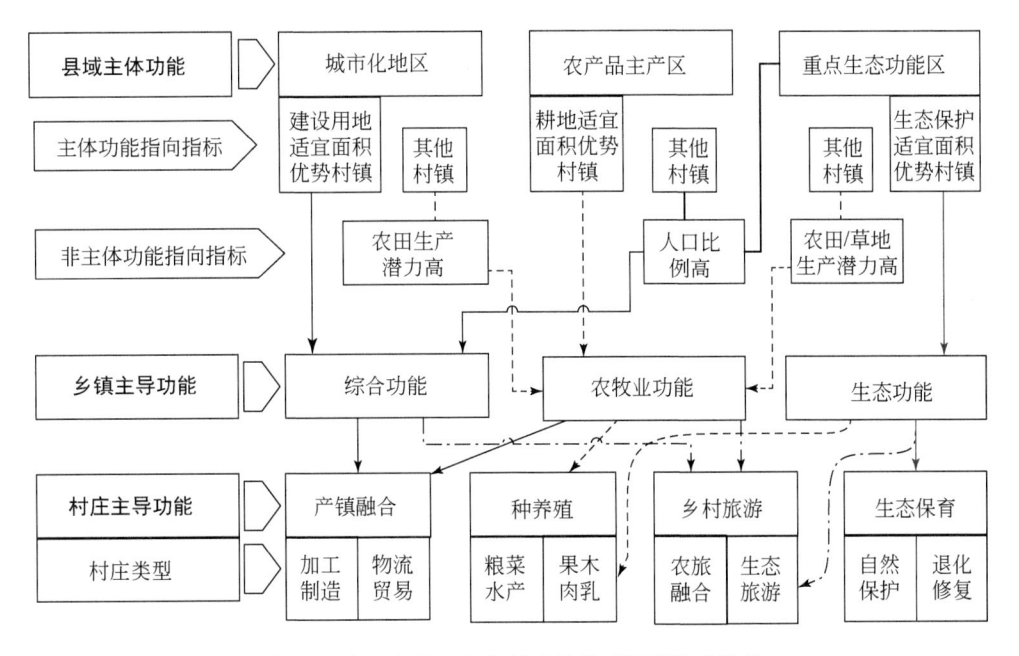

图3-4　全国乡镇一级主导功能类型识别技术路线

对具体案例区而言，结合资源环境承载力视角的村镇建设类型及其主要表征，综合相关数据的可得性，在遵循相对完整性和稳定性、科学性和可操作性、全面性和主导性等原则的基础上，进行村镇建设分类指标选取（表3-8）。

表3-8　村镇建设类型识别指标体系

村镇建设主导类型	发展模式	核心指标
产镇融合类	人口居住和生活，预估城镇周边地区、城中村	常住/户籍人口比，教育医疗资源等
种植类	粮食种植、蔬菜瓜果种植、林木花卉种植，包含都市农业	耕地面积、粮食产量、林业产值、蔬菜瓜果产量等

续表

养殖类	畜禽养殖，水产养殖	肉类产量、水产品产量、畜牧业产值、渔业产值
工业类	工业矿业为主导	工业产值、规模以上工业企业数等
商旅类	商服旅游三产为主导	餐饮、批发零售收入，旅游收入等
生态保育类	生态环境保护为主导	重要性生态功能区、重大灾害影响区等面积，土地退化面积

根据村镇建设分类指标体系，先进行单项指标的村镇建设分类，之后进行复合指标的村镇建设分类，最后结合国家和省主体功能区划、全国生态功能区划和农业区划对分类结果进行叠加，得出最终方案（图3-5）。

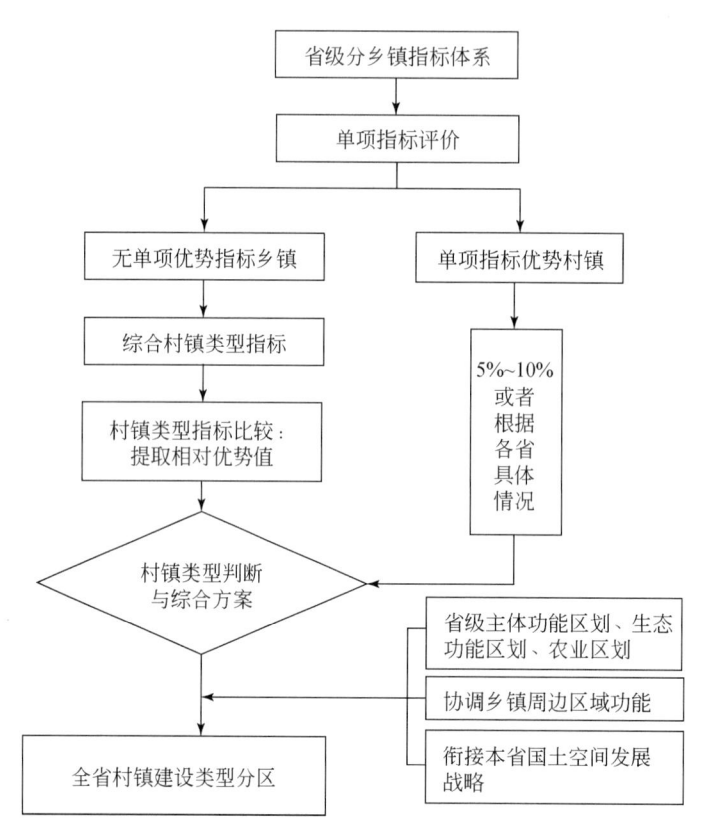

图3-5 案例区村镇主导功能类型识别技术路线

（1）基于单向指标的村镇建设分类

进行单项指标排序，按指标值前10%提取单项指标优势村镇，若某地区仅存在单指标优势而其余指标均无优势，则将该地区直接划分为某一类村镇建设类型。

（2）基于复合指标的村镇建设分类

对无单项优势指标或存在两种及以上指标优势村镇，采用相对优势类型划分。首先以指标数据为基础，对各个类别进行指标标准化并计算平均值。根据各研究单元各类型数值与各类型平均值的关系，来判定该村镇的相对优势类型，一般是两者相减，其差大于 0，则确定为相对优势类型；其差小于等于 0，则确定其为非优势类型。具体公式为：

$$C_{ij}=D_{ij}-\frac{D_j}{n}$$

式中，C_{ij} 表示 i 村镇 j 类型值与其平均值的差值，反映该村镇的相对优势类型；D_{ij} 表示 i 村镇 j 类型的数值；D_j 为 j 类型村镇数值之和；n 为村镇单元个数。

（3）以村镇的最大优势类型作为建设类型

定义村镇建设类型为 C_i

$$C_i=\text{Max } C_{ij}$$

村镇优势度大致分为两种情况：当经过计算该村镇有明显优势度时，则通过对比各类型的优势度指标大小，选取类型优势度最大值，将该村镇划分为某一类型；各类型优势度均为负值时，则选取相对最大的优势度类型指标，将其划分为相应的类型。

（4）确定最终方案

叠加单项和复合分类结果，进行村镇建设类型划分，提出备选方案。结合国家和省主体功能区划、全国生态功能区划和农业区划，通过区域协调和衔接国土空间战略，综合集成定量与定性方法，提出最终方案。

第 4 章 中国村镇建设与资源环境承载力协调模式

4.1 中国村镇建设与资源环境协调特征

4.1.1 中国村镇建设的阶段特征

中国长期形成的城乡二元结构体制深刻影响着村镇社会经济发展。在快速城镇化、工业化发展背景下，农村社会和农业生产也呈现飞跃式发展，但也存在着诸多问题（图4-1）。一方面，改革从农村开始，转移了剩余农村劳动力，发展了乡镇工业，农村与农村发展面临着空心化的趋势；另一方面，随着城市经济转型，城乡关系演变，村镇发展开始呈现多元化。总体而言农村地区居民收入增长速度落后于城市地区，但在不同时期有一些差异，因此城乡差距也呈现着波动趋势。根据村镇建设在不同时期的动力机制变化及政策改革的推进，可以将中国村镇建设大致分为以下四个阶段。

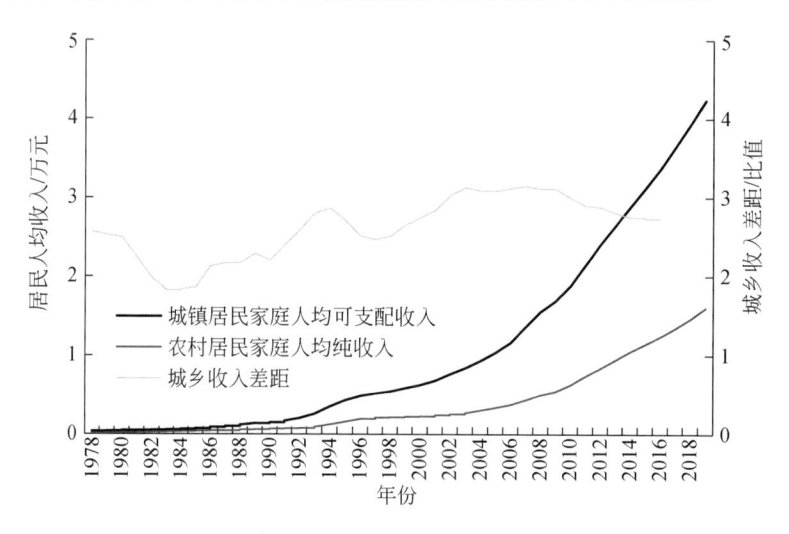

图 4-1 改革开放以来城乡居民收入及其差距变化

（1）制度性抑制村镇建设（1949~1978 年）

新中国成立初期，生产力水平低，乡村及农业发展以解决粮食问题为基础，支援工业化发展。国家在"一五"计划中要求乡村大力发展集体农业，提升农产品产量，甚至通过价格"剪刀差"支持工业建设。同时，新中国成立以来，村镇经济也受到小农经济模式的限制，以人民公社为主体的乡村发展模式，以及以户籍和土地所有权为划分依据的城乡二元管理体制，限制了城乡发展要素的流动，"统购统销"的农产品经营，压抑农民的生产积极性，束缚了农村生产力的发展，城乡差距逐步拉大，导致村镇经济、社会发展缓慢。

（2）工业化驱动村镇建设（1979~2000年）

20世纪70年代末期，国家实行市场化改革和对外开放政策，以打破城乡市场二元结构为核心，率先在农村进行土地改革，对村镇建设进行了新的定位，确立了以家庭联产承包经营为基础，统分结合的双层经营体制成为农村基本经营制度。这一时期村镇角色被定义为，农业为工业化和现代化提供积累，村镇为城镇提供服务，形成工农城乡不平等的利益交换格局（张军，2018）。同时，由于高强度的城镇化和工业化对村镇带来冲击，村镇环境受到污染，生态环境遭到破坏，乡村失去原有景观和特色，乡村发展变得不可持续。

（3）城镇化带动乡村转型（2001~2012年）

随着城镇化进程的进一步加快，农业部门在国内生产总值中的占比大幅下降（蒋和平，2018），城乡二元土地制度导致了村镇发展方向开始异化，乡镇工业化弊端开始显露——农村劳动力流失严重、基础设施陈旧、农村空心化、耕地撂荒等问题突出，农村生产垃圾等问题也日益凸显。此时国家农村发展战略主要包括：减轻农民负担，增加农民收入途径，推动粮食流通改革，发展小城镇，亦即将发展农业和乡镇工业经济并举推进（黄少安，2018），推进城乡统筹和地域差别化发展，力图改变农业发展现状。

（4）注重村镇自身价值，城乡融合发展（2013年至今）

党的十八大以来，"三农"问题得到重视，中央开始致力于从制度上解决城乡二元体制问题。在"新农村建设"政策下，推动农村土地改革，实行工业反哺农业、城市带动农村，随后大力实施乡村振兴战略，缩小城乡差距，促进城乡统筹发展。2018年，第二次修正《农村土地承包法》，明确耕地承包期长期不变，在稳定农业生产结构的同时，发展农副产品加工业，从村镇层面掀起发展农副加工业和第三产业的浪潮。在已有《水土保持法》《农药管理条例》等法规抑制村镇生态环境恶化的基础上，建立以《环境保护法》为基本法的农村环境法律体系。在改善基础设施和资源环境的同时，致力于实现城乡齐头并进发展，先后实施了精准扶贫、乡村振兴战略，成为新时代村镇建设的有力政策支持（刘继来等，2017；何仁伟，2018；刘彦随，2018）。

4.1.2 中国村镇建设资源环境各类型区承载力协调特征

4.1.2.1 中国村镇建设资源环境各类型区的村镇建设承载力限制因子

不同区域自然本底条件、水土资源和农业生产条件、生态环境状况等不同，村镇建设的主要限制性因素也不同。就水资源限制区而言，可用水资源是村镇建设的主要约束条件，水资源约束了农业产量进而决定了村镇规模；就土地资源限制区而言，可用建设空间对村镇人口、产业发展及建设规模有明显约束作用；就生态环境约束区而言，生态功能和敏感性对村镇建设有明显要求，不同生态功能重要性区域及不同生态脆弱性区域村镇发展方向和规模都有特殊要求。地形条件影响村镇规模、形态，是村镇建设的重要地理基础因素；气温是人类生存和村镇建设的重要保障；水资源是村镇发展建设的自然本底条件；地质灾害风险性影响居民生命财产安全，在村镇建设中应规避地质灾害高风险区。

中国村镇建设分布受各类资源环境要素共同影响制约。地形地貌、水土资源、气象条件、生态环境对村镇建设均存在不同方面、不同程度的制约。全国村镇主要分布在坡度<25°、海拔<200m的地区；全国在年降水量为1100~1200mm的湿润地区的村镇数量最多，在距河流200~300m内村镇聚集程度最高；全国超过50%的村镇分布在农耕区；400mm等降水线以下地区的村镇数量和密度均较小，村庄在年均温为15~19℃地区分布广泛，且分布较聚集；生态重要性、生态脆弱性和生态敏感性高的地区，村镇分布数量少、规模小，限制作用显著。农业用水区要求地表水水质达Ⅴ类及以上，集中式生活饮用水地表水源地二级保护区要求地表水水质达Ⅲ类；干旱土、水成土、盐碱土和高山土等土壤类型分布区村镇密度均低于0.05个/km^2。

中国不同区域村镇的农业生产约束因素具有空间异质性。华北平原、东北平原区域地形平坦，农业生产条件好，但水资源需求量大，尤其是华北地区地下水过度开采，缺水问题突出，水资源成为限制该区域村镇建设的重要因素。青藏高原北部、新疆地区和黄土高原地区村镇建设主要受生态、水资源限制，该区域降水量少，蒸发较强，生态脆弱性较高，是中国重要的生态安全屏障，生态地位重要，同时青藏高原地区农业生产受海拔和热量的限制也比较大。云贵高原区域农业生产主要受地形地质条件限制，该区域地势起伏大，地面崎岖破碎，导致耕地分散，田块窄小，利用率低，有些区域处于喀斯特地区，地质灾害严重，农业生产和村镇建设受到较强的限制作用。中国南方平原丘陵区对村镇建设的约束作用相对较小，且该区域属亚热带季风气候区，降水丰沛，河网密布，为农业发展提供了充足水资源；但该区域人多地少，耕地资源紧张，同时快速城市化、工业化导致的生态环境约束也非常突出。四川盆地虽然地形较为平坦，可利用土地面积较大，但部分区域地质构造活跃，地质灾害对该区域村镇建设具有一定限制作用。

4.1.2.2 各功能类型区的村镇建设承载力协调模式

城镇化地区村镇发展较其他地区在经济社会方面存在一定优势，改革开放以来，快速工业化和城镇化并进，相比于其他地区，城镇化地区的村镇城镇化水平与质量更高，居民消费能力更强，对农产品与生态环境质量也提出了更高要求。而广泛普及的互联网、先进的信息技术、完善的物流体系为村镇发展提供了强大动力，区位优势与广阔市场相衔接，使得村镇产业发展更具活力，村民创新意识提升，村镇功能更易实现多元转型。村镇发展过程中主要呈现以下几种典型特征（图4-2）。

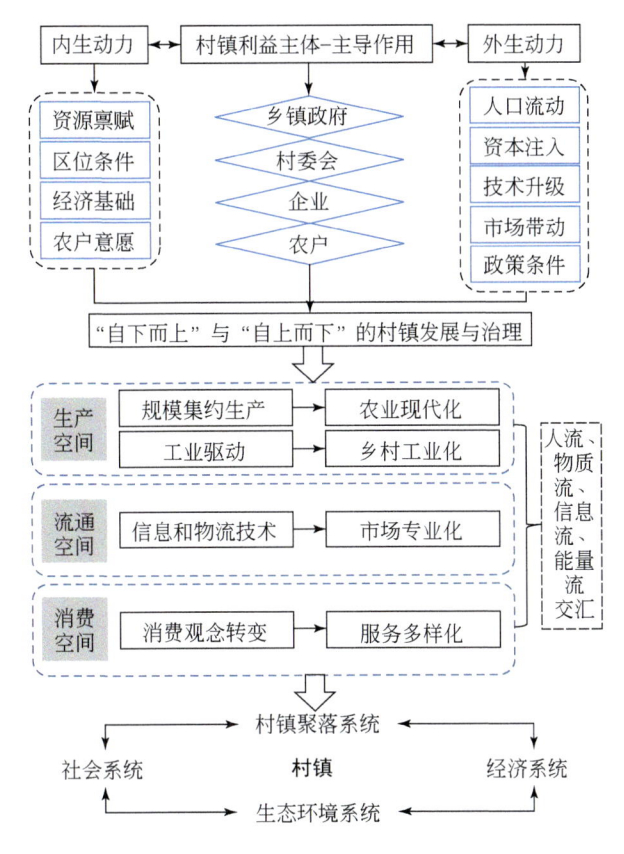

图 4-2 村镇建设与资源环境关系形成的影响因素

（1）工业驱动：乡村工业化

工业园区建设是形成新型村镇建设模式的"助燃剂"，以规模化、集约化的工业园区为载体，以绿色发展为指引，工业化路径驱动村镇建设的机制在于充分发挥乡镇企业在村镇建设中的重要作用，鼓励企业提高自主创新能力，同时企业投入大量资金、人才、设施向村镇建设溢出，促使城乡一体化进程加速，以达到村镇发展良性循环。

（2）规模集约生产：农业现代化

城镇化地区农业生产从小农向大农发展，各地积极发展现代设施农业，加大科技创新对农业的贡献率，调整产业结构，延伸产业链，引导涉农企业规模集约生产，拓展农业功能，通过特色精品基地建设，以及农民合作专业组织发展，单位土地面积产值大大提高，一批新型农业形态产生，而诸多乡镇企业正是以此为依托发展起来，村镇产业融合逐步形成。

（3）信息和物流技术驱动：专业产品市场

信息和物流技术催生新的交易方式，如淘宝等各类电商平台，打通了城乡产品的双向流通渠道，将长期处于边缘地位的广大村镇地区纳入流通网络，充分激发了村镇产业发展动能，形成了村镇产业发展的典型模式——淘宝村。中心地理论中强调了距离对地区商品交易等级、规模和服务范围的重要影响，而信息和物流技术改变了各村镇在空间集聚上的劣势，使得信息、资金、技术、商品等要素的流动突破了地域限制，空间集聚不再是大规模交易活动产生的必要条件，村镇本身也成为商品交易的场所而不再仅依赖于城市。

（4）消费观念转变：村镇发展多功能

城乡消费模式转变，一方面，城市居民为寄托乡愁，寻求不同于城市的安逸生活；另一方面，村民改变了精打细算的传统观念，逐步形成现代消费观念。城乡居民开始追求有机产品、生态休闲旅游、亲子教育等带来的高品质精神和生活享受，增添村镇发展活力的同时，使得城市与村镇功能紧密连接。

A. 农产品供给型村镇：城乡资源置换

传统农业生产区域依靠农业资源及丰富的文化内涵，发展种植和养殖产业及进行文化产品生产销售，经过土地、人口、基础设施等要素整合，能人示范、品牌打造、市场购销体系建设，实现规模化、产业化发展。通过大规模农产品贸易，获取村镇发展所需的资金、技术和产品等，使得村镇经济活力提高，资源环境优化，形成以城乡资源置换为主导的村镇发展模式（图4-3）。传统农业区域青壮劳动力倾向于外出谋生，剩余劳动力较弱群体承种土地，进行小规模的农业生产，但往往产生不了太多效益。因此，在政府主导、农户支持下，通过合理的土地承包经营权流转，将分散的土地进行集中规模化利用，提高农民生产技能，进而实现农业生产规模化，无疑是解决这一问题的有效途径。利用本地资源优势，进行蔬果、花卉等作物的规模种植和畜禽渔规模专业养殖，并发展农产品加工业来延长产业链。利用发展过程中的优势条件，发展壮大农产品产业，这种村镇发展模式往往由传统农业生产向农业集约化转变，使得观光农业和休闲农业等应运而生。通过专业合作社或能人大户示范，在多主体共同发展情况下，形成了"一村一品""一乡一业"的农产品专业化生产格局，再加上龙头企业的技术、资金和人才支持，使得村镇农业产业一体化进一步壮大。

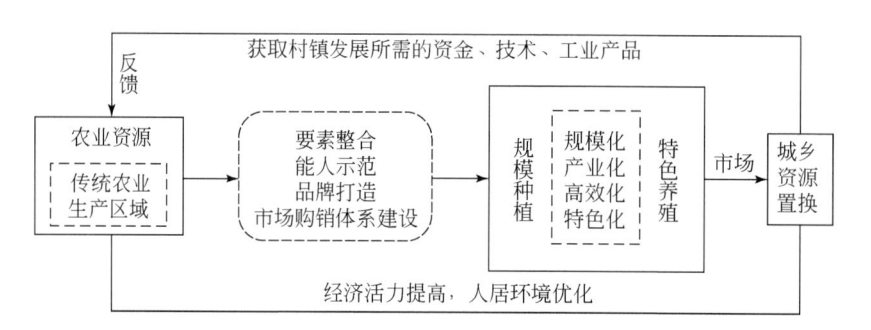

图4-3 城乡资源置换机制

B. 产业融合型村镇：城乡融合发展

这类村镇产业发展和功能定位通常以外部（城市）需求为导向，往往具有优越的区位条件，交通便利、基础设施齐全，具有一定的资金支持，受城市溢出效应发展迅速或直接被纳入城区建设。在政府主导规划、企业积极投资、村民参与下，村镇工业由小规模分散化发展向集聚化工业园发展，依托于这种发展模式，形成了富足、活跃的村镇经济，开拓创新了人文素养和良好的融合力，此类村镇最明显的特征即为劳动力回流和外地人才流入，人口、产业非农化水平较高（图4-4）。

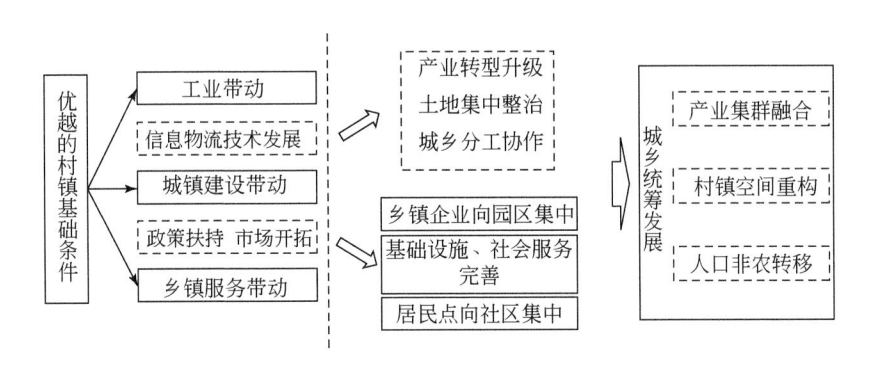

图 4-4 城乡融合发展机制

1）工业带动：村镇地区拥有较多中小型企业，其借助一定的劳动力、土地、信息技术和资金等村镇发展基础，强化技术装备，扩大生产规模，通过资源整合，增强产业竞争力，逐步向广大村镇腹地延伸产业链，打造集聚经济优势的产业平台，解决了较大数量的农村剩余劳动力闲置问题，经济增收的同时带动村镇科教文卫等社会事业同步发展。

2）城镇建设带动：村镇依托靠近城区的区位优势、便捷的交通条件、完善的基础设施、发达的物流体系等，在城乡接合部或交通便利地区，发展商贸物流产业，培育由餐饮服务、金融贸易和交通运输等相关服务产业组成的综合市场网络。借助城市空间扩张，积极开拓市场，以产业兴旺促进村镇建设，推动形成商贸繁荣、设施完善、服务相对均等的村镇建设格局。

3）乡镇服务带动：在乡镇政府驻地及周边村镇形成了人口密度高、建设用地比例高、非农产业从业人员比例高的区域，为广大村镇地区提供相关产品或服务，城乡功能联系较为密切。依托村镇内部需求形成内部驱动力，资金注入、人员流入及政策条件形成了外部拉动力，催生了村镇商贸服务产业发展，进一步形成产业融合型村镇，也是农民非农就业与居住空间匹配问题有效协调的体现。

C. 乡村旅游、生态保育型村镇：特色资源要素组合

这类村镇拥有大量特色自然人文资源，借助城市需求持续上升的有利市场条件，着力提升村镇休闲娱乐、资源环境、康养度假等特色功能优势，以舒适、优越的村镇生活环境吸引城市人口、高素质人才、资金和相关产业的消费与投资，提升村镇产业的竞争优势，推动村镇原有发展空间的更新与改造，保证村镇高效健康发展。

观光农业与生态旅游均体现出"旅游+"的发展特点，但由于所处的区位条件和依托的本底条件不同，又呈现出不同的发展态势（图4-5）。畅通的交通条件、舒适的住宿条件、特色餐饮文化和独特的观光体验感等有着巨大的吸引力，通过对康体养生、观光体验、民俗风情、休闲度假等项目的开发，推动生态旅游与现代服务业相结合。"景区+村庄"的

模式，一方面，可以转移闲置劳动力；另一方面，在维护生态环境可持续及挖掘村镇特色文化过程中，可吸引资金流入，将自然资源优势转变为经济发展优势。乡村旅游作为一种保护性开发利用的村镇发展模式，也是特殊地理条件地区村镇振兴发展的有效途径。

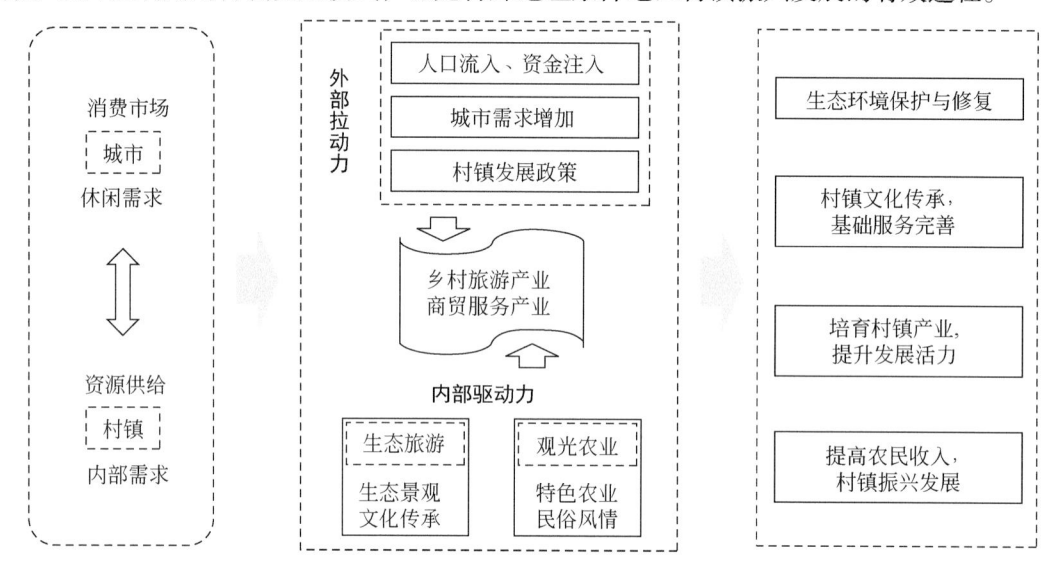

图 4-5　特色资源要素组合发展机制

生态保育型村镇发展较为特殊（图 4-6）。其所处地区地形地貌较复杂，生物多样性良好且植被覆盖率高，丰富的森林、水资源及地质资源需要长期的保护，生态环境较脆弱，具有较高的生态敏感性，与生态旅游村镇相比其旅游开发力度不大，以农林产业为主。这类村镇发展主要依托其特色的生态环境、自然景观和生物资源，在不影响生态系统稳定的情况下，发展绿色、无污染产业。

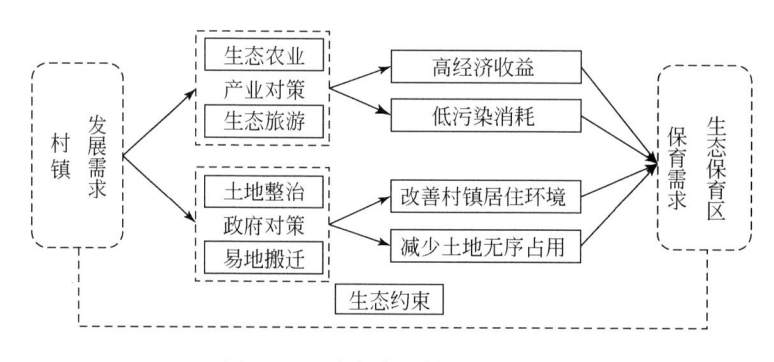

图 4-6　生态保育型村镇发展机制

首先，发展特色生态农业，结合传统种植业和林业，加以生态特色元素，形成规模种植或设施农业发展方式，发展生态化农业企业，采用订单式农业生产，农产品往往因无污染、品质高而获得更高经济效益。其次，适度发展高端生态旅游，利用得天独厚的自然生态条件，发展康养度假、研学旅游等，保护性开发既保护了生态系统，又实现了村镇可持续发展，对发展相对受限的生态保育地区来说无疑是有效的。最后，进行土地整治或"易地搬迁"；对村庄空间进行规范调整，减少土地浪费情况；易地搬迁工程作为地质条件复杂地区村庄整治的措施，使村庄搬离生态极敏感区并进行集中安置、基础设施配套等，实现村民安居乐业（表4-1）。

表4-1 村镇建设与资源环境协调的主要特征描述

形成机制	主导因素	功能类型	资源环境特征	建设成效
城乡资源置换	农业产业化	传统农作区依托本地资源，开展专业化种植（养殖），构建市场购销体系，进行产业化经营	良好资源条件；土地流转；规模化农业生产；特色农产品种植（养殖）；龙头企业带动或能人示范	推进农业产业化；提高乡村经济发展活力、增加农民收入
城乡融合发展	工业带动	具有一定发展基础的村镇依托良好的区位条件，推动技术创新和产业结构升级	区位条件优良；相关产业支撑；土地集中整治	城乡产业分工与协作；村镇空间重构
	城镇建设带动	承接城市溢出功能或被划入城镇建设区，村镇空间优化、整合，提高土地经济效益	位于城镇周边，发展受城市建设影响；依靠资金注入和政策优惠；人口趋向非农化	乡村性弱化，城乡经济社会融合发展
	乡镇服务带动	为村镇提供社会服务，依托区位优势、内外部需求和政策条件支撑，发展商贸服务业	位于区域节点，一般为乡镇政府驻地，人口密度、建设用地比例、非农产业从业人员比例均较高	提升村镇居民生活质量，协调农民非农就业与居住空间匹配；建立综合发展村镇
特色资源要素组合	旅游产业带动	利用生态环境优势，迎合城市市场需求，协调旅游产业各利益相关者关系，形成一套模式体系	毗邻风景区；特色农业和生态资源产业化；开发大型旅游项目	有效改善生态环境，推进保护性开发，发挥特色优势，在村镇可持续发展的基础上获得高收益
	生态保育	处于重点生态保护区，产业发展逐渐优化，创造生态经济效益	敏感性极高；在生态保护前提下发展旅游和农业生产	

4.2 不同主导功能类型区的村镇建设承载力协调模式

村镇建设资源环境协调模式是指通过分析最终达到"高度协调"目标的村镇建设与资源环境协调演化过程，解析村镇生活空间、生产空间、生态空间的重构情况，推演村镇地域空间系统的演变特征，分析村镇地域系统中的村镇建设、资源环境、行为主体、宏观政策的作用机理，总结和抽象得出村镇建设与资源环境协调发展过程的一般规律。由于不同功能类型村镇的村镇地域系统要素演化状况和结构不同，其村镇建设与资源环境协调路径必然不一，不同功能类型的村镇具有不同的村镇建设与资源环境的协调模式，为此首先进行村镇建设的主导功能类型划分。

4.2.1 二三产业发展主导类

二三产业发展主导类村镇主要依托交通区位优势、经济基础、人才素质和政策优惠等条件，以及村镇土地资源的有效整合，并吸引当地劳动力回流和外地人才流入，引导乡村发展和产业结构转变。实践证明，借助一定的村镇建设基础，通过资源整合，大力发展非农产业，增强特色产业竞争力，带动村镇科教文卫等社会事业同步发展的工业企业驱动形式，可以有效实现乡村振兴。例如，溧阳市拥有较多中小型企业，但技术装备先进、生产规模较大的高水平企业发展仍需各方共同努力推进，逐步向广大乡村地区延伸产业链，构筑集聚经济优势产业平台。其主要特征为：拥有一定的劳动力、土地、信息技术和资金等方面的资源优势，产业发展有一定基础。

该类型村镇依托靠近市区的区位优势和完善的基础设施，以及仓储、物流等配套条件，在城乡接合部或交通便利地区，发展商贸物流产业，培育由餐饮服务、金融贸易和交通运输等相关服务产业组成的综合市场网络，借助城市空间扩张，积极开拓市场，以产业繁荣促进乡村发展，最终形成商贸发达、设施齐全、服务均等、乡村繁荣的格局。该类型村镇基础设施较为齐全，交通便利，居住功能较为突出，与二产主导型村镇相互依托、共同发展。

对于经济发达地区的工业类型村镇，当地政府和村镇精英通过对区域发展前景的研判、村镇发展政策的解读、相关工业品市场的分析，结合城市工业和住宅用地的空间优化布局，积极发展加工制造业，对厂房和"打工楼"的标准化建设以及公共服务设施的翻新整合，并引入外部资本、产业、技术和管理经验，使村镇企业由空间分散、效率低下的高污染特征转变为布局集约、生产高效、环境友好的特征。这使得村镇产业链延伸、基础设施完善、村镇居民生活质量提高、人居环境变好，生产资料利用性质由作坊工业转化为规模工业，出现村镇城市化现象，实现村镇建设与资源环境协调发展。

4.2.2 农产品供给主导类

对于人均耕地面积/养殖面积以及人均粮食产量/畜禽产量较高的村镇，在区域城镇化发展的基础上，可以根据市场对农产品的需求情况，通过政府政策、村民决策、能人带动等方式，进行大规模的土地流转，形成种植大户或养殖大户，结合最新种植和养殖技术方法，推动村镇的种植业或养殖业的迅速发展，并构建先进的管理体制机制，实现生产加工销售一体化发展。同时对村镇基础设施和公共服务设施进行翻修扩建，添加污染处理配套设施和输出路径，使村镇产业链延伸、基础设施完善、村镇居民生活质量提高、人居环境变好，生产资料利用性质由小农生产转化为规模农业，实现村镇建设与资源环境协调发展。

4.2.3 乡村旅游主导类

观光农业与生态旅游均体现出"旅游+"的发展特点，但由于所处的区位条件和依托的旅游资源条件不同，又呈现出不同的发展态势。首先是自然资源丰富，生态环境优越，历史文化资源突出。优越的环境条件吸引游客的同时使得更多资本投入其中，能够将自然资源优势转变为经济发展优势，丰富的自然资源（如水、草地、森林等资源）加上独特的田园风光，形成了地方特色旅游资源。文化生态旅游需要具备丰富的乡村历史文化资源，有着值得传承发扬的文化魅力。其次，畅通的交通条件、舒适的住宿条件、特色餐饮文化和独特的观光体验感等有着巨大的吸引力。通过对康体养生、观光体验、民俗风情、休闲度假等项目的开发，主要凸显"生态为先、惠及民生"理念，生态旅游与现代服务业相结合，带给游客不一样的感官体验，以此获得较高乡村经济效益。

"景区+村庄"的模式一方面可以转移乡村闲置劳动力，乡村人口回流的同时吸引资金流入；另一方面，在维护生态环境可持续及挖掘乡村特色文化过程中发展乡村特色旅游，通过引进企业投资，开展大型旅游项目，对于乡村收益增加、居民生产生活条件改善是一项重大助力，发展潜力较大。

4.2.4 生态保育主导类

生态保育型村镇发展较为特殊。这类村镇所在地往往地形地貌复杂，生物多样性良好且植被覆盖率高，丰富的森林、水资源或地质资源需要长期的保护，生态环境较脆弱，具有较高的生态敏感性，与生态旅游功能村镇相比其旅游开发力度不大，以农林产业为主，乡村产业高效发展面临较大的困境。这类村镇地区的发展主要充分利用其独特的生态环境、自然景观和生物资源等，在不影响生态系统稳定的情况下，发展绿色可持续发展的有机产业，促进地区农旅、生态旅游融合发展，为乡村振兴奠定基础。首先，发展特色生态农业，利用其特有的资源禀赋，结合传统种植业和林业，加以生态特色元素，形成规模种植或设施农业发展方式，创立家庭农场，发展生态化农业企业，采用订单式农业生产，农产品往往因无污染、品质高，而获得更高经济效益。其次，适度发展生态旅游，利用得天独厚的自然生态条件，发展康养度假、研学旅游等，进行保护性开发，既保护了生态系统，又实现了村庄可持续发展。

4.2.5 多功能复合类

在各乡镇的镇区及周边乡村、乡镇政府驻地，随着村镇居民的社会需求提升，会形成人口密度高、建设用地比例高、非农产业从业人员比例高的区域，为村镇地区提供相关产品或服务，城乡功能联系较为密切。依托村镇内部需求形成内部驱动力，资金注入、人员流入以及政策条件形成了外部拉动力，催生了村镇商贸服务产业发展，进一步形成产业融合型村镇。但因为村镇地区污染处理能力不足，生产技术水平相对较低，人口产业集聚为地区增添发展活力的同时也会产生一定的负面影响，如资源消耗、环境污染等，进而造成人居环境质量下降，形成恶性循环。因此，产业集群化、融合化并最终实现生态化是现今各类地区产业的发展趋势与方向，应促进乡村土地整治及其空间重构，培育村镇特色产业，提升自我发展能力，协调好农民非农就业与居住空间匹配问题，使得农村社会经济、教育文化、卫生医疗、基础设施等获得综合发展，推动村镇多功能复合发展。

第 5 章 重点案例区

5.1 甘州区

5.1.1 村镇建设与资源环境现状

甘州区地势南北高、中间低，由南部祁连山，北部合黎山、龙首山，中部走廊平原组成，具有独特的走廊地形和荒漠绿洲景观。绿洲盆地是本区主要的农耕区，黑河贯穿全境，海拔最高为 2230m，海拔最低为 1410m，有湿地、草原、雪山、绿洲、沙漠等地貌景观，形成了以黑河湿地、平山湖大峡谷、东大山原始森林为代表的特色自然生态景观。2021 年，甘州区域面积有 3661km^2，下辖 5 个街道办事处、13 个镇、5 个乡、245 个村民委员会；常住人口 51.76 万人，其中乡村人口 23.52 万人。

5.1.1.1 村镇规模

（1）人口特征

甘州区虽为张掖市人民政府所在地，但地处西北干旱区，其人口规模较东部地区小，各乡镇平均人口为 1.98 万人，多数乡镇人口规模在 1 万~3 万人，仅沙井镇、大满镇和党寨镇人口在 3 万人以上，花寨乡、靖安乡和平山湖乡人口不足 1 万人，最小乡镇人口为平山湖乡的 873 人；平均户数约 6000 户，仅沙井镇在 1 万户以上，明永镇、龙渠乡、安阳乡、花寨乡、靖安乡和平山湖乡不足 5000 户，平山湖乡仅为 347 户，靖安乡亦不足 2000 户，户均人口 3 人。甘州区第一产业从业人员占比最大的为明永镇，其次为三闸镇，占比最小乡镇为新墩镇，其次是上秦镇（图 5-1）。

甘州区常住人口中，分年龄段，0~15 岁人口有 8.58 万人，占常住人口的 16.58%；16~59 岁人口有 34.40 万人，占常住人口的 66.46%；60 岁及以上人口有 8.78 万人，占常住人口的 16.96%。根据 2020 年的村庄统计，甘州区每个行政村村民小组个数在 1~20 个，人口规模约 81~3130 人。

（2）乡村经济特征

2021 年，甘州区实现地区生产总值 229.86 亿元，比上年增长 7.2%，两年平均增长 4.9%。其中，第一产业增加值为 56.91 亿元，增长 11%；第二产业增加值为 38.43 亿元，增长 6.8%；第三产业增加值为 134.52 亿元，增长 5.3%。三次产业结构为 24.8∶16.7∶58.5。按常住

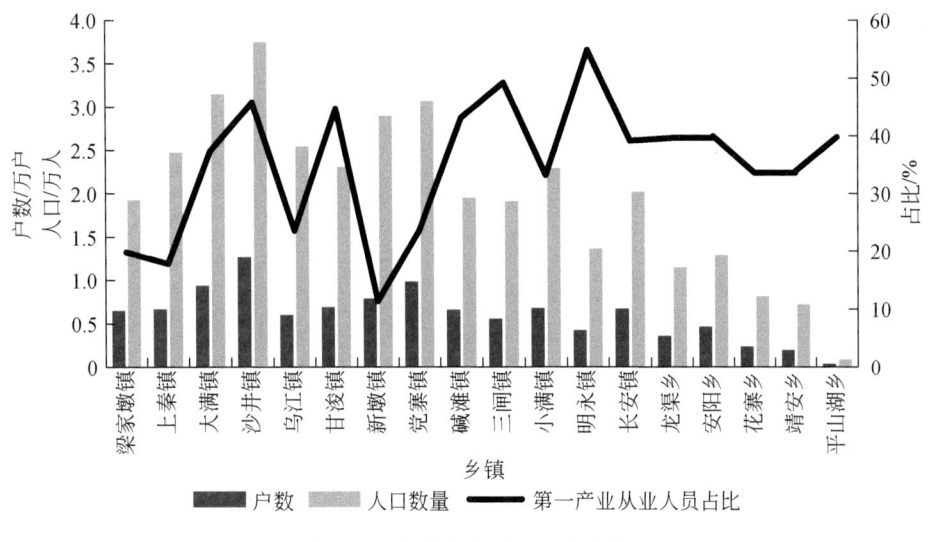

图 5-1 甘州区乡镇人口及户数

人口计算，人均地区生产总值为 44 332 元，同比增长 7.2%。全年全区完成十大生态产业增加值 83.92 亿元，占地区生产总值的 36.5%，比上年提高 11.3 个百分点。2021 年甘州区农民人均纯收入为 2010 年的 3 倍，整体高于全市和全省水平，特别相对于甘肃省平均水平明显较高，大致为甘肃省平均水平的 1.62 倍，但低于全国平均水平，为全国平均水平的 0.96 倍（图 5-2）。

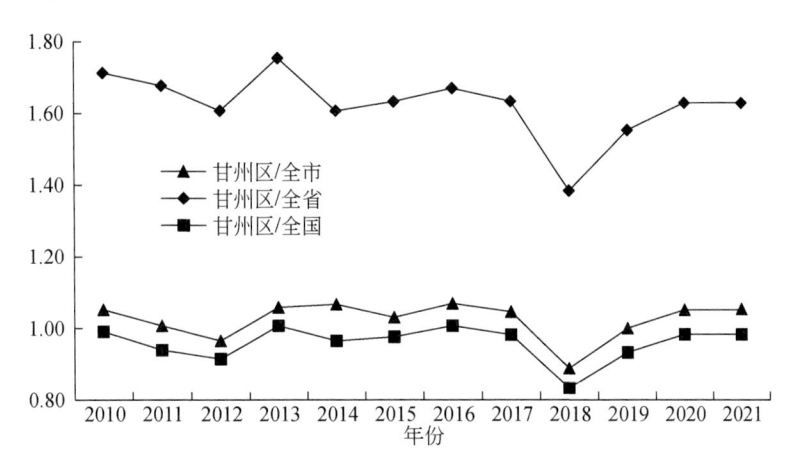

图 5-2 甘州区农民人均纯收入与全国、全省和全市平均水平的比较情况

2021 年，甘州区全年农作物播种面积为 121.82 万亩①，比上年增加 5.55 万亩，其中粮食作物播种面积 93.27 万亩，比上年减少 0.77 万亩。其中，制种玉米种植面积为 60.09 万亩，比上年增加 2.43 万亩；蔬菜种植面积为 23.34 万亩，比上年增加 7.12 万亩；油料种植面积为 0.81 万亩，比上年减少 0.13 万亩。全年粮食总产量为 494 193t，比上年增长

① 1 亩≈666.67 平方米。

0.51%。其中，夏粮产量为 19 464t，比上年下降 25.4%；秋粮产量为 474 729 吨，比上年增长 1.96%。蔬菜产量为 795 127 吨，比上年增长 46.39%。甘州区是典型的绿洲农业和大型灌溉农业区，玉米、花卉制种、优质马铃薯、优质饲草和各类反季节蔬菜种植生产规模逐年加大。目前，已建成供京津沪、供粤港澳蔬菜基地 16.5 万亩，发展特色林果基地 5.6 万亩，奶肉牛养殖 45 万头，新建高标准农田 22 万亩。乡村旅游吸引力明显增强，全年全区接待游客 850 万人次，实现旅游综合收入 48 亿元。

甘州区农业产业结构以种植业为主，林业、畜牧业和渔业虽有一定发展，但占比不高。种植业内部整体呈现出"粮—经"二元结构，其中粮食作物占比最高，其次为经济类作物（图 5-3）。并且，近 10 年来，粮食作物种植面积和经济作物种植面积所占比例均呈现不同幅度上升。分析各类农作物种植面积，粮食作物以玉米、小麦和薯类为主，玉米种植面积最大，约占农作物总播种面积的 60%，玉米种植中又以制种玉米为最，占玉米种植面积的 90% 以上；小麦种植面积约占农作物总播种面积的 17%。经济类作物中，蔬菜瓜果种植面积最大，占比达 86%。

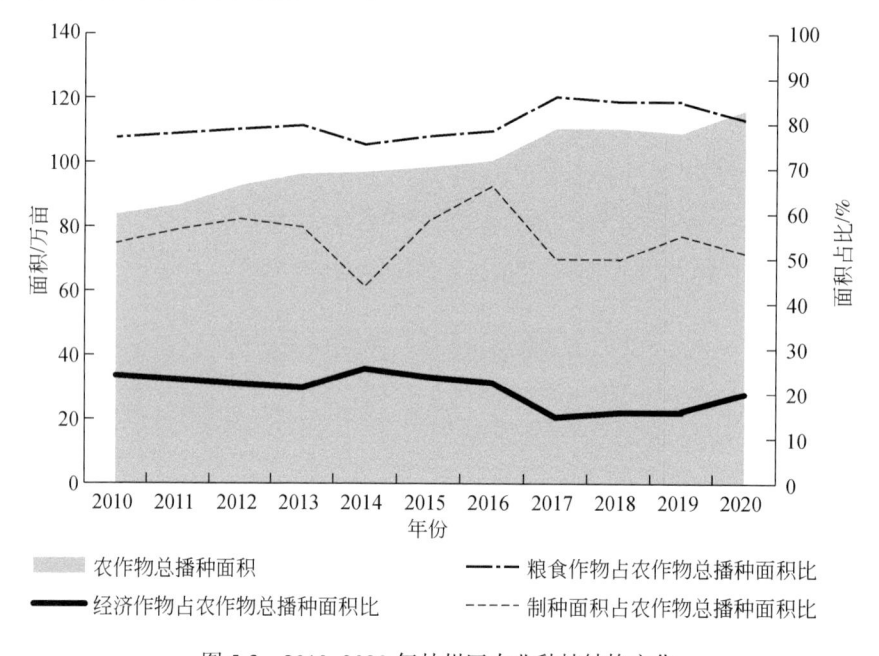

图 5-3　2010~2020 年甘州区农业种植结构变化

甘州区近十年来农业发展一直保持稳定态势。2011 年，沙井镇粮食作物种植占比为全区最高，占比达 13%，其他地区除平山湖乡、花寨乡、龙渠乡及城区附近乡镇外，粮食种植面积比例均在 4%~8%，制种作物种植面积占比最大的乡镇为沙井镇和大满镇；经济作物种植面积高值区为甘浚镇、碱滩镇及城区附近的梁家墩镇、上秦镇、长安镇和新墩镇。2015 年，粮食作物种植面积比例除三闸镇有所降低外，其余乡镇变动不大；经济作物种植面积比例有所增加，但各乡镇比例变动较大，党寨镇、沙井镇、长安镇、上秦镇上升幅度较大，甘浚镇和碱滩镇则下降幅度较大。到 2020 年，经济作物种植面积比例进一步增大，且种植范围趋于集中，制种面积有所下降，沙井镇仍为制种面积最大乡镇。

5.1.1.2 水土资源特征

（1）水资源状况

甘州区属于典型的温带大陆性气候，年均降水量为132.6 mm，不同地区降水量差异较大，其中川区降水量为130 mm，浅山区降水量为250~300mm，山区降水量为400~450mm。区域年蒸发量达2000~2350mm，水土流失严重，生态环境比较脆弱，面临水资源总量短缺、分布不均、荒漠化等严峻形势。甘州区内的常年性河流主要有黑河、酥油口河、大野口河、大磁窑河等，均发源于祁连山区，其中黑河为过境河流。黑河莺落峡站多年平均径流量为15.8亿 m³，酥油口河多年平均径流量为4480万 m³，大野口河多年平均径流量为1800万 m³，大磁窑河多年平均径流量为1320万 m³（图5-4，表5-1）。

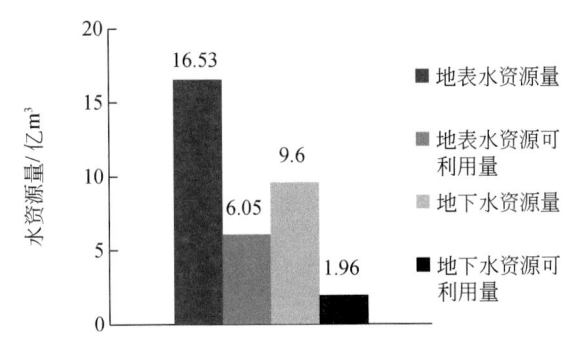

图5-4 甘州区水资源分布情况

表5-1 甘州区主要河流年径流量统计表

序号	河流名称	县区	多年平均径流量/亿 m³
1	黑河	甘州、临泽、高台	15.8
2	酥油口河	甘州、民勤	0.448
3	大野口河	甘州	0.18
4	大磁窑河	甘州、肃州	0.132
5	梨园河	临泽	0.108

2020年，全区总用水量为6.84亿 m³。其中，农业用水量为6.32亿 m³，工业用水量为0.083亿 m³，生活用水量为0.29亿 m³，生态用水量为0.15亿 m³。万元国内生产总值用水量为316.37m³（按2020年不变价计算），万元工业增加值用水量为39.66m³（按2020年不变价计算）。

甘州区是黑河流域人口最密集、水资源开发利用程度最高、用水矛盾最紧张的地区，其中城乡居民生活用水，以及40%的农业用水和95%以上的工业生产用水主要来源于地下水的开采，地下水资源已成为甘州区经济和社会可持续发展的重要基础。

（2）土地资源特征

从 2018 年甘州区土地利用状况看，主要用地类型为草地、耕地等，面积分别为 1188.9km²、1029.83km²，分别占全区总面积的 32.47%、28.13%。城镇村及工矿用地总面积为 173.89km²，占全区总面积的 4.75%。水域及水利设施用地面积为 119.03km²，占比为 3.25%（图 5-5）。从不同用地类型细分看，草地中 96.35% 为树木郁闭度 <0.1、表层是土质、不可用于放牧的其他草地；耕地中 97.39% 为水浇地；其他土地利用中以裸地、沙地为主，分别有 811.75km² 和 143.35km²。

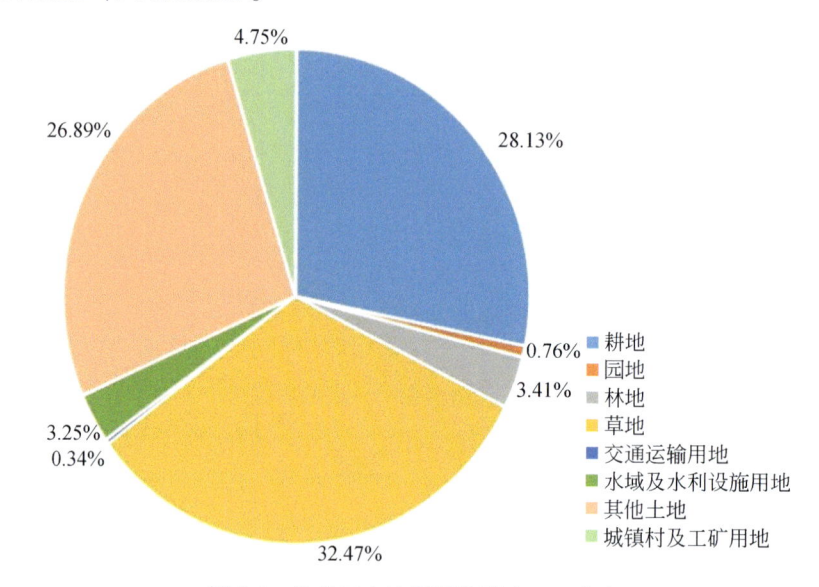

图 5-5 甘州区土地利用类型（2018 年）

从 2009~2018 年十年间土地利用变化情况看，面积增加的地类有城镇村及工矿用地、耕地和交通运输用地三大类，分别增加了 34.04km²、12.03km² 和 8.07km²；面积减少的地类主要有其他土地、草地、水域及水利设施用地、林地和园地，分别减少了 35.69km²、9.92km²、5.09km²、2.71km² 和 0.72km²（表 5-2，图 5-6）。

表 5-2　2009 年和 2018 年甘州区土地利用类型面积变化及占比情况

土地利用类型	2009 年面积 /km²	占比 /%	2018 年面积 /km²	占比 /%	变化 /km²
耕地	1 017.81	27.80	1 029.83	28.13	12.03
园地	28.38	0.78	27.66	0.76	−0.72
林地	127.61	3.49	124.9	3.41	−2.71
草地	1 198.83	32.75	1 188.9	32.47	−9.92
交通运输用地	4.42	0.12	12.49	0.34	8.07
水域及水利设施用地	124.12	3.39	119.03	3.25	−5.09
其他土地	1 019.98	27.86	984.29	26.89	−35.69
城镇村及工矿用地	139.85	3.82	173.89	4.75	34.04
总计	3 660.98	——	3 660.98	——	0

(a) 甘州区土地利用类型图(2009年)　　　　　(b) 甘州区土地利用类型图(2018年)

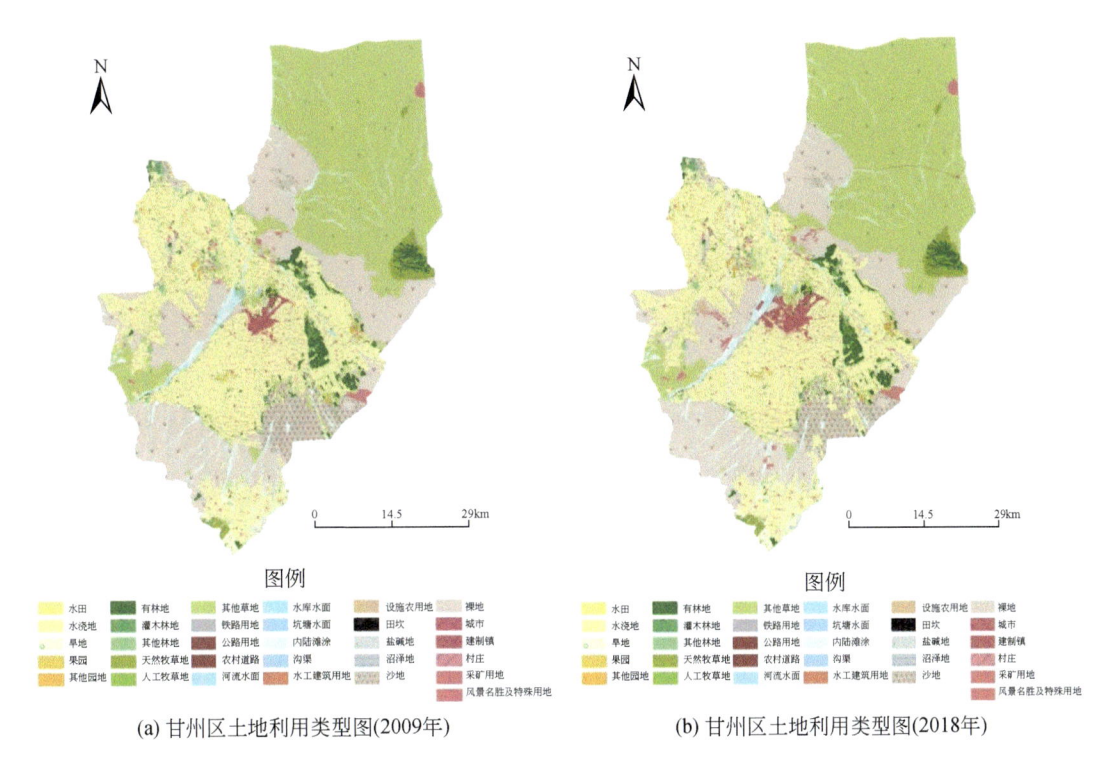

图 5-6　2009 年和 2018 年甘州区土地利用类型图

总体上，甘州区土地资源相对充裕，但开发利用率不高。由于甘州区地处河西走廊中部重要的生态安全屏障地带，处于黑河中游重要的生态恢复区，伴随张掖市落实"构建河西生态安全屏障"战略，甘州区辖区内的黑河湿地保护区、北部荒漠区成为重要的生态安全区域。因此，生态环境建设需要进一步转变土地利用方式，对全面保护和合理开发利用土地资源、优化土地利用结构和布局也提出了更高更新的要求。

5.1.1.3　生态环境状况

甘州区现有自然保护区 2 个，总面积为 15 676.88hm²，占全区土地面积的 4.3%，其中东大山自然保护区为 9560hm²，湿地自然保护区甘州段面积为 6116.88hm²。全区空气可吸入颗粒物年日均值为 52μg/m³，二氧化硫年日均值为 9μg/m³，二氧化氮年日均值为 23μg/m³，空气质量优良天数为 326 天，优良天数比例为 89.3%。城镇集中式饮用水源达标率为100%；黑河干流张掖段各监测断面水质达标率 100%；水质均达到相应水域标准。但是山丹河水质较差，属Ⅳ类。

甘州区存在的资源环境问题不少，仍然不可忽视，主要表现为气候干旱、土壤沙化、植被逐渐减少、风暴天气频繁、水土流失严重、遇风起沙、土地肥力和生产力下降。随着水土流失，表土层被大量侵蚀，土壤质地越来越差，保水保肥能力持续下降，干旱威胁增大，土地肥力下降。在 2000 年以前，乌江、三闸、靖安 3 个乡镇盛产大米，素有"鱼米之乡"之称，随着河流和地下水水资源量减少，水稻种植面积逐年下降。目前仅有乌江镇有少量水稻种植。

5.1.2 村镇建设与资源环境承载能力的协调性

5.1.2.1 水土资源总体利用强度

根据村镇建设资源环境承载力区划结果,甘州区位于西北内陆寒干环境牧业兼灌溉农作村镇地区,属于阿拉善高原—甘北丘陵山地村镇区。该区域乡镇平均可利用建设用地为 7.30 km^2,耕地为 52.03km^2,村镇可利用建设用地面积和可利用耕地面积分别占区域总面积的 4% 和 31%。从甘州区自身情况看,土地资源利用矛盾并不突出。甘州区作为黑河流域的重要组成部分,由于村镇数量众多、类型多样,其农业生产集约化,灌溉、生活、产业活动消耗大量水资源的资源环境约束特点,形成了村镇建设对资源环境的胁迫特征。

5.1.2.2 村镇建设与资源环境承载力的主要矛盾

(1)水资源供需矛盾突出

甘州全区水资源总量为 19.66 亿 m^3,黑河入境水资源量多年平均为 15.8 亿 m^3。根据《张掖市黑河干流甘临高三区(县)水资源配置方案》,甘州区可利用水资源总量为 8.97 亿 m^3。

2014 年 6 月,根据国务院办公厅下达的最严格水资源管理"三条红线"指标,张掖市人民政府办公室《关于下达张掖市县级行政区 2015 年 2020 年 2030 年水资源管理控制指标的通知》(张政办发〔2014〕101 号),确立了甘州区 2015 年、2020 年、2030 年的用水总量控制指标分别为 7.79 亿 m^3、6.81 亿 m^3、7.02 亿 m^3,万元工业增加值用水量分别为 58m^3、39m^3、23m^3,农田灌溉水有效利用系数分别为 0.58、0.61、0.66,重要江河湖泊水功能区水质达标率控制目标分别为 80%、85%、95%,并对甘州区乡村地域各乡镇水资源管理做出了明确的控制规定。近年来,在分水方案控制下,张掖市地下水开发利用量逐年增大,地下水在水资源利用总量中的占比不断上升。地下水资源的过度开发利用导致了一系列生态和环境问题,如超采区地下水位下降、植被退化、土壤沙化、土地荒漠化加剧,已危及区域供水安全、粮食安全和生态安全,制约区域经济社会的可持续发展。

张掖市集中了黑河流域 95% 的耕地、91% 的人口和 80% 的生产总值,甘州区又是张掖市的中心,在黑河流域经济社会和生态建设保护中占据重要地位,但由于降水稀少,蒸发强烈,水资源严重短缺,很难满足生产、生态、生活用水需求,水资源短缺与区域发展之间的矛盾非常尖锐。张掖市多年取用黑河水量已经超过 97% 的分水方案(国务院批准的《黑河干流水量分配方案》)分水指标,需要进一步按照《黑河近期治理规划》压缩用地面积,实施高效节水灌溉,以保证将黑河用水量控制在指标范围以内。

(2)产业结构不合理,用水效益低下

多年来,甘州区 90% 以上的水资源用于农业生产(表 5-3)。2012~2017 年,甘州区平均总用水量为 8.06 亿 m^3,其中生活用水量为 0.28 亿 m^3,生产用水量为 7.43 亿 m^3,生态用水量为0.35亿m³；生产用水量占总用水量的92.18%，生活用水量占总用水量的3.47%，生态用水量占总用水量的4.34%。生产用水中，农业生产用水占98.03%，工业生产占1.97%。2020年，甘州区总用水量为6.81亿m³。其中，农业用水量为6.14亿m³，工业用水量为0.072亿m³，生活用水量为0.24亿m³，生态用水量为0.36亿m³。万元国内生产总值用水量为366.24m³（按2015年不变价格计算），万元工业增加值用水量为33.51m³。

表5-3 2012~2017年甘州区用水量 （单位：万m³）

年份	农业灌溉	工业生产	城镇居民	农村生活	生态用水量	总用水量
2012	78 821	1 628	913	2 025	2 200	85 587
2013	76 441	1 707	965	1 901	2 600	83 614
2014	74 245	1 751	1 065	1 819	4 118	82 998
2015	73 147	1 402	1 138	1 728	4 467	81 882
2016	69 313	1 265	1 382	908	3 067	75 935
2017	64 897	1 025	1 644	1 013	4 808	73 387
平均	72 811	1 463	1 185	1 566	3 543	80 567

根据《2017年甘肃省水资源公报》，统计了甘肃省、兰州市、张掖市和甘州区的用水水平，将甘州区用水水平与甘肃省、兰州市和张掖市进行对比（表5-4）。甘州区2017年人均用水量为1418m³，人均用水量较大，水资源利用效率相对较低；农田灌溉亩均用水量为410m³，优于甘肃省和张掖市亩均用水量的用水水平；单位国内生产总值用水量为379m³/万元，用水水平明显高于兰州市和甘肃省的平均水平，单位国内生产总值用水量较大；农村居民人均生活用水量大，用水效率较低。

表5-4 甘州区用水效率对照表

行政区	人均用水/（m³/人）	单位国内生产总值用水量/（m³/万元）	农村居民人均生活日用水量/（L/人·d）	单位工业增加值用水量/（m³/万元）	农田灌溉亩均用水量/（m³/亩）
甘肃省	442	151	39	58	470
兰州市	336	50	36	70	385
张掖市	1 776	540	50	56	463
甘州区	1 418	379	107.2	51	410

甘州区是一个传统的灌溉农业区，农业用水长期占总用水量的90%以上，这种"一头沉"的不合理用水结构，造成农业灌溉用水需求持续增长，农业在国民经济中仍处于低产出、高耗水的地位，用水效益不高、用水结构不合理，水资源利用和经济发展效益受限，经济结构与水资源承载能力不相适应。从总体上看，甘州区近些年水利基础设施投入虽在增加但仍显不足，特别是沿山灌区水利设施配套较差，渠系水利用率低，整体节水能力十分有限。在水利基础设施逐步改善的同时，水利设施老化失修、村镇发展不平衡等问题日益突出。同时，农业节水设施不足，节水潜力没有得到充分挖掘，农业水资源利用效率仍然低下。

（3）农药化肥施用强度较大，呈现环境高负荷态势

2020 年甘州区农作物单位播种面积化肥施用量为 83.00kg/亩，氮、磷、钾和复合肥的施用量分别占 42.17%、22.89%、8.43% 和 26.51%。各乡镇单位面积化肥施用量较为相近，总体处于高水平状态，最高的是靖安乡，为 83.08 kg/亩，单位面积化肥施用量最低的为平山湖乡，为 80.81 kg/亩。各乡镇单位面积施用氮肥最多，其次为复合肥，钾肥最少。

全区农作物单位面积农药使用量为 0.50kg/亩。塑料薄膜使用量占全区比例最大的为沙井镇，占比达 13.47%，其次是党寨镇，占比为 10.50%，占比最小乡镇是平山湖乡和花寨乡，分别为 0.02% 和 0.54%。梁家墩镇单位面积塑料薄膜使用量远大于其他乡镇，高达 17.55 kg/亩，其次为长安镇，为 10.19 kg/亩，最小为花寨乡和安阳乡，分别为 1.06 kg/亩和 1.54 kg/亩（图 5-7）。

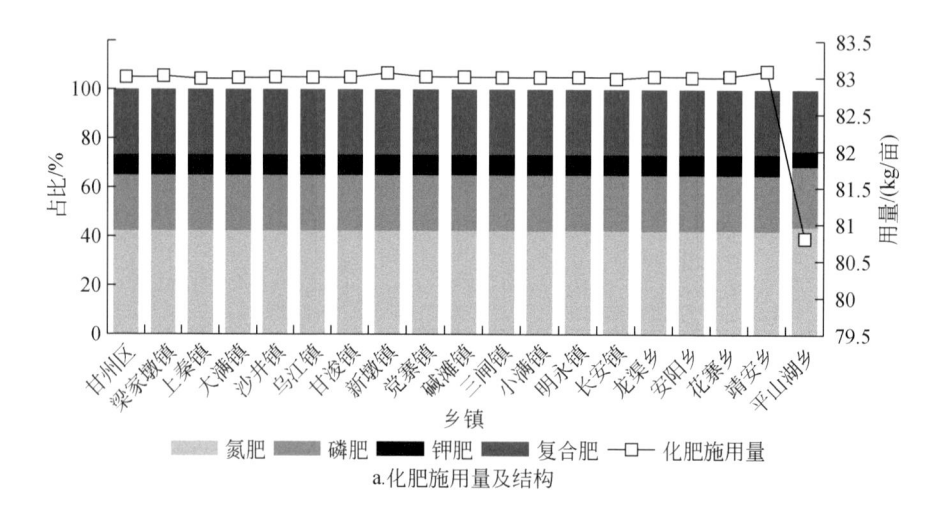

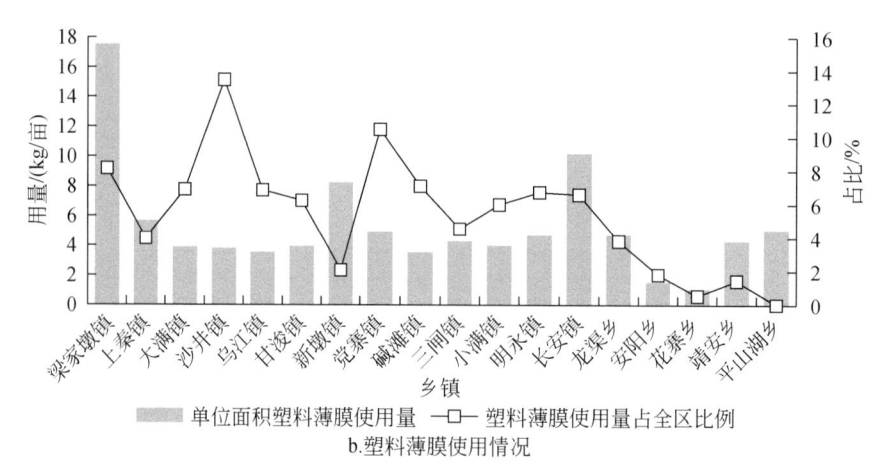

图 5-7 甘州区各乡镇耕地肥膜使用状况

5.1.2.3 村镇建设与资源环境协调性分析

（1）评估思路

甘州区地处西北干旱区，降水稀少，水资源是影响其可持续发展的关键因素；此外，甘州区是国家级农产品主产区，为典型绿洲农业区，土地资源也是影响绿洲农业可持续发展的关键因素之一；而人是村镇地域的主体，任何农业生产和资源环境都会受到人这一主体活动的影响。因此，从"人—水—土"系统视角出发，构建甘州区县域及乡镇人地协调性、人水协调性及水土匹配度评价思路（图5-8）。研究所用数据均来源于《甘州区乡镇农业年报》，用水定额来源于《甘肃省行业用水定额（2017版）》（甘政发〔2017〕45号）对河西片区用水定额的规定。

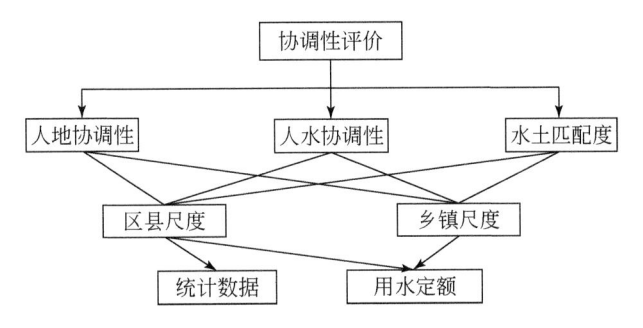

图5-8 甘州区村镇建设资源环境承载力协调度评估思路

（2）评价方法

A. 人地协调性评估

$$k = S_h / S_c \quad (5\text{-}1)$$

式中，k为人地协调性指数；S_h为人均住房面积；S_c为人均耕地面积。

据统计，世界人均耕地面积为1920 m²，世界人均建设用地面积为83 m²，根据公式计算可得人地协调阈值为0.04。此外，世界粮农组织规定的人均耕地警戒线为533.3 m²，我国新型城镇化建设规定的农村人均建设用地范围为150 m²，根据公式可得人地矛盾阈值为0.28。所以，本书认为当$k<0.04$，表现为显著的"人少地多型"，不存在人地矛盾；当$0.04<k<0.28$，表现为一定程度内的"人地协调型"，人地关系相对均衡；当$k>0.28$，表现为显著的"人多地少型"，人地矛盾突出。

B. 人水协调性评估

$$L = [P_R \times WQ_R + \sum (LS_i \times WQ_i)] / a \quad (5\text{-}2)$$

式中，L为人水协调性指数；P_R为乡村人口；WQ_R为农村居民生活用水定额，甘肃省水源水量缺乏地区农村居民生活用水定额为40L/(人·d)；LS_i为i类牲畜存栏量；WQ_i为i类牲畜生活用水定额，根据甘肃省牲畜用水定额表：大牲畜用水定额为60L/(头·d)、猪为35L/(头·d)、羊为9L/(只·d)、家禽为1L/(只·d)；a为甘州区乡镇生活用水量控制目标。

若$L>1$，表明该区或乡镇的生活用水大于供水，为人水矛盾突出型；若L接近于1，表明该区或乡镇生活用水和供水较为均衡，为人水关系均衡型；若$L<1$，表明该区或乡镇

生活用水小于供水，为无人水矛盾型。

甘州区各乡镇 2015 年、2020 年、2030 年水资源管理控制指标见表 5-5。

表 5-5　甘州区各乡镇 2015 年、2020 年、2030 年水资源管理控制指标

乡镇	用水总量控制目标 / 万 m³									用水效率控制指标综合利用系数（含地下水）		
	控制目标			农业及生态用水量			生活用水量					
	2015 年	2020 年	2030 年	2015 年	2020 年	2030 年	2015 年	2020 年	2030 年	2015 年	2020 年	2030 年
小满	6 752	6 046	6 260	6 601	5 894	6 108	150	152	152	0.60	0.62	0.69
大满	9 868	8 750	9 060	9 525	8 402	8 703	343	348	357	0.59	0.62	0.68
党寨	5 275	4 610	4 767	5 187	4 522	4 682	88	88	85	0.59	0.63	0.68
碱滩	1 698	1 453	1 503	1 698	1 453	1 503				0.58	0.59	0.63
农场	4 429	3 790	3 922	4 429	3 790	3 922				0.56	0.58	0.65
明永	5 218	4 671	4 851	5 137	4 585	4 760	81	86	91	0.59	0.61	0.67
沙井	9 033	7 520	7 763	8 848	7 338	7 578	184	183	185	0.58	0.61	0.66
新墩	3 589	2 922	2 986	3 483	2 819	2 889	106	103	97	0.62	0.66	0.73
长安	2 632	2 080	2 135	2 544	1 993	2 055	88	87	80	0.64	0.68	0.74
梁家墩	1 337	1 054	1 078	1 261	979	1 009	76	75	69	0.57	0.60	0.66
上秦	2 545	2 027	2 080	2 443	1 927	1 988	101	100	93	0.57	0.61	0.66
龙渠	3 354	3 092	3 206	3 302	3 039	3 152	52	53	54	0.57	0.58	0.63
乌江	3 230	2 855	2 856	3 112	2 718	2 719	118	137	137	0.59	0.66	0.68
三闸	1 872	1 613	1 515	1 799	1 545	1 444	73	68	71	0.61	0.73	0.75
靖安	1 066	927	936	1 025	891	899	41	36	37	0.55	0.63	0.64
平山湖	56	43	44	45	36	35	10	7	9	0.52	0.54	0.55
甘浚	9 190	8 469	8 784	9 082	8 359	8 671	108	110	113	0.54	0.56	0.61
安阳	1 915	1 679	1 885	1 839	1 602	1 806	76	77	79	0.54	0.56	0.58
花寨	1 236	1 084	1 217	1 189	1 036	1 168	47	48	49	0.51	0.53	0.55
合计	77 901	68 100	70 156	73 308	63 626	65 809	2 892	2 932	2 969	0.58	0.61	0.66

C. 水土匹配度评估

$$M = \sum CA_j \times WQ_j / (b \times r) \tag{5-3}$$

式中，M 为水土匹配度指数；CA_j 为农作物 j 的灌溉面积量；WQ_j 为河西片区农作物 j 的灌溉定额；b 为甘州区乡镇农业及生态用水量控制目标；r 为综合利用系数。

若 $M>1$，表明该区或乡镇的农业和生态用水大于供水，为水土矛盾突出型；若 M 接近于 1，表明该区或乡镇农业和生态用水与供水较为均衡，为水土关系均衡型；若 $M<1$，表明该区或乡镇农业和生态用水小于供水，为无水土矛盾型。

甘肃省河西片区不同作物具体的灌溉定额见表 5-6。

表 5-6　甘肃省河西片区作物灌溉定额　　　　　　　（单位：m³/亩）

作物	灌溉定额	作物	灌溉定额	作物	灌溉定额
稻谷	500	棉花	280	瓜果	320
小麦	350	油料	335	药材	315
玉米	410	线麻	280	果树	220
其他谷物	320	甜菜	315	林地	220
豆类	335	蔬菜	420	牧草地	260
薯类	260	花卉	320		

（3）评估结果

A. 人地协调性

从表 5-7 可以看出，2011~2020 年，甘州区村镇房屋面积从 1780.78 万 m² 扩张到 2093.78 万 m² 后，在 2019 年开始有所减少，2020 年为 1963.55 万 m²；年末经营耕地面积扩张，从 798 298 亩增长到 1 109 746 亩，增长了近 40%。人地协调性指数稳定在 0.02~0.03，总体为"人少地多型"，不存在人地矛盾。

表 5-7　甘州区人地协调性指数

甘州区	2011 年	2012 年	2013 年	2014 年	2015 年	2016 年	2017 年	2018 年	2019 年	2020 年
村镇现有房屋/万 m²	1 780.78	1 936.93	1 969.21	2 012.14	2 056.80	2 055.52	2 063.36	2 093.78	2 078.93	1 963.55
年末经营耕地/亩	798 298	863 191	824 849	914 140	1 001 587	1 037 954	1 038 111	1 081 007	1 078 819	1 109 746
人地协调性	0.03	0.03	0.02	0.03	0.03	0.03	0.03	0.03	0.03	0.03
人地协调关系	人少地多	人少地多	人少地多	人少地多	人少地多	人少地多	人少地多	人少地多	人少地多	人少地多

分乡镇来看，除平山湖乡 2015 年因经营耕地面积较少，导致人地矛盾突出外，其余乡镇人地关系均表现出协调状态。从空间分异格局来看，表现出外围乡镇人地协调关系整体优于内部乡镇的规律，且随着时间的变化呈现出关系缓和空间逐步扩张的趋势，到 2020 年除平山湖乡和城区周边乡镇为人地协调型外，其余乡镇均为显著的"人少地多型"，不存在人地矛盾（图 5-9）。

B. 人水协调性

由于只有 2015 年、2020 年、2030 年的水资源控制数据，因此只研究 2015 年和 2020 年甘州区及各乡镇的人水协调性。从表 5-8 可以看出，2015 年和 2020 年甘州区人水协调性指数分别为 1.24 和 1.23，均为人水矛盾突出型，表明甘州区总体生活实际用水量大于水资源控制目标。

表 5-8　甘州区人水协调性指数

年份	牲畜用水/万 m³	居民用水/万 m³	生活用水量/万 m³	控制指标/万 m³	协调性指数	人水协调性
2015	3 086.90	511.00	3 597.90	2 892.00	1.24	人水矛盾突出型
2020	3 082.39	524.72	3 607.11	2 932.00	1.23	人水矛盾突出型

分乡镇来看，2015~2020 年，人水矛盾突出型乡镇数量减少，主要为西部沙井镇、明永镇、甘浚镇和龙渠镇，以及城区周边上秦镇、梁家墩镇。究其原因主要为近年来大牲畜和猪养殖数量大幅度减少，因此减少了耗水量，从人水矛盾突出型变为人水协调型。而东部党寨镇、长安镇及北部靖安、三闸镇和平山湖乡因畜牧量较大，近年来一直处于高耗水量状态，因此为人水矛盾突出型。其余乡镇用水量稳定在控制目标以下，无人水矛盾。总体而言，乡镇人水矛盾在逐步缓解（图 5-10）。

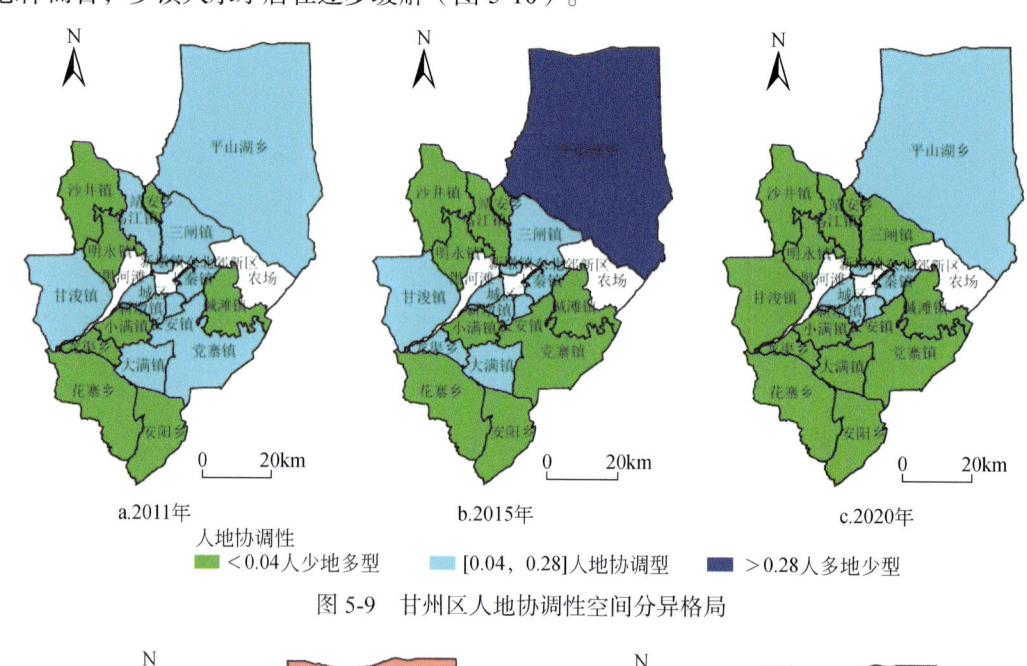

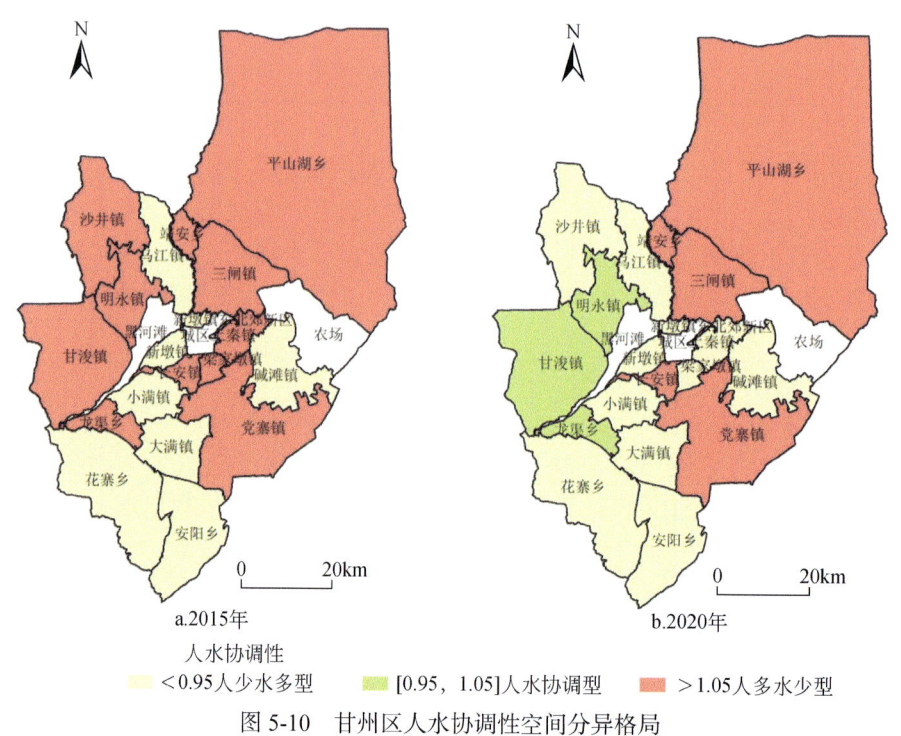

图 5-9 甘州区人地协调性空间分异格局

图 5-10 甘州区人水协调性空间分异格局

C. 水土匹配度

由于只有 2015 年、2020 年、2030 年的水资源控制数据，同样只研究 2015 年和 2020 年甘州区及各乡镇的水土匹配度。从表 5-9 可以看出，2015 年和 2020 年甘州区水土匹配度指数分别为 1.03 和 1.24，从水土关系均衡型变为水土矛盾突出型。

表 5-9 甘州区水土匹配度指数

年份	农业及生态需水量/万 m³	供水量控制指标/万 m³	水土匹配度	水土协调性
2015	43 619.66	42 518.64	1.03	水土关系均衡型
2020	48 311.38	38 811.86	1.24	水土矛盾突出型

分乡镇来看，2015~2020 年，水土矛盾突出型乡镇稳定在东部及南北部边缘乡镇。东部乡镇以耗水量较大的蔬菜等特色农产品种植为主，南北部乡镇有大面积的林草地等生态用地需要耗费大量水资源。而西部明永、甘浚、龙渠、小满、大满等乡镇以谷物等粮食生产为主，耗水量总体稳定且小于其他乡镇，水土关系相对协调。其中，明永镇因近年来耕地扩张而导致需水量增加，呈现由均衡型向矛盾突出型转变的特征。总体而言，近 70% 的乡镇存在严重的水土资源矛盾，且多年来整体矛盾趋势没有改变（图 5-11）。

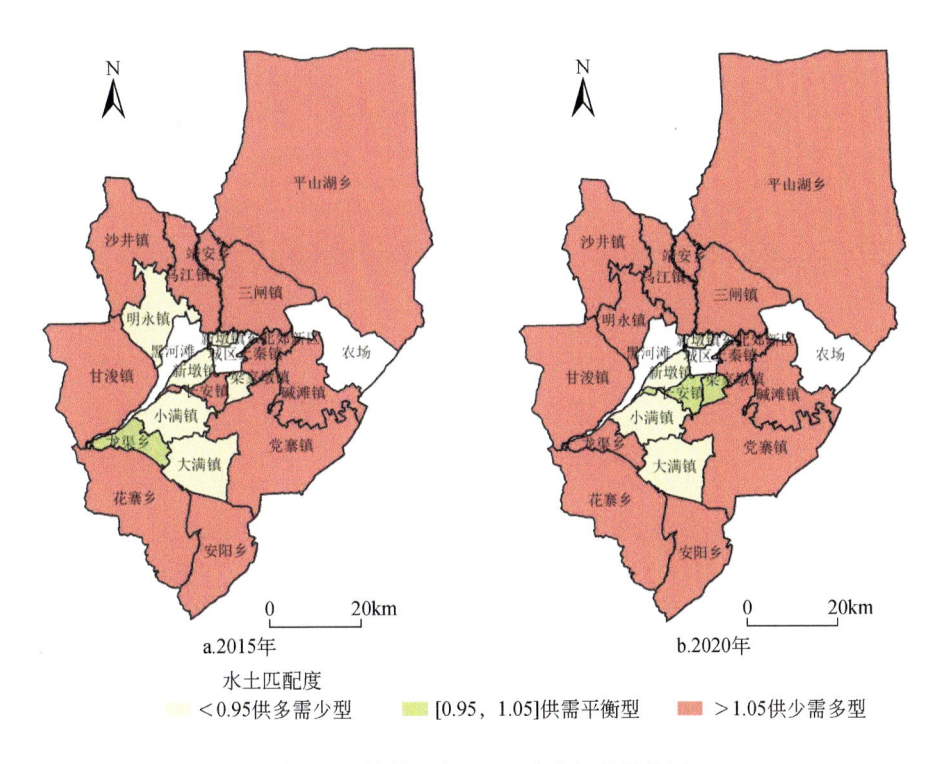

图 5-11 甘州区水土匹配度空间分异格局

5.1.3 典型村镇的协调特征与经验总结

5.1.3.1 村镇建设类型

对甘州区各乡镇进行功能类型划分，一级类主要有农产品供给型、产业融合型和生态保育型，二级类包括农作物生产、养殖、第二产业主导、第三产业主导、观光农业、生态保育和生态旅游等功能（图5-12）。农产品供给型乡镇单元数量最多，共13个，约占全部研究单元的65%。该类型乡镇在甘州区分布面积较广，其中最为典型的为沙井镇、甘浚镇、小满镇、大满镇等，其中除明永镇和上秦镇外均属农作物生产功能乡镇。产业融合型乡镇数量较少，共有3个，主要分布在甘州城区附近，如新墩镇、梁家墩镇和东北郊新区等。生态型乡镇主要分布在甘州区南北两端，包括北部生态保育功能为主的平山湖乡及南部生态旅游功能为主的安阳乡和花寨乡。

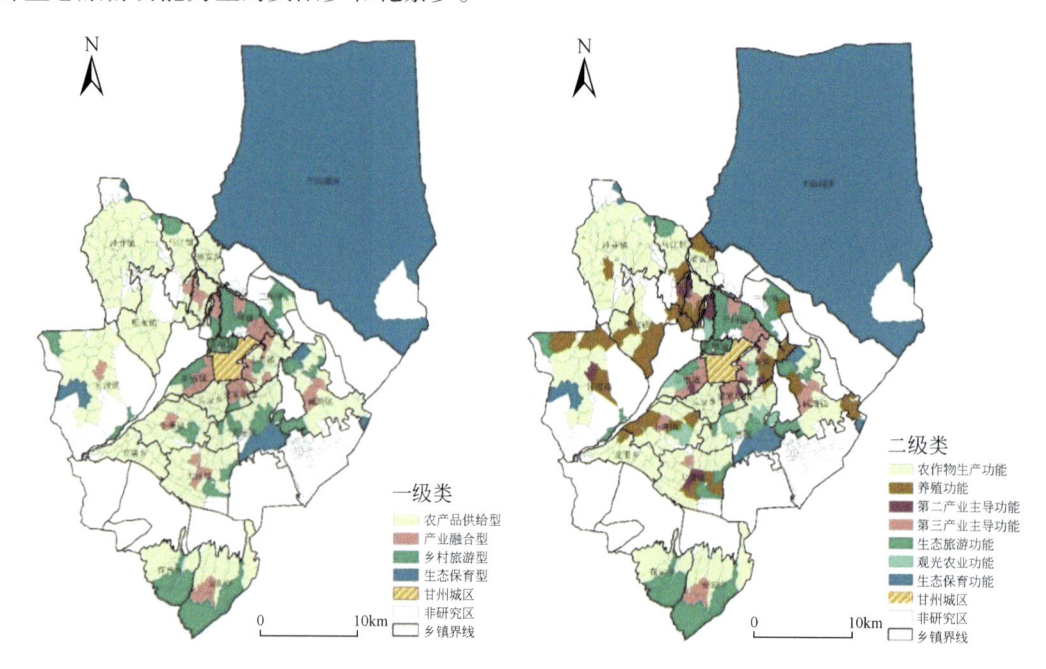

图5-12 甘州区村镇功能分类

如表5-10所示，甘州区238个行政村发展类型一级分区中，农产品供给型的村镇单元数量最多，共160个，约占全部研究单元的67%。该类型村镇在甘州区分布较为广泛，其中最为典型的为沙井镇、靖安乡、明永镇、甘浚镇、小满镇、大满镇等。产业融合型村镇数量较少，共有36个，约占15%，主要分布在甘州城区附近，个别为乡镇中心村镇，如新墩镇西关村、南闸村、甘浚镇巴吉村和小满镇小满村等。乡村旅游型村镇发展主要依靠当地资源优势，共有37个单元，约占16%，其中三闸镇、安阳乡和花寨乡部分村庄特征最为明显。生态保育型村镇数量为5个，约占2%，主要分布在甘州区的东北和西南部，如平山湖乡、沙井镇双墩村、碱滩镇老仁坝村和永定村、党寨镇上寨村及甘浚镇高家庄村。

二级分区结果如图 5-12 所示，不同功能村镇数量分别为农作物生产功能有 126 个（53%）、养殖功能有 34 个（14%）、第二产业主导功能有 10 个（4%）、第三产业主导功能有 26 个（11%）、生态旅游功能有 29 个（12%）、观光农业功能有 8 个（3%）和生态保育功能有 5 个（2%）。农作物生产村镇单元数量最多，其次为养殖功能村镇，在各村镇中占据主导地位；第二产业主导与第三产业主导型村镇分布凸显了区位优势的主导作用；生态旅游类村镇依托自然文化资源优势主要分布在三闸镇、花寨乡和安阳乡，观光农业村镇主要分布在城郊，特色农业发展较突出，同时为人流量较大地区。

表 5-10 甘州区村镇功能分区数量统计

一级类	二级类		村庄数量/个	
农产品供给	农作物生产	粮食种植	75	160
		蔬果种植	51	
	养殖		34	
产业融合	第二产业主导		10	36
	第三产业主导		26	
乡村旅游	生态旅游		29	37
	观光农业		8	
生态保育			5	

甘州区农业产业结构以种植业为主，林业、畜牧业和渔业虽有一定发展，但占比不高。种植业内部整体呈现"粮—经"二元结构，其中粮食作物占比最高，其次为经济类作物。近 10 年来，粮食作物种植面积和经济作物种植面积占比均呈现出较大幅度的上升。分析各类农作物种植面积，粮食作物以玉米、小麦和薯类为主，玉米种植面积最大，约占农作物总播种面积的 60%，玉米种植中又以制种玉米为最，约占玉米种植面积的 90% 以上；小麦种植面积约占农作物总播种面积的 17%。经济类作物中，蔬菜瓜果种植面积最大，约占 86%。在农作物生产功能村镇分区基础上进一步细化出粮食种植和蔬果种植两种村镇类型，在 126 个农作物生产功能村镇中有粮食种植类村镇共 75 个，约占全部研究单元的 32%。其中，沙井镇、甘浚镇、明永镇和龙渠乡的农作物生产功能村镇均为粮食种植类。蔬果种植类村镇共 51 个，约占全部研究单元的 21%，其中长安乡、上秦镇、大满镇、靖安乡和党寨镇蔬果种植类村庄比例较大。此外，小满镇、碱滩镇、乌江镇、安阳乡和花寨乡两种类型混合存在。

5.1.3.2 典型村镇的协调特征

村镇建设资源环境协调性评价总体分三级：协调、基本协调、不协调（表 5-11）。高于或者低于基准值/目标值的 15%，赋值为 1（协调）或 3（不协调）；上下有 15% 的浮动，赋值为 2（基本协调）；二级指标得分为三级单项指标得分平均值的整数，综合得分则为二级指标得分平均值的整数。

表 5-11 村镇建设与资源环境协调评价指标

一级指标	二级指标	参数	养殖类	观光农业	乡村旅游	粮油生产	判据	协调性
资源消耗	土地	宅基地空置率	宅基地	宅基地	宅基地	耕地/宅基地	与全国宅基地空置率对比	
	水	用水量	用水量	用水量	用水量	用水量	与全国粮食种植用水量对比	
资源环境效益	土地产出	收入	养殖户收入	经营户收入	经营户收入	种植户收入	与当地粮食种植收入对比	
	环境质量	环境达标程度	尾水处理面积	监控断面	监控断面	监控断面	达标率	
	生态质量	生物多样性	鸟类数量	野生动物	野生动物	绿地面积	数量/比例变化	
村镇功能	经济功能	食物生产	人均粮食	人均粮食	人均粮食	人均粮食	是否能供养常住人口	
	社会功能	外出/本地人口	实际人口	实际人口	实际人口	实际人口	实际/户籍/常住	
	生态环境功能	生态/旅游	生态空间损耗	旅游人次	旅游人次	生态空间损耗	生态空间/旅游人次变化	

（1）农产品供给型村镇

沙井镇南沟村位于甘州区西北部，以种植业和畜牧养殖为主，全村人口约802人，现有耕地5750亩，多年来一直以玉米制种和肉牛、肉羊养殖为主导产业。2022年，南沟村争取资金860余万元，建设成高标准农田5750亩，配套水肥一体化、滴灌等设施，一户一块田在南沟村变成了现实，既实现了土地集约化利用，也为大型机械作业提供了条件，使得规模化经营、机械化生产成为可能，无形中降低了生产成本。南沟村依托祁连绿宝合作社，引导群众进行多元化种植，尝试种植高原夏菜、进行蔬菜制种，全村种植洋葱310亩、高原夏菜80亩、西红柿等制种蔬菜20亩，年产值10万元。同时，为有效利用玉米秸秆，南沟村引导群众积极发展肉牛肉羊养殖，全村肉牛养殖量达400余头、肉羊养殖量达2000余只，群众在养殖业上的收入年均在2万元左右。

对南沟村的资源环境协调性进行评价，在资源消耗方面，南沟村耕地面积为5750亩，年末实际经营耕地面积为4965.95亩，耕地资源得到较好利用，得分为1。资源环境效益方面，种植业收入为2023.50万元，略高于甘州区农村平均水平；生态保育面积占比为46.62%，是甘州区农村平均水平的4倍，得分为1。村镇功能方面，南沟村人均粮食产量为11 756.86kg，为甘州区农村平均水平的2倍，得分为1。

根据分析结果，南沟村充分利用耕地资源，资源环境效益良好，城镇功能完善，其村镇建设与资源环境处于协调等级。

（2）产业融合型村镇

安阳乡毛家寺村地处甘州区南部，全村人口约1184人。毛家寺村通过采取合作社发展的模式引领带动小农户种植,这很好地提高了该村农户谷子种植的积极性。谷子规模化种植,也逐渐成为毛家寺村村民致富增收的新支柱产业。除了小杂粮规模化种植外,毛家寺村还抓住了国家加快推进边远乡村发展的政策机遇,充分依托高标准农田的建设,综合运用灌溉与排水工程、田间道路措施综合治理等改造项目带来的优势,大力发展中药材、青储饲料种植。根据甘州区制定出台的《关于推动农业农村高质量发展确保如期实现全面小康的实施意见》,毛家寺村以壮大乡村主导产业为村庄发展思路,持续调整优化村内产业结构,着力加强现代农业设施建设,全面落实农业支持保护政策,并通过"龙头企业+村集体+合作社+基地带农户"的发展路子,充分挖掘地域优势,改变了以往只种大麦、小麦、土豆的传统种植模式,大力发展包含小杂粮、中药材、青储玉米等的融合产业的特色发展。

对毛家寺村的资源环境协调性进行评价,在资源消耗方面,毛家寺村耕地面积为5553亩,耕地复种指数为1,耕地资源得到较好利用,得分为1。资源环境效益方面,种植业收入为721.89万元,低于甘州区农村平均水平;林草地面积占比为32.07%,约为全区农村平均水平的4倍,得分为2。村镇功能方面,毛家寺村人均粮食产量为2649.87kg,低于甘州区农村平均水平,得分为3。

根据分析结果,毛家寺村充分利用耕地资源,资源环境效益良好,但城镇功能有待加强,其村镇建设与资源环境处于基本协调等级。

(3)乡村旅游型村镇

新墩镇流泉村地处甘州区西北郊,张掖滨河新区境内,人口约2650人。2009年,张掖国家湿地公园开工建设,流泉村依托国家湿地公园大力开发乡村旅游项目,打造集住宿、餐饮、娱乐、休闲为一体的旅游度假村。目前,流泉村拥有5个生态景点、15家民宿客栈,从事住宿餐饮人口为312人,占总人口的18.34%。张掖国家湿地公园重点组织实施了退耕还湿、水源涵养、水系疏浚、植被恢复、景观绿化、旅游服务、动物栖息地等生态恢复项目和旅游服务等工程,有效改善和提升了张掖国家湿地公园基础设施条件。流泉村借此契机不断开发自身区位优势,大力发展乡村旅游,保护生态环境的同时实现村民创收。

对流泉村的资源环境协调性进行评价,在资源消耗方面,流泉村居民点用地面积占比为5.7%,低于全区农村平均水平,得分为1。资源环境效益方面,第三产业收入占比为58.8%,约为甘州区农村平均水平的2倍;林草地面积占比为17.84%,约为甘州区农村平均水平的3倍,得分为1。村镇功能方面,流泉村农村人口为2650人,高于甘州区农村平均水平,得分为1。

根据分析结果,流泉村实现了土地资源集约利用,资源环境效益良好,城镇功能完备,其村镇建设与资源环境处于协调等级。

(4)生态保育型村镇

甘浚镇高家庄村地处甘州区西南部,东枕黑河西岸,南依祁连山北麓的丹霞景区。高家庄村是一个祁连山浅山区村落,如今早已改变了先前房屋老旧、设施配套不齐全、产业发展落后的状态,不仅变成了具有江南气质的村落,而且开展种植、养殖业。通过住宅更新、产业振兴、村容修整,高家庄村因地制宜开发以休闲采摘、户外运动、农家餐饮、乡村旅居等为主题的体验式创意旅游项目，推动"乡村度假"逐渐向"乡村生活"转变。近年来，不仅通过村庄整治进行美化亮化，而且充分依托毗邻七彩丹霞的区位优势，大力发展乡村旅游，以戈壁的江南景观差异化特色吸引游客，建设特色农家屋、制作农家饭留住游客，带动村民增收。

对高家庄村的资源环境协调性进行评价，在资源消耗方面，高家庄耕地复种指数为1.02，高于甘州区农村平均水平，耕地资源得到较好利用，得分为1。资源环境效益方面，第三产业收入占比为25.62%，略低于甘州区农村平均水平；生态保育面积占比为76.80%，为甘州区农村平均水平的7倍，得分为1。村镇功能方面，高家庄村生态空间占比较高，主要收入为种植业和牧业，得分为2。

根据分析结果，高家庄村耕地资源利用合理，资源环境效益良好，生态保育效果良好，但城镇功能有待改善，其村镇建设与资源环境处于基本协调等级。

5.2 溧阳市

5.2.1 村镇建设与资源环境现状

溧阳市地处苏浙皖交界处，东邻无锡市，北连常州市金坛区和镇江市，西与南京市溧水区、高淳区接壤，南与安徽省交界，有"三省通衢"之美誉，是南京都市圈、宁杭经济带上的重要城市、长江三角洲生态休闲旅游城市。2021年，溧阳市面积1535km^2，辖3个街道、9个镇，常住人口为80.4万人，农业人口28.9万人，耕地、林地面积分别为112万亩、32.8万亩，拥有河湖塘42.6万亩。根据国家主体功能区划，溧阳市属于限制开发区（农产品主产区），也是《全国生态功能区划》中的重要生态功能区。

5.2.1.1 村镇规模

（1）人口特征

2020年，溧阳市乡镇人口规模（表5-12）除溧城镇为31.88万人外，其余乡镇均在10万以下，平均人口为8.41万人，最小乡镇人口为2.54万人；平均户数接近3万户，多数在2万户以上，溧城镇户数最多近11万户，埭头镇和上黄镇最少，为9000户；户均人口为3人，其中天目湖镇、别桥镇、竹箦镇、南渡镇和社渚镇在均值以上；乡镇农村人口规模平均为5万人，最少乡镇为1万多人。根据2019年的村庄统计，溧阳市有6个居民委员会，175个村民委员会，每个单元村民小组个数在2~57。每个社区常住人口的规模为1600~7829人，每个行政村常住人口的规模为420~12 350人。2019年全市户常比（户籍人口/常住人口）为0.98，其中溧城镇为0.80，上黄镇、竹箦镇、南渡镇和社渚镇在0.95~0.99，其余乡镇在1.04~1.27；各村庄人口平均户常比约为1.10。

（2）乡村经济特征

2021年，溧阳市实现地区生产总值1261.30亿元，按可比价计算增长了10.1%。分产业看，第一产业增加值为 56.80 亿元，同比增长 2.7%；第二产业增加值为 648.81 亿元，同比增长 11.9%；第三产业增加值为 555.69 亿元，同比增长 8.8%。三次产业增加值比例为 4.5∶51.4∶44.1。2021 年，溧阳市"四大经济"全产业累计完成增加值 690.74 亿元，同比增长 22.6%，占全市地区生产总值比例为 54.8%，较上年提高 3 个百分点。全产业实现营业收入 2115.46 亿元，同比增长 5.2%，税收 59.3 亿元，同比增长 20.8%。2005 年以来，溧阳市农民人均纯收入处于逐年上升态势，2021 年达到 2005 年的近 7 倍，溧阳市农民人均纯收入始终高于江苏省和全国平均水平，溧阳市与江苏省比值在 1.13~1.26，与全国比值在 1.74~1.96（图 5-13）。

表 5-12 溧阳市乡镇人口规模

乡镇	常住人口/万人	户籍人口/万人	家庭户/万户	家庭户户均/人	乡村人口/万人
溧城镇	31.88	25.62	10.68	2.99	9.60
埭头镇	2.54	2.76	0.90	2.82	1.09
上黄镇	2.65	2.55	0.90	2.94	1.89
戴埠镇	4.49	5.21	2.00	2.25	2.91
天目湖镇	7.45	7.74	2.29	3.25	5.81
别桥镇	6.89	7.14	2.12	3.25	5.63
上兴镇	6.36	8.08	2.28	2.79	5.83
竹箦镇	6.70	6.42	2.09	3.21	4.99
南渡镇	7.54	7.43	2.38	3.17	6.17
社渚镇	7.55	7.18	2.42	3.12	6.73
平均值	8.41	8.01	2.81	2.98	5.07
中位数	6.80	7.16	2.20	3.05	5.72
标准差	8.04	6.16	2.68	0.29	2.38

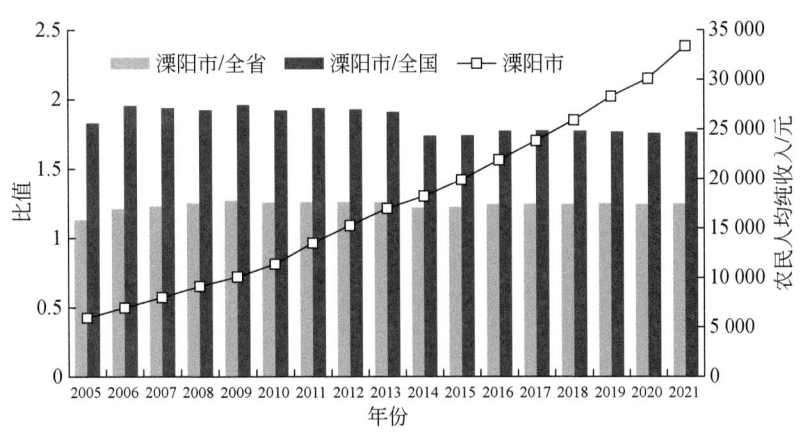

图 5-13 溧阳市农民人均纯收入与全省、全国的对比

全市粮食作物种植以稻麦为主，经济作物种植主要为油菜、棉花等。近年来，溧阳市粮食生产连年丰收，农业生产稳步发展，稻麦亩产位居苏南地区首位。2019 年溧阳市

农业、渔业生产总值占农林牧渔的比例分别为 61.04%、23.9%，均高于江苏省和全国平均水平；牧业产值低于江苏省和全国平均水平；林业则高于江苏省平均水平而低于全国平均水平。近十年来，溧阳市农业结构有较大变化，渔业产值上升 10 个百分点，牧业产值下降 9 个百分点，各行业从大到小总体为农业、渔业、牧业、林业的产值顺序，而江苏省和全国则为农业、牧业、渔业、林业（图 5-14）。这体现了溧阳市的水产养殖数量庞大且发展态势良好的特点。

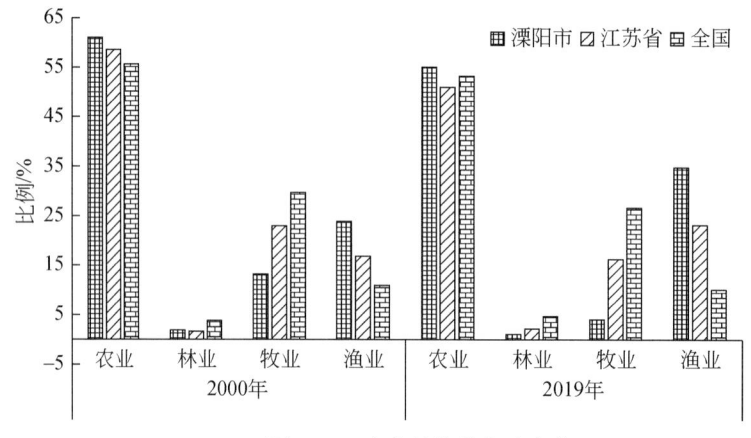

图 5-14 农业结构分布及变化

5.2.1.2 水土资源特征

（1）土地资源特征

基于中国自主研制的 2000 年、2010 年和 2020 年共 3 期 30 米空间分辨率的全球高精度地表覆盖产品①，获得溧阳市各年份耕地及建设用地变化及分布情况，利用 GIS 叠加分析的方法研究溧阳市耕地面积和建设用地的动态变化和空间格局特征（图 5-15）。主要从全市域和乡镇级两个空间尺度上对溧阳耕地、建设用地现状及其变化情况进行分析，为研究制定符合溧阳市实际情况的用地政策提供理论依据，以实现土地资源可持续发展。

2000 年溧阳市耕地总面积为 113 769 hm^2，占全市国土总面积的 74.51%，2010 年溧阳市耕地总面积减少到 104 316 hm^2（占比为 67.92%），到了 2020 年耕地总面积减至 101 080 hm^2（占比为 66.19%），较 2000 年减少了 12 689 hm^2。2000~2020 年期间，溧阳市耕地总面积呈持续减少态势，其中目湖镇和戴埠镇耕地面积变化最大，分别减少了 5567 hm^2 和 2593 hm^2；埭头镇和上黄镇位于主城片区东北部，城镇建设用地占较大，耕地面积较小，这期间两镇的耕地面积分别减少了 903 hm^2 和 1327 hm^2，减少的耕地面积大多转为城市建设用地；而社渚镇近年来不断推进小麦规模种植，耕地面积增加了 146 hm^2。

从年代际尺度对比来看，2000~2020 期间前 10 年耕地减少面积远超过最近 10 年的变化（表 5-13）。2000~2010 年期间，溧阳市耕地总面积减少了 9453 hm^2，其中天目湖镇和

---

① http://www.globallandcover.com/home.html?type=data.

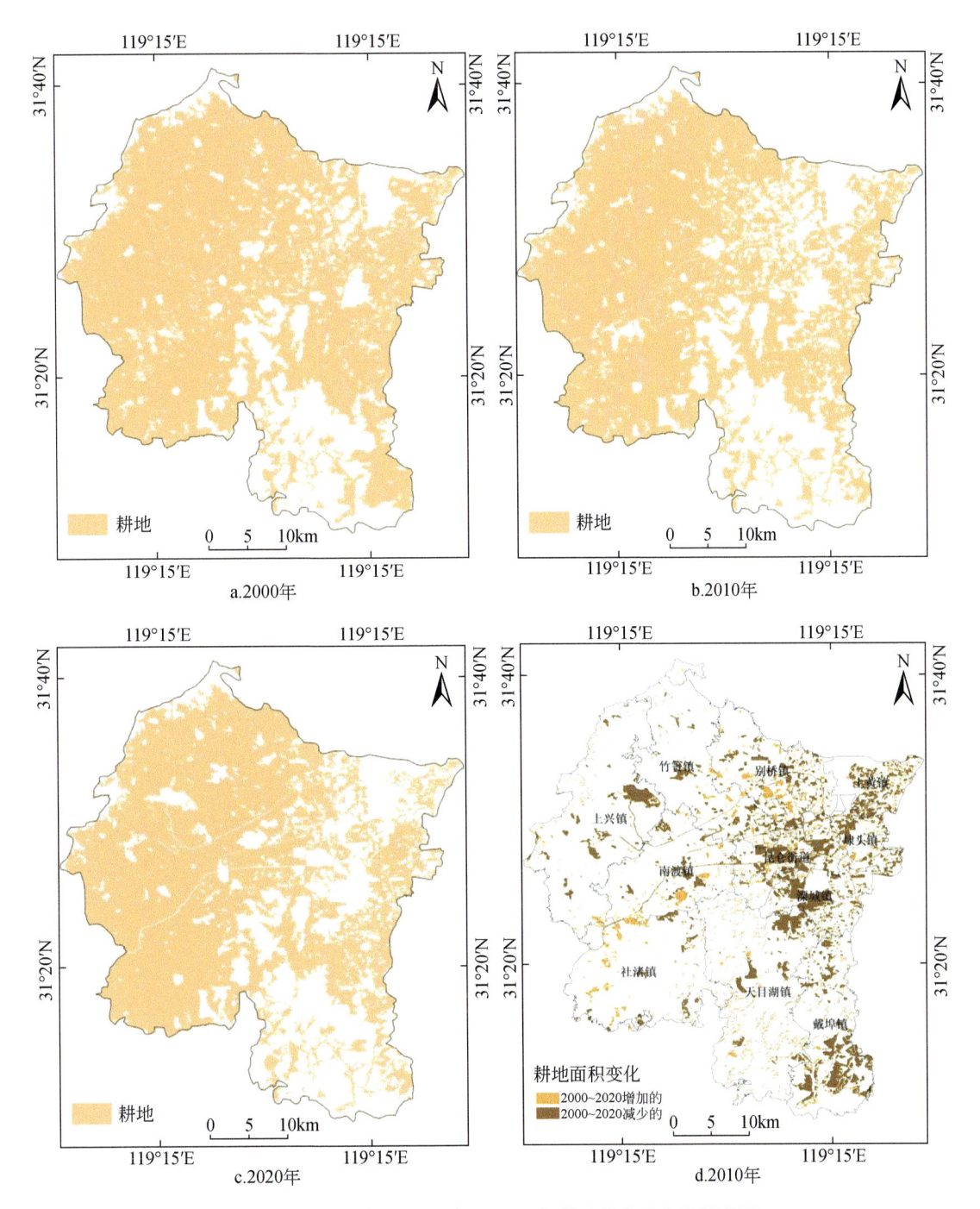

图 5-15 2000 年、2010 年、2020 年耕地分布及变化情况图

戴埠镇耕地面积变化规模最大,分别减少了 5281hm² 和 2307hm²;上兴镇和社渚镇地处西南部的高平原圩区,地势平缓适宜耕种,耕地面积基数较大,减少的耕地面积及占比最低,分别为 210 hm² 和 216hm²。在 2010~2020 年期间,上兴镇和上黄镇耕地面积变化最多,分

别减少了 1066 hm² 和 946 hm²，而别桥镇、南渡镇和社渚镇三个乡镇的耕地面积有所增加，分别增加了 477 hm²、89 hm² 和 362 hm²，如社渚镇不少养殖鱼塘转变为耕地。

表 5-13　2000~2020 年溧阳市各镇耕地面积及变化情况　　（单位：hm²）

地区	2000 年	2010 年	2020 年	2000~2010 年	2010~2020 年	2000~2020 年
溧城镇	5 714	4 509	3 872	−1 205	−637	−1 842
埭头镇	3 535	2 729	2 632	−806	−97	−903
昆仑街道	6 117	4 977	4 205	−1 140	−772	−1 912
上黄镇	3 021	2 640	1 694	−381	−946	−1 327
戴埠镇	8 889	6 582	6 296	−2 307	−286	−2 593
天目湖镇	11 863	6 582	6 296	−5 281	−286	−5 567
上兴镇	21 290	21 080	20 014	−210	−1 066	−1 276
竹箦镇	14 317	13 741	13 685	−576	−56	−632
别桥镇	9 836	8 593	9 070	−1 243	477	−766
南渡镇	12 229	11 932	12 021	−297	89	−208
社渚镇	16 977	16 761	17 123	−216	362	146
溧阳市	113 769	104 316	101 080	−9 453	−3 236	12 689

溧阳市随着经济的高速发展、社会的持续进步、人口的不断增加和城镇规模的迅速扩张，大量耕地在工业化和城市化的过程中转变为其他利用类型的土地，是导致耕地时空变化的关键因素，日益减少的耕地数量和急剧增加的建设用地需求量间的矛盾正被逐渐激化。目前，溧阳市要切实加大耕地保护力度，确保耕地保有量和永久基本农田面积不减少、质量有提高、生态有改善，把最严格的耕地保护制度和节约用地制度落到实处。

2000 年，溧阳市建设用地总面积为 131.58 km²，占全市国土总面积的 8.60%，2010 年增长到 179.41 km²（占比为 11.66%），到了 2020 年，建设用地总面积为 206.39 km²（占比为 13.42%），较 2000 年约增加了 75 km²（图 5-16）。2000~2020 年期间，溧阳市建设用地总面积呈持续增加态势，其中溧城镇、上兴镇和天目湖镇变化最大，分别约增加了 27 km²、12 km² 和 10 km²。溧城镇作为溧阳市的主城片区，农业功能在弱化，经济功能不断加强，因此，建设用地面积扩展最为显著；上兴镇因境内各类建材工业企业和旅游项目布局，且其与南京接壤，地理位置优越，天目湖镇境内水域面积、生态景观面积较多，加之距离主城区较近，旅游业等非农功能发展也较为迅速，使得建设用地扩展迅速。

从年代际尺度对比来看，2000~2020 年间前 10 年建设用地增加面积远超过最近 10 年的变化。2000~2010 年期间，溧阳市建设用地总面积约增加了 48 km²，其中溧城镇、上兴镇和天目湖镇变化规模最大，分别增加了 12.97 km²、9.25 km² 和 7.48 km²；社渚镇、竹箦镇、埭头镇和上黄镇增加面积最少，在 1 到 2 km² 之间。在 2010~2020 年期间，仅溧城镇建设用地面积变化较突出，约增加了 14 km²，而埭头镇、上黄镇和戴埠镇三个乡镇建设用地面积变化较小（表 5-14）。

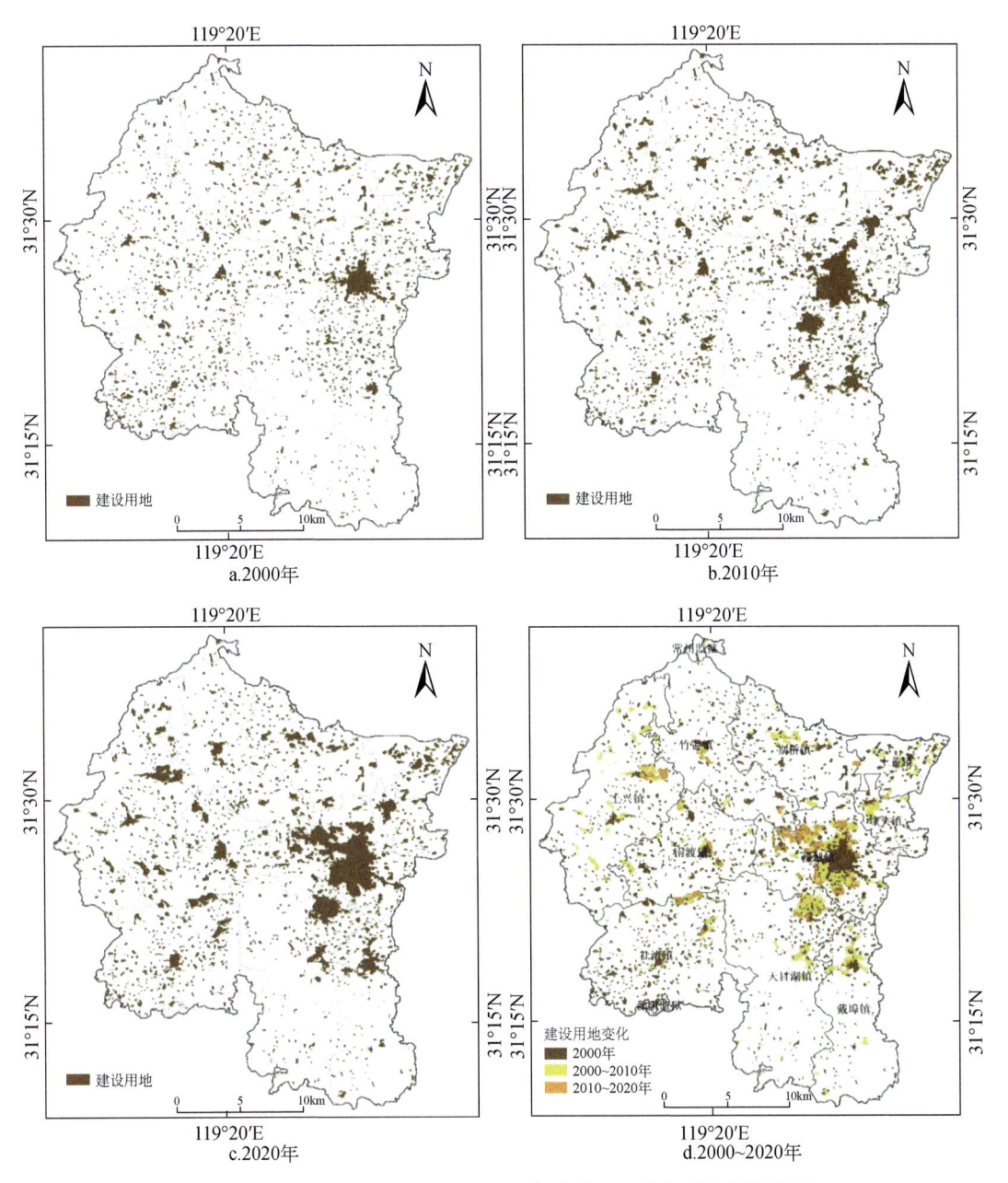

图 5-16　溧阳市 2000-2010-2020 年建设用地分布及变化情况图

表 5-14　2000~2020 年溧阳市各镇建设用地面积及变化情况　（单位：km²）

地区	2000 年	2010 年	2020 年	2000~2010 年	2010~2020 年	2000~2020 年
溧城镇	28.18	41.15	55.38	12.97	14.24	27.21
埭头镇	4.97	7.46	7.6	2.49	0.14	2.63
上黄镇	7.51	9.85	10	2.34	0.15	2.49
戴埠镇	7.6	12.6	12.63	5.01	0.03	5.04

续表

地区	2000年	2010年	2020年	2000~2010年	2010~2020年	2000~2020年
天目湖镇	12.32	19.8	22.16	7.48	2.36	9.83
别桥镇	12.07	15.08	16.34	3.01	1.26	4.27
上兴镇	12.64	21.89	24.29	9.25	2.4	11.65
竹箦镇	11.81	12.6	14.16	0.79	1.56	2.35
南渡镇	14.56	17.2	19.31	2.64	2.11	4.75
社渚镇	18.9	20.88	23.6	1.98	2.72	4.7
溧阳市	131.58	179.41	206.39	47.83	26.98	74.81

2000~2020年，溧阳市人均建设用地面积呈现稳步增加态势，由1.71 km²/万人增加为2.46 km²/万人。从各乡镇来看，人均建设用地面积最大乡镇为上黄镇（3.40km²/万人），最小为溧城镇（1.41km²/万人），变化幅度最大乡镇为上兴镇，其次为戴埠镇和埭头镇，变化幅度最小乡镇为竹箦镇和南渡镇（图5-17）。从年代际尺度对比来看，2000~2010年扩张趋势整体大于2010~2020年，随着经济、社会和人口的不断发展，城镇规模迅速扩张，大量其他利用类型的土地在工业化和城市化的过程中转变为建设用地，日益减少的耕地数量和急剧增加的建设用地总量与需求量间的矛盾日渐激化。严格优化建设用地扩张的质和量，把耕地保护制度与节约用地制度以及生态空间保护制度落到实处成为当务之急。

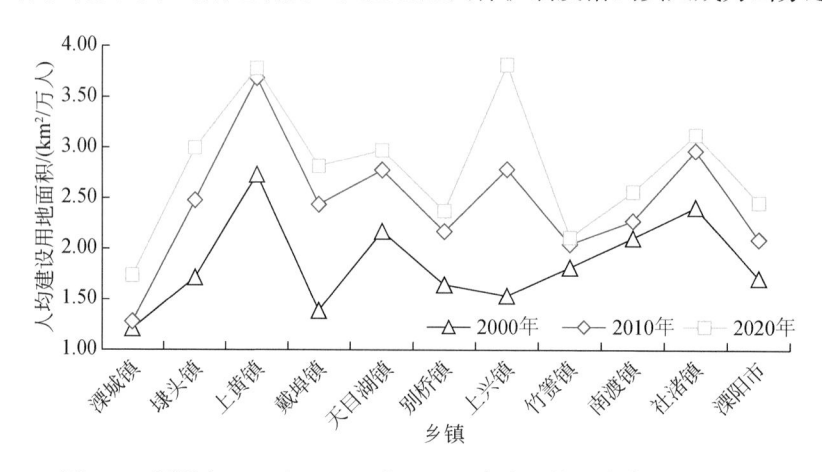

图5-17 溧阳市2000年、2010年、2020年各乡镇人均建设用地情况

（2）水资源状况

溧阳市大部分地区属南河—南溪河水系，北部局部地区属洮滆水系，境内主要河流有南河、中河、北河、丹金溧漕河、溧戴河、赵村河、竹箦河等，南部丘陵有沙河、大溪两座大型水库，分别位于南河支流沙溪河、溧戴河流域。利用GEE大数据云平台的Landsat系列影像提取的水体数据集，调查2000~2020年溧阳市的水域范围及其时空变化情况，包括境内河流、湖泊、水库、养殖鱼塘以及坑塘等。2010年以来，溧阳市平均水资源总量为8.84亿 m³，平均水资源用量为3.62亿 m³，平均水资源利用强度为53%，最大值年份为2013年，

最小值年份为 2016 年（图 5-18）。

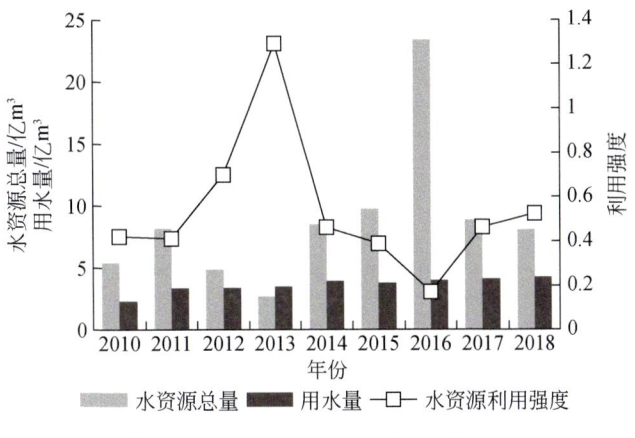

图 5-18 溧阳市水资源及其利用特征

溧阳市水域面积从 2000 年的 11 952hm² 增加到了 2020 年的 13 176hm²，水域主要集中分布在别桥镇、社渚镇、上黄镇和天目湖镇（图 5-19）。2010~2020 年溧阳市水域面积的变化（增加或减少）规模大于 2000~2010 年时段，2000~2010 年溧阳市水陆转变面积为 1653hm²，2010~2020 年增加或减少的水域面积达 3276hm²。在空间分布上，水域发生变化的区域主要集中在长荡湖、天目湖、大溪水库及前宋水库周边。埭头镇、别桥镇、竹箦镇和溧城镇由于城市化扩张，水域面积分别减少了 127hm²、479hm²、13hm² 和 269hm²，主要转变为城市建设用地。

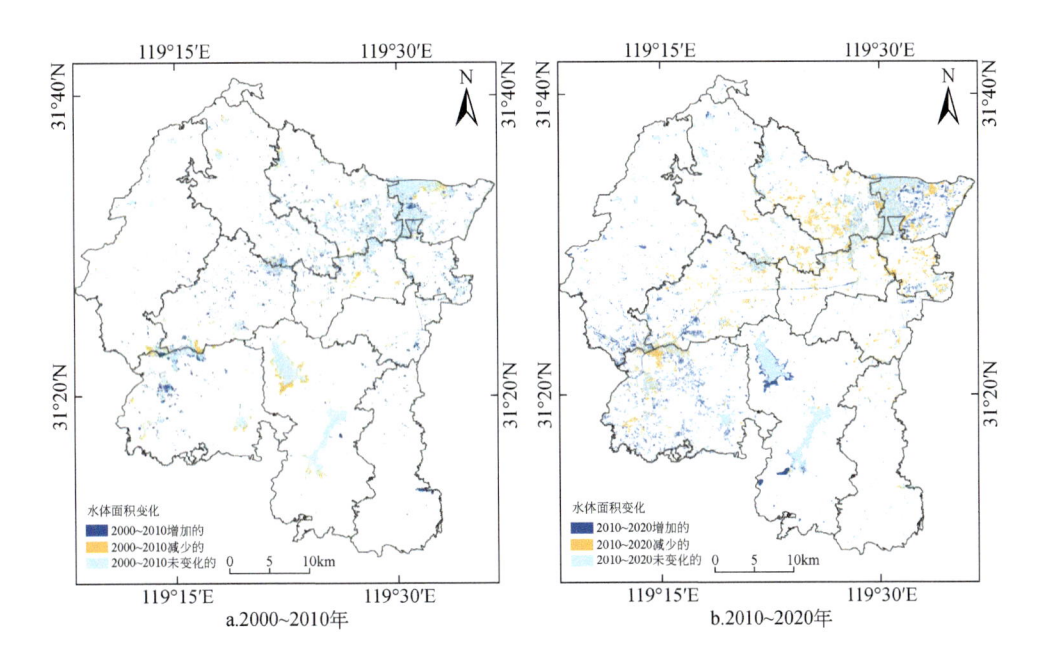

图 5-19 溧阳市 2000~2010 年及 2010~2020 年水域变化时空特征

2000 年以来，溧阳市通过多种政策措施强力推进水产养殖方面的生态化发展步伐，政府大力发展扶持水产养殖业，并成为村镇重要支柱产业之一。2000 年溧阳市总水域面积为 11 952hm²，占全市总面积的 7.78%，2010 年增加到 12 967hm²（占比为 8.44%），到 2020 年左右水域总面积为 13 006hm²（占比为 8.47%），相较于 2000 年总共增加了 1054hm²。从整体上来看，溧阳市的养殖面积呈扩张趋势，但各个城镇间变化情况相差较大。2000~2020 年期间，上兴镇和社渚镇养殖面积变化较大，分别增加了 626hm² 和 862hm²（表 5-15）。

表 5-15 2000~2020 年溧阳市各乡镇水域面积及养殖水域变化情况 （单位：hm²）

地区	2000 年	2010 年	2020 年	2000~2010 年	2010~2020 年	2000~2020 年
溧城镇	242	356	334	114	−22	92
埭头镇	694	836	566	142	−270	−127
上黄镇	1 845	1 875	1 981	30	105	136
戴埠镇	118	225	228	107	3	110
天目湖镇	2 311	1 992	2 254	−319	262	−57
别桥镇	2 053	2 250	1 574	196	−675	−479
竹箦镇	1 092	1 266	1 079	174	−187	−13
上兴镇	686	753	1 311	68	558	626
南渡镇	927	1 162	1 101	235	−61	174
社渚镇	1 172	1 390	2 034	218	644	862
昆仑街道	813	862	544	49	−318	−269
溧阳市	11 952	12 967	13 006	1 015	39	1 054

比较 2000~2010 年和 2010~2020 年两个时段内养殖水域的变化可以发现：永和水库、吕庄水库、大山口水库、塘马水库、前宋水库、大溪水库、长荡湖和天目湖等水域的周围都发生了湖泊向养殖鱼塘转变的情况（图 5-20、图 5-21）。其中，在 2000~2010 年间，大溪水库、前宋水库和天目湖旅游度假区自然水域面积分别减少了 227.69hm²、56.06hm² 和 54.25hm²，减少区域主要集中在湖泊周边，转变为围网养殖；但在政策的影响下，溧阳市推进生态环境保护，尤其是水源地保护，在大型水域周边划定了水产业禁养区。到了 2020 年，大溪水库、前宋水库和天目湖旅游度假区自然水域面积又分别增加了 187.06hm²、15.00hm² 和 27.31hm²，湖泊周边的养殖鱼塘又都重新恢复成了湖泊。

2000~2020 年，溧阳市共有 70 个村域养殖池塘面积持续增加，其中社渚镇宜巷村养殖面积扩张最多，从 2000 年的 51.69hm² 增长到了 2020 年的 179.25hm²，大量农田转为养殖池塘；溧阳市水产养殖场面积减少最为明显，全市共有 18 个行政村养殖池塘面积一直在减少，从 2000 年的 1242.69hm² 减少到了 2020 年的 1134.50hm²；另有 54 个行政村养殖池塘面积先在 2000~2010 年期间增加，而在 2010~2020 年期间减少，如大溪水库周边在 2000~2010 年期间增加得最多（227.69hm²），而在 2010~2020 年期间减少了 187.06hm²，南渡镇胜笪村在 2000~2010 年期间增加了 77.31hm²，而在 2010~2020 年期间减少了 107.50hm²。

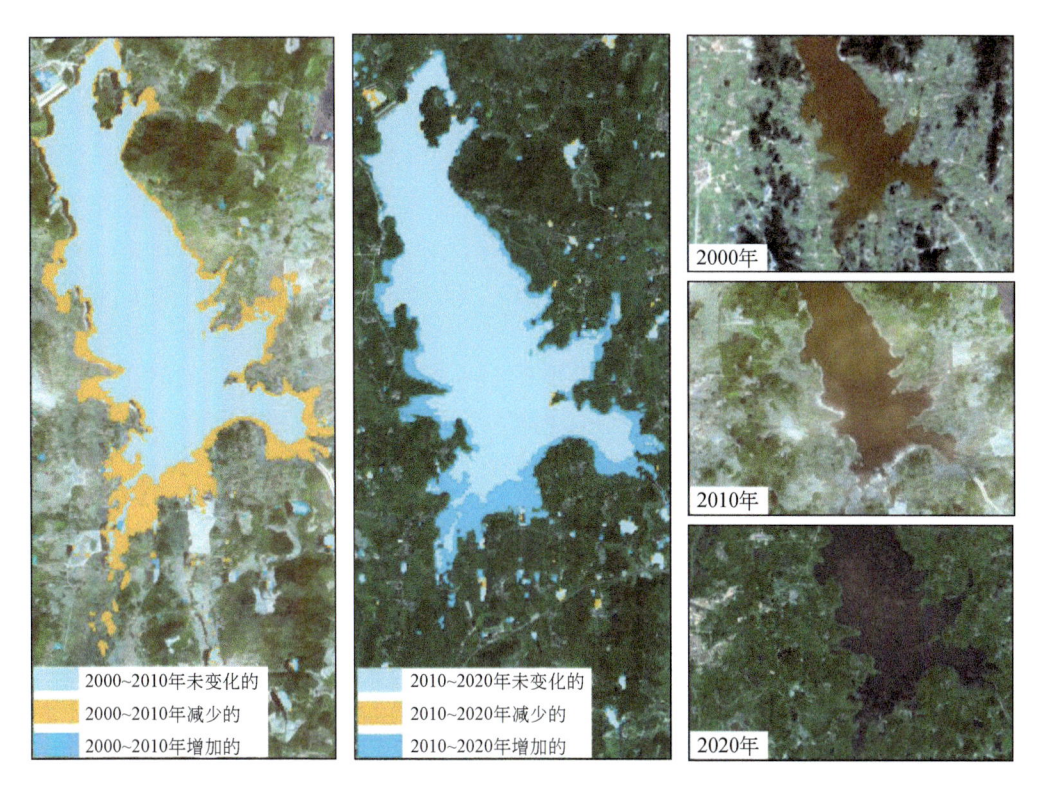

图 5-20 溧阳市大溪水库周边 2000 年、2010 年和 2020 年水域变化比较

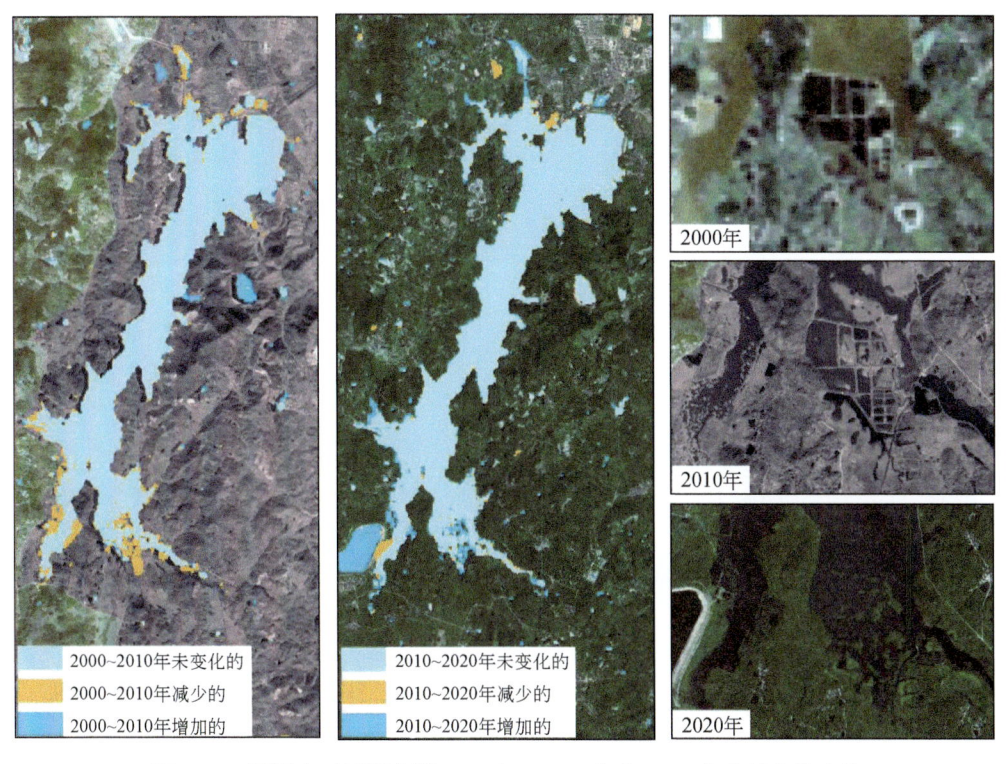

图 5-21 溧阳市天目湖南端 2000 年、2010 年和 2020 年水域变化比较

5.2.1.3 生态环境状况

溧阳市全市大体可分为低山、丘陵、平原圩区三种地貌类型。平原圩区包括市境腹部和东部的洮隔湖平原圩区及西南部的高平原圩区，总面积达 725.40km^2，约占全市总面积的 47.3%，是境内主要的产粮区。溧阳市境内自然植被茂盛，南部丘陵地区是中亚热带地带性植被在江苏境内仅有的分布区，有南山竹海、瓦屋山林地等资源，以及天目湖、长荡湖、丹金溧漕河等河湖湿地资源，森林覆盖率达 32.1%。其中，天目湖、南山竹海周边森林覆盖率达 80% 以上。2000 年，溧阳市域内生态空间包括防护林地、草地、河流、湖泊、滩地等在内共计 314.1km^2，到 2010 年为 368.2km^2，约增加了 54km^2，2020 年生态空间面积为 363.48km^2 比 2010 年减少 5km^2 左右（图 5-22）。

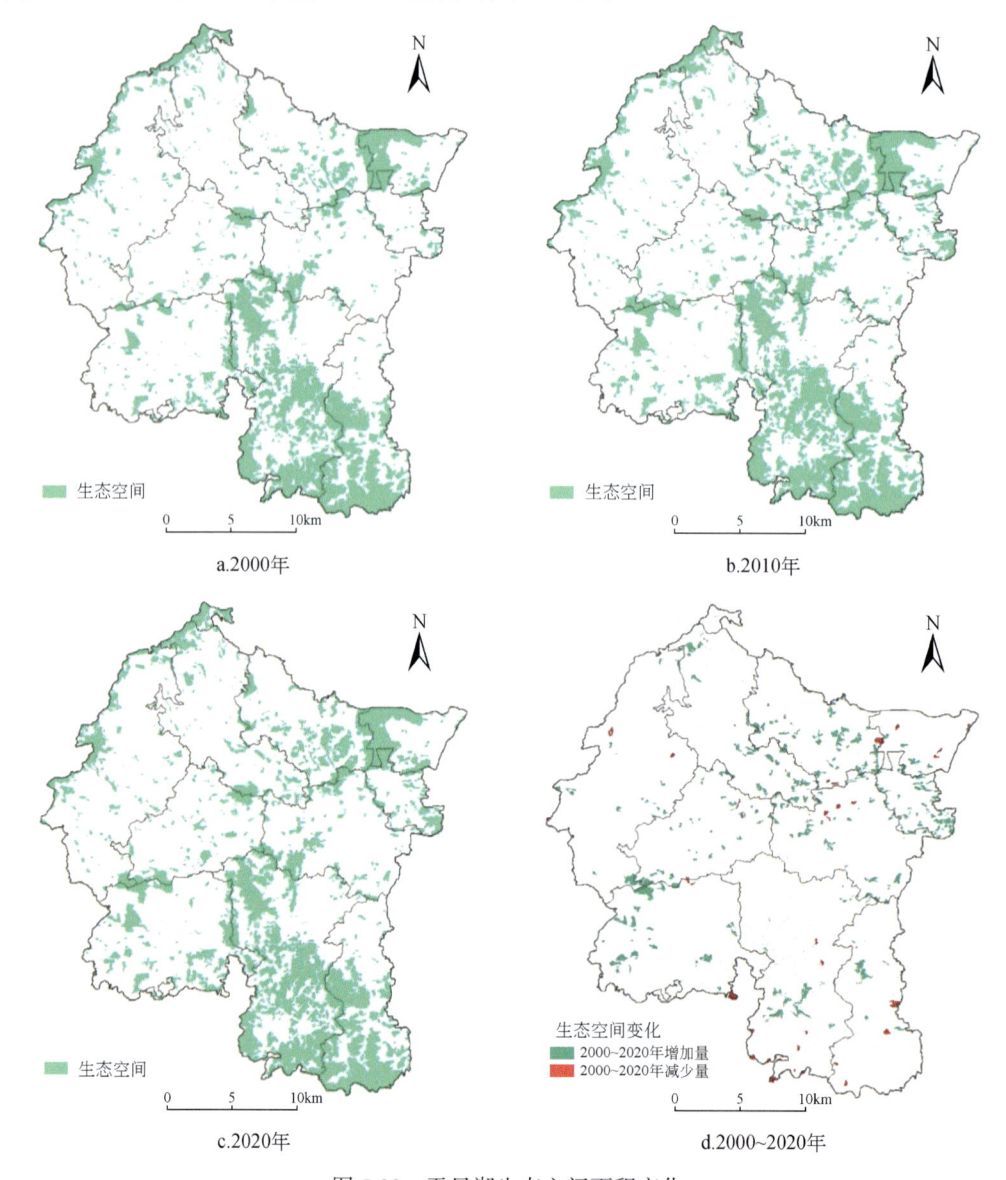

图 5-22 天目湖生态空间面积变化

如表 5-16 所示，分乡镇来看，2020 年，天目湖镇生态空间面积明显高于其他乡镇，为 108.02km²，其次为戴埠镇（64.64km²），面积最小乡镇为埭头镇。2000~2020 年各乡镇面积均值由 31.41km² 增长至 36.35km²。从年际尺度对比来看，2000~2020 年期间，各乡镇生态空间均为正增长，平均变化值为 4.94km²，其中最大乡镇为别桥镇（8.79km²），最小乡镇为上黄镇（1.04km²），前 10 年生态空间面积变化远超最近 10 年。2000~2010 年期间，溧阳市生态空间面积增加了 54.17km²，其中别桥镇和溧城镇生态空间变化规模最大，分别增加了 9.28km² 和 8.25km²，上黄镇和戴埠镇增加面积最小；在 2010~2020 年期间，除埭头镇稍有增加外，其余乡镇均为减少状态，溧城镇减少面积最多，为 2.16km²。

表 5-16　2000~2020 年溧阳市各乡镇生态空间变化情况　（单位：km²）

地区	2000 年	2010 年	2020 年	2000~2010 年	2010~2020 年	2000~2020 年
溧城镇	17.31	25.56	23.40	8.25	−2.16	6.09
埭头镇	6.87	13.32	13.34	6.45	0.02	6.47
上黄镇	22.96	24.01	24.00	1.05	−0.01	1.04
戴埠镇	63.32	64.77	64.64	1.45	−0.13	1.32
天目湖镇	104.88	108.87	108.02	4.00	−0.85	3.15
别桥镇	22.41	31.68	31.20	9.28	−0.48	8.79
上兴镇	24.74	27.99	28.05	3.25	0.06	3.31
竹箦镇	14.16	22.05	21.74	7.89	−0.31	7.59
南渡镇	11.65	16.29	16.20	4.64	−0.08	4.56
社渚镇	25.82	33.74	32.90	7.92	−0.84	7.08
极值	6.87~104.88	13.32~108.87	13.34~108.02	1.05~9.28	−2.16~0.02	1.04~8.79
平均值	31.41	36.83	36.35	5.42	−0.48	4.94
中位数	22.68	26.77	26.02	5.55	−0.22	5.32
溧阳市	314.10	368.27	363.48	54.17	−4.79	49.38

溧阳市拥有国家级生态红线区 9 个，面积为 86.32km²，涉及溧城镇、天目湖镇、戴埠镇、上黄镇、上兴镇和竹箦镇；省级生态保护区 16 个，面积为 555.79km²，涉及溧阳市各个乡镇（表 5-17）。根据《江苏省国家级生态红线区域保护规划》，溧阳市现有生态红线区域，包括天目湖、长荡湖、南山、水母山、瓦屋山等区域以及各类河流水库，主导生态功能涉及自然保护区、自然与人文景观保护、湿地生态系统保护、重要湖泊湿地、生物多样性、水源涵养、洪水调蓄和地质遗迹保护等，总面积达 405.1km²，约占全市国土面积的 26.4%。

表 5-17 溧阳市生态红线区域概况

红线区名称	红线类别	主导生态功能	面积 /km²
水母山中华曙猿地质遗迹保护区	国家级	地质遗迹保护	0.40
天目湖湿地自然保护区	国家级	自然保护区	6.43
长荡湖国家湿地公园（试点）	国家级	重要湖泊湿地	2.60
天目湖国家湿地公园	国家级	湿地公园的湿地保育区和恢复重建区	9.92
上黄水母山省级自然保护区	国家级	自然保护区	0.40
瓦屋山省级森林公园	国家级	森林公园的生态保育区和核心景观区	16.67
西郊省级森林公园	国家级	森林公园的生态保育区和核心景观区	1.07
长荡湖（溧阳市）重要湿地	国家级	重要湖泊湿地	8.71
天目湖国家级森林公园	国家级	森林公园的生态保育区和核心景观区	40.11
天目湖风景名胜区	省级	自然与人文景观保护	75.58
沙河水库水源涵养区	省级	水源涵养	70.79
大溪水库水源涵养区	省级	水源涵养	64.98
水母山中华曙猿地质遗迹保护区	省级	地质遗迹保护	0.87
燕山县级森林公园	省级	自然与人文景观保护	0.64
宁杭生态公益林	省级	自然与人文景观保护	9.11
大溪水库洪水调蓄区	省级	洪水调蓄	8.57
芜申运河洪水调蓄区	省级	洪水调蓄	8.49
丹金溧漕河（溧阳市）洪水调蓄区	省级	洪水调蓄	3.07
中河洪水调蓄区	省级	洪水调蓄	3.08
城东生态公益林	省级	自然与人文景观保护	4.73
长荡湖（溧阳市）重要湿地	省级	湿地生态系统保护	20.69
南山水源涵养区	省级	水源涵养	194.79
西郊省级森林公园	省级	自然与人文景观保护	7.89
瓦屋山省级森林公园	省级	自然与人文景观保护	74.28
天目湖湿地自然保护区	省级	生物多样性	8.23

近年来，溧阳市相继开展饮用水安全保障、区域治污一体化、农村生活污水整治、工业点源污染治理、农业面源污染治理、黑臭水体整治、小流域综合治理等工程。其水产养殖业的转变是清水工程的重大措施之一，进一步推进了水源地保护、黑臭河塘治理和河流

水质的改善，把生态环境保护与苏皖合作示范区建设、文明城市创建、特色田园乡村建设有机融合，建设成为国家生态绿城。遥感监测的结果能清晰地反映溧阳市在21世纪早期大规模发展水产养殖业造成的养殖水域扩张，以及近年来推进生态养殖政策后部分养殖区转变回自然湖库水域或农田的变化情况。

5.2.2 村镇建设与资源环境承载能力的协调性

5.2.2.1 水土资源总体利用强度

根据村镇建设资源环境承载力区划结果，溧阳市位于东部村镇区域，长江流域热湿冬冷环境两熟水旱农作村镇地区，属于长江三角洲平原村镇区。溧阳市乡镇平均建设用地面积为21km^2，区间分布为8~55km^2，山丘区约为13~24km^2，平原区约为16~55km^2，按平原区的利用强度衡量，大约为长江三角洲平原村镇区的1/2，全市建设用地约占市域总面积的13%。全市耕地面积约为1011km^2，约占区域总面积的66%，坡度15°以下的耕地面积占比为94%，各乡镇坡度15°以下的耕地平均面积为95km^2，区间值为24~186km^2，平均的耕地利用强度达59%，超过长江三角洲平原村镇区可利用耕地面积占比的平均水平。

溧阳全市水资源总量约为8.06亿m^3，地均水资源量约为52.51万m^3/km^2，年用水量约为4.23亿m^3，利用强度为52%，按长江三角洲平原村镇区平均的可利用水资源量计算，远远超过该区域平均水平。其中，农田灌溉用水量为2.85亿m^3，城镇生活用水量为0.46亿m^3，林木渔业用水量为0.39亿m^3，工业用水量为0.33亿m^3，农村生活用水量为0.12亿m^3，城镇环境用水量为0.09亿m^3，农田灌溉用水约占总用水量的67%。

虽然建设用地的利用强度在长江三角洲平原村镇区处于中游偏下水平，但从溧阳市本底情况看，其生态空间占比较大，生态敏感区比例较高，是国家农产品主产区，又地处万亩圩区，平坝区面积相对狭小，较多村镇位于山丘区，因而总体上，溧阳市村镇水土资源的利用处于高强度状态。

5.2.2.2 村镇建设与资源环境承载力的主要矛盾

溧阳市村镇非农化问题在村镇发展过程中尤为显著，第二、第三产业的发展对农业产生较大冲击，产生的资源环境问题，也对村镇资源环境承载力造成一定影响。溧阳市村镇农业生产土地和水资源压力整体较轻，但单位产出有待提升，局部地区存在严重的资源浪费情况，非农产业的高强度发展使得环境状况不容乐观。

（1）人均耕地面积减少，耕地非粮化态势明显

整体来看，溧阳市仅埭头镇、别桥镇人均耕地面积有所上升，其余乡镇均呈现下降趋势，特别是上黄镇从2010年的682m^{2}下降到2020年的294m^2，下降幅度较大。人均耕地面积在1000m^{2}以上的有别桥镇、上兴镇、竹箦镇和社渚镇（表5-18）。

表 5-18　溧阳市村镇人均耕地面积　　　　　　　　　　　（单位：m²）

年份	溧城镇	埭头镇	上黄镇	戴埠镇	天目湖镇	别桥镇	上兴镇	竹箦镇	南渡镇	社渚镇
2010	181	666	682	712	800	944	1 439	1 103	899	1 103
2015	145	778	819	770	735	924	1 213	1 021	899	1 079
2020	134	852	294	638	732	1 039	1 137	1 021	895	1 065

运用优质耕地播种面积的粮经比（粮食作物播种面积/经济作物播种面积）来反映溧阳市耕地非粮化状况（图 5-23）。总体来看，近十年来溧阳市粮食作物播种面积与经济作物播种面积比值除上兴镇、天目湖镇和埭头镇均呈下降趋势。其中，上兴镇上升幅度稍大，天目湖镇和埭头镇略有上升；南渡镇、竹箦镇、社渚镇和上黄镇呈现较大幅度下降。从各乡镇非粮化程度空间分异来看，非粮化程度较高乡镇主要分布在溧阳市东部溧城镇及周边，如天目湖镇、别桥镇和戴埠镇，2020 年高非粮化乡镇主要为溧城镇和戴埠镇；中低水平区主要分布在溧阳市西部和东北部乡镇，包括社渚镇、上兴镇、竹箦镇、南渡镇、上黄镇和埭头镇（图 5-24）。

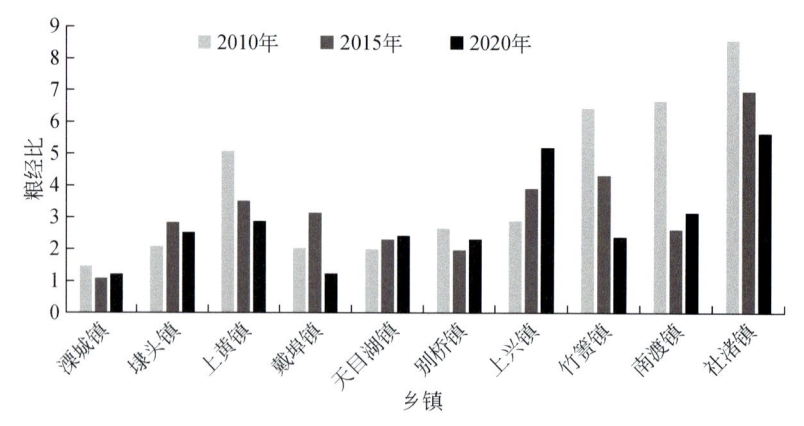

图 5-23　溧阳市各乡镇粮经比变化趋势

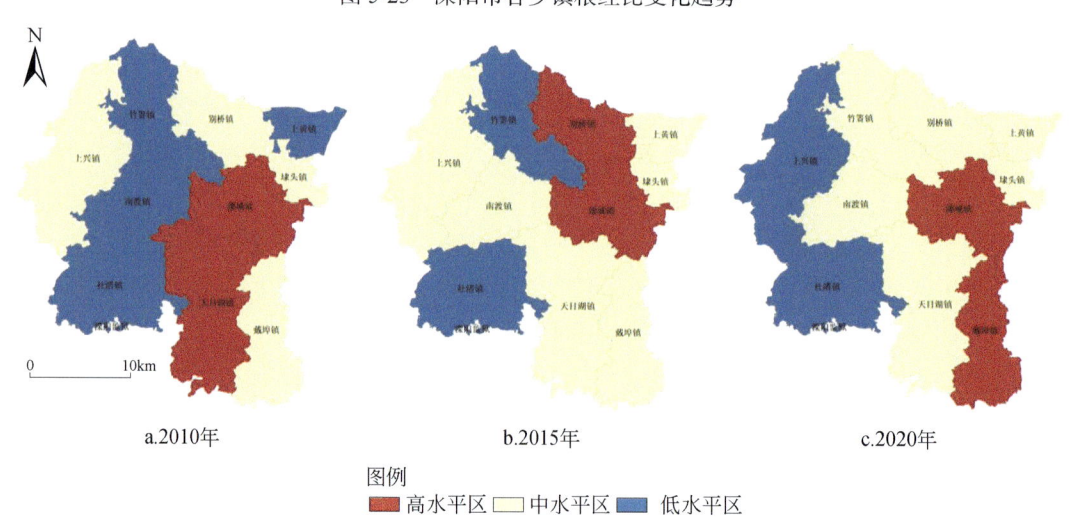

图 5-24　溧阳市村镇非粮化程度分布趋势

（2）农村人口流失快，从业人员非农化态势明显

以非农从业人员与村镇劳动力总量的比值来衡量村镇从业人员工商化程度，进而反映农区非农化情况（图 5-25）。从村镇非农从业人员占比来看，溧阳市整体呈现出较高的非农化水平。其中，溧城镇从业人员工商化程度最高，上兴镇和社渚镇工商化程度为各乡镇中较低值，其余乡镇除上黄镇自 2015 年下降程度较大，均呈现较高水平下的稳步提升。

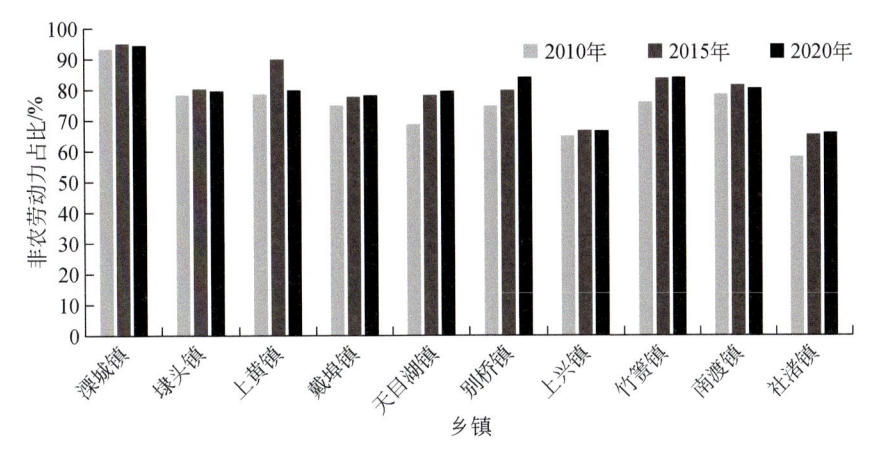

图 5-25　溧阳市村镇非农劳动力占比

从地区分布来看，从业人员工商化水平以溧城镇为高值中心向四周扩散，因此中低值区主要在溧阳市外围（图 5-26）。工商化程度较高乡镇从 2010 年仅溧城镇较为突出，发展为 2020 年溧阳市北部乡镇，如南渡镇、别桥镇和竹箦镇，均呈现出较高水平；天目湖镇、戴埠镇和上兴镇处于中等水平区；社渚镇工商化水平十年来在各乡镇中一直处于较低水平。

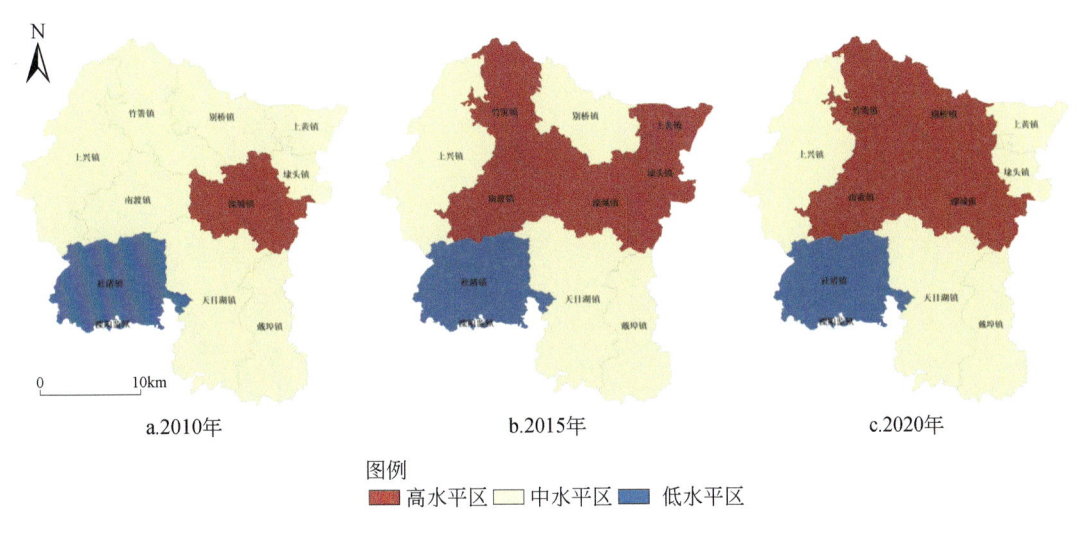

a.2010年　　b.2015年　　c.2020年

图例　■高水平区　□中水平区　■低水平区

图 5-26　溧阳市村镇从业人员工商化程度分布趋势

（3）农村宅基地利用效率不高，部分地区村庄呈现空心化

在实地调研中发现，溧阳市大力推进美丽乡村建设，乡村内部环境得到了一定改善，乡村基础设施的配套和公共服务水平的提高等都使乡村人居环境得到了改善，但也存在诸多问题。例如，多数乡村青壮年劳动力流向苏州、上海、杭州等经济发达城市，随着乡村人口大量外流，乡村空心化现象较为明显，废弃的宅基地逐年增多。2018 年，溧阳市人均宅基地面积空间差异较为明显，人均宅基地面积在 80m² 以上的村庄占到了一半左右，其中天目湖镇和别桥镇人均宅基地面积较低，最大值出现在上兴镇南部，有村庄人均宅基地面积甚至达到 555.56m²（图 5-27）。

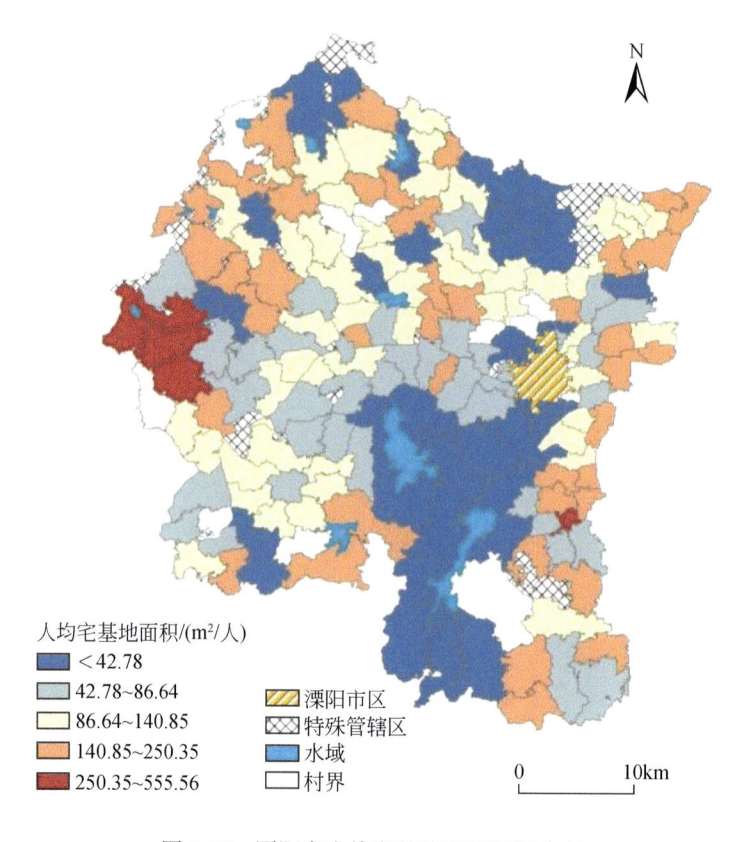

图 5-27 溧阳市人均宅基地面积空间分布

以各乡镇地区生产总值与各乡镇区域面积之比，计算单位土地面积产值，以此反映溧阳市土地资源利用效率。总体来看，溧阳市土地资源利用效率呈小幅度增长态势，但总体土地利用效率较低（图 5-28）。其中，溧城镇无论是在绝对值还是在增长率方面均远高于其他乡镇。其他乡镇除埭头镇和上黄镇增幅相对较大外，土地资源利用效率均在 50 万元 / hm² 以下，其中上兴镇和竹箦镇效率值最低且增幅不大。

从土地资源利用效率各乡镇空间分异布局来看，溧阳市土地利用效率高值区主要分布在东北部溧城镇、埭头镇和上黄镇地区，低值区主要集中在西部和南部地区（图 5-29）。

自 2010 年以来，溧城镇均处于高水平区，较高水平区由埭头镇增至上黄镇和埭头镇两个，中等水平区演变为别桥镇、南渡镇和社渚镇三个，竹箦镇、上兴镇、天目湖镇和戴埠镇则一直处于较低和低水平区。

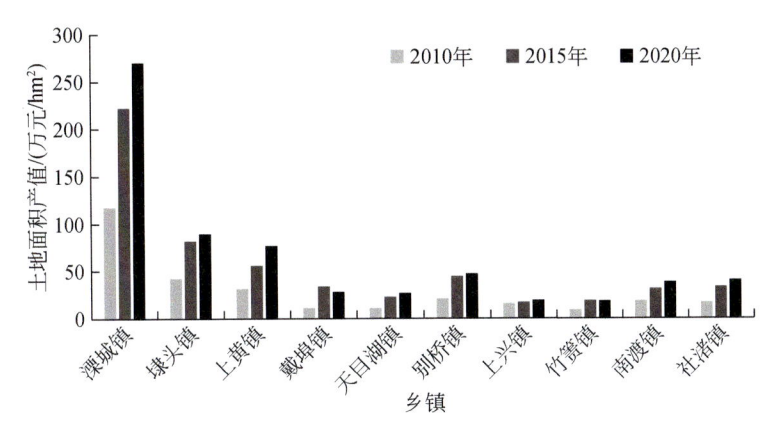

图 5-28　溧阳市单位土地面积产值

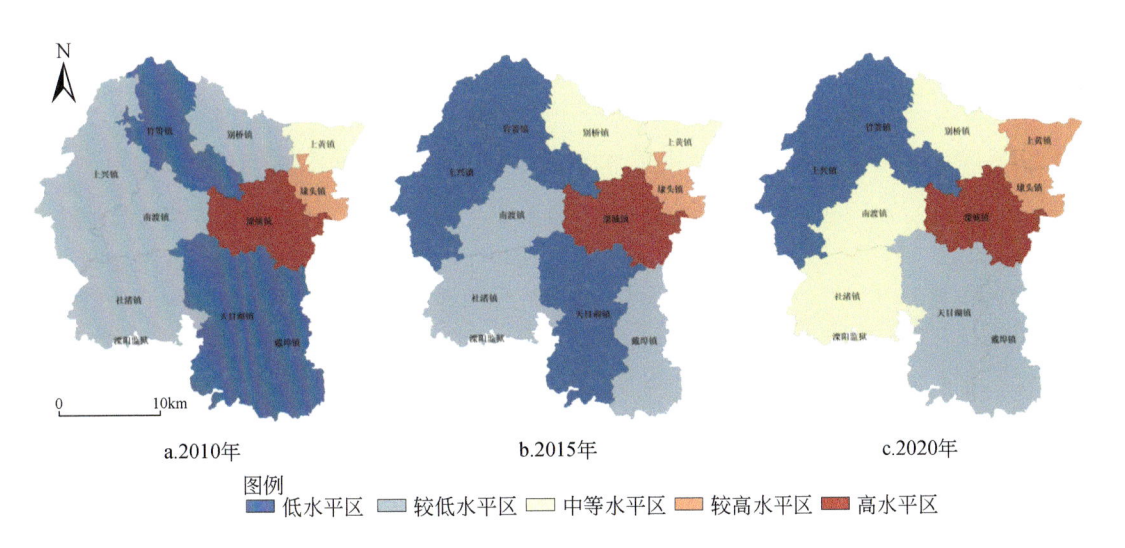

图 5-29　溧阳市村镇土地资源利用效率空间分异

（4）高强度产业发展造成了局部地区的生态环境恶化

溧阳市村镇环境污染特征性表现明显，空气环境上受制于钢铁、水泥及矿山开采等行业的发展，水环境受制于农村面积较大、污水管网覆盖率较低、乡镇污水处理厂运行管理不规范等。产业转型升级难度加大，一方面国家宏观经济形势进入"新常态"，经济增速放缓，污染防治资金投入受到威胁；另一方面，溧阳市重点行业，如钢铁、水泥等均为高耗能、高污染产业，该类型产业的发展仍高度依赖于能耗的投入，规模普遍不大，在价格已经触底的情况下企业很难投入巨额资金进行环保设备的改造升级。溧阳市作为主体功能区划中的限制开发区，水泥、钢铁等行业分布靠水近城，多数河道两侧建有建材堆场，各种小型企业分布村间，给环境管理带来极大挑战。溧阳市污染总量减排与环境质量改善的关系更趋复杂，全市地表水环境质量波动，个别区域氨氮、高锰酸盐指数超标现象仍然较为普遍。丹金溧漕河（溧阳段）全年期评价结果均为Ⅳ类，主要超标项目为五日生化需氧量（BOD_5）、氨氮；沙河、大溪水库全年期水质评价结果均为Ⅱ类，水体营养水平为轻度富营养；长荡湖全年期水质评价结果为Ⅳ类，为中度富营养（图5-30）。

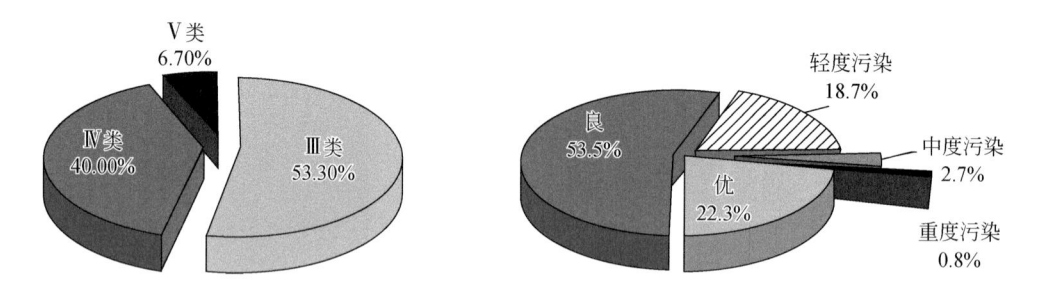

图 5-30　2018年溧阳市主要河流水质类别比例与空气质量级别

5.2.2.3　协调性分析

（1）总体协调分布

溧阳市地处长江三角洲腹地，域内有生态红线保护区域面积400多 km^2，是处于东部发达地区的重点生态区。此外，溧阳市是国家级农产品主产区，农业发展在当地发展中占据重要地位，土地资源也就成为影响农业可持续发展的关键因素之一；溧阳市工业及其他非农产业在地方经济中也占有较大比例，而人是村镇地域的主体，任何农业生产和资源环境都会受到人这一主体活动的影响，由此非农产业的发展对溧阳市村镇建设资源环境协调性也会产生一定影响。因此，从村镇功能表征、资源压力与效率等系统视角出发，对溧阳市各乡镇协调性情况进行深入分析。

首先，根据主导性、可行性、可比性原则，构建溧阳市村镇建设–资源环境耦合协调发展的指标体系，如表5-19所示。

表 5-19　村镇建设与资源环境耦合协调水平评价体系

目标层	领域层	指标层	指标性质
村镇建设指标	村镇建设发展	常住人口	正向
		宅基地占比	正向
	村镇经济发展	村镇人均可支配收入	正向
		人均粮食产量	正向
	村镇社会发展	人均农民业余文化组织数	正向
		人均互助型养老服务设施数	正向
	村镇公共设施	体育健身场所个数	正向
		自来水用户比例	正向
		通公路的村民小组比例	正向

续表

目标层	领域层	指标层	指标性质
资源环境指标	资源指标	村镇人均宅基地面积	负向
		水源地面积占比	正向
	环境指标	是否有畜禽集中养殖区	负向
		生态红线区占比	正向

由于"村镇建设–资源环境"是由村镇建设、资源环境两个相互作用的子系统组成的复合系统，因而需要分别计算村镇发展水平、资源环境的综合发展指数。综合发展指数也称综合序变量值，通过各项指标的标准化值和相应的权重进行计算，其计算公式如下：

$$u_i = \sum_{j=1}^{m} q_{ij} u_{ij}$$

$$\sum_{j=1}^{n} q_{ij} = 1$$

式中，u_i 代表子系统的综合发展指数（综合序变量）；u_{ij} 为子系统对总系统有序度的贡献；q_{ij} 为各个序参量的权重（采用熵权法计算）。

其次，借鉴物理学中的容量耦合概念及容量耦合系数模型，推广得到多个系统的相互作用耦合度模型：

$$C_n = \{(u_1 \times u_2 \times u_3, \cdots, u_n) / \prod (u_1 + u_2 + u_3, \cdots, u_n)^{1/n}\}$$

式中，C_n 代表耦合度（取值在 0~1），u_1、u_2、u_3、$\cdots$、u_n 代表子系统的综合发展指数。耦合度可划分为 4 种类型：$C \in [0,0.4]$ 为低水平耦合状态；$C \in (0.4,0.6]$ 为中水平的耦合状态；$C \in (0.6,0.8]$ 为较高水平的耦合状态；$C \in (0.8,1.0]$ 为高水平的耦合状态。

再次，耦合协调度的计算。耦合协调度模型是在评判村镇建设、资源环境交互耦合状态的基础上，通过数理运算计算两者的协调状态，其计算公式为：

$$D = \sqrt{C \times T}$$
$$T = \sqrt{a \times u_1 + b \times u_2}$$

式中，D 为耦合协调度；C 为耦合度；T 为村镇建设与资源环境的综合协调指数，它反映村镇建设系统与资源环境系统的整体协同效应或贡献；a、b 为待定系数；u 为各子系统的水平，取 $a=b=0.5$。

在实际应用中，最好使 $T \in [0,1]$，这样可以保证 $D \in [0,1]$，以便于更好地进行分析评价。根据耦合度的划分标准，耦合协调度也可划分为 4 种类型：$D \in [0,0.4]$ 为低水平耦合协调状态；$D \in (0.4,0.6]$ 为中水平的耦合协调状态；$D \in (0.6,0.8]$ 为较高水平的耦合协调状态；$D \in (0.8,1.0]$ 为高水平的耦合协调状态，具体如表 5-20。

表 5-20　村镇建设与资源环境耦合度和耦合协调水平的划分

耦合度 C 值	耦合程度	耦合协调度 D 值	耦合协调程度
$0.8 < C \leq 1.0$	高度耦合	$0.8 < D \leq 1.0$	高水平耦合协调
$0.6 < C \leq 0.8$	较高度耦合	$0.6 < D \leq 0.8$	较高水平耦合协调
$0.4 < C \leq 0.6$	中度耦合	$0.4 < D \leq 0.6$	中等水平耦合协调
$0 \leq C \leq 0.4$	低度耦合	$0 \leq D \leq 0.4$	低水平耦合协调

A. 溧阳市村镇建设与资源环境耦合度空间格局

2018年溧阳市村镇建设与资源环境耦合度水平整体相对较低，低水平区数量超过50%，在空间分布上呈现出东南部、西北部耦合度相对较高、中部耦合度相对较低的特征。具体来说，耦合度高水平区数量为34个，占比为18.8%，较高水平区数量为23个，占比为12.7%，主要分布于天目湖镇、戴埠镇、上兴镇、溧城镇；中等耦合度的行政村数量为16个，占比为8.8%，主要零星分布于天目湖镇、溧城镇、别桥镇；耦合度低水平区数量为108个，占比为59.7%，主要分布于溧城镇、埭头镇、上黄镇、别桥镇、竹箦镇、南渡镇、社渚镇。

B. 村镇建设与资源环境耦合协调度空间分异

2018年溧阳市村域村镇建设与资源环境耦合协调度水平大多处于低等级耦合协调度水平。具体来说，高水平区、较高水平区、中等水平区数量分别为2个、24个、36个，占比分别为1.1%、13.3%、19.9%，主要在天目湖镇、戴埠镇、上兴镇、溧城镇集聚，空间分布上与耦合度高水平和较高区高度吻合，这说明这些行政村在村镇建设高速发展的同时也对资源环境进行了保障，资源环境保护水平与村镇建设水平达到较高的耦合协调。耦合协调度低水平区数量为119个，占比为65.7%，主要分布于溧城镇、埭头镇、上黄镇、别桥镇、竹箦镇、南渡镇、社渚镇（图5-31）。

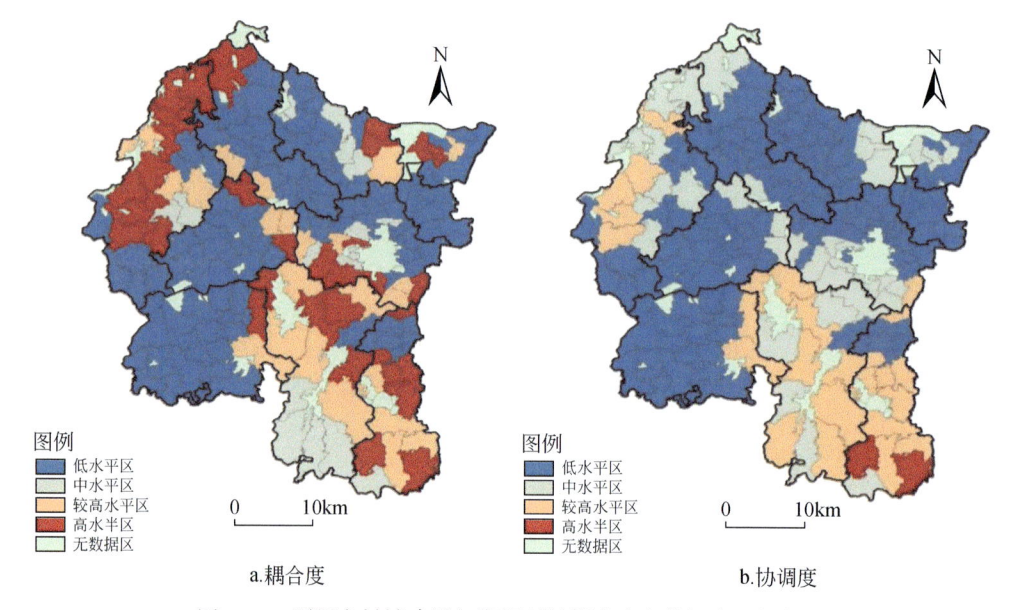

图 5-31 溧阳市村镇建设与资源环境耦合度与协调度空间格局

（2）建设用地承载力协调性

溧阳市各乡镇平均可利用建设用地面积约为21km²，可建设用地面积占区域面积的比例约为14%，乡镇开发强度最大的为溧城镇，其次是上黄镇和埭头镇，地势较高且生态较敏感区乡镇，如南部的天目湖镇、戴埠镇和西部的上兴镇和竹箦镇开发强度较低；各乡镇二三产从业人员占比最高的为别桥镇、戴埠镇和上黄镇，最低为天目湖镇和上兴镇；科教文卫用地占比除溧城镇较高外，其余乡镇均在10%以下，其中最小为上兴镇占比为5%。总体而言，溧阳市建设用地承载力协调性整体呈现为较协调状态，其中有协调乡镇4个，不协调乡镇3个，低效乡镇2个，较协调乡镇1个（表5-21）。

表5-21　村镇建设用地承载力协调性分析

地名	压力 建设用地占区域面积的比例/%	结果	效率 二三产人员占乡镇比/%	结果	功能建设 科教文卫用地占比/%	结果	协调度	协调类型
溧城镇	36	高	47	中	19	高	5	低效
埭头镇	17	中	45	中	7	中	7	较协调
上黄镇	21	中	50	高	9	中	9	协调
戴埠镇	10	低	51	高	6	低	9	协调
天目湖镇	9	低	34	低	6	低	3	不协调
别桥镇	14	中	56	高	9	中	9	协调
上兴镇	11	低	35	低	5	低	1	不协调
竹箦镇	8	低	46	中	9	中	9	协调
南渡镇	15	中	42	中	5	低	3	不协调
社渚镇	12	低	36	低	7	中	5	低效
溧阳市	14	中	44	中	9	中	7	较协调

（3）耕地承载力协调性

溧阳市各乡镇平均可利用耕地约为52km²，可利用耕地面积占乡镇面积的比例约为35%，乡镇土地垦殖指数最大的为别桥镇，其次是南渡镇和埭头镇，垦殖指数接近或在50%以上，溧城镇、上黄镇、天目湖镇和戴埠镇垦殖指数最低，其余乡镇均在30%以上；上兴镇和社渚镇的人均粮食产量明显高于其他乡镇，溧城镇、上黄镇和天目湖镇人均粮食产量则明显低于其他乡镇；高标准农田占比除溧城镇占比超过50%外，其余乡镇均在25%以下，其中上黄镇、南渡镇在10%以下。总体而言，溧阳市耕地承载力协调性整体呈现为低效状态，其中有协调乡镇2个，不协调乡镇3个，低效乡镇4个，较协调乡镇1个（表5-22）。

表5-22　种植业村耕地承载力协调性分析

地名	压力 垦殖指数/%	结果	效率 人均粮食产量/吨	结果	功能建设 高标准农田占耕地比/%	结果	协调度	协调类型
溧城镇	26	低	0.10	低	55	高	5	较协调
埭头镇	49	中	0.64	中	14	低	3	不协调
上黄镇	16	低	0.21	低	9	低	1	不协调
戴埠镇	22	低	0.47	低	18	中	5	低效
天目湖镇	24	低	0.32	低	23	中	5	低效
别桥镇	62	高	0.96	中	12	低	3	低效

续表

地名	压力		效率		功能建设		协调度	协调类型
	垦殖指数 /%	结果	人均粮食产量 / 吨	结果	高标准农田占耕地比 /%	结果		
上兴镇	34	中	1.24	高	18	中	9	协调
竹箦镇	37	中	0.83	中	10	低	1	不协调
南渡镇	54	高	0.85	中	8	低	3	低效
社渚镇	38	中	1.07	高	16	中	9	协调
溧阳市	35	中	0.54	中	18	中	5	低效

（4）水资源承载力协调性

根据宜居村镇建设对水环境的总体要求，村镇污染排放和水环境容量可分配量达到均衡，即输入输出达到平衡，保证基本不发生污染转移或水质超标。

村镇水环境承载力评价分为三类：①超载，村镇排放容量占用（ZRL_i）>水环境容量分配量（FRL_i）；②平衡，村镇排放容量占用（ZRL_i）=水环境容量分配量（FRL_i）；③富余，村镇排放容量占用（ZRL_i）<水环境容量分配量（FRL_i）。根据村镇类型确定容量供给来源，生态保育型和乡村旅游型村镇为流域供给，农产品供给型和产业融合型为本地供给；从占用类型确定优化提升方向，生态保育型和乡村旅游型村镇主要为约束，农产品供给型和产业融合型主要为提升。

溧阳市平原区各村 2010 年、2016 年、多年平均的产水量模拟情况如图 5-32 所示，各乡镇及平原区村镇的污水排放情况、TN 容量占用总量、TP 容量占用总量等情况，具体如表 5-23~ 表 5-25 所示。

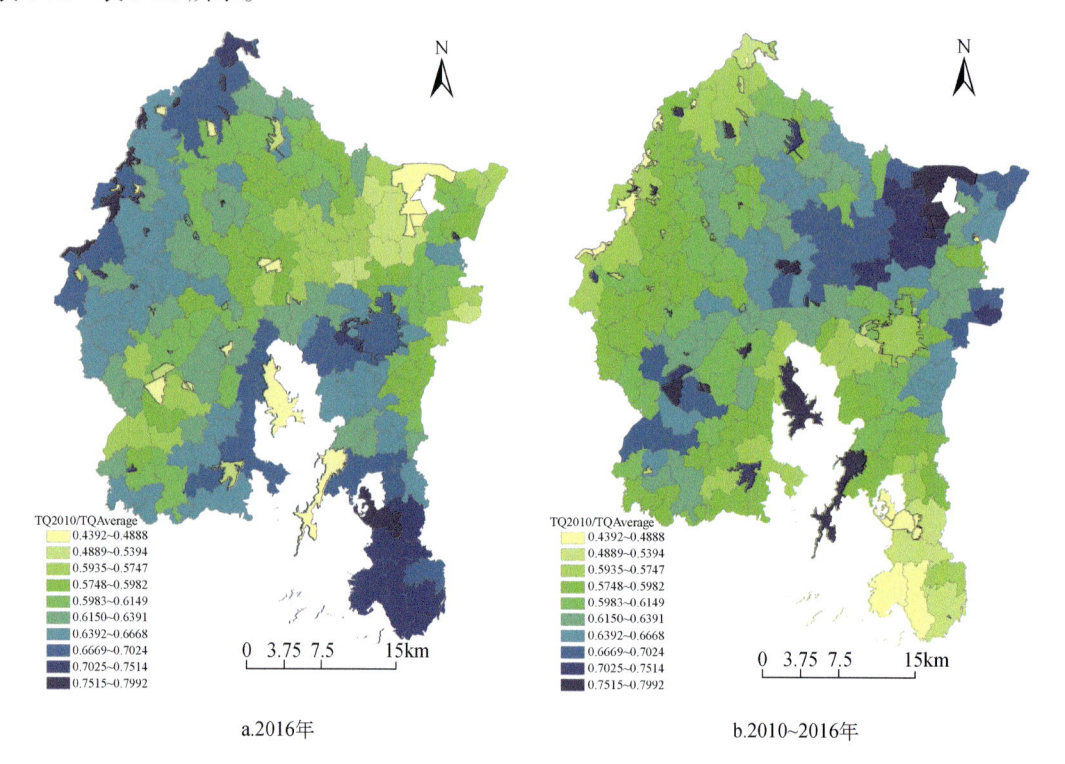

a.2016年

b.2010~2016年

c.COD

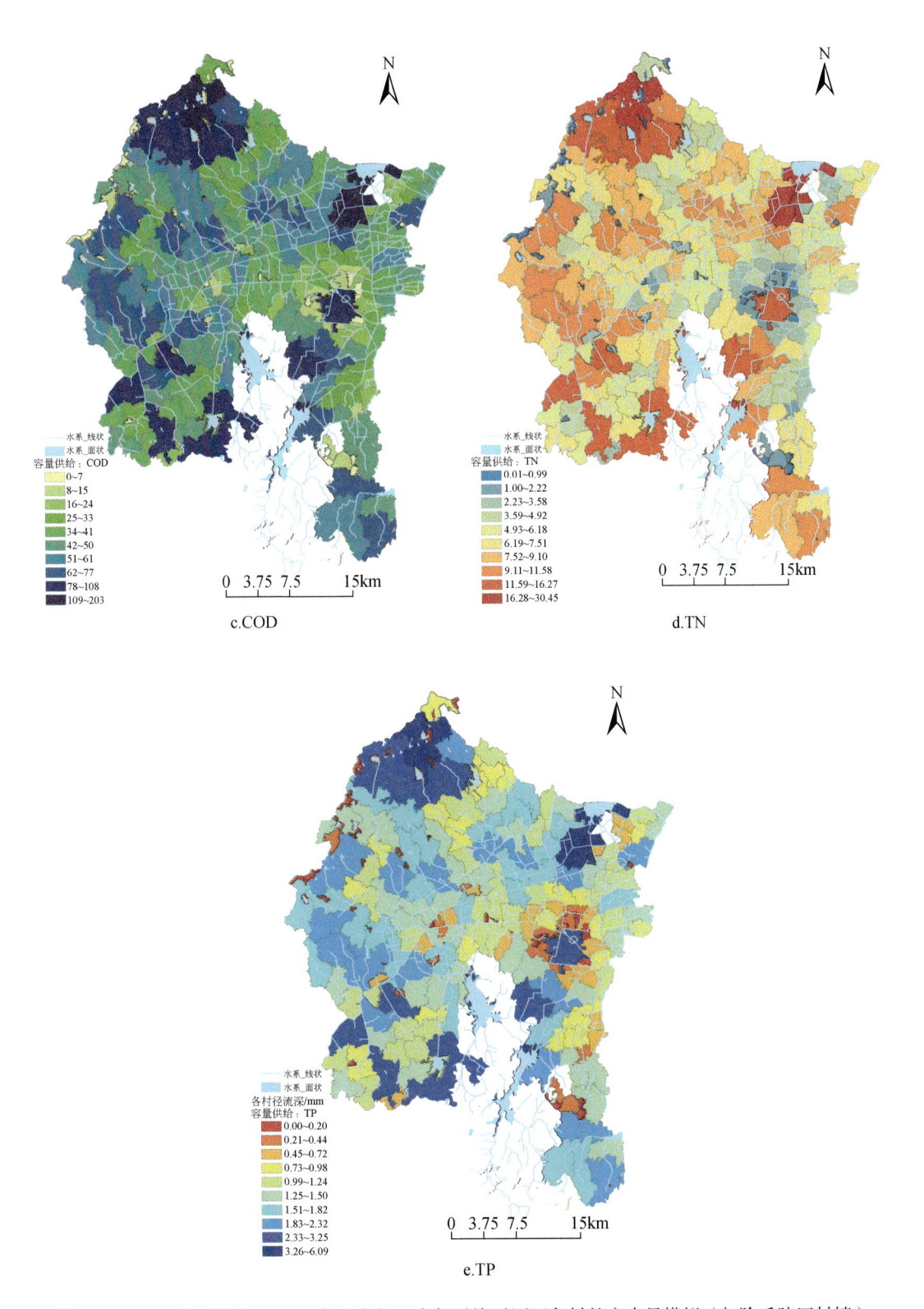

d.TN

e.TP

图 5-32　2010 年（枯）、2016 年（丰）、多年平均平原区各村的产水量模拟（扣除丘陵区村镇）

表 5-23　平原区村镇的容量供给量

乡镇	生活污水排放量 /（t/a）	COD 排放量 /（kg/a）	氨氮排放量 /（kg/a）	总氮排放量 /（kg/a）	总磷排放量 /（kg/a）	村落生活污水排放量 /（t/a）
南渡镇	3 470 279.46	401 185.71	193 860.31	250 626.58	22 085.03	737 553.45
溧城镇	13 990 915.91	712 694.07	677 061.54	851 128.55	70 777.72	184 069.48
埭头镇	1 407 031.74	125 466.46	74 096.94	95 508.96	8 798.97	178 827.12
上黄镇	1 316 393.04	134 129.64	71 351.52	92 106.34	8 331.35	221 429.3
社渚镇	3 703 513.6	411 900.16	204 921.83	264 802.6	23 403.85	734 607.01
上兴镇	3 857 564.69	467 532.96	218 107.8	282 139.59	24 575.38	889 594.76
别桥镇	3 125 214.39	348 904.82	173 083.66	223 671.15	19 799.72	624 172.97
竹箦镇	3 108 666.36	351 639.68	172 722.08	223 239.31	19 681.18	635 678.11

表 5-24　溧阳市各乡镇 TN 容量占用总量

乡镇名称	容量占用总量 TN/（t）	排放来源占比			
		工业源 /%	生活源 /%	畜禽源 /%	面源 /%
南渡镇	291.81	1.25	9.88	18.47	70.4
溧城镇	696.22	7.23	59.36	15.77	17.64
埭头镇	429.57	59.64	5.53	5.53	29.29
上黄镇	149.84	0	7.71	19.03	73.26
社渚镇	172.80	20.86	22.83	36.48	19.83
上兴镇	625.15	0.56	5.01	10.90	83.53
别桥镇	392.61	1.84	6.72	11.68	79.77
竹箦镇	483.61	0	5.39	17.18	77.43

表 5-25　溧阳市各乡镇 TP 容量占用总量

乡镇名称	容量占用总量 TP/吨	排放来源占比			
		工业源 /%	生活源 /%	畜禽源 /%	面源 /%
南渡镇	15.62	18.35	4.79	24.82	52.05
溧城镇	30.41	11.78	41.68	29.29	17.25
埭头镇	12.31	34.94	5.65	13.77	45.65
上黄镇	10.71	6.69	2.80	17.46	73.05
社渚镇	8.85	8.10	12.24	58.77	20.89
上兴镇	23.50	6.10	3.46	21.54	68.90
别桥镇	22.94	15.62	2.99	16.15	65.25
竹箦镇	22.48	6.38	3.01	34.96	55.65

5.2.3 典型村庄的协调特征与经验总结

5.2.3.1 村镇建设类型

结合资源环境承载力视角下的村镇建设类型及其表现出的主要特征，同时综合相关数据的可得性，并充分遵循相对完整性与稳定性、科学性与可操作性、全面性与主导性等原则，进行村镇建设分类指标的选取。根据案例区情况，将村镇建设功能划分为农作物生产和养殖功能、二三产主导功能、生态旅游和观光农业功能、水源涵养和物种保护功能四种类型，选取农产品供给、产业融合、乡村旅游、生态保育等方面15个可量化指标，构建村镇建设分类指标体系，具体见表5-26。

表 5-26 溧阳市村镇分类指标体系

一级类	二级类	指标层
农产品供给	农作物生产	粮食播种面积与耕地面积比
		蔬菜播种面积与耕地面积比
	养殖功能	专业养殖户数
		设施水产和畜牧养殖面积占比
产业融合	第二产业主导	工矿用地面积占比
		工业企业个数
	第三产业主导	城乡居民点用地面积占比
		50m² 以上的超市个数
		个体工商户数
乡村旅游	生态旅游	生态景观区面积占比
		旅游接待人数
	观光农业	开展休闲农业的户数
		家庭农场个数
生态保育	水源涵养	水源涵养区面积占比
	物种保护	自然保护区面积占比

农作物生产和养殖功能是乡村地域的主要生产活动方式，为社会提供粮食、油料、瓜果蔬菜、水产和肉类等初级产品，是乡村聚落赖以生存的基础，是乡村地区重要的基本功能。选取粮食播种面积与耕地面积比、蔬菜播种面积占与耕地面积比为农作物生产功能的评价指标，选取专业养殖户数、设施水产和畜牧养殖面积占比指标来衡量乡村养殖功能。

二三产主导功能主要是指通过工业、服务业等产业发展在乡村地域空间内所创造的经济财富，反映乡村地域系统的经济活力，对就业和收入具有重要的作用。本研究选取土地利用类型中的工矿用地面积占比和工业企业个数衡量第二产业主导功能，用城乡居民点用地面积占比、50m² 以上的超市个数、个体工商户数来衡量溧阳市的第三产业主导功能。

生态旅游和观光农业功能是指维持乡村生态平衡，维护生态系统特征，依靠美丽乡村环境和高质量农产品为广大居民提供休憩场所，提高居民生活质量的功能。本研究选取生态景观区面积占比和旅游接待人数衡量乡村生态旅游功能，用开展休闲农业的户数和家庭农场个数作为观光农业的衡量标准。

水源涵养和物种保护功能指针对具有特殊保护价值，需要保护和恢复的，或生态系统较为完整、生物多样性丰富、生态环境敏感性高的区域，打造为具有生态保育功能的区域。区内应根据生态环境状况，科学确定区域大小、边界形态、联通廊道，进行以生态保育为前提的科学发展。本研究选取生态保护红线中的水源涵养区面积占比作为水源涵养功能的评价指标，选取生态保护红线中自然保护区、湿地保护区面积占比来衡量物种保护功能村庄。

根据指标测算结果，溧阳市村镇建设类型可被分为8种二级类村庄，并进一步归并为4种一级类村庄（表5-27）。根据区划结果，如图5-33所示，农作物生产功能村庄共43个，占全部研究单元的比例为23.37%，主要分布在溧阳市竹箦镇、南渡镇和别桥镇西部；养殖功能村庄共有25个单元，占全部研究单元的比例为13.59%，主要集中在社渚镇、上黄镇及别桥镇靠近长荡湖地区；第二产业主导功能村庄有31个，占全部研究单元的比例为16.85%，主要分布在溧阳市中北部溧城镇及附近地区，其次是各乡镇中心区附近；第三产业主导功能村庄共28个，占比为15.22%，除了在溧城镇分布，其他各乡镇中心村也有分布；生态旅游功能村庄共22个，占比为11.95%，主要分布在溧阳市东南部和西部边缘生态景观丰富地区；观光农业功能乡村有23个，占比为12.5%，在溧阳市分布较为分散；水源涵养和物种保护功能村庄数量较少，占比仅为6.52%。

由8项功能类型村庄进一步得出溧阳市一级类村庄分类。其中农产品供给型村庄数量最多，共68个，约占研究单元的37%，主要集中在溧阳市的西半部；其次是产业融合型，共59个，占比约为32%，主要集中在溧城镇附近；乡村旅游型村庄主要依靠良好的生态环境和乡村环境，由于区位条件原因，其分布较为分散，占比约为24%；生态保育型村庄主要分布在重点生态保护区，仅有12个。

表5-27　溧阳市村镇地域功能分区

一级类	二级类	村庄数量/个	
农产品供给	农作物生产功能	43（23.37%）	68（36.96%）
	养殖功能	25（13.59%）	
产业融合	第二产业主导功能	31（16.85%）	59（32.07%）
	第三产业主导功能	28（15.22%）	
乡村旅游	生态旅游功能	22（11.95%）	45（24.45%）
	观光农业功能	23（12.50%）	
生态保育	水源涵养功能	11（5.98%）	12（6.52%）
	物种保护功能	1（0.54%）	

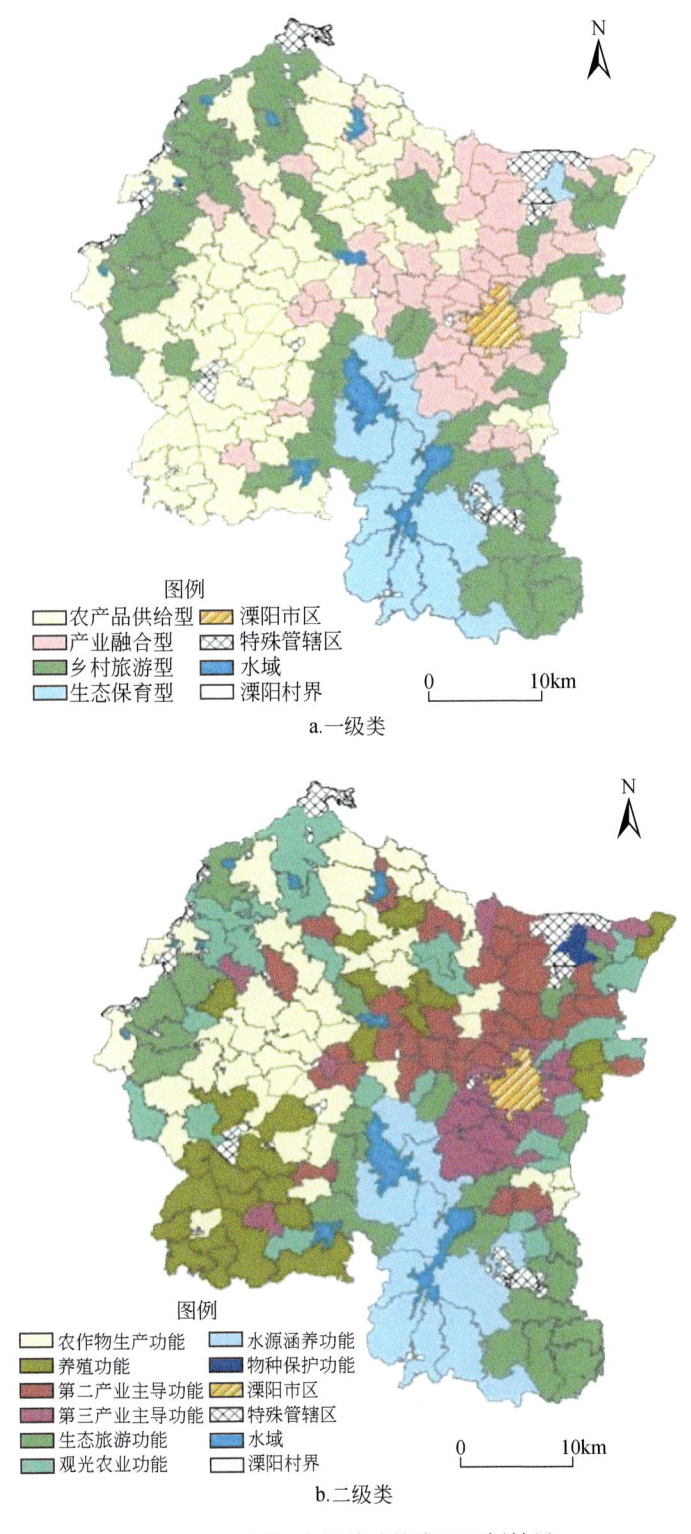

图 5-33 溧阳市村镇功能类型区划结果

5.2.3.2 典型村镇建设与资源环境的协调特征

在村镇主导功能类型识别结果的基础上，详细分析溧阳市村镇发展过程，结合典型村庄发展关键指标，分析不同功能村镇建设与资源环境协调性状况（表5-28、图5-34）。

表5-28 溧阳市典型村发展关键指标统计 （单位：亩）

典型村	区域面积	耕地面积	水产养殖面积	建设用地面积	生态景观区面积	生态保护区面积
河口村	14 659	5 500	7 000	1 510	0	0
庆丰村	10 702	6 400	0	2 170	0	0
吴潭渡村	5 650	186	0	5 023	0	0
浒西村	14 674	1 560	0	1 573	121	0
李家园村	25 899	1 580	0	420	2 651	21 926
吴村	59 049	5 190	0	1 054	4 404	58 191

村镇建设资源环境协调性评价总体分三级：协调、基本协调、不协调（表5-29）。高于或者低于基准值/目标值的15%，赋值为1（协调）或3（不协调）；上下有15%的浮动，赋值为2（基本协调）；二级指标得分为三级单项指标得分平均值的整数，综合得分则为二级指标得分平均值的整数。

表5-29 建设与资源环境协调评价指标

一级指标	二级指标	参数	水产养殖	观光农业	乡村旅游	粮油生产	判据	协调性
资源消耗	土地	宅基地空置率	宅基地	宅基地	宅基地	耕地/宅基地	与全国宅基地空置率对比	
	水	用水量/（人/亩）	用水量/亩	用水量/（人）	用水量/人	用水量/人	与全国粮食种植用水量对比	
资源环境效益	土地产出	收入	养殖户收入	经营户收入	经营户收入	种植户收入	与当地粮食种植收入对比	
	环境质量	环境达标程度	尾水处理面积	监控断面	监控断面	监控断面	达标率	
	生态质量	生物多样性	鸟类数量	野生动物	野生动物	绿地面积	数量/比例变化	
村镇功能	经济功能	食物生产	人均粮食	人均粮食	人均粮食	人均粮食	是否能供养常住人口	
	社会功能	外出/本地人口	实际人口	实际人口	实际人口	实际人口	实际/户籍/常住	
	生态环境功能	生态/旅游	生态空间损耗	旅游人次	旅游人次	生态空间损耗	生态空间/旅游人次变化	

（1）农产品供给型村镇

社渚镇河口村位于溧阳市西南部，距镇中心3.5km，属万亩圩区。河口村的青虾养殖历史起于20世纪初，2013年之前养殖规模较小，农业结构主要由水稻、小麦、油菜构成，

| 第 5 章 | 重点案例区

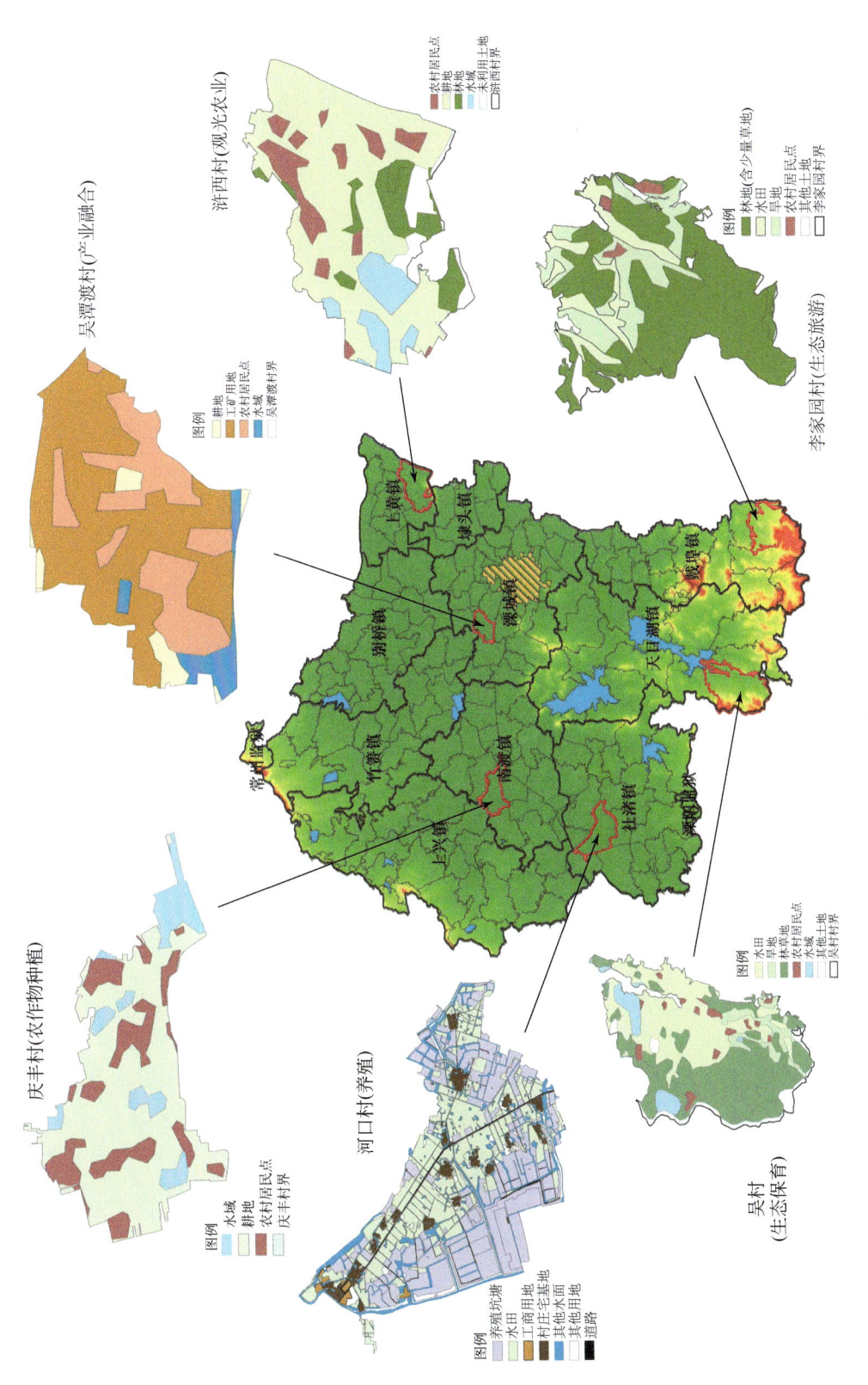

图 5-34 溧阳市典型庄村建设类型分布

养虾散户较多，农业生产效益不高。2013年之后，青虾养殖规模迅速增加，到2018年河口村农田基本转变为养殖坑塘，2019年根据政策要求，近4000亩虾塘转为耕地，全村现有虾田近7000亩，耕地5500多亩。经调研，河口村青虾养殖主要分为两种形式：一是由养殖专业户进行专业化规模养殖，这种模式养殖规模大，基础设施齐全，管理较为规范，长期成本较低，更易形成规模效益；另一种是农户自营，这种形式养殖规模较小，基础设施相对落后，养殖成本较高不易形成规模效益。稻虾套养及水稻、小麦规模化种植作为另一种规模化生产形势，也为农户带来了较高经济效益。大规模种养殖（植）必然要占用大规模土地，河口村通过土地流转，进行土地集中经营，村民自留一到两亩口粮田；同时，为减轻养殖业对资源环境造成的影响，河口村对水产养殖进行尾水净化处理。

对河口村的资源环境协调性进行评价，在资源消耗方面，宅基地空置率为1/3，远高于全国水平，土地资源浪费较严重，得分为1；河口村青虾养殖年亩均用水量为1040t，按全国水稻种植用水标准（800~1000t）来衡量，其稍高于全国水稻种植用水量，得分为2。资源消耗综合得分为2。

资源环境效益方面，青虾养殖年收入人均7000元/亩，粮食种植年收入为1200元/亩，土地产出效益相对较高，得分为3；虾塘尾水处理面积占比为17%，环境质量低于正常环境要求的达标率，得分为1；河口村鸟类数量增多，生物多样性增强，生态质量相对较好，得分为2。资源环境效益综合得分为2。

村镇功能方面，2019年河口村人均粮食产量为737kg，能保障村内常住人口的粮食供给，经济功能得分为2；河口村常住人口逐渐减少，经调研，2019年常住人口约为1500人，而户籍人口为4380人，常住人口数远低于户籍人口，社会功能得分为1；此外，经过调研，河口村自然生态空间减少，湿地减少且存在污染状况，生态功能得分为1。村镇功能整体综合得分为1。

根据分析结果，河口村资源环境效益较好，但村镇功能略有不足，村镇环境质量及村镇生态功能处于不协调状态，有较大的提升空间。总体而言，河口村村镇建设与资源环境处于基本协调等级。

（2）农产品供给型村镇

南渡镇庆丰村位于溧阳市中西部，距镇中心3km，以种植业为主，全村人口约4000人，其中常住人口约20%~30%，拥有耕地面积6400亩，其中规模经营的耕地面积4400亩。

对庆丰村的资源环境协调性进行评价，在资源消耗方面，庆丰村宅基地面积约220亩，人均65m²，宅基地空置率为1/4，高于全国水平，未获得规模经营的土地数量仍较为可观，在庆丰村常住人口仅占20%~30%的情况下，严重影响耕地效率的充分发挥，因而造成土地资源浪费，得分为1；在庆丰村种植业发展过程中年亩均用水量在1000t以上，水产养殖（主要为鱼类）年亩均用水量高于种植业用水量，均高于全国水稻种植用水标准，形成水资源浪费，得分为1。资源消耗综合得分为1。

资源环境效益方面，粮食种植年收入为1200元/亩，鱼类养殖户人均年收入10万元以上，土地产出效益相对较高，得分为2；村内生活垃圾污染，以及旅游业、农副产品加工开始发展，环境治理力度不大，成效较低，环境质量低于正常环境要求的达标率，得分为1；庆丰村绿地面积有所增加，生态质量逐步改善，得分为2。资源环境效益综合得分为2。

村镇功能方面，2019年庆丰村人均粮食产量为901kg，能保障村内常住人口的粮食供给，经济功能得分为3；经调研，庆丰村常住人口逐年减少，其常住人口为800~1500人，而户籍人口为4000人左右，常住人口数远低于户籍人口，社会功能得分为1；此外，经过调研，庆丰村自然生态空间减少，湿地减少且存在污染状况，村内水塘水体富营养化严重，水质为劣Ⅴ类，生态功能得分为1。村镇功能整体综合得分为2。

总体来说，庆丰村资源消耗严重且生态环境质量处于劣势，耕地承载力处于低效不协调状态。但庆丰村村镇功能较好，资源环境效益良好，因此其村镇建设与资源环境处于基本协调等级。

（3）生态保育型村镇

吴村位于天目湖上游，紧靠伍员山。其村域面积为18.1km²，其中耕地面积为5190亩，其余均为山林湖泊地，属于生态水源涵养区，2005年被设为常州市生态村。吴村超过三分之一的人口外出打工，5190亩耕地进行适度规模经营范围较小。近年来其人口外流情况有所减少，家庭农场、农业企业数量有所增加，产业以设施林业和种植业为主，有少量旅游接待人次，基础设施和公共服务得到改善，农民人均可支配收入在两万元以上。相近的梅岭村、三胜村、平桥村等与吴村区位条件相似，发展情况亦有不同程度的改善。

对吴村的资源环境协调性进行评价，在资源消耗方面，吴村宅基地面积约237亩，人均38m²，宅基地空置率为1/4，高于全国平均水平，土地资源浪费较严重，得分为1；吴村村水稻种植用水量高于全国平均水平，得分为2。资源消耗综合得分为2。

资源环境效益方面，粮食种植年收入为800元/亩，休闲旅游人次仅约300人次，收益较低，资源环境产出效益不高，得分为1；生活垃圾、生活污水均经过集中处理，环境质量基本达到正常环境要求的达标率，得分为2；吴村及周边野生动物数量较多，生物多样性增强，生态质量相对较好，得分为2。资源环境效益综合得分为2。

村镇功能方面，2019年吴村人均粮食产量为319kg，不能保障村内常住人口的粮食供给，经济功能得分为1；经调研，吴村人口外流情况有所减轻，但仍占较大比例，2019年常住人口约为1450人，而户籍人口为4237人，常住人口数远低于户籍人口，社会功能得分为1；此外，经过调研，吴村自然生态空间，包括湿地、山地、林地等生态状况良好，因生产发展存在的污染状况轻微，生态功能得分为2。村镇功能整体综合得分为1。

根据分析结果，吴村资源环境效益较好，但村镇功能略有不足，还有待进一步提升。总体而言，吴村村镇建设与资源环境处于基本协调等级。

（4）产业融合型村镇

吴潭渡村地处溧阳市昆仑街道西郊，土地总面积5650亩。随着江苏省中关村的发展建设，吴潭渡村进行拆迁撤并，2017年，村中土地除农村居民点外基本全部转化为工业用地，全村有各类企业几十家，农业从业人员仅为37人，村民基本从事二三产业。2019年户籍人口为3390人，常住人口达到9376人，成为溧阳市人口净流入比例较高的村镇。改革开放以来，吴潭渡村的村镇产业发展迅速，依托长江三角洲地区良好的政策支持和有力的城市辐射，开始探索园区化、集聚化发展模式，产业逐渐由零散分布向园区集中。

对吴潭渡村的资源环境协调性进行评价，在资源消耗方面，吴潭渡村耕地面积为186亩，但规模经营的耕地面积为0亩，耕地资源未得到充分利用，得分为1。资源环境效益方面，村内生活垃圾、生活污水均经过集中处理，环境质量基本达到正常环境要求的达标率，得分为2。资源环境效益综合得分为2。

村镇功能方面，2019年吴潭渡村全年村集体收入为221万元，高于全市农村平均水平，经济功能得分为3；吴潭渡村2019年常住人口为9376人，约为溧阳市农村平均常住人口的3倍，社会功能得分为3；调研结果显示吴潭渡村自然生态空间状况良好，但存在少量企业污染情况，生态功能得分为2。村镇功能整体综合得分为3。

根据分析结果，吴潭渡村资源环境效益良好，与村镇功能中生态功能较为协调，但村镇环境质量和土地利用效率有待提升。总体而言，吴潭渡村村镇建设与资源环境处于基本协调等级。

（5）乡村旅游型村镇

浒西村位于溧阳市中心东北，作为江苏省特色田园乡村，在由耕地、少量林地和水域构成了景色宜人的田园风光基础上，建立了集农业生产、休闲生活于一体的旅游区。近年来，浒西村对村镇基础设施和生态环境进行大力整治，通过增加绿化面积、房屋改造、道路硬化以提升村镇整体品质。此外，浒西村通过强化发展的生态性、趣味性、艺术性，建立农、林、牧、渔和土地综合利用的生态农业发展模式，吸引了大量游客前来消费，农民收益得到大幅提升，村镇人居环境得到有效改善，一种新的生产经营形态逐步形成。

对浒西村的资源环境协调性进行评价，在资源消耗方面，浒西村耕地面积为1630亩，规模经营的耕地面积为550亩，耕地资源得到较好利用，得分为2。资源环境效益方面，村内生活垃圾有集中处理，但生活污水未经过集中处理，整体环境质量达到正常环境要求的达标率，得分为2。村镇功能方面，2019年浒西村村集体收入为512万元，是溧阳市农村平均值的两倍多，经济功能得分为3；浒西村2019年常住人口为3723人，户籍人口为3832人，为人口净流入村镇，社会功能得分为3；调研结果显示浒西村自然生态空间状况良好，具有较高的生物多样性，生态功能得分为3。村镇功能整体综合得分为3。

根据分析结果，浒西村资源环境效益良好，与村镇功能中生态功能较为协调，但对于生活污水处理等村镇环境保障工作仍有欠缺。总体而言，浒西村村镇建设与资源环境处于基本协调等级。

（6）乡村旅游型村镇

戴埠镇李家园村依托资源优势进行针对性开发设计，形成了现今势头强劲的生态旅游发展模式，依靠国家5A级景区——南山竹海、御水温泉，带动村镇各项服务产业蓬勃发展。李家园为"国家级生态文明村"，村辖区总面积15.8km^2，充分利用村庄多样性的地形地貌优势，挖掘溧阳独特的山水资源，开展村庄绿化美化。通过打造融合文旅研学、休闲度假、康养体验的"客民风情"村镇、"红色原乡"村镇、"田卧峰岕"村镇，已经基本实现了由"靠山吃山"的传统农林产业主导向生态旅游为引领的产业转型，着力打造"南山""天目湖"品牌,并发挥其带动效应,变单一自然景观游为多感官体验度假游。同时,通过引入大型旅游项目,建设集文化教育、休闲养生和生态保育为一体的旅游品牌经济,增强旅游业的辐射效应。统计数据显示,2018年李家园村共接待游客超百万人次,生态旅游建设效果良好。

对李家园村的资源环境协调性进行评价,在资源消耗方面,李家园村耕地面积为1610亩,规模经营的耕地面积为0亩,耕地资源未较好利用,得分为1。资源环境效益方面,村内生活垃圾和生活污水均经过集中处理,且整体环境质量较高,得分为1。村镇功能方面,2019年李家园村村集体收入为300万元,高于溧阳市农村平均水平,经济功能得分为2;李家园村2019年常住人口为3650人,户籍人口为3640人,外出人口较少,社会功能得分为3;调研结果显示李家园村自然生态空间状况良好,具有较高的生物多样性,生态功能得分为3。村镇功能整体综合得分为3。

根据分析结果,李家园村资源环境效益良好,与村镇功能中生态功能较为协调,但耕地资源未得到高效利用。总体而言,李家园村村镇建设与资源环境处于基本协调等级。

5.2.3.3 典型村镇建设经验总结

（1）农产品供给型村镇建设模式

溧阳市农产品供给型村庄数量最多,共有68个,主要采用规模经营和农户自营两种方式提升农产品生产和经营质量。归纳其建设模式主要包括以下内容。

A. 多种经营方式并存,提升农产品品质

溧阳市农产品供给型村镇以农作物生产和养殖为主,其中青虾养殖主要采用专业化规模养殖和农户自营两种方式,而种植业也主要采用规模经营和自主耕作两种方式。规模经营可以有效提升基础设施完备度、提高管理经营水平、降低投入成本并形成规模效益。农户自主经营虽然效率较差,但可以有效提高农民的经济收入并活跃农村生产环境、保护传统农耕文化。由此,为推动农产品供给型村镇建设多元化、可持续发展,可采取个体经营、家庭经营、合作经营、企业经营等多种经营方式并存的形式,以提高农产品品质和丰富度,实现乡村农产品产业升级。

B. 采用种养结合模式,促进乡村产业振兴

溧阳市部分村镇通过稻虾套养等种养结合模式,可以为农户带来更多经济收益,同时还可以吸收消化村镇剩余劳动力。此外,稻虾套养模式可以通过充分挖掘土地有效承载能力以节约资源,有效提高经济效益。种养循环模式可以通过减少化肥投入以改善生态环境,通过粪肥还田以改善农田地力,实现村镇第一产业的绿色可持续发展。由此可见,采用种养结合模式不仅可以有效提高农户和村镇的经济收益,还可以实现资源环境与经济的和谐发展,推动乡村产业振兴。

C. 注重生态农业建设,推动农村绿色发展

基于溧阳市生态空间不断压缩的现实困境,为保障村镇建设与资源环境承载力相协调,必须加强生态农业建设,形成生态农业产业化的溧阳模式。生态农业作为农业可持续化发展的基本模式,已经在溧阳市村镇得到了合理有效的推广,如社渚镇河口村、南渡镇庆丰

村等都通过采取集约化种养殖方式缓解资源环境压力、减少化肥污染,以保证粮食安全与生态建设并举,不断推进农村绿色可持续发展。同时,发展以产业化为基础的生态农业,以实现充分合理利用自然资源和实现高产、高效、可持续发展,达到经济、生态、社会等效益的统一,这也是农业现代化及可持续化发展的有效途径。

(2) 生态保育型村镇建设模式

溧阳市有12个生态保育型村庄,主要分布在重点生态保护区,产业以设施林业和种植业为主。归纳其建设模式主要包括以下内容。

A. 注重森林养护,加强生态保育

利用溧阳市生态保育型村镇现有的森林资源,加强生态保育与养护,建设自然生态风貌完好、乡土田园风格突出、植物族群种类丰富、农林业发展良好、村民生活环境整洁的生态宜居村镇。必须要坚持生态优先、绿色发展的战略导向,并把绿色可持续发展的理念贯穿于村镇整个的经济与社会发展中,并列入具体的村镇建设规划,围绕溧阳市生态保育型村镇特有的山水林田地等自然资源优势,让绿色成为乡村振兴的底色。通过建设公益生态林、落实森林保护责任、完善保护政策制度有效助推森林生态建设,实现人与自然和谐共生。

B. 提升基础设施,加快发展旅游业

溧阳市生态保育型村镇具有丰富的旅游资源,通过改善基础设施和公共服务,充分利用得天独厚的生态环境和资源优势,大力发展森林生态旅游等林下经济,助推乡村振兴,让吴村、梅岭村、三胜村、平桥村等村镇群众通过发展农(林)家乐和森林旅游等个体经营、开展种植和养殖、资源出租或入股经营等途径,促进群众增收。

C. 改善农业设施,提高农业经济

溧阳市生态保育型村镇具有较好的自然资源条件,盛产茶叶、白芹、板栗等名特优品,具有较高的农业经济价值。通过改善水利、道路等农业基础设施,提升农业机械化水平,加快推进农业现代化进程。大力支持生态保育型村镇通过建设家庭农场、农业企业等形式,进行农业规模化、标准化、集约化生产经营,支持发展"互联网+"模式,支持生态保育型村发展农村电子商务,帮助家庭农场优化配置生产要素、合理安排生产计划,从而有效提高村镇农业经济。

(3) 产业融合型村镇建设模式

溧阳市共有产业融合型村镇59个,占比约为32%,主要集中在溧城镇附近。归纳其建设模式主要包括以下内容。

A. 扶持村镇企业,加强特色产业发展

溧阳市产业融合型村镇拥有一些本土村镇企业,如吴潭渡村有各类企业几十家,并开始探索园区化、集聚化发展模式,产业逐渐由零散分布向园区集中。通过政府引导,金融机构加大对村镇企业信贷支持力度,适当调整利率,促进形成敢贷、愿贷、能贷、会贷的长效机制。此外,还需健全政策支持体系,营造公平竞争环境,加强特色产业发展,打造地方产业品牌。通过政府制定基础建设优惠政策,处理好涉及经济发展的水、电、交通等设施建设，合理规划用地，为乡镇企业的规模化发展提供可能，更利于乡镇经济的发展。

B. 注重土地集约利用，优化产业配置

为破解溧阳市建设用地盲目扩张、宅基地利用效率低等历史遗留问题，产业融合型村镇通过产业集聚的方式推进土地集约利用，实现村镇集约化发展。围绕实施农村一二三产融合发展，提升农业产业品质，延长农业产业链条，着重打造优质粮油、规模畜禽、特色水产、绿色果蔬等的重点产业链，培育一批重点企业和典型村镇。同时，吴潭渡村等村镇通过将附加值不高、效益较低、能耗较大产业转变为效益更高的低能耗产业，有效实现城镇产业的优化配置，从而进一步提高村镇产业节约集约用地水平，助推村镇高质量发展。

C. 拓宽产业类型，鼓励发展高端产业

溧阳市产业融合型村镇产业类型已经逐步从高生产成本和高耗能产业向集约高效产业转变，并逐渐由零散分布向园区集中。通过建设特色产业强镇，推动产镇融合、产村融合发展。

（4）乡村旅游型村镇建设模式

溧阳市乡村旅游型村庄共有45个，具有良好的生态环境和乡村环境，是发展乡村旅游的优势村镇。归纳其建设模式主要包括以下内容。

A. 发展观光农业，改善村镇人居环境

观光农业作为城市居民休憩游览方式之一，通常需考虑距城远近，带有显著城郊型特点。溧阳市地理位置优越，自然条件适宜，特色农业发展较突出，近年来多数地区建立集农业生产、休闲生活于一体的旅游区。浒西村位于溧阳市中心东北，作为江苏省特色田园乡村，由耕地、少量林地和水域构成了景色宜人的田园风光。浒西村通过对村镇基础设施和生态环境进行大力整治，新增绿化面积约9050m^2，清理沟塘、卫生改厕、建造村庄休闲广场，并对房屋进行规范化改造，硬化道路近2万m^2。此外，浒西村结合现有的农田、花木，建立农、林、牧、渔和土地综合利用的生态农业发展模式，形成优质观光农业。农民在获得收益的同时，村镇人居环境得到有效改善，一种新的生产经营形态逐步形成。

B. 结合当地特色，提升生态旅游品质

根据溧阳市乡村旅游型村庄的独特自然资源和乡村产业可以形成具有竞争力的优势旅游特色。例如，浒西村通过螃蟹、河虾的特色养殖及规模化花木种植，打造具生态性、趣味性、艺术性的旅游项目，吸引了大量游客前来消费，从而形成溧阳市独有的特色旅游产业，并通过旅游管理不断提升旅游品质。戴埠镇戴南村、李家园村依托资源优势进行针对性开发设计，形成了现今势头强劲的生态旅游发展模式，依靠国家5A级景区——南山竹海、御水温泉，带动村镇各项服务产业蓬勃发展。

C. 完善旅游设施，建设旅游品牌经济

溧阳市乡村旅游型村镇通过完善旅游设施，不断提升旅游品质，从而获得良好的社会知名度。例如，李家园村通过对空心村和一些工厂进行拆迁整治，充分利用村庄多样性的地形地貌优势，挖掘溧阳独特的山水资源，开展村庄绿化美化；打造融合文旅研学、休闲度假、康养体验的"客民风情"村镇、"红色原乡"村镇、"田卧峰岕"村镇；现今，该地已经基本实现了由"靠山吃山"的传统农林产业主导向生态旅游为引领的产业转型，着力打造"南山""天目湖"品牌，并发挥其带动效应，变单一自然景观游为多感官体验度假游。同时，通过引入大型旅游项目，建设集文化教育、休闲养生和生态保育为一体的旅游品牌经济，增强旅游业的辐射效应。

5.3 沅江市

5.3.1 村镇建设与资源环境现状

沅江市为湖南省辖县级市，地处湖南省东北部、洞庭湖滨，市西南有绵延丘岗，北部是冲积平原，东南多芦荡沼泽，呈现"三分垸田三分洲，三分水面一分丘"的湖乡地貌特征。沅江市总面积为 2012.5km²，辖 2 个街道、10 个镇、2 个芦苇场。截至 2021 年末，沅江市共有户籍人口 70.71 万人，常住人口 56.10 万人，其中乡村人口 28.91 万人。

5.3.1.1 村镇规模

（1）人口特征

2020 年，沅江市总体为人口净流出地区，如表 5-30 所示，其中琼湖街道的乡镇人口规模最大，为 11.95 万人，也是沅江市唯一一个人口在 10 万人以上的地区，人口最少乡镇为四季红镇，仅有 1.67 万人，南嘴镇、新湾镇和茶盘洲镇人口为 2 万多，其余乡镇人口在 5 万~9 万。平均人口为 5.81 万人，平均户数为 2.31 万户，多数在 1 万~3 万户，其中琼湖街道户数最多，超过 5 万户，四季红镇最少，不到 1 万户；户均人口 3 人，其中仅茶盘洲镇在均值以上。乡村人口平均规模为 4.61 万人，最少乡镇为四季红镇，仅有 9000多人，最多为南大膳镇，有 8.20 万人。

表 5-30 沅江市乡镇人口规模

乡镇	常住人口/万人	户籍人口/万人	家庭户/万户	家庭户均人口/人	乡村人口/万人
琼湖街道	11.95	12.42	5.46	2.19	2.97
胭脂湖街道	5.65	6.05	2.05	2.76	5.20
四季红镇	1.67	1.67	0.60	2.78	0.95
泗湖山镇	6.19	6.24	2.77	2.23	5.73
南嘴镇	2.20	2.20	0.88	2.50	2.10
新湾镇	2.54	2.54	1.09	2.33	2.32
茶盘洲镇	2.96	2.69	0.80	3.70	1.70
南大膳镇	8.88	8.88	3.34	2.66	8.20
黄茅洲镇	7.36	8.01	2.71	2.72	6.72
草尾镇	8.57	8.57	2.95	2.91	7.71
阳罗洲镇	4.50	5.00	1.85	2.43	4.67
共华镇	7.28	7.28	3.17	2.30	7.02

续表

乡镇	常住人口/万人	户籍人口/万人	家庭户/万户	家庭户均人口/人	乡村人口/万人
极值	1.67~11.95	1.67~12.42	0.60~5.46	2.19~3.70	0.95~8.20
平均值	5.81	5.96	2.31	2.63	4.61
中位数	5.92	6.14	2.38	2.58	4.94
标准差	3.03	3.15	1.34	0.40	2.42

根据2020年的村庄统计，沅江市辖村民委员会150个、社区居民委员会48个，每个社区的自然村个数在3~20，每个行政村的自然村个数在4~73。每个社区常住人口的规模在771~22 060人，每个行政村常住人口的规模在196~22 475人。2020年全市户常比（户籍人口/常住人口）为1.26，其中最大为阳罗洲镇和黄茅洲镇，分别为1.11和1.09，最小为茶盘洲镇，为0.91。

（2）乡村经济特征

2021年，沅江市实现地区生产总值291.67亿元，比上年增长8.3%，两年平均增长5.9%。其中，第一产业增加值为69.84亿元，增长9.0%；第二产业增加值为118.69亿元，增长8.2%；第三产业增加值为103.14亿元，增长7.8%。按年均常住人口测算，全市人均生产总值为51714元，比上年增长10.4%。全市三次产业结构为23.9：40.7：35.4，第一、第二、第三次产业对经济增长的贡献率分别为28.0%、38.5%和33.5%。

如图5-35所示，2005年以来，沅江市农民人均纯收入始终高于益阳市、湖南省和全国平均水平，特别是在2005~2013年间，沅江市与湖南省和全国的比值处于明显上升阶段。2006~2010年沅江市与益阳市及湖南省的比值较为接近，在1.25~1.3，并高于沅江市与全国比值；2013年以后沅江市与各单位的农民人均纯收入比值均处于减小并趋于稳定状态，沅江市农民人均纯收入水平与湖南省比值高于全国比值。

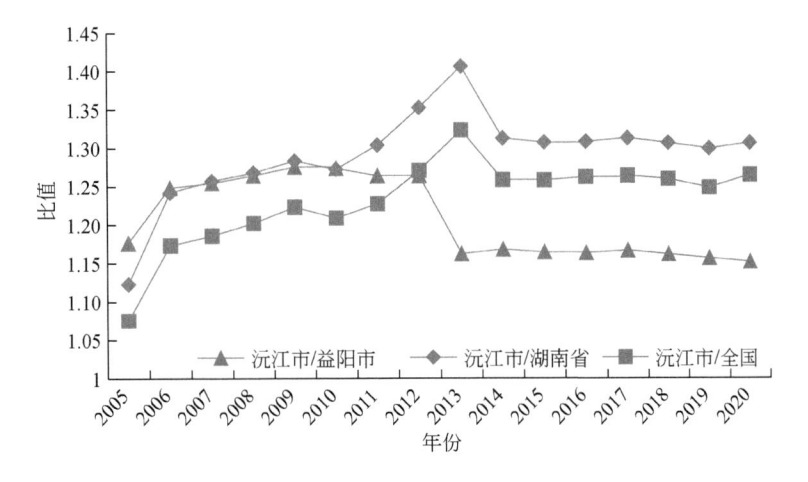

图5-35　沅江市农民人均纯收入与全国、湖南省和益阳市的对比

农业在沅江经济发展中占有较大比例，农业发展中农作物方面主要以蔬菜、粮食、水

果和油料作物为主，肉类主要以猪肉和水产品为主。2021年，沅江市实现农林牧渔业总产值125.23亿元，比上年增长10%。其中，农业产值为61.19亿元，增长0.6%；林业产值为1.07亿元，增长1.1%；牧业产值为26.37亿元，增长51.6%；渔业产值为30.14亿元，增长0.3%；农林牧渔服务业产值为6.46亿元，增长6.7%。全年农作物种植面积为224.51万亩，比上年下降0.7%。粮食播种面积为107.11万亩，增长0.1%，其中稻谷种植面积101.69万亩，下降0.2%。油料种植面积为47.32万亩，下降5.5%；蔬菜种植面积为40.15万亩，增长3.2%。全年粮食产量为45.89万t，增长2.1%；油料产量为5.47万t，下降16.7%；蔬菜产量为84.28万t，增长4.1%；水果产量为27.83万t，增长5.5%；肉类产量为6.01万t，增长71.3%；禽蛋产量为3.66万t，下降0.3%；水产品产量为16.32万t，增长1.6%。

如图5-36所示，2021年沅江市粮食产量为45.89万t，比2012年减少了1.13万t。近五年来，人均粮食产量呈持续下降趋势，从2017年的685.41 kg/人，下降到2021年的648.99 kg/人。沅江市人均粮食产量仅约湖南省的30.13%。

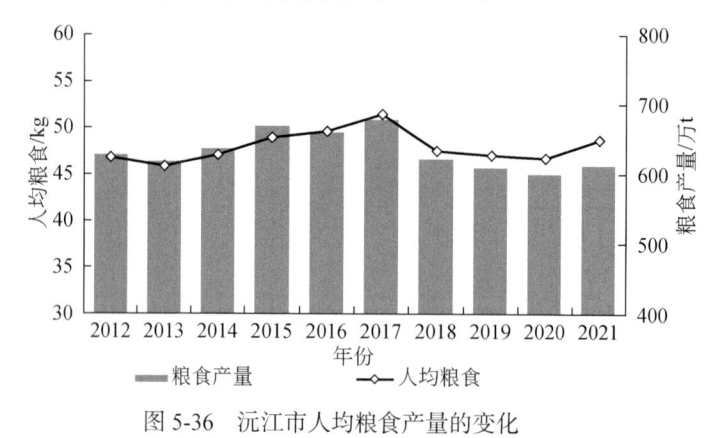

图5-36 沅江市人均粮食产量的变化

5.3.1.2 水土资源特征

（1）水资源状况

沅江位于洞庭之南侧，因沅水归宿之地而得名，境内汇聚了"湘、资、沅、澧"四水，整体呈现出"三分垸田三分洲，三分水面一分丘"的地貌特征。其中，水域面积有100万亩，湿地面积有86万亩。中心城区汇聚资水和沅水，坐拥浩江湖、蓼叶湖、下琼湖、上琼湖、石矶湖、胭脂湖和榨南湖。

基于2020年《沅江市水资源公报》数据，得到沅江市总体及各个乡镇的用水总量和可利用水资源量数据（表5-31）。如图5-37所示，沅江市相对较高用水量的乡镇主要分布于沅江市的中部，分别为草尾镇、共华镇、黄茅洲镇、南大膳镇、阳罗洲镇、泗湖山镇及胭脂红街道；沅江市中等用水量的乡镇主要分布于沅江市的南部，分别是琼湖街道和茶盘洲镇；沅江市较低用水量的乡镇主要分布于沅江市的西部、北部和芦苇场地区，分别是四季红镇、南嘴镇、新湾镇、四季红镇、南洞庭湖芦苇场和漉湖芦苇场。从可利用水资源量的空间分布来看，沅江市相对较高可利用水资源量的乡镇主要分布于南部的琼湖街道、中部的草尾镇和共华镇、东部的漉湖芦苇场和南大膳镇；沅江市中等可利用水资源量的乡镇主要分布于沅江市东部的胭脂红街道和中部的黄茅洲镇和泗湖山镇；沅江市较低可利用水资源量的乡镇主要分布于南嘴镇、南洞庭湖芦苇场、新湾镇、茶盘洲镇、阳罗洲镇和四季红镇（图5-38）。

表 5-31 2020 年沅江市各乡镇用水量和可利用水资源量　　（单位：万 m³）

乡镇	用水总量	可利用水资源量
琼湖街道	2 060.7	5 409.8
胭脂湖街道	2 656.4	2 336.7
新湾镇	1 101.2	1 223.2
南嘴镇	1 295.6	1 602.1
草尾镇	4 688.2	3 355.8
黄茅洲镇	4 282.6	2 745.3
阳罗洲镇	2 985.2	2 117.4
四季红镇	700.9	373
南大膳镇	4 694.7	3 674.1
共华镇	4 265.8	3 260.5
泗湖山镇	3 407.5	2 541.7
茶盘洲镇	1 856.5	1 897
漉湖芦苇场	262.9	3 334.1
南洞庭芦苇场	443	1 223.2
总计	35 101.2	35 094

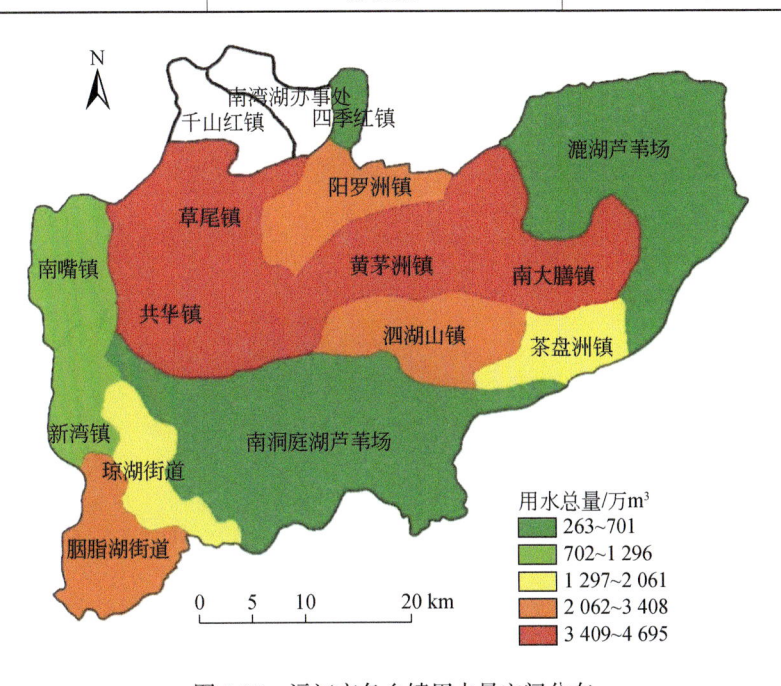

图 5-37　沅江市各乡镇用水量空间分布

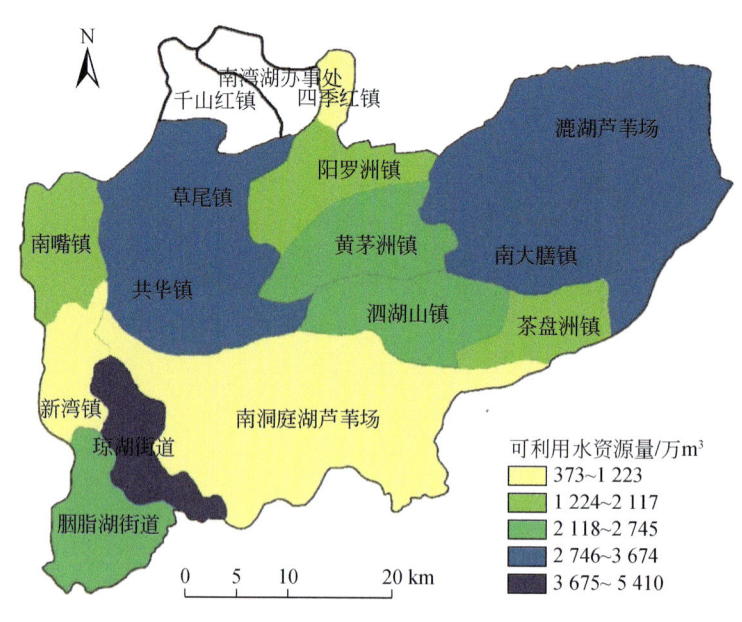

图 5-38 沅江市各乡镇可利用水资源量空间分布

(2) 耕地资源特征

沅江素有"鱼米之乡"美誉，是国家重要商品粮生产基地，村镇产业大部分以农产品和农产品加工业为主。从乡镇尺度来看，如表 5-32 所示，耕地面积较高的乡镇为共华镇、阳罗洲镇、草尾镇、黄茅洲镇、南大膳镇、泗湖山镇和茶盘洲镇，主要集中于沅江市的中部和东部；耕地面积相对较低的乡镇有琼湖街道、四季红镇、南嘴镇和新湾镇，主要分布沅江市的东部。从人均耕地面积来看，相对较高人均耕地面积的乡镇主要有泗湖山镇、南嘴镇、新湾镇、茶盘洲镇和阳罗洲镇，在沅江市东中西部均有分布；相对较低人均耕地面积的乡镇主要有琼湖街道、胭脂湖街道、南大膳镇。

表 5-32　2020 年沅江市各乡镇耕地总面积和人均耕地面积

乡镇名称	耕地总面积/亩	人均耕地面积/(亩/人)
琼湖街道	31 665	0.26
胭脂湖街道	58 080	0.96
四季红镇	22 605	1.35
泗湖山镇	102 345	1.64
南嘴镇	35 130	1.60
新湾镇	37 890	1.49
茶盘洲镇	75 030	2.79
南大膳镇	88 140	0.99

续表

乡镇名称	耕地总面积/亩	人均耕地面积/(亩/人)
黄茅洲镇	84 390	1.05
草尾镇	88 530	1.03
阳罗洲镇	84 810	1.70
共华镇	87 150	1.20

从村庄尺度来看，基于 2020 年村卡数据，以人均耕地面积为测算指标，对沅江市村域耕地资源进行分析（图 5-39）。总体来看，沅江市整体耕地资源现状较好，仅有 23.22% 的村庄为相对较低耕地资源水平（表 5-33）。具体来看，高水平耕地资源村庄有 59 个，占总数的 35.12%，主要分布于泗湖山镇、茶盘洲镇、南嘴镇和共华镇的部分地区；较高水平耕地资源村庄有 33 个，占比为 19.64%，主要分布于新湾镇、胭脂湖镇部分村庄、南大膳镇部分村庄；沅江市中等水平耕地资源村庄有 37 个，占比为 22.02%，主要分布于黄茅洲镇、胭脂湖街道及南大膳镇部分地区；低水平和较低水平耕地资源村庄共有 39 个，占比为 23.22%，主要分布于沅江市的草尾镇和琼湖街道。

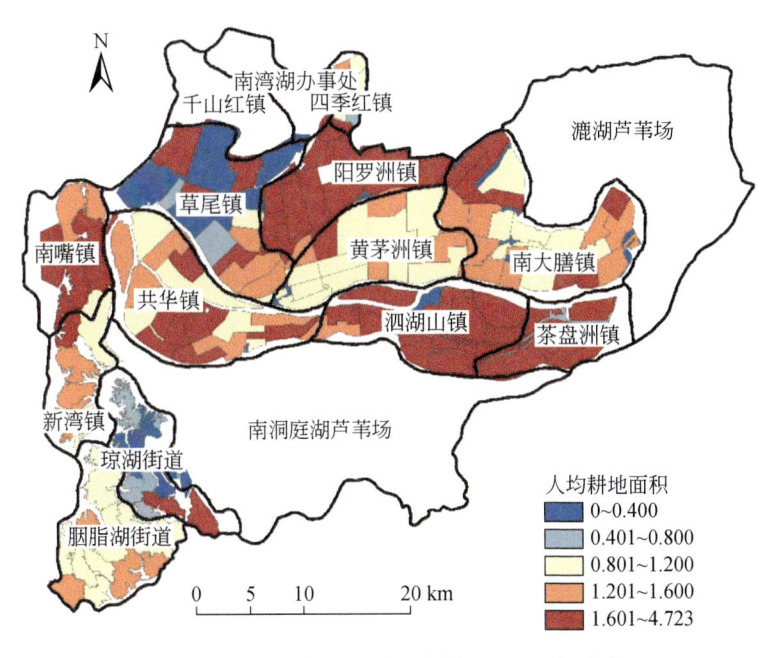

图 5-39 沅江市各乡镇人均耕地面积空间分布

（3）生态环境状况

重要生态保护区——湖南琼湖国家湿地公园位于沅江市境内，位于南洞庭湖与西洞庭湖两处国际重要湿地的交汇处，资江、沅江与澧水三水汇合的半岛之上，包括以沅江市区为中心，互为连通的后江湖、蓼叶湖、上琼湖、下琼湖、石矶湖及胭脂湖等湖泊群构成，是洞庭湖湿地的重要组成部分。基于土地利用数据，以村域生态用地面积占行政区面积比例为测度指标，对沅江市生态条件进行分析（图5-40）。如表5-34所示，高水平生态条件的村庄有11个，占村庄总量的6.55%，主要分布于沅江市的南嘴镇、琼湖街道部分地区，零星分布于新湾镇、胭脂湖街道、泗湖山镇、茶盘洲镇和四季红镇；较高水平和中等水平生态条件的村庄的总数量有33个，占村庄总量的19.64%，主要分布于沅江市西部的新湾镇、琼湖街道和胭脂湖街道；较低水平和低水平生态条件的村庄总数量为124个，占村庄总量的73.81%。

表5-33 2020年沅江市各村庄不同耕地资源等级数量和占比

耕地资源等级	村庄个数/个	村庄个数占比/%
高水平耕地资源	59	35.12
较高水平耕地资源	33	19.64
中等水平耕地资源	37	22.02
较低水平耕地资源	13	7.74
低水平耕地资源	26	15.48

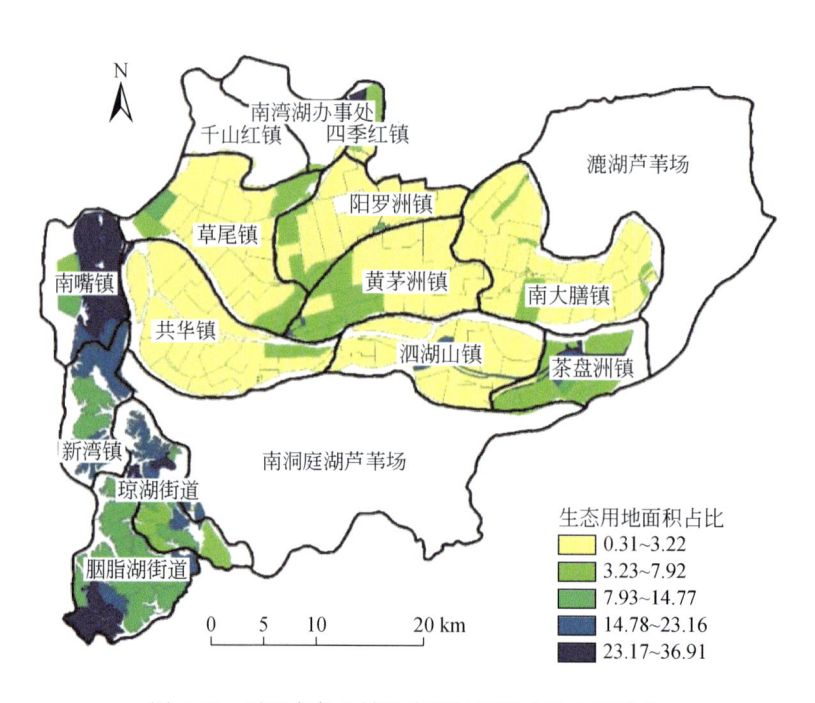

图5-40 沅江市各乡镇生态用地面积占比空间分布

表 5-34 沅江市各村庄不同生态条件等级数量和占比

生态条件等级	村庄个数 / 个	村庄个数占比 /%
高水平生态条件	11	6.55
较高水平生态条件	14	8.33
中等水平生态条件	19	11.31
较低水平生态条件	29	17.26
低水平生态条件	95	56.55

5.3.2 村镇建设与资源环境承载能力的协调性

5.3.2.1 村镇建设与资源环境承载力的主要矛盾

（1）耕地资源承载力

沅江市农村人均耕地面积为 1.34 亩，低于全国人均水平，耕地资源承载力较低。其中，耕地资源承载力较高的村庄主要分布在茶盘洲镇，耕地资源丰富，人均耕地面积大于 2.7 亩 / 人；阳罗洲镇、泗湖山镇、南嘴镇、新湾镇和四季红镇部分村庄为高值集聚区。承载力较低的村庄主要分布在沅江市中部地区，人均住房面积和建设用地规模相对较大，以及部分人多地少（不足 1 亩 / 人）的乡镇，如胭脂湖街道、共华镇、黄茅洲镇靠近洞庭湖景区以餐饮、住宿业为主，人均耕地不足 1.5 亩 / 人。

（2）水资源承载力

沅江市农村人均可利用水资源为 449m^3，而我国人均实际可利用水资源量为 900m^3，可见沅江市村镇水资源总量并不丰富，人均占有量较低。琼湖街道地处洞庭湖边，可利用水资源量为 5409.8 万 m^3，人均可利用水资源为 435m^3，属于水资源承载力高值集聚区。南大膳镇和草尾镇因耕地资源丰度，人均可利用水资源量分别为 413m^3 和 391m^3，具有较多的人均可利用水资源。共华镇和黄茅洲镇则因人少且耕地少，人均可利用水资源量分别为 447m^3 和 342m^3，均为水资源承载力高值集聚区。承载力较低的村庄主要集中在人口较多且以耗水量较大的畜牧业主四季红镇，其可利用水资源量和人均可利用水资源量分别为 373 万 m^3 和 223m^3，均为全市最低值。

（3）环境承载力

环境承载力较高的村庄集中在琼湖街道和南嘴镇。琼湖街道村庄的生活垃圾、污水处理率均为 100%，南嘴镇村庄的生态用地占行政区工地面积的比例高达为 24%，属于生态环境较好的村庄。环境承载力较低的村庄生态保育面积较少，污水处理率较低，以共华镇和南大膳镇尤为突出。

(4) 综合承载力

综合承载力较高的村庄以南嘴镇和茶盘洲镇村庄为主,各项承载力指标均较好,环境整治力度较大,因此综合承载力也较高。承载力较低的村庄集中在南大膳镇、黄茅洲镇、四季红镇等乡镇,与环境承载力低值区高度重合,绿化面积小、水资源紧缺的四季红镇为低值集聚区。

5.3.2.2 村镇建设与资源环境协调性分析

(1) 协调度评价方法

根据主导性、可行性、可比性原则,构建沅江市村镇建设-资源环境耦合协调发展的指标体系,具体如表5-35所示。

表5-35 沅江市村镇建设指标和资源环境指标

目标层	领域层	指标层	指标性质
村镇建设指标	村镇建设发展	常住/户籍比	正向
	村镇经济发展	全年村集体收入	正向
	村镇社会发展	村集体创办的养老机构个数	正向
		体育健身场所个数	正向
	村镇公共设施	人均卫生室个数	正向
		常住户中自来水用户数	正向
		通公路的村小组占比	正向
资源环境指标	资源指标	本村能够使用的灌溉用水塘和水库	正向
		人均耕地面积	正向
	生态环境指标	生态红线面积占比	正向

由于"村镇建设-资源环境"是由村镇建设、资源环境两个相互作用的子系统组成的复合系统,因而需要分别计算村镇发展水平、资源环境的综合发展指数。综合发展指数也称综合序变量值,通过各项指标的标准化值和相应的权重进行计算,其计算公式如下:

$$u_i = \sum_{i=1}^{m} q_{ij} u_{ij}$$

$$\sum_{j=1}^{n} q_{ij} = 1$$

式中,u_i代表子系统的综合发展指数(综合序变量);u_{ij}为子系统对总系统有序度的贡献;q_{ij}为各个序参量的权重(采用熵权法计算)。

其次,借鉴物理学中的容量耦合概念及容量耦合系数模型,推广得到多个系统的相互作用耦合度模型:

$$C_n=\{(u_1\times u_2\times u_3,\cdots,u_n)/\prod(u_1+u_2+u_3,\cdots,u_n)^{1/n}\}$$

式中，C_n 代表耦合度（取值在 0~1），u_1、u_2、u_3、$\cdots$、u_n 代表子系统的综合发展指数。耦合度可划分为 4 种类型：$C\in[0,0.4]$ 为低水平耦合状态；$C\in(0.4,0.6]$ 为中水平的耦合状态；$C\in(0.6,0.8]$ 为较高水平的耦合状态；$C\in(0.8,1.0]$ 为高水平的耦合状态。

再次，耦合协调度的计算。耦合协调度模型是在评判村镇建设、资源环境交互耦合状态的基础上，通过数理运算计算两者的协调状态，其计算公式为：

$$D=\sqrt{C\times T}$$

$$T=\sqrt{a\times u_1+b\times u_2}$$

式中，D 为耦合协调度；C 为耦合度；T 为村镇建设与资源环境的综合协调指数，它反映村镇建设系统与资源环境系统的整体协同效应或贡献；a、b 为待定系数；u 为各子系统的水平，取 $a=b=0.5$。

在实际应用中，最好使 $T\in[0,1]$，这样可以保证 $D\in[0,1]$，以便于更好地进行分析评价。根据耦合度的划分标准，耦合协调度也可划分为 4 种类型：$D\in[0,0.4]$ 为低水平耦合协调状态；$D\in(0.4,0.6]$ 为中水平的耦合协调状态；$D\in(0.6,0.8]$ 为较高水平的耦合协调状态；$D\in(0.8,1.0]$ 为高水平的耦合协调状态，具体如表 5-36。

表 5-36 村镇建设与资源环境耦合度和耦合协调水平的划分

耦合度 C 值	耦合程度	耦合协调度 D 值	耦合协调程度
$0.8<C\leqslant1.0$	高度耦合	$0.8<D\leqslant1.0$	高水平耦合协调
$0.6<C\leqslant0.8$	较高度耦合	$0.6<D\leqslant0.8$	较高水平耦合协调
$0.4<C\leqslant0.6$	中度耦合	$0.4<D\leqslant0.6$	中等水平耦合协调
$0\leqslant C\leqslant0.4$	低度耦合	$0\leqslant D\leqslant0.4$	低水平耦合协调

（2）协调度评价结果

如图 5-41 所示，2020 年沅江市村镇建设与资源环境耦合协调度水平整体相对较低，低水平区数量超过 26.79%，主要集中于草尾镇和南大膳镇，在空间分布上呈现出中部和南部耦合协调度相对较高、东部和西部耦合协调度相对较低的特征。具体来说，耦合协调度高水平区数量为 0 个；耦合协调度较高水平区数量为 9 个，占比为 5.36%，零星分布于沅江市东部的南嘴镇和胭脂红街道及沅江市西部的泗湖山镇；耦合协调度中等水平区数量为 114 个，占比为 67.86%，主要分布于新湾镇、琼湖街道、胭脂湖街道、共华镇、泗湖山镇、茶盘洲镇、阳罗洲镇和黄茅洲镇西部；耦合协调度低水平区数量为 45 个，占比为 26.79%，主要分布于草尾镇、南大膳镇及黄茅洲镇东部地区。

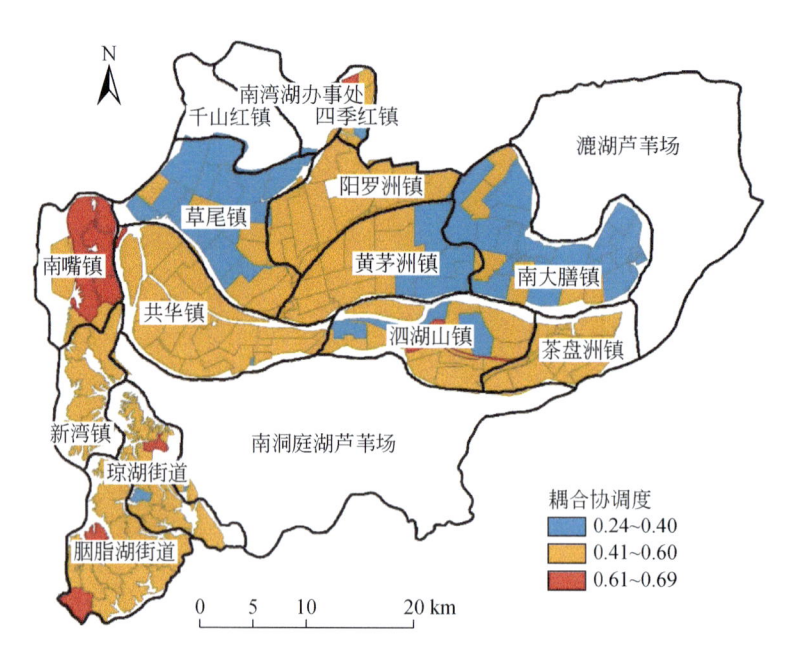

图 5-41　沅江市村镇建设与资源环境耦合协调度空间分布

5.3.3　典型村庄的协调特征与经验总结

5.3.3.1　村镇建设功能分类

（1）分类指标体系构建

基于行政村的村镇建设功能与指标体系构建，农作物生产和养殖功能是乡村地域的主要生产活动方式，为社会提供粮食、油料、瓜果蔬菜、水产和肉类等初级产品，是乡村聚落赖以生存的基础，也是乡村地区重要的基本功能。选取人均耕地作为农作物生产功能的评价指标，选取畜禽养殖户数占总户数比例衡量村庄养殖功能。

第二产业、第三产业主导功能主要是指通过工业、服务业等产业发展在乡村地域空间内所创造的经济财富。本研究选取农产品加工企业个数衡量第二产业主导功能，选取开展网上销售农产品的户数占常住人口户数比例衡量沅江市的第三产业主导功能。

乡村旅游功能是村庄发展重要的功能。本研究选取开展休闲农业和乡村旅游的户数占常住人口户数比例作为乡村旅游功能的衡量标准。

生态保育功能指针对区域内具有特殊保护价值，需要保护和恢复的，或生态系统较为完整、生物多样性丰富、生态环境敏感性高的区域，设置的具有生态保育功能的区域。区内应根据生态环境状况，科学确定区域大小、边界形态、联通廊道，进行以生态保育为前提的科学发展。本研究选取生态用地占行政区面积比例作为生态保育功能的评价指标，具体见表 5-37。

表 5-37　沅江市村镇分类指标体系

一级类	二级类	指标层
农产品供给型	农作物生产功能	人均耕地
	养殖功能	畜禽养殖户数占总户数比例
产业融合型	第二产业主导功能	农产品加工企业个数
	第三产业主导功能	开展网上销售农产品的户数占常住人口户数比例
乡村旅游型	乡村旅游功能	开展休闲农业和乡村旅游的户数占常住人口户数比例
生态保育型	生态保育功能	生态用地占行政区面积比例

（2）分类方法

A. 基于单项指标的村镇建设分类

依据分区指标体系，并进行单项指标排序，按指标值前 10% 提取单项指标优势村庄，若某地区在村庄类型下的指标存在单指标优势而其余类型下指标均无优势的情况下，将该地区直接划分为某一类乡村地域类型。

B. 基于复合指标的村镇建设分类

对无单项优势指标村庄，采用相对优势类型划分。根据各村庄单元各功能数值与各功能平均值的关系，来判定该乡镇的相对优势类型，一般是两者相减，其差大于 0，则确定为相对优势类型；其差小于等于 0，则确定其为非优势类型。具体公式为：

$$C_{ij}=D_{ij}-\frac{D_j}{n}$$

式中，C_{ij} 表示 i 村庄 j 功能值与全市所有村庄平均值的差值反映该村庄的相对优势类型；D_{ij} 表示 i 村庄 j 功能的数值；D_j 为 j 功能村庄全市数值之和；n 为全市村庄单元个数。

以村庄的最大优势类型，定义该村庄的乡村发展类型 C_i，具体公式为：

$$C_i=\text{Max } C_{ij}$$

根据其优势度结果来看，村庄优势度大致分为两种情况：一是，当经过计算该村庄有明显优势度时，则通过对比各类型的优势度指标大小，选取类型优势度最大值，将该村庄划分为某一类型；二是，各类型优势度均为负值时，则选取相对最大的优势度类型指标，将其划分为相应的类型。

（3）分类结果

根据方法对沅江市各村镇进行一级类、二级类地域功能分区（表 5-38）。其中，从沅江市乡镇功能类型二级分区的空间分布情况来看，如图 5-42 所示，农作物生产功能村庄共有 53 个，占全部研究单元的比例为 31.55%，主要分布在沅江市东部的阳罗洲镇、南大膳镇和茶盘洲镇；养殖功能村庄共有 22 个单元，占全部研究单元的比例为 13.09%，主要集中在沅江市南部的共华镇和北部的四季红镇；第二产业主导功能村庄有 36 个，占全部研究单元的比例为 21.43%，主要分布在沅江市中部的黄茅洲镇和泗湖山镇；第三产业主导功能村庄共有 13 个，占比为 7.74%，主要分布在沅江市西部的草尾镇；乡村旅游功能村庄共有 14 个，占比为 8.33%，主要分布在沅江市东部生态景观丰富地区；生态保育功能村庄共有 30 个，占比为 17.86%，主要分布于沅江市东部生态景观丰富地区。

如图 5-43，由二级功能类型村庄进一步得出沅江市一级类村庄分类。其中，农产品供给型村庄数量最多，共有 75 个，占研究单元的比例为 44.64%，主要集中在沅江市的东部和南部；其次是产业融合型，共有 49 个，占比为 29.17%，主要集中于沅江市的中部；乡村旅游型村庄主要依靠良好的生态环境和乡村环境，由于区位条件原因，其分布较为分散，占比为 8.33%；生态保育型村庄主要分布在重点生态保护区，占比为 17.86%。

表 5-38 沅江市各村镇地域功能分区

一级类	二级类	村庄个数	
农产品供给型	农作物生产功能	53	75
	养殖功能	22	
产业融合型	第二产业主导功能	36	49
	第三产业主导功能	13	
乡村旅游型	乡村旅游功能	14	14
生态保育型	生态保育功能	30	30

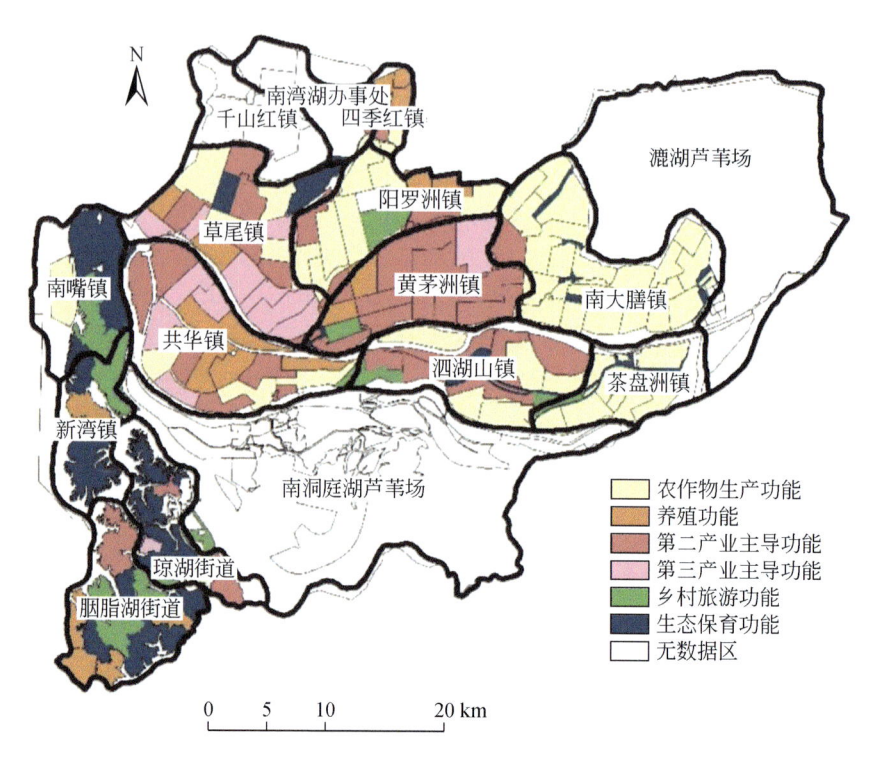

图 5-42 沅江市乡镇功能类型二级分区

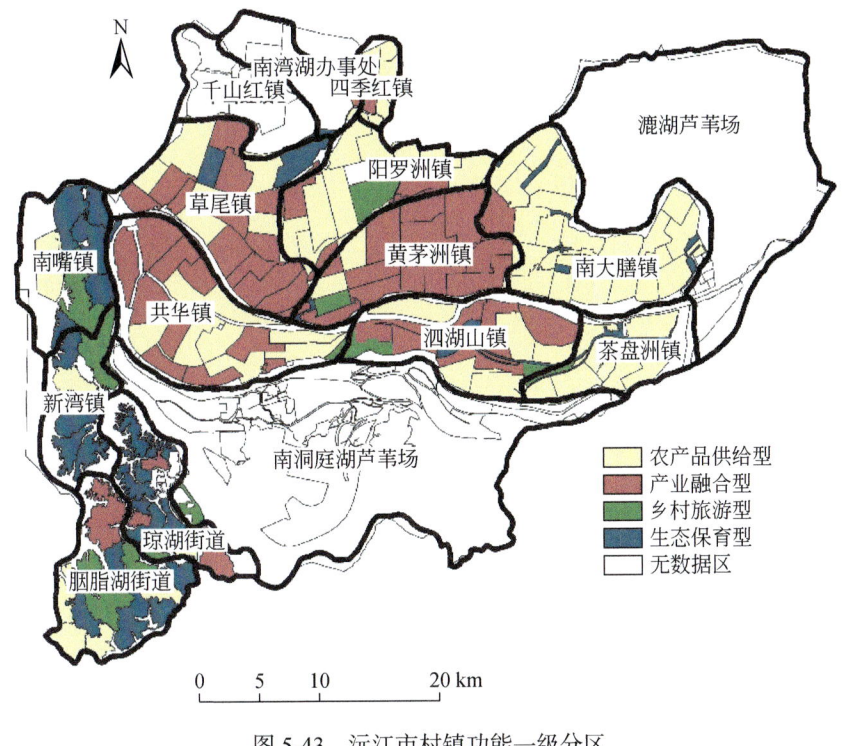

图 5-43 沅江市村镇功能一级分区

5.3.3.2 典型村镇的协调特征

在村镇主导功能类型识别结果的基础上，详细分析沅江市村镇发展过程，结合典型村庄发展关键指标，分析不同功能村镇建设与资源环境协调性状况（表 5-39）。

表 5-39 村镇建设与资源环境协调评价指标

指标		参数	村镇类型				判据	协调性
一级指标	二级指标		养殖	观光农业	乡村旅游	粮油生产		
资源消耗	土地	宅基地空置率	宅基地	宅基地	宅基地	耕地/宅基地	与全国宅基地空置率对比	—
	水	用水量	用水量	用水量	用水量	用水量	与全国粮食种植用水量对比	
资源环境效益	土地产出	收入	养殖户收入	经营户收入	经营户收入	种植户收入	与当地粮食种植收入对比	
	环境质量	环境达标程度	尾水处理面积	监控断面	监控断面	监控断面	达标率	
	生态质量	生物多样性	鸟类数量	野生动物	野生动物	绿地面积	数量/比例变化	
村镇功能	经济功能	食物生产	人均粮食	人均粮食	人均粮食	人均粮食	是否能供养常住人口	
	社会功能	外出/本地人口	实际人口	实际人口	实际人口	实际人口	实际/户籍/常住	
	生态环境功能	生态/旅游	生态空间损耗	旅游人次	旅游人次	生态空间损耗	生态空间/旅游人次变化	—

村镇建设资源环境协调性评价总体分三级：协调、基本协调、不协调。高于或者低于基准值/目标值的15%，赋值为1（协调）或3（不协调）；上下有15%的浮动，赋值为2（基本协调）；二级指标得分为三级单项指标得分平均值的整数，综合得分则为二级指标得分平均值的整数。

（1）农产品供给型村镇

沅江市四季红镇阳雀洪村地处四季红镇西北部，东北与大通湖区接壤，连省级公路S317线，全村耕地面积有1674.2亩，共辖11个村民小组，人口有1327人。阳雀洪村积极实施乡村振兴战略，立足资源优势，通过转思路，谋出路，以产业发展助推集体经济的壮大，实现从村集体经济为零发展到2021年24.8万元的强村，为全面实现农业强、农村美、农民富奠定坚实基础。阳雀洪村立足镇情村情发展特色产业，实行整村土地流转，大力发展虾稻共作；修建冷库，克服小龙虾产量的季节性影响，实现全年创收800余万元，村民人均增收1000元；以企业入股49%，村集体入股51%的占股模式，建成阳雀洪印刷有限公司，主营各类农副产品包装盒、礼品盒、彩色印刷和办公打印纸，每年为村集体持续创收超10万元；成立阳雀洪村食品加工厂，自产自销月饼、葡式蛋挞等糕点美食，为群众解决就业岗位10余个；2022年正着力开发艾草产业，年种植20亩苗圃，租赁种植面积达2000亩以上，每亩产生利润2600元左右，可解决劳动力近百人。

对阳雀洪村的资源环境协调性进行评价，在资源消耗方面，阳雀洪村耕地总面积为1674.2亩，其中规模经营的耕地面积为1670亩，耕地资源利用率较高，人均耕地面积为1.50亩，约为沅江市农村人均耕地面积的2倍，耕地资源充足，得分为1。资源环境效益方面，生态保育面积占比为2.44%，略低于沅江市农村平均水平，得分为2。村镇功能方面，农村常住人口为577人，人均可支配收入达到2.4万元，均高于沅江市农村平均水平，得分为1。

根据分析结果，阳雀洪村充分利用耕地资源，资源环境效益良好，城镇功能完善，其村镇建设与资源环境处于协调等级。

（2）产业融合型村镇

沅江市保民村由原保民、复兴、凤山三个村合并而成，辖区面积4.5km²，全村有40个村民小组，1306户常住居民，总人口有3322人，总耕地面积为3756亩，水域面积为405亩；三级河道有2条，四级河道有3条，泯沟有300条，桥梁有10座。保民村又名保民垸，是湖乡人民从洞庭湖围垦出来的一块宝地。历史上长江四口溃垸后，长江水挟大量泥沙入湖，自清朝中叶，洞庭湖区日益淤塞，湖洲渐多。湖垸，即是湖区人民开垦淤洲形成的产物，为保卫田地、财产和生命，筑高堤以挡洞庭湖汛期洪水，久而久之，湖水河床渐渐高过垸内田地，形成"湖高出于田"的湿地奇观。保民村位于沅江市郊东南地区，全村三面环水，生态环境优良，自然景观丰富。目前，保民村全村主干道已基本实现了硬质化、黑色化，自来水普及率达100%，全村绿化覆盖率达40%，社区服务中心功能齐全，人气旺盛，充分展示了社会主义新农村的美好新形象。

对保民村的资源环境协调性进行评价，在资源消耗方面，保民村耕地总面积为3756亩，人均耕地面积为1.90亩，高于沅江市农村人均耕地面积，耕地资源充足，得分为1。资源环境效益方面，生态保育面积占比为3.88%，略低于沅江市农村平均水平，得分为2。村镇功能方面，自来水普及率达100%，基层公共服务（一门式）全覆盖，不断改善民生福祉，得分为1。

根据分析结果，保民村耕地资源丰富，资源环境效益良好，城镇功能完善，其村镇建设与资源环境处于协调等级。

（3）乡村旅游型村镇

小河咀村是沅江市琼湖街道一个典型的渔村，全村有九成以上的村民靠下湖捕鱼为生。近年来，小河咀村作为沅江市乡村振兴"一镇两村"示范点之一，抓住转产转业的契机，早已改变了往日旧渔村的模样，开始发展文旅产业，传承渔乡文化，打造地域特色品牌，同时也加快退捕渔民的转产、转业和转型。随着小河咀村"渔家文化园"的建成，也是开启了沅江特色旅游的新机遇。在后面的发展建设中，琼湖街道将依托小河咀"渔家文化园"为契机，强化"城市客厅"的功能定位，积极打造"宋韵美学"的美丽形象，继续打造渔家风情民宿、高端特色餐饮等，持续推进乡村振兴各项工作。小河咀村立足特色资源，坚持科技兴农，因地制宜发展乡村旅游、休闲农业等产业，将农业生产和乡村休闲旅游融合发展，打造集创作写生、旅游度假、休闲观光为一体的旅游综合体，助力乡村振兴。

对小河咀村的资源环境协调性进行评价，在资源消耗方面，小河咀村人均耕地面积为1.61亩，略低于沅江市农村人均耕地面积，得分为2。资源环境效益方面，生态保育面积占比为0.75%，低于沅江市农村平均水平，得分为3。村镇功能方面，开展休闲农业和乡村旅游的户数占常住人口户数比例为1.46%，约为沅江市农村平均水平的27倍，得分为1。

根据分析结果，小河咀村乡村旅游资源丰富，但存在耕地资源紧缺、资源环境效益有待提升等问题，其村镇建设与资源环境处于基本协调等级。

（4）生态保育型村镇

三眼塘村位于沅江市胭脂湖街道，地处沅江市南部，三面环水，山清水秀，美景如画。三眼塘村村域面积为1.65万亩，距离沅江市区11km。三眼塘村通过项目投入和自筹资金硬化村级公路62.8km，且实现了村级公路的环村、通组、联户，并在部分路段打造护坡，进行美化绿化。同时，完成民居改造206栋，实施农村人居环境整治工程，对农户房前屋后全面实施硬化、绿化，生活污水厌氧处理，已建好"全封闭"垃圾收集池186个，田间农资废弃物收集池68个，还建设了村级物业管理站，并配备保洁员、绿化管理员、公共设施管护员等23名专业服务人员。

对三眼塘村的资源环境协调性进行评价，在资源消耗方面，三眼塘村人均耕地面积为1.32亩，略低于沅江市农村人均耕地面积，得分为2。资源环境效益方面，生态保育面积占比为11.01%，是沅江市农村平均水平的2.69倍，生态保育效果良好，得分为1。村镇功能方面，三眼塘村基础设施不断完善，曾获"国家森林乡村"和"第二批全国乡村治理示范村"等荣誉称号，具备完善的村镇功能，得分为1。

根据分析结果，三眼塘村生态资源丰富，村镇功能完善，但存在耕地资源紧缺的问题，其村镇建设与资源环境处于协调等级。

第6章 其他案例区

6.1 城镇化地区

6.1.1 鲁甸县

6.1.1.1 村镇建设与资源环境现状

鲁甸县位于云南省东北部，乌蒙山以西，云贵高原进入四川盆地的前沿地带。全县土地面积1484km^2，辖2街道9镇2乡，103个社区、村，1702个村民小组。2020年人口约40万人，乡村人口约占60%，农村居民人均可支配收入1.13万元。截至2020年底，全县96个贫困村完成3.2万户、12.5万人的精准脱贫，并实现全县全面脱贫。

（1）村镇规模

A. 人口

鲁甸县2020年乡镇人口规模（表6-1）除县城文屏和砚池街道超过12万人外，其余乡镇平均人口2.5万人，最小的不到1.4万人；平均户数1万户，多数在万户以下，最少的4000余户；户均人口3人；乡镇农村人口规模平均2万人，最少的5000余人。

表6-1 鲁甸县乡镇人口规模

乡镇	常住人口/万人	家庭户/万户	家庭户户均/人	乡村人口/万人
文屏、砚池街道	12.26	3.77	3.02	1.78
水磨镇	3.27	1.03	3.16	2.84
龙头山镇	4.28	1.46	2.87	3.32
小寨镇	1.71	0.57	2.94	1.13
江底镇	2.22	0.78	2.85	2.00
火德红镇	1.74	0.58	2.98	1.21
龙树镇	2.92	0.89	3.25	2.39
新街镇	1.39	0.42	3.30	0.52
梭山镇	2.14	0.70	3.01	1.70
乐红镇	2.33	0.84	2.71	1.65

续表

乡镇	常住人口/万人	家庭户/万户	家庭户户均/人	乡村人口/万人
茨院乡	2.54	0.82	3.01	2.54
桃源乡	3.04	1.04	2.91	3.04
鲁甸县	39.84	12.9	3.00	24.13
极值	1.39~12.26	0.42~3.77	2.71~3.30	0.52~3.32
平均值	3.32	1.08	3.00	2.01
中位数	2.44	0.83	3.00	1.89
标准差	2.92	0.89	0.17	0.84

根据2019年的村庄统计，鲁甸县有27个社区、70个行政村，每个社区约有16个村民小组，每个行政村约有19个村民小组。每个社区常住人口的规模为4600~4900人，每个社区村民小组的人口规模为260~350人；每个行政村常住人口的规模为4200~4400人，村民小组的人口规模为200~230人（图6-1）。2019年全县户常比（户籍人口/常住人口）为1.1，除文屏镇为0.8外，其余乡镇在1.1~1.3；各乡镇社区人口平均的户常比约为0.9，文屏镇为0.6，其余乡镇均大于1；行政村平均的户常比约为1.2。

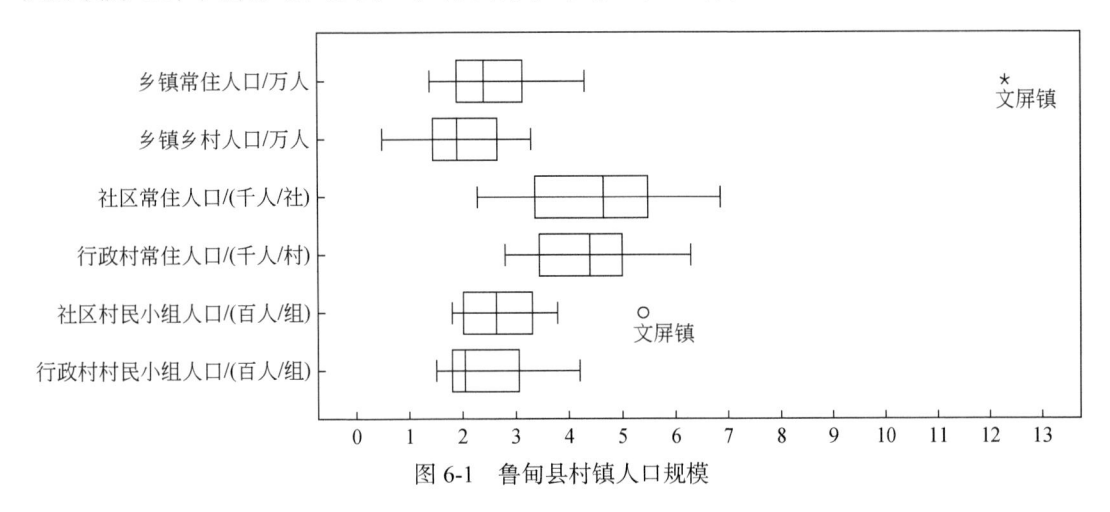

图6-1 鲁甸县村镇人口规模

B. 乡村经济

鲁甸县虽然是云南省的省级重点开发区，滇东北城市群的组成部分，但整体经济实力仍较薄弱。2000年以来，相对于全国平均水平，鲁甸县整体经济实力在不断提升，但仍不及云南省和昭通市的平均水平，近十年来人均GDP大约为云南省的40%，昭通市的85%（图6-2）。

鲁甸县乡村经济以农业为主，在云南省和昭通市有优势的农产品主要为马铃薯、烤烟、生猪和黄牛。近十年粮食产量占昭通市的7%左右、烤烟产量占21%左右、牛肉产量占12%左右。2020年全县农作物播种面积74.38万亩，其中粮食作物占71.34%，粮食和经济作物的播种面积比为 2.5。粮食作物以玉米和薯类为主，两类作物分别占粮食作物播种面积的 45.75% 和 31.14%；经济作物以油料、烟叶、蔬菜和食用菌为主，3 大类作物播种面积占经济作物的 3/4 左右，而蔬菜和食用菌占近 1/2，第二大类作物是烟叶，两者合计占经济作物总播种面积的 70%。

2020 年鲁甸县粮食产量 14.68 万 t，比 2011 年增加了 2.5 万 t。图 6-3 显示，近十年来人均粮食产量维持在 345kg 上下（2011 年 309.6kg/人，2020 年 368.47kg/人）。人均产粮的十年均值约为全国人均十年均值的 73.9%、云南省的 90.8%。

图 6-2 鲁甸县人均 GDP 与全国、云南省和昭通市的对比

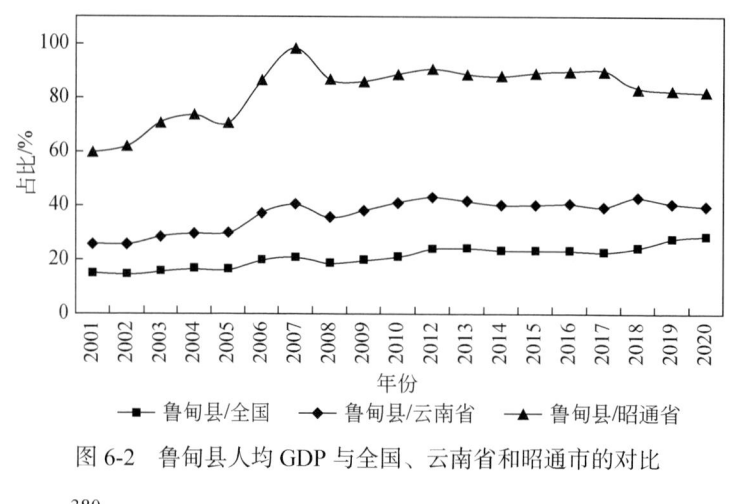

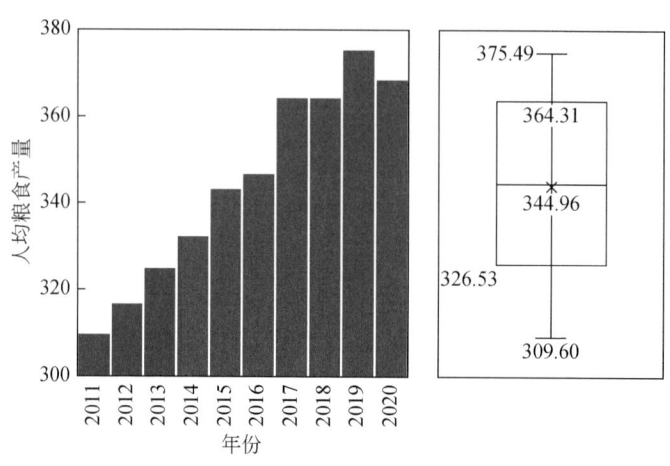

图 6-3 鲁甸县人均粮食产量的变化

（2）水土资源

A. 水资源

鲁甸县多年平均降水量 923mm，年均温 12℃，属于高原型温凉偏旱气候。县域主要跨两个流域——横江和牛栏江，均为金沙江支流，多年平均水资源量约 6 亿 m³。其中，地下水资源量 2 亿 m³ 左右，人均水资源 1500m³ 左右。

2020 年鲁甸县水资源开发利用率为 14.5%，相当于昭通市和云南省平均水平的 2 倍左

右。全年地表水供水量约为 8793 万 m³，其中 60% 为引水工程供水，22% 为蓄水工程供水，另外还有 180 万 m³ 提水工程和 1420 万 m³ 的人工载运水。在总供水量中，约 1/10 为地下水供水，其中 43% 的地下水供水是深层水；污水回用和雨水利用供水仅占总供量的 1.3%。总用水量中，一半以上为农业灌溉用水，城乡居民生活用水约占总用水量的 18%。全年人均综合用水量为 218m³，比昭通市平均水平高出 13.5%，约为云南省省均水平的 2/3；农田灌溉亩均综合用水量为 390m³，比全市平均水平多 131m³，比全省平均水平多 19m³。

总体上，水资源相对充裕，但开发利用率较高。

B. 土地资源

鲁甸县坡度 25°以下的面积约占土地总面积的 3/4，坡度 8°以下的平地很少，且集中分布于昭（阳）鲁（甸）坝子（云南省五大坝子之一，面积 524.8km²）和鲁甸龙树坝子（面积 53.2km²）地区。2020 年各类建设用地面积 1.04 万 hm²，约占县域面积的 7.34%，其中城乡居民点用地面积合计 0.62 万 hm²，约占县域面积的 4.51%；城镇居民点用地约 740hm²，农村居民点用地约 5410hm²。城乡居民点分布比较分散，除县城文屏镇有一块面积较大的建设用地外，其他乡镇地块面积均较小。全县耕地面积有 3.88 万 hm²，约占县域土地面积的 26%，其中 94% 为旱地；园地面积 2 万 hm²，约占县域土地面积的 13.5%，耕地园地面积合计比例近 40%。耕地九成以上是坡耕地，1/5 以上为 25°以上的陡坡耕地，15°以上的耕地将近占耕地总面积的 1/2，6°以下耕地仅占耕地总面积的 13% 左右。

总体上，可利用土地资源相对紧缺，尤其是居民点集中建设用地和规模利用的优质耕地。

（3）生态环境

鲁甸海拔相对较高，气候相对温凉，生态比较脆弱。昭鲁坝子作为云南省的较大坝子之一，农耕历史长，人口密度较高，加上石漠化灾害的影响，自然生态系统早已罕见。全县森林覆盖率为 35%，低于昭通市平均水平。2000 年以来陆续实施天然林保护、退耕还林、重点公益林建设、湿地保护等生态保护工程，截至 2020 年，各类工程累计面积超 11 万 hm²。全县约 1/4 的土地面积被划为生态保护红线，主要分布在渔洞水库周边、牛栏江两岸和石漠化敏感地区，红线功能几乎全部为水土保持型。2020 年林草地面积合计占县域总面积的 45.83%，其中林地面积接近 40%。

环境保护部门监测数据显示，鲁甸县大气环境质量优，水环境除县城外，村镇地区均达到或超过水环境质量功能要求。"十三五"期间，环境空气质量优良天数比例达 99.9%，城市地表水、集中式饮用水水源地水质达标率均达 100%。除县城外，鲁甸县多数地区的水功能要求为Ⅲ类。

6.1.1.2 村镇建设与资源环境承载能力的协调性

（1）平坝区高强度建设趋势，社区土地高负荷态势

根据对村镇社区（27 个样本）和行政村（68 个样本）现状建设用地占坡度 25°以

下可利用土地面积比例的统计分析可知（图6-4图中左列为社区样本，右列为行政村样本），在坡度6°以下的土地中，社区（有20个样本满足条件）建设用地占比的极值为34.82%~100%，平均值为77.42%，中位数高达93.61%，也就是说有一半以上的样点社区建设用地已经占到6°以下土地面积的93%以上，超过1/4达到100%；行政村（有26个样本满足条件）中，平均值为65.03%，中位数为55.7%，也有1/4的样点村接近100%。在坡度15°以下的区域中，社区（有24个样本满足条件）建设用地占比极值为15.57%~100%，均值为55.75%，中位数为45.0%，有1/3的样本社区超过90%；行政村中，均值和中位数分别为49.5%和31.8%，超过1/4的样本建设用地占比大于90%。坡度25°以下的土地中，社区27个样本中有3个建设用地占比超过90%；68个行政村样本中，有9个样本超过90%。

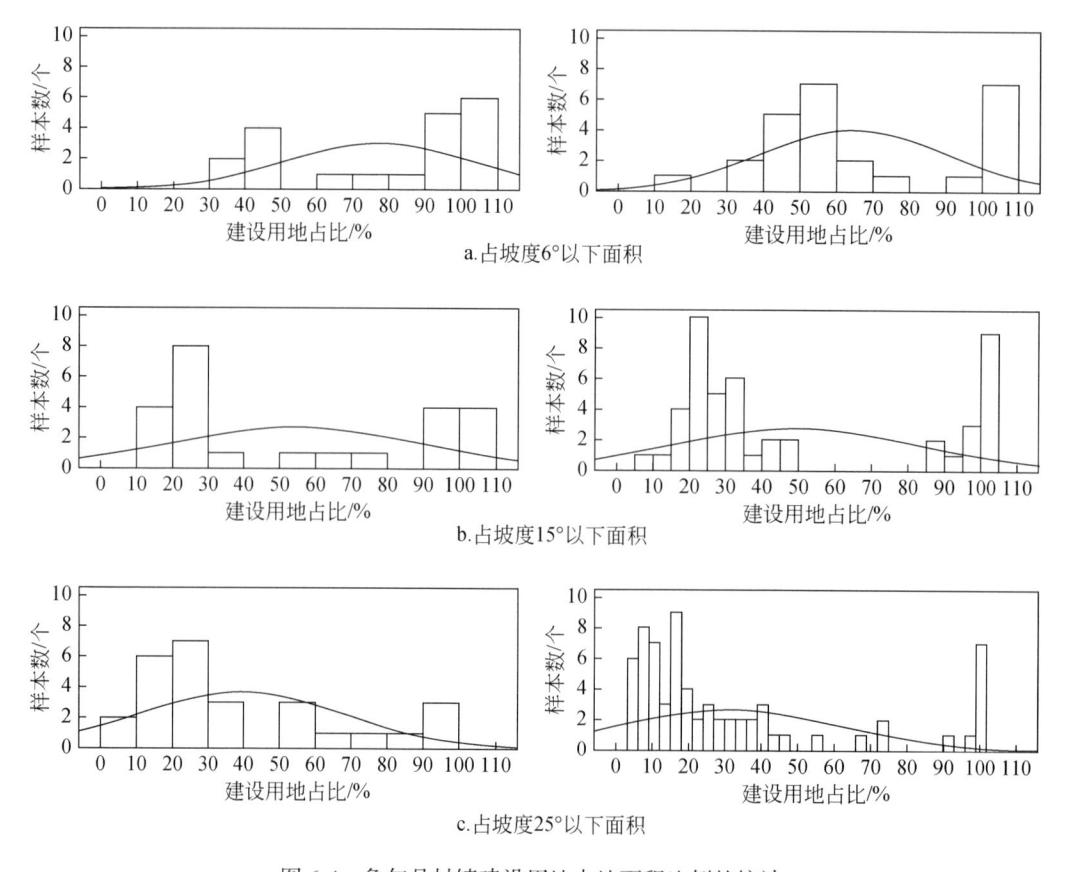

图6-4　鲁甸县村镇建设用地占地面积比例的统计

也就是说，由于平地稀少的自然原因和人口较多的历史原因，鲁甸县可利用土地资源中的现状建设用地占比已经很高，土地资源的建设载荷已接近极限，土地资源针对村镇建设的承载力的提升，一方面需要通过合理的土地资源用途调整进行整合，置换出足量的发展空间；另一方面需要探索适宜高原山地的村镇建设模式，运用有效的政策机制，推动人口和经济要素在空间上的合理重组，平衡村镇建设用地负荷的地区差异。

（2）耕地坡地化趋势，平坝区耕地功能的非粮化态势

2010~2020 年，鲁甸县耕地面积减少了 1.87 万 hm², 一部分原因是退耕还林的结果，另一部分原因是建设用地扩展所致。减少的耕地中，坡度 6° 以下的耕地减少了约 2700hm²，占全部耕地面积的比例减少了 0.89%；坡度 15°~25° 坡耕地面积增加了约 2800hm²，占全部耕地面积的比例增加了 3.41%；25° 以上的陡坡耕地减少了约 5200hm²，占全部耕地面积的比例减少了 0.66%。如图 6-5 所示，坡度 6° 以下的水浇地比例减少了约 28%（耕地坡度等级 1 与等级 2 之和），坡度 25° 以上（耕地坡度等级 5）的陡坡水浇地比例增加了 11.84%；坡度 6° 以下的旱地比例减少了 0.93%，坡度 15°~25° 旱地比例增加了 3.55%（耕地坡度等级 3 与等级 4 之和）。

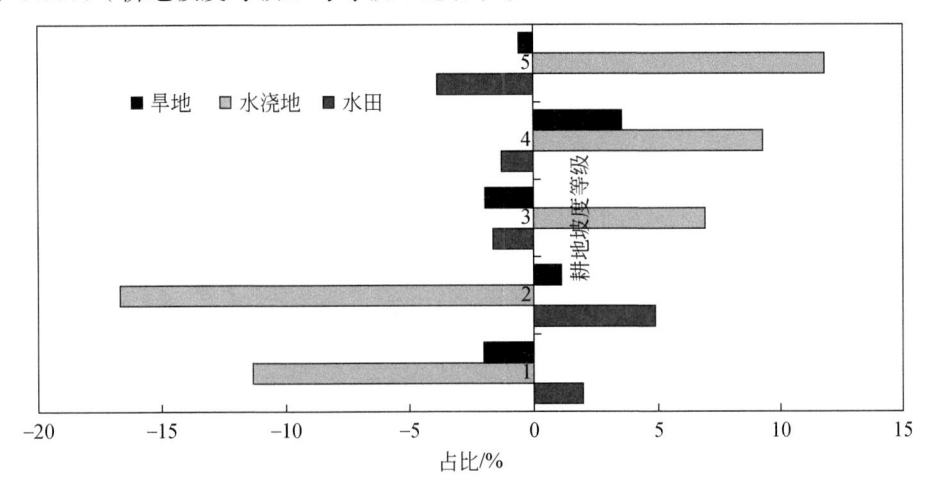

图 6-5 2010~2020 年鲁甸县不同坡度等级耕地面积变化情况

"耕地上山"是根据现实土地产出效益做出的选择，有一定的合理性，但同时也带来了平坝区优质耕地的高强度利用。主要表现在两个方面：一是选择产出效益较高的经济作物，导致耕地非粮化现象普遍；二是耕地的高强度利用，造成化肥、农药、地膜等原料的高投入。位于平坝区的茨院乡和文屏镇，农作物播种面积的粮经比分别为 0.6 和 1.1；位于山区的其余乡镇均在 2 以上，其中坡地比例较高的水磨和乐红镇在 5 以上。两大主粮作物——玉米和薯类作物一半以上分布在龙头山、水磨、江底和龙树等坡地乡镇，产出效益较高的烟叶种植主要位于昭鲁坝子的桃源乡和文屏镇，两乡镇烟叶播种面积占全县烟叶播种面积近八成。

从 2020 年的耕地利用情况看，坡度 15°~25° 的耕地中，种粮率（种植粮食作物的耕地面积占比）为 72.76%，休耕率（休耕和未种植利用的耕地面积占比）为 12.31%，粮经轮作率（粮食与非粮作物及种植与非粮作物轮作的耕地占比）为 14.93%。坡度 15° 以下的耕地中，种粮率、休耕率和粮经轮作率分别为 77.88%、6.18% 和 15.93%。从各乡镇来看（图 6-6），并不是耕作条件不好的地方耕地利用率低，如坡耕地比例较高的龙头山、新街、梭山、乐红等乡镇，种植率反而高，而休耕率低于多数地区；耕作条件较好、人均耕地不多的文屏镇、龙树镇、茨院乡反而拥有较高的休耕率和较低的种粮率；坝地和

梯田比例较高的乡镇，梯田和坝地的休耕率也相对较高，反而坡耕地的种植利用程度较高。另外，位于县城周边的桃源乡，人均耕地低于全县平均水平，耕地的轮作率高于其他乡镇，反映出对有限耕地利用的多样性。这进一步印证了在开发利用条件好、土地资源紧缺的地区，建设与种植争地、粮食与经济作物争地的矛盾突出，特别是在县城、乡镇社区周边平坝地集中的地区。

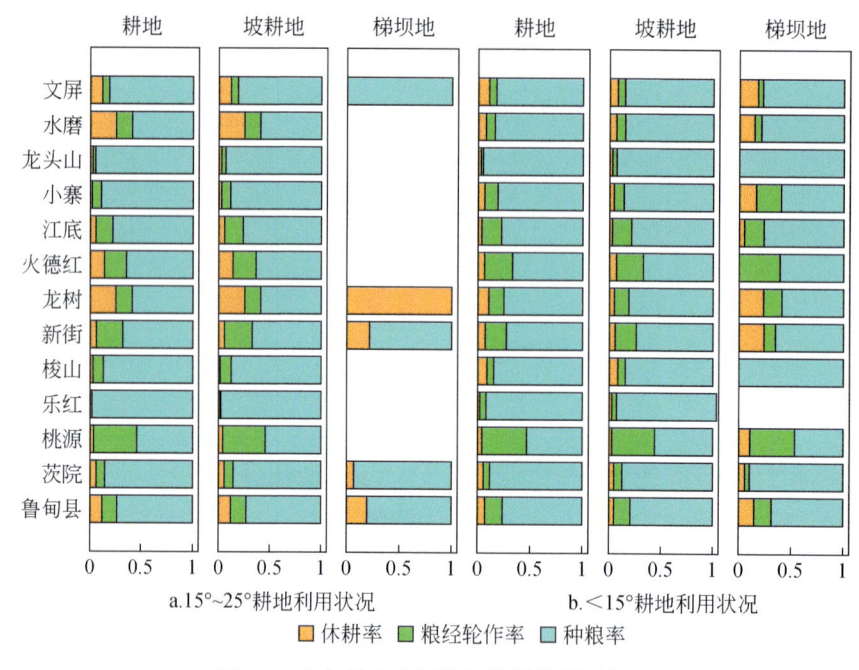

图 6-6 鲁甸县各乡镇耕地资源及利用状况

（3）农村人口流失，青壮劳力非农化态势

农村人口流失是导致村镇土地用地效率呈现两极化的主要原因之一。鲁甸县"七普"常住人口39.84万人，比"六普"减少了将近8000人；乡村人口24.13万人，比"六普"减少了13.19万人。

统计部门的数据显示（表6-2），2019年鲁甸县户常比（户籍人口/常住人口）为1.12，除县城驻地文屏镇为0.79和江底镇为1.11，低于全县平均水平外，其余乡镇均高于全县均值，其中水磨镇和龙树镇高达1.3左右。户籍人口中全家外出半年以上的人口占比，全县接近10%，其中水磨和龙树镇均在1/5以上；常住人口中老妇幼留守人口占比，全县接近5%，龙树镇则高达13.88%。2020年鲁甸县乡村总人口中，劳动力人口约占2/3，农村从业人口约占58%，劳动力人口中，农业从业人员比例约为2/3。

上述特征是统计口径显示的结果，与实地入村入户调研反映的情况略有不同。本次调研涉及不同资源环境类型区的4个乡镇，分别是平坝城郊农作区的桃源乡，以经济作物种植和养殖业为主要功能；高寒坡地农作区的水磨镇，以粮食作物种植为主要功能；半山岭谷区的龙头山镇，以坡地种养业和生态旅游为主要功能；干热河谷区的江底镇，以经济果木种植和生态保育为主要功能。

表 6-2 鲁甸县乡村劳动力状况（2020 年）

地名	户常比*	户籍人口中外出半年以上人口/%*	常住人口中老妇幼留守人口/%*	乡村劳动力占乡村人口/%	乡村劳动力性别比	乡村从业人员占乡村人口/%	乡村从业人员性别比	乡村农业从业人员占乡村劳动力/%	乡村农业从业人员性别比
鲁甸县	1.12	9.64	4.77	65.60	1.13	57.85	1.33	65.78	1.16
文屏	0.79	3.26	2.50	61.99	1.03	50.81	1.03	48.06	1.05
水磨	1.34	25.50	4.55	70.46	1.00	64.84	1.01	59.44	0.98
龙头山	1.13	6.77	5.40	97.18	1.29	57.97	1.41	52.50	1.41
新街	1.15	7.05	6.80	65.32	1.09	62.35	1.08	91.07	1.09
小寨	1.23	7.86	1.83	70.57	1.13	67.06	1.15	83.23	1.49
龙树	1.29	20.97	13.88	51.75	1.36	80.39	1.52	81.09	1.33
江底	1.11	1.08	3.06	63.85	1.01	60.97	1.07	84.77	0.91
火德红	1.24	14.48	7.68	57.45	1.07	45.30	1.42	66.04	1.60
梭山	1.25	13.00	6.12	59.08	1.04	55.51	1.03	57.53	1.21
乐红	1.20	8.84	6.06	51.99	1.11	46.86	1.28	68.97	1.04
桃源	1.23	4.70	0.55	67.85	1.22	51.40	5.18	68.02	1.03
茨院	1.13	1.57	3.03	52.78	1.03	49.70	1.06	72.82	1.00

*为 2019 年统计数据

桃源乡大水塘村以烤烟种植和养牛为主要产业，常住人口 7000 人，普通劳动力（18~55 岁）3800 人，外地（昭通外）务工 1500 人，约占全村劳动力人口的 40%。走访的农户分别为烤烟种植大户和养牛大户，烤烟大户全家 5 口人，3 个小孩上学，全年烤烟收入约 6 万～7 万元，年需雇工 60~80 人；养牛大户家有 5 口人，1 个老人 2 个小孩，经营 1 个占地 10 余亩的黄牛养殖场，年存栏 60~70 头，长期雇佣经营管理人员 3 人，年工资 8 万元/人，户主妻子主要从事非农产业，全家年均收入 10 万余元。

水磨镇铁厂社区为镇政府驻地，常年在外地（昭通外）务工 1000 多人，60% 以上劳力都参与外出务工。走访农户为异地搬迁户，家有 6 口人，1 个老人 3 个小孩，家庭年收入 6 万余元，外出务工收入 5000 元/月，原住地有耕地 20 亩，租给他人，年租金 200 元/亩。

龙头山镇沙坝村以花椒和核桃种植为主，现有常住户 1602 户，5249 人，常年在外地务工 1100 多人，昭通境内务工人员有 100~200 人。农民人均纯收入 7000 元左右，其中 4000 元左右为外出务工收入。走访花椒种植户，户主 62 岁，有 5 个儿子，4 个已成家，全在外地务工，家中常年劳力仅夫妇 2 人，经营 3 亩耕地，只有半亩平地，全部种植花椒，全年毛收入 8000 元左右。

江底镇常住人口 2.2 万，外出务工 1 万人左右，农户收入的 70% 来自外出务工。江底镇仙人洞村位于江边侧面山上，气候偏冷凉，是鲁甸县森林覆盖率最高的行政村。常住人口 5167 人，劳动力人口 4000 余人，外出（昭通外）务工 1953 人，占劳动力人口近一半。走访农户为黄牛养殖户，养殖母牛，出售牛崽，家庭年收入 8 万元左右。家有 5 口人，2

个老人 1 个小孩。自有耕地 10 亩，承包 5 户人家的流转土地 20 亩，种植玉米作为饲料。

（4）农业用水处在高位，山区村居供水能力尚低

鲁甸县地表水资源比较丰富，开发利用率也比较高，但很多坡地村镇还有水窖蓄水灌溉、挑拉生活饮用水的状况。全县用水实行配额制，但实际需水超过配额水量。2020 年全县水资源配额量为 9900 万 m^3，其中农业用水按 70% 分配，计 6941 万 m^3。根据地方统计的三大类用水中，农田灌溉用水为 5521 万 m^3，灌溉定额为 333m^3/亩；牲畜养殖用水为 362 万 m^3；林果灌溉用水为 1055 万 m^3。

因为耕地面积较大，农业灌溉需水量较高，实际需水量超过目前水资源配额。由于地处山区的原因，水利工程难以覆盖大部分地区。2020 年灌溉面积约为 1.5 万 hm^2，其中耕地为 1.3 万 hm^2，实灌面积为 1.1 万 hm^2，耕地灌溉覆盖率不到一半，山区灌溉很多地方还是靠水窖工程或地下水。农田灌溉亩均综合用水为 390m^3，高于昭通市和云南省的平均水平，主要耗水作物是平坝地种植的蔬菜、玉米、稻麦等作物。用水负载较高的地区主要是在平坝区社区，而多数山区村镇农田灌溉用水和生活用水均较少。根据《云南省用水定额》（DB53/T 168—2019）估算主要耗水作物的净需水量，因 2020 年为缺水年，采用 75% 的沟渠灌溉低定额标准进行估算，估算结果如图 6-7a 所示。五大类作物 2020 年灌溉需水量约为 1.18 亿 m^3，按照不低于 0.7（鲁甸县实际为 0.65）的灌溉水利用系数折算，灌溉毛需水量最低约为 1.7 亿 m^3，超出鲁甸县 2020 年全县用水配额总量近 0.7 亿 m^3，更高出农田灌溉实际用水量的 2 倍多。灌溉需水最高的是蔬菜类作物，年灌溉需水量约为 5200 万 m^3，占五大类作物灌溉需水总量近一半，其次为玉米和稻麦。采用滴灌低标准，按木本林果和草本林果两大类估算灌溉需水。估算结果显示，2020 年全县林果灌溉净需水约为 272 万 m^3，木本林果和草本林果需水占比分别为 85% 和 15%。按 0.7 的灌溉水利用系数计算，毛灌溉需水约为 388.6 万 m^3，比现状统计用水少了 666 万 m^3。各乡镇中，林果灌溉需水占比最高的是文屏镇，约占全县的 61%，主要是木本林果；其次是小寨，约占全县的 15%，主要为草本林果；其他较多的还有茨院、桃源和水磨。

根据《云南省用水定额》（DB53/T 168—2019）的低定额标准估算主要畜禽养殖（按存栏数）的年需水量，估算结果如图 6-7b 所示。2020 年，猪、牛、羊、鸡四大类畜禽养殖需水共计约为 382 万 m^3，高出当年实际用水约 20 万 m^3。从全县看，养殖需水量最多的是猪，年需水量约为 203 万 m^3，其次是牛（黄牛），约为 141 万 m^3，两者各占全县畜禽养殖总需水量的 1/2 多和 1/3 多。从各乡镇看，养猪需水占比较高的有龙树、新街、火德红和龙头山，养牛需水占比较高的有桃源、茨院、火德红、文屏和梭山，养羊需水占比较高的有水磨、江底、梭山和新街，养鸡需水占比较高的有文屏、小寨、火德红和桃源。

生活用水估算结果显示，2020 年鲁甸县城乡生活需水约为 2010 万 m^3，如果不考虑输水管线渗漏率的话，比实际用水少近 200 万 m^3。从各乡镇看，文屏镇城乡生活需水约为 1000 万 m^3，将近占全县的一半，其他乡镇需水较多的是水磨、龙头山、龙树和乐红，均超过 100 万 m^3。

虽然从总体上看，水资源利用尚在配额范围内，实际上，因供水设施不足，灌溉只覆盖了部分地区，导致灌区定额偏高，非灌区用水自由放任，监管无法到位。城乡生活用水

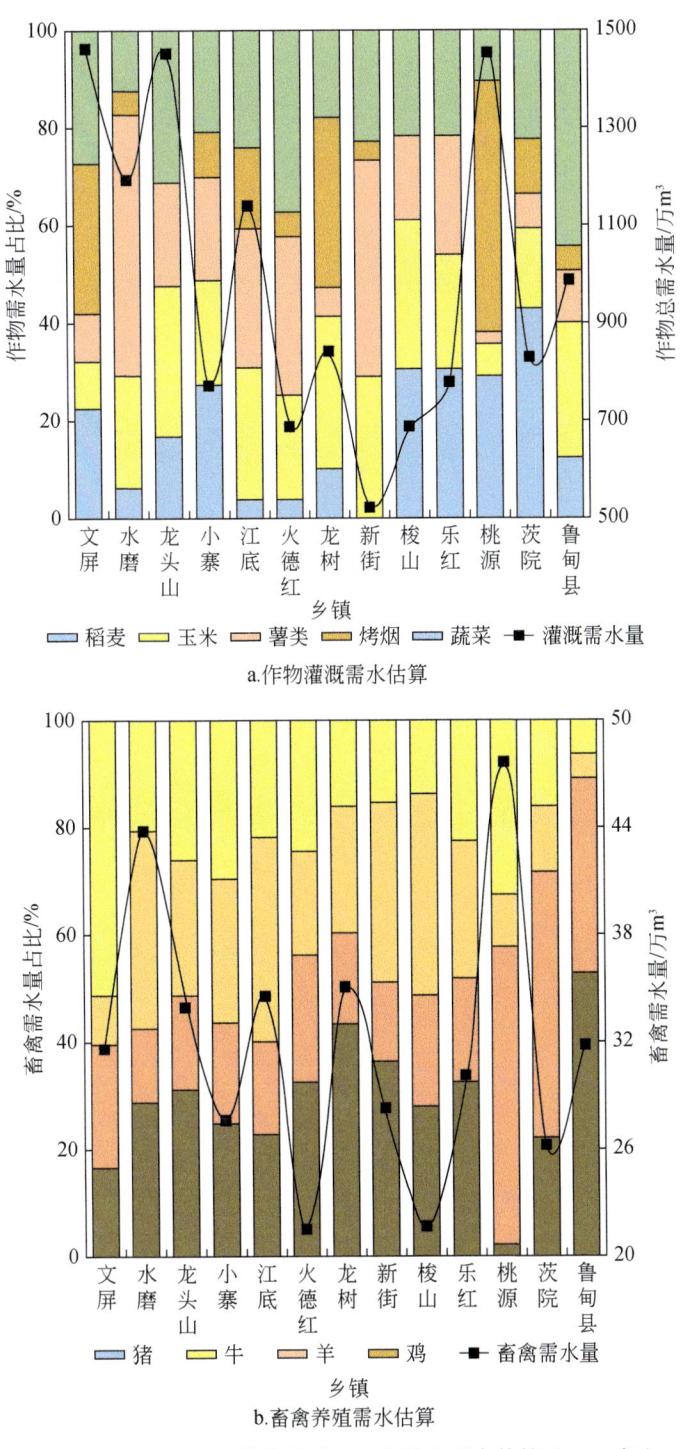

图 6-7　鲁甸县主要作物灌溉、畜禽养殖需水估算（2020年）

还会继续增加，因此，农业用水结构还要不断优化，一方面继续发展耐旱耐寒作物，另一方面提高林牧业占比，建立适宜山区的农业结构。

（5）平坝区土地高强度利用区域，也呈现环境高负荷态势

2020年，鲁甸县农作物单位播种面积化肥施用量为46.6kg/亩，氮、磷、钾和复合肥的施用量分别占38.07%、30.66%、13.12%和18.15%（图6-8）。单位面积化肥施用量最高的是新街，高达106kg/亩，其中磷肥占比达52%；其次是龙树，单位面积化肥施用量为70.31kg/亩，以钾肥为主，占比达54.51%。单位面积化肥施用量较低的为江底、龙头山和水磨，均低于27kg/亩，以氮肥和磷肥为主。

全县农作物单位面积农药使用量为0.11kg/亩，其中茨院乡最高达0.42kg/亩，其次是龙树和火德红，均超过0.25kg/亩；农药用量最多的乡镇为茨院，其次为龙树、文屏和火德红，

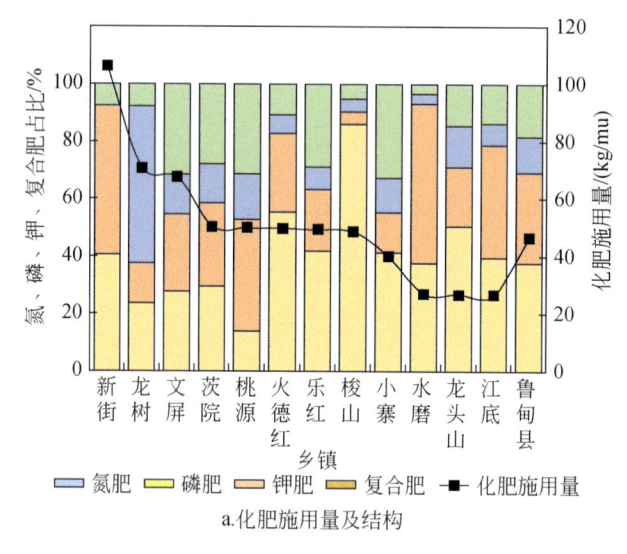

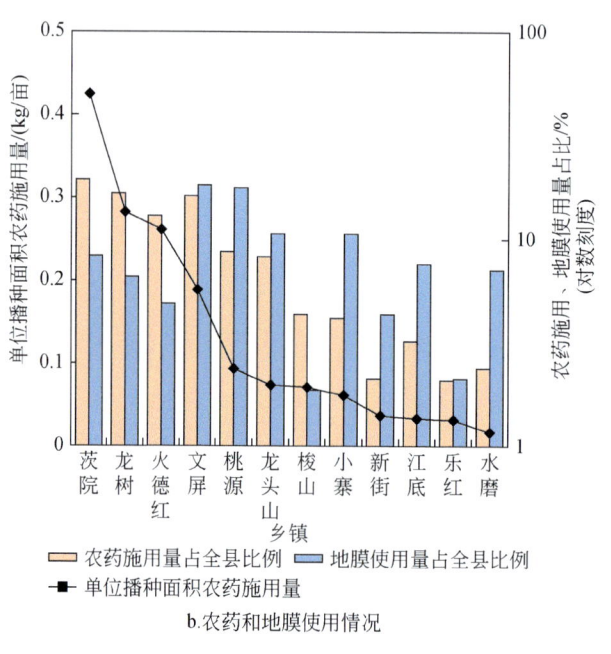

a.化肥施用量及结构

b.农药和地膜使用情况

图6-8 鲁甸县各乡镇耕地肥药膜使用状况

4乡镇耕地农药合计用量约占全县当年总使用量的65%。地膜用量较多的是桃源、文屏、龙头山、小寨镇，4乡镇合计用量约占全县当年总使用量的58%（图6-8）。

水质现状质量方面，鲁甸县现有国控断面1个，为牛栏江江底桥断面，水功能要求为Ⅲ类，2019年和2020年断面监测质量达到Ⅱ类和Ⅰ类；其他两个断面是非国控断面，分属牛栏江青岗坪和龙树河坪地营，水功能要求均为Ⅲ类，2019年和2020年两断面监测质量均达到Ⅱ类。县城昭鲁河得胜桥（石牛口），为城市工业生活用水区，水功能要求为Ⅳ类，2019年和2020年水质监测结果分别为Ⅳ类和劣Ⅴ类，为重度污染。

总体上，鲁甸县村镇建设与资源环境承载力不协调主要表现在三个方面：一是综合功能村镇建设用地高压不协调，二是种植功能村镇耕地低效不协调，三是种植功能村镇水资源及环境高压不协调。

6.1.1.3 承载力提升路径

（1）村庄主导功能分类

按照村庄的资源环境特征，综合考虑村庄人口、耕地面积和粮食生产状况、经济作物和养殖业状况，以及农旅产业结合现状和前景，将鲁甸县村庄分为三大类（图6-9）。

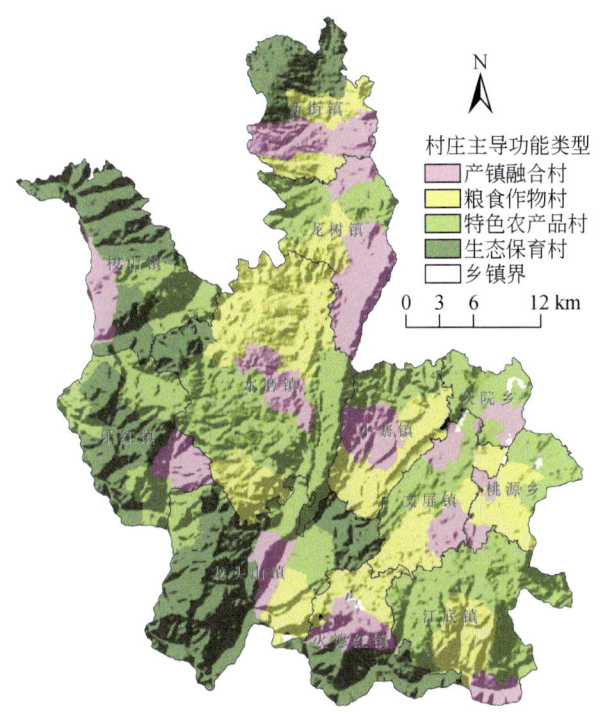

图6-9 鲁甸县村庄主导功能分类

第一类，综合类，包括1类，即产镇融合主导功能村，主要为县城、各乡镇社区，需要优先实施基础设施、公共服务设施布局的区域，以及重点产业园布局的地区。该类型村庄主要分布在县城周边及省道301沿线，以加强村镇建设，吸纳乡镇人口为主要功能。

第二类，农业类，包括2类，一是粮食作物生产主导功能村，主要位于昭鲁坝子、水磨镇和省道101、301沿线，村庄耕地面积较大，以粮食保障为主，兼营特色林果业；二是特色农产品生产主导功能村，空间分布和粮食作物村类似，耕地面积也较大，但耕地坡度更大，主要农产品为特色林果和养殖业。

第三类，生态类，包括1类，即生态保护主导功能村，分布在重要水库周边、牛栏江两岸和石漠化敏感地区，生态保护红线、森林面积比较大的村；或是海拔较高的水源涵养功能区、大山包自然保护区外围及地质灾害影响较大的村。该类型村庄以水源涵养功能保护、土壤侵蚀防治为主要功能。

（2）承载力提升途径

A. 扶持三大产业，稳步提升农业类村镇承载力

鲁甸县耕地面积约占县域土地面积的26%，耕地和园地面积合计比例达40%。耕地九成以上是坡耕地，1/5以上为25°以上的陡坡耕地，15°以上的耕地占耕地总面积近一半，6°以下耕地仅占耕地总面积的13%左右。根据耕地质量调查，鲁甸县九成以上的耕地为国家自然等的11~12等，为中低等质量耕地。因鲁甸位于云贵高原的乌蒙山区，山高沟深，最高海拔3300m以上，最低处南部金沙江支流牛栏江河谷仅有不到600m，相对高差超过2700m，年均温12℃左右，垂直地带性显著，水热条件适宜高原山丘特色林果种植。因此，首先，应立足挖掘山地垂直气候优势，挖掘低产耕地潜力，发展特色林果种植业。加大产业扶持资金，进行关键技术攻关，实施新植、改造、提质等工程和高标准示范基地建设，利用云南省"一县一业"特色县建设的契机，扶持以花椒、苹果、核桃、樱桃规模化生产的特色林果种植产业。其次，合理调整粮食作物结构，推动种植业和养殖业联动发展。利用黄牛养殖产业的传统优势，在保障粮食安全的前提下，因时因地调整粮食作物种植结构，增加以玉米为主的饲料作物的生产，推动以生猪、肉牛为主打产品的规模养殖业发展，着力打造集良种繁育、规模养殖、饲料生产、集中屠宰、冷链运输、市场销售和品牌塑造为一体的生猪、肉牛产业链。打造以平坝区集中养殖和山区分散养殖的空间格局，把养殖业作为提高农户收入的主要途径。再次，以生态农业为着力点，推动农旅产业的融合。利用本地特色旅游资源，结合乡村振兴战略，采取景区带动、"公司+农户""专业合作社+农户"的综合开发、整村推进等多种方式，有序开发以田园风光、农事体验、乡土文化、传统村落、民族村寨、康体养生、民族风情、农特产品、乡村美食、乡村休闲度假等为特色的多样化乡村旅游产品，建设旅游示范乡镇、示范社区、特色村及休闲农业与乡村旅游点。围绕大山包景前旅游资源开发、梭山旅游小镇、龙头山花椒旅游小镇、小寨镇月亮湾水库生态旅游、龙塘生态农业休闲旅游观光园，以及龙树、新街、水磨原生态农旅结合的休闲康养旅游等，打造若干具有鲁甸特色的全域旅游目的地。

B. 加快综合类村镇基础设施建设，努力消除村镇服务设施短板

受地形限制，鲁甸县村镇多散居在山地中，给村民的出行带来诸多不便，也不利于提高村庄公共服务设施的覆盖面。为此，首先应继续贯彻昭通市"交通先行"战略，将交通建设摆在事关全县经济社会发展的战略高度，打造全县互联互通的综合交通运输体系，实

现100%行政村通硬化水泥路，乡镇社区到县城、行政村到乡镇的2小时以内通行圈。其次，以村村通公路为重点，提升路、水、电、网的村庄覆盖度，推进骨干电网、昭通支线天然气管道工程鲁甸县段建设，110KV文屏变电站建设，逐步提高电力保障能力。再次，继续推进"五小水利"、人畜饮水、水利基础设施等工程，发挥月亮湾水库、滴水海子水库、红石岩堰塞湖整治等水利工程效益，提高耕地有效灌溉率、村庄自来水普及率和集中供水率，彻底解决牲畜饮水安全问题。最后，结合异地搬迁工程，提升乡镇社区居民点建设水平。以全国第二大跨县搬迁安置区——卯家湾社区为试点，打造由"安置区"向"新社区""新城"发展的样板，使新住民能"搬进来、稳得住、能致富"。

（3）通过推进生态类村镇为主的生态屏障建设和乡村环境治理，稳步提升村镇生态环境服务功能

鲁甸县农耕历史长，人口密度较高，过去一直是长江上游水土流失和石漠化比较严重的地区之一，加之位于滇西地震活跃带上，多地质灾害，生态比较脆弱，自然生态系统早已罕见。2000年以来陆续实施天然林保护、退耕还林、重点公益林建设、湿地保护等生态保护工程。"十三五"期间，投入资金3.2亿元，完成森林抚育5.5万亩，实施天然林工程，保护1.9万亩森林，新增造林21.59万亩。截至2020年，各类生态保护工程累计面积达11万hm²。对于该类村庄，首先应以护林保湿，实施全域生态保护为总目标，继续实施生态屏障建设工程，重点围绕牛栏江两岸和石漠化敏感地区，加大水土保持林的建设，提升植被覆盖率。其次，针对乡村环境设施建设不足的问题，应坚持分区施策，开展环境污染防治，对于地形条件平坦、居民点相对集中的乡镇社区、行政村，通过推行生活污水管网化，实施集中处理；对于山区分散布局的村镇，一是通过修建家庭化粪池与粪水回田的方式，实现粪污水就地处理，二是2~3个乡镇集中修建垃圾热解处理厂，实施垃圾的小规模集中处理。

6.1.1.4 协调模式

根据鲁甸县山高坡大、生态脆弱、灾害点多的资源环境条件和脱贫不久、基础薄弱的发展阶段特征，结合对鲁甸村镇建设与资源环境协调性分析和县域主体功能定位的考虑，我们认为，现阶段鲁甸县村镇建设和资源环境承载力协调模式应选择能够有效发挥现有资源效益、有助于生态屏障建设和经济发展兼顾的类型。

（1）一村一品、特色品牌产业带动型的优势资源高效利用模式

该模式的出发点是合理利用鲁甸县山地气候、区域差异显著的特点，打造"一村一品"的特色农作物生产格局，培育立足本地优势资源、具备品牌价值潜力的标志性产业，使其逐步成为带动区域经济增长的主要产业。

以目前政府重点扶持的花椒产业为例，鲁甸县是昭通市花椒产业重点打造地区，被规划为花椒特色县。花椒种植主要利用鲁甸南部干热河谷山区光热资源垂直差异显著、适宜多种经济林果种植的优势条件。该类村镇由于地处大山地区，生态保护任务重大，不利于以粮食为主的种植业发展，因而主要发展以经济林果为特色的农业产业，同时也带动休闲

旅游产业发展。龙头山镇是鲁甸主要的花椒生产乡镇，花椒产量占全县总产量近一半，所辖村庄多为特色农产品村。该镇沙坝村、光明村和龙井村是全镇花椒生产的主要村，产量占全镇总产量的45%左右。据沙坝村花椒种植户介绍，正常年景1亩花椒地的毛收入在2500~3000元，按现状人均耕地计算，3~4亩年均收入在万元左右，可以说既有经济效益，也有生态效益。

（2）种养结合、农户—企业—产业联营驱动型的资源综合利用模式

针对鲁甸县山地面积广大，平地少且分布集中，农业又是传统支柱产业，二三产业发展落后的区域资源和经济发展特点，宜采取因地制宜、农林牧多种经营、一二三产业联动发展方式，促进以农业为主的资源综合利用。根据各地的特点因地制宜采取农林结合、农养结合的方式。农林结合是粮食作物和经济作物结合，可作为高山陡坡经济林果生产地区采取的模式。农养结合是饲料作物和养牛业结合，可作为半高山缓坡地粮食作物生产地区采取的模式。养殖业可利用农户分散养殖的劳动力，在平坝区建现代化养殖场，并与知名品牌养殖企业联合。通过不同经营方式的联合，建立立足山丘种植业的农业、畜产品加工业和乡村旅游业联动发展，挖掘资源综合利用的集成性优势。

玉米和马铃薯是鲁甸县首要的两大粮食作物，玉米种植主要分布在龙头山、水磨、江底和龙树4镇，也是当地传统养牛业饲料的主要生产地。从地理位置上看，龙树镇和水磨镇地处高寒山区，与县城的交通联系较为便利。从实地调研的情况看，水磨镇是鲁甸县主要的粮食作物生产地区，耕地条件也是除平坝区以外较好的地区，村庄类型也多为农业类，因而水磨镇和龙树镇比较适合采用与县城大的养殖企业联营的模式。据位于县城附近的桃源乡大水塘村养牛大户介绍，家有养殖场占地10多亩，年毛收入200万元左右，黄牛存栏60~70头，家中仅有耕地2亩多，主要种植玉米，其余养殖饲料主要来源于附近乡镇；养殖场产生的牛粪也会对外出售，用于种植烤烟、苹果，年收入可达7000元，经济效益和资源循环利用效益明显。江底镇和龙头山镇地处江边干热河谷山区，与县城的交通联系稍差一点，耕地条件也比地处高寒山区的水磨镇和龙树镇稍差，村庄类型也多为特色农产品村。江底镇在鲁甸县属于人均耕地较多的镇，人均耕地4亩多，户均耕地9亩，适合坡地作物的规模种植。因此两镇比较适合采用农户自主经营的种养结合模式。据江底镇仙人洞村养牛户介绍，个人承租土地30亩种植玉米，其中20亩作为饲料。玉米只施肥不灌溉，亩产为350~400kg。家中自养黄牛7头，全家年均收入8万元左右，包括出售小牛、饲料及农业补贴等。

（3）新型社区试点、以提升综合服务能力为宗旨的镇区公共资源优化整合利用模式

鲁甸县因地处昭鲁坝子，平地资源相对丰富，因而被云南省确定为滇东北地区重点开发区。在云南省落实扶贫攻坚任务以来，鲁甸县被选为昭通市重要的异地搬迁安置点之一。同时，鲁甸又处在我国地震地质灾害活动频繁的地区，如2014年8月发生在龙头山镇的6.5级地震灾害共造成617人死亡，108万余人受灾，灾后镇区选择新址重建。根据前文关于村镇建设与承载力协调性的分析可知，由于历史上人口较多，昭鲁坝子人口密度较大，县

城及镇区公共设施建设一直不足，乡镇社区综合承载力较低。因此，该模式主要是根据鲁甸县目前的实际情况，选择切合实际的县城及乡镇社区建设方式：一是结合异地搬迁安置点的建设，按照宜居宜业社区建设方式，以增强社区综合服务能力为宗旨，通过建设用地存量的优化调整，提高公共设施用地比例，扩展产业发展用地空间，提升社区安置点综合承载力。二是利用灾后重建工程成果，打造具有山区特色的宜居小镇，完善镇区公共设施，提升公共服务能力。

文屏镇卯家湾社区是昭通市最大的易地搬迁安置区、全国第二大跨县搬迁安置区。为使搬迁群众能够"安居、乐业、幸福"，当地政府通过引进劳动密集型企业入驻、建设特色农产品基地、开展文化旅游资源整合、开展劳动力培训等措施，在扶贫补贴基础上，增加搬迁户收入，使新住民能"搬进来、稳得住、能致富"，"十四五"期间还要进行后续扶持，多渠道促进就业，进一步提升配套基础设施和社区管理服务保障水平。

水磨镇铁厂社区主要针对本镇居住偏远，交通不便的村庄实施异地搬迁工程，安置点为原位于社区的老电厂建设用地改造的居住用地，通过完善道路、供水供电等基础设施，提高公共设施服务能力。搬迁住户原住地土地大多流转，一部分流转后的土地通过政府协调，企业注资种植党参，原住地农户每年可获得 200 元 / 亩的土地流转费用。此外，龙头山镇地震灾后重建新城建设，结合地震纪念馆的建设，重建了一个以旅游业为主导产业的新型社区，对受地震灾害影响的村庄居民实施了搬迁。上述异地搬迁安置点工程，一方面通过新型社区试点建设，盘活了乡镇社区原有建设用地，提高了利用效率；另一方面减轻了原住地生态压力，并通过原住地生态种植业，新社区扶持新业态，提高了土地收益，引导了村民致富，也为鲁甸乡镇社区的建设提供了经验。

（4）山水景观、田园风光融合型的聚落与生态协调共建模式

针对鲁甸县山区坡地聚落又地处长江上游生态屏障重点建设区域的特点，一方面村庄建设应以严格保护耕地和生态空间为首要任务，耕地保护不仅要体现在数量的不减少，也要保证质量的不降低，坡度低缓、平坦的土地应尽量作为耕地使用，村庄建设用地尽可能依低丘、山坡而建，保持山水林田湖草的原始完整状态，形成依山而居、依水而耕的山区村落建设模式；另一方面，对于集聚人口的城镇社区，应充分保护独立山体、河流湿地等生态空间和生态廊道的完整性，维护城郊农业空间的生态功能，充分利用高低错落的山坡、台地地形，形成顺应山水地势，保持自然景观原貌，聚落农田有序嵌套点缀的乡镇社区建设模式。

6.1.2 永济市

6.1.2.1 村镇建设与资源环境现状

永济市位于山西省西南部，地处"晋陕豫黄河金三角"核心地带，西临黄河，南依中条山，距离运城市 63km，距省会太原市 459km，距陕西省西安市 186km，距河南省郑州市 376km，交通便利，文化底蕴深厚，旅游资源丰富，主体功能属重点开发区。

(1) 村镇规模

A. 人口

永济市下辖 7 镇 3 街道，本研究范围仅限 7 个镇 158 个村。根据永济市第七次全国人口普查，全市 2020 年常住人口为 39.5 万人，比 2010 年第六次全国人口普查减少了近 5 万人，年均减少约 5000 人。全市人口性别比为 102.0（女性为 100），比第六次全国人口普查下降 1.0；15~59 岁的青壮年占总人口数的 62.4%，60 岁及以上人口比例比 2010 年上升 8.4 个百分点；人口受教育程度比 2010 年明显提高，每 10 万人中拥有大学文化程度的由 0.6 万人增至 1.1 万人，文盲人口减少近 0.3 万人，文盲率下降到 0.9%；城镇人口比 2010 年增加 0.3 万人，城镇化率提升 6 个百分点，但仍旧保持乡村人口多于城镇人口的态势。

永济市乡镇乡村人口规模一般为 2 万~5 万人，其中栲栳镇乡村人口最多，接近 5 万人，韩阳镇乡村人口最少，不足 2.5 万人（表 6-3）；从人口密度来看，永济市乡村人口规模为 303 人 /km²，开张镇乡村人口密度最大，超过 370 人 /km²，蒲州镇乡村人口密度最小，仅为 240 人 /km²。

表 6-3 永济市乡镇乡村人口规模情况

人口规模	涉及乡镇
＞4 万人	栲栳镇、卿头镇、蒲州镇、开张镇、虞乡镇
3 万~4 万人	张营镇
2 万~3 万人	韩阳镇

B. 经济

永济市是国家综改试验区、中原城市群、关中平原城市群、晋南中部城镇群的重要节点城市。2021 年，永济市地区生产总值 158.9 亿元，处于运城市中上游地位，增速居运城市首位，三次产业占比为 19.7：34.8：45.5，第三产业占比较大（图 6-10）。近年来，永济市农村居民收入基本保持平稳，2021 年农民人均纯收入 17 464 元，其中工资性收入 6263 元，经营性收入 5726 元，转移性收入 390 元，财产性收入 5085 元；农村居民人均

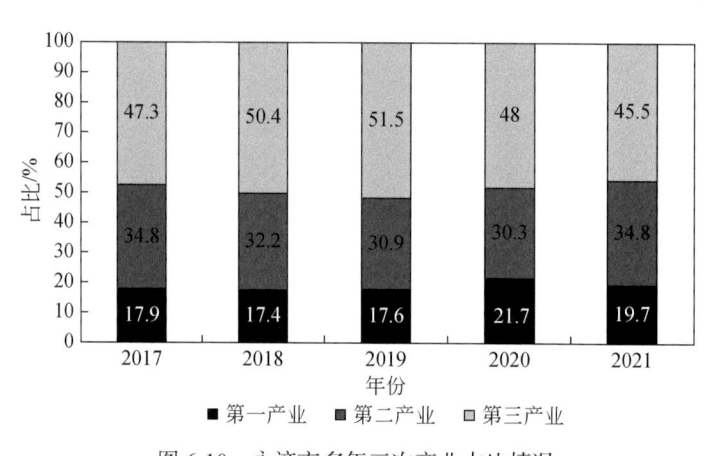

图 6-10 永济市多年三次产业占比情况

消费支出11 600元；城乡居民人均可支配收入比值为2.1，低于全国平均水平（2.5）。

作为省级重点开发区，永济市传统轻工业具有一定优势，纺织、印染、化工、建材、食品加工等在运城市比较突出。重点开发区确立以来，制造业和新兴产业得到了一定的发展，目前基本形成"六强五新"的工业发展格局，主要包括机电制造业、铝精深加工业、农副产品加工业、风电设备制造维修业、化工装备制造业、高端印染包装业为主的六大优势产业和以新能源汽车产业、航天科技产业、光电产业、新能源轨道交通装备制造产业、生物医药制药产业为主的五大新兴产业。2020年，全市共有机电制造业企业92家，新能源汽车及汽车轻量化零配件业企业14家，农副产品加工业企业65家，风电设备制造维修业企业3家，高端印染包装业企业32家，总产值54.1亿元（孙中全，2020）。2021年永济市全年全部工业增加值49.4亿元，全年规模以上工业营业收入115.5亿元。

永济市曾是山西省优质粮食、棉花生产基地和最大的水产养殖基地，与运城市其他县市相比，农林牧渔总产值较高，其中渔业发展尤为突出，牧业占比较小。全市可耕种土地面积达110万亩以上，人均耕地面积约为3亩，是全国人均水平的2倍多。耕地以水浇地为主，全市水浇地总面积为70.6万亩，有效灌溉面积为64.7万亩，高效节水灌溉面积为16.8万亩。

2021年，全年农作物种植面积为7.3万hm²，其中粮食种植面积为6.7万hm²，小麦种植面积为3.2万hm²，位居运城市第三、山西省第五；粮食总产量40.4万t，较2017~2019年增长明显，较2020年略有下降，其中小麦产量为18.2万t，位居运城市第二。蔬菜种植面积为3644.5hm²，油料种植面积为1286.1hm²，干、鲜果种植面积为2.1万hm²。蔬菜产量为8.4万t，油料产量为3418.9t，干鲜果产量为63.7万t，肉类总产量为2.1万t，水产品产量为1.9万t。

永济市有黄河滩涂面积近30万亩，其中耕种面积22.5万亩。目前，黄河沿岸滩涂分布有国有或集体农场，主要从事以小麦为主的粮食作物生产，部分地区兼营滩涂养殖。近年来，因受粮食生产效益较低和湿地生态保护的影响，粮食生产地位显著下降。

作为曾经的粮棉大市，永济市棉花种植面积近年来呈现持续下降趋势，现如今几乎没有棉花种植，由于种植工艺流程烦琐、播种时间长、用工量大等因素，棉花也不再是主要的经济作物。与此同时，在政府政策支持下，农户多改为种植成本低利润高的水果、蔬菜。

永济市历史文化丰富，境内古迹景点星罗棋布，依托优越的地理区位，旅游业发展迅速，是山西省县级城市中唯一的"中国优秀旅游城市"。2021年永济市全年景区旅游接待游客92万人次，门票收入达1881.4万元，景区综合收入2979万元，同比增长31.8%。全市服务业增加值为72.4亿元，其中交通运输、仓储和邮政业增加值为7.7亿元，住宿和餐饮业增加值为1.9亿元。同时，依托旅游资源，发展休闲农业和乡村旅游业的前景广阔，2021年永济市被评为全国休闲农业重点县。

（2）村镇设施

截至2020年底，永济市道路总里程达到1551.4km，其中村道有386条，里程达648.4km，农村公路铺装比例为100%，农村公路路网密度为127.1km/100km²，高出山西省"四好农村路"高质量发展指标要求近 60%。目前，永济市已形成了户户相接、巷巷相通、村村相连，乡镇小循环、全市大循环的农村公路网络化新格局。

目前，永济市共建成农村供水工程 152 处，受益人口 40.1 万人，集中供水率、自来水普及率、水质达标率均为 100%。近年来，永济市实施了村容村貌提升、农村生活垃圾和生活污水治理、农村"厕所革命"和农业生产废弃物资源化利用"五大提升"行动。截至目前，全市建设垃圾中转站共计 16 个，覆盖了市区、所有镇和行政村；建成 11 个镇村级污水处理站，并完成了建制镇的污水管网敷设。

6.1.2.2 村镇建设与资源环境承载能力的协调性分析

（1）土地资源丰度较好，集中优势明显

永济市全市土地总面积为 1208km²，地形地貌整体较山西省其他地区平坦，全市海拔高程均低于 2000m，其中海拔 1000m 以下的土地面积占到市域总面积的近 90%，全市土地坡度主要集中于 0~3°，约有 912.3km²，占市域总面积的 75.5%。全市土地开发适宜性等级[①]为高的比例占到近 80%，适宜一定规模的种植业和村镇建设，集中分布于市域北部及东北部地区。市域南部为中条山脉，西部为黄河沿岸滩涂，生态保护等级[②]为高的地区主要集中在中条山、黄河沿岸地区。如图 6-11 所示，农业生产空间（耕地和园地）和生

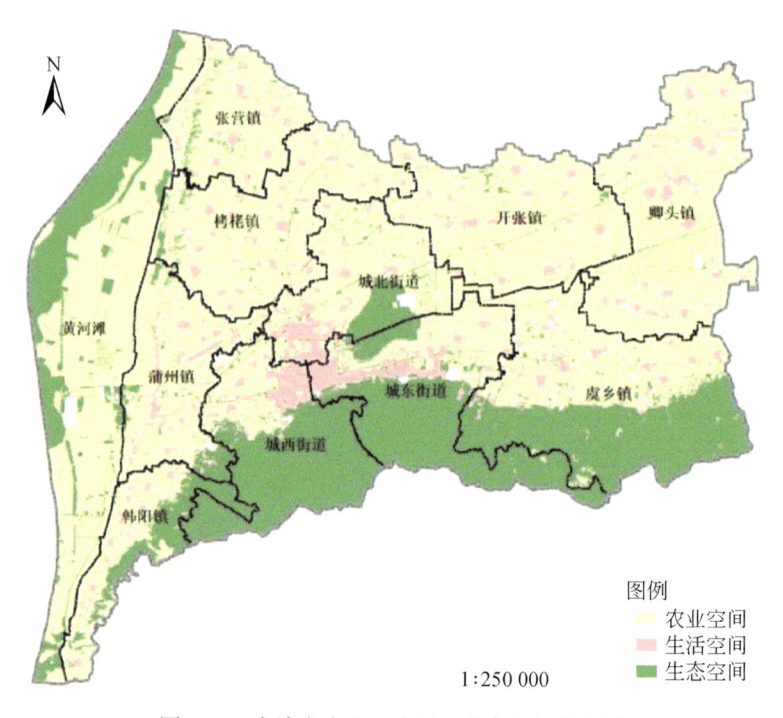

图 6-11　永济市农业、生活、生态空间分布图

---

① 土地开发适宜性等级：土地在当前状态下对于各用途的适宜程度。
② 生态保护等级：生态系统服务功能重要性与生态敏感性共同作用下反映出的需要进行生态保护的程度。

态空间(林地、草地和湿地)各自集中连片,"互不干扰",有利于农业规模生产;村镇生活空间(镇村居民点)或镶嵌于农业生产空间之中或顺道路沿线分布。在全市近67万亩耕地中,面积最大的位于黄河滩,面积达到1327亩,田块面积大于500亩的共计200块,其中千亩田块有24块,农田集中程度高的地区主要分布于黄河滩和中部地区。

(2)耕地保护压力大,开发建设受限

永济市农用地面积约占市域总面积的85.4%,集中分布于市域北部黄土台垣区和平川区,以耕地和果园为主。总体来看,永济市耕地面积较大,约占市域总面积的37%,耕地保护压力大,对建设用地增长形成约束。从各乡镇看,除韩阳镇耕地面积不足乡镇面积的10%外,其他乡镇耕地占比均高于30%,尤其是栲栳镇和张营镇占比均超过50%(表6-4)。

表6-4 各乡镇耕地情况汇总表

乡镇名称	耕地面积/万亩	占比/%
虞乡镇	8.0	32.0
卿头镇	8.2	41.7
开张镇	7.3	44.3
栲栳镇	9.5	57.2
蒲州镇	4.2	35.9
韩阳镇	0.5	5.6
张营镇	5.2	52.8
黄河滩	13.7	47.7

耕地占比高,部分乡镇耕地地块比较小,且与园地交错分布,形成地块小且分散分布的态势。如图6-12所示,开张镇和卿头镇镇域耕地与园地交错分布,耕地地块规模小、空间分布零散,对耕地的规模化经营产生不利影响。

(3)水资源短缺,环境压力大

永济市村镇建设主要受水环境和大气环境限制,水环境限制的原因主要是水资源缺乏。永济市现状人均水资源占有量为313m³,低于山西省人均水平,严重低于世界公认的最低水平,现状水资源量不足以满足全市的用水需求。永济市用水主要依靠开采地下水,年取水量由20世纪50年代的960万m³增长到2020年的1.1亿m³,增长了12倍多;打井深度由之前的40~80m增加至现在的200~300m。2015~2020年地下水开采量为8676万m³,年均地下水开发利用程度达112%,属于超采区。2019年,永济市水资源总量为9884万m³,但用水总量达1.4亿m³,是水资源总量的1.4倍。永济市本地地表水资源量为3424万m³,用水主要靠外来水源。其中,黄河提水工程供水为6890万m³,蓄水工程供水为

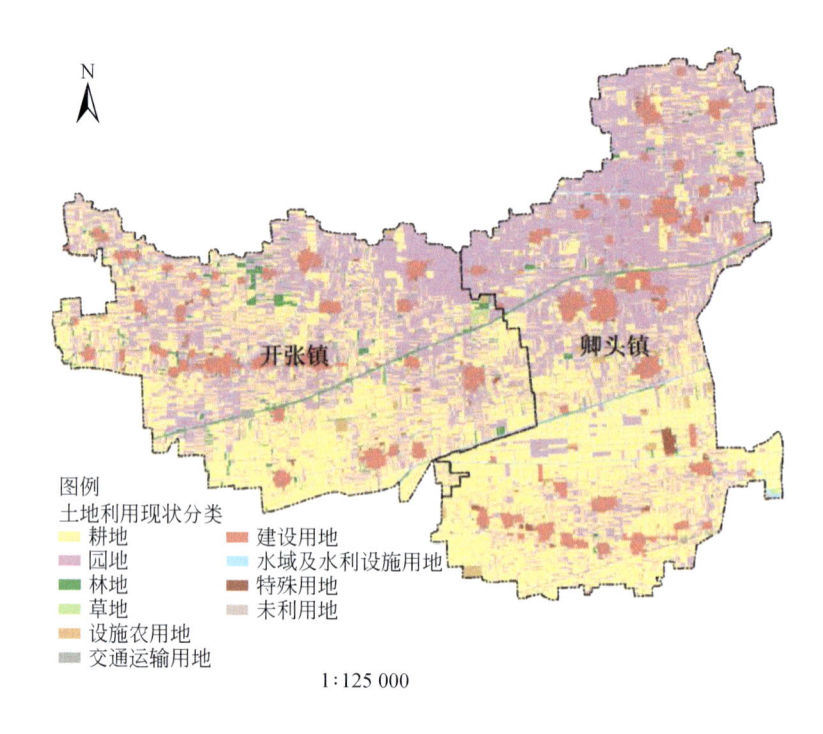

图 6-12 开张镇、卿头镇土地利用现状分布图

16 万 m³，引水工程供水为 384 万 m³。2021 年全社会总用水量达 1.5 亿 m³，其中农业耕地用水量为 1.2 亿 m³，人均年用水量为 383m³，每万元水耗为 93m³，均高于山西省平均水平。

近年来由于城镇化与工业化的高速发展，工业污水与生活污水的排放量增加显著。涑水河作为永济境内的重要河流，已成为间歇性季节河流，随着上游来水量的逐渐减少，地表径流损失严重，非汛期基本处于断流状态，没有自净和稀释能力，成为沿河两岸工业企业及城镇废污水的排污河。地表水污染严重，涑水河下游河段水质常年为超Ⅴ类，蒲州断面水质已达到劣Ⅴ类，严重一些的地区，当地井水无法用于灌溉或饮用（刘璐瑶和冯民权，2017）。

大气环境方面，永济市结构性污染特征显著，工业生产和生活消费等产生的污染物排放驱动因素依然处于高位，能源消费总量和碳排放总量的增长压力仍持续存在。2021 年，全年环境优良天数为 262 天，其中一级天数为 61 天，综合质量指数为 4.37，六项基本污染物中除 SO_2、NO_2、CO 达标外，PM_{10}、$PM_{2.5}$、O_3 均超标，反映了永济市煤烟型和工业尾气复合型污染的主要问题[①]。

（4）村镇基础设施和公共服务能力存在短板，资源优势未得到充分发挥

永济市是文化属性较强的城市（单霁翔，2007；孙久文和易淑昶，2020），境内文

---

① 数据来源自永济市人民政府办公室《永济市大气、水污染削减方案 2021—2024》。

化旅游资源丰富，种类较多，具有一定的开发潜力。但就目前来看，一方面，受体制机制和周边地区景点同构化的影响，城镇建设投入对旅游资源的开发支撑不足，城镇综合承载力的潜力未能充分挖掘。另一方面，和汾渭谷地大城市相比，永济市同构性文化旅游资源的区位优势并不突出，造成了政府对本地资源的保护和配套设施的建设投入乏力，加上水气环境的压力，反过来也对村镇基础设施和公共服务能力的提升产生了一定的负面影响。

虽然多年来永济市一直致力于改善村镇生产生活的基础设施条件，但目前基础设施配置仍存在短板。突出表现在，农业基础设施配套不健全，水利灌溉设施年久失修，很大一部分机井、灌溉设施由于年久失修趋于老化，跑冒滴漏严重、淤泥较厚；引黄渠系配套不完善，末级渠系配套不全，导致部分地区无法进行引黄灌溉；田间道路破损严重、畅通性差，大型农机具不能进地；农产品储藏、保鲜、冷链物流条件差；等等，严重制约了永济市农业农村的发展。

6.1.2.3 承载力提升路径

（1）村庄主导功能分类

按照村庄的资源环境特征，综合考虑村庄人口、耕地面积和粮食生产状况、经济作物和养殖业，以及农旅产业结合现状和前景，将永济市村庄分为三大类六小类（图6-13）。

第一类，综合类，包括两小类：一类为产镇融合类，包括人口较多、村庄基础设施较好、人口集中程度较高，建设用地占比较大，可有效缓解中心城市压力，同时也可以共享城市的部分设施设备，需要优先布局基础设施和公共服务设施的区域。该类村镇以吸纳乡镇人口，助力城乡一体化发展为主要功能。另一类为文化旅游类，包含历史文化名村、传统村落和乡村旅游示范村等，主要分布在蒲州镇、韩阳镇等山西省省级历史文化名镇地区，这些村庄有一定旅游价值，旅游业具有较好的发展前景，需要加大村庄整治力度，加大基础建设投入，切实保护村庄传统格局和风貌及原有的特色文化等整体空间形态与环境，全面保护历史建筑和传统建筑，以文旅资源助力产业发展。

第二类，农业类，主要集中在张营镇、开张镇、卿头镇等，这类村庄有一定的产业基础，可因地制宜，立足本地资源禀赋、区位条件等客观条件，因村施策发展壮大现有产业，创新产业发展体制机制，以产业振兴助推乡村振兴。包括两小类：一为种植业类，主要为小麦玉米轮作，主要集中分布于栲栳镇及农场周边地区；二为林果业类，主要为葡萄、冬枣、柿子等作物种植，集中于韩阳镇、蒲州镇和虞乡镇。此外，还有苹果和梨等，多种植于张营镇和开张镇，分布范围集中于永济北部紧邻临猗县的村镇。

第三类，生态类，包括一类，为生态保育类，主要分布于南部中条山、西部黄河滩涂和运城湿地省级自然保护区等地。这类村镇适宜建设的用地规模少，耕地也少且地块规模较小，以生态保育为主要功能。

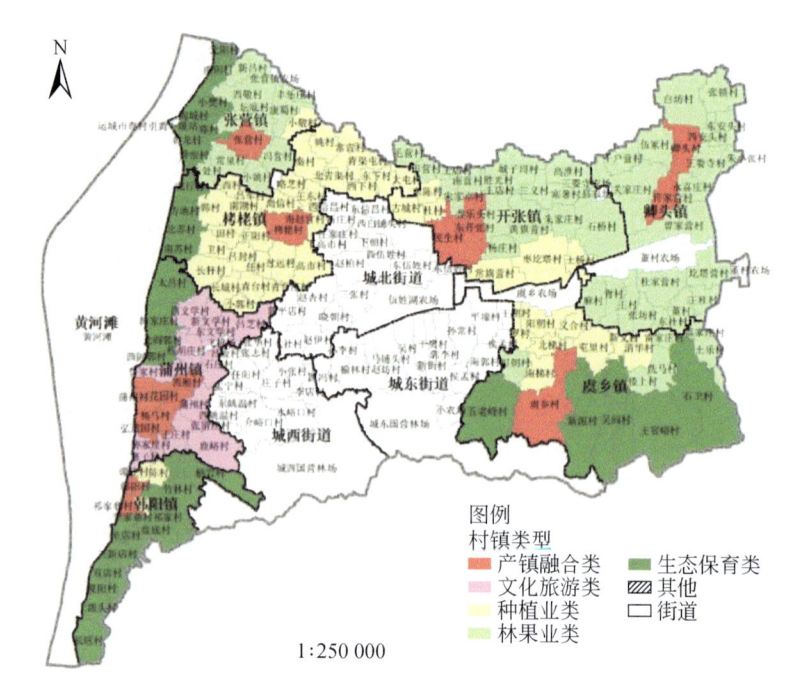

图 6-13 永济市村庄主导功能分类图

（2）承载力提升途径

A. 综合类

近年来，永济市人口外流，农村空心化、老龄化现象日趋越严重，留守农村的劳动力接受新理念、新技术的意识不强，对乡村创新发展产生了一定的滞后效应。因此，应借助综合类村镇的建设，开辟创新发展、科学发展路径；充分挖掘本地文化旅游资源的优势，打造本土特色的村镇发展模式，带动城乡共荣。

综合类村镇人口密度较大，人地矛盾、环境问题比较突出。这类村镇的发展要以生态宜居为主要目标，坚持以城带乡、城乡并重，立足基础设施建设、村容村貌提升，深化人居环境整治，提升公共服务设施水平，全面提升村镇人居环境质量。围绕城郊集约发展和文旅休闲发展，科学布局规划，打造一批"产业特而强、功能聚而合、形态小而美"的精品特色小镇，以产业振兴助推乡村振兴。

文化旅游类村镇要充分发挥永济市旅游资源丰富、文化底蕴深厚的优势，推进文旅、文创、文艺融合，做优做强西部历史文化游、东部山水休闲游、中部休闲康养游，建设文旅小镇、休闲度假综合体，构建全域旅游体系。开发旅游精品线路，配套完善旅游要素，推进文化旅游深度融合，增强旅游吸引力。同时，推进体制机制改革，以政府引导、市场运作、社会参与为主要原则，引入专业化文旅开发运营机构，完善市场化、标准化运营管理模式，加强文化旅游资源市场化开发利用。以蒲州镇为例，蒲州镇历史文化优势突出，旅游资源丰富，蒲州镇的发展应着力发挥其资源优势，挖掘历史人文内涵，打造旅游产业特色，以休闲旅游带动各产业协调发展，促进人口集聚，助推产镇融合发展。

B. 农业类

农业类村镇水资源的供需矛盾突出，河流断流、村镇生活用水与灌溉用水量不足、灌溉用水浪费严重等问题显著。2017年永济市农业用水总量为12 422万 m³，其中农田灌溉用水12 291万 m³，约占农业总用水量的99%，农田灌溉亩均用水量为179m³/亩，低于运城市平均水平。市内基本耕作制度为冬小麦-夏玉米轮作，近年来由于粮食作物的价格降低导致其播种量逐渐减少，随之替代种植多为蔬菜、水果等经济作物。作物灌溉方式依旧以漫灌为主，主要是因为水质及设施配套较差等问题。灌溉用水多为井水，随着地下水位的不断下降，用水的成本也越来越高。

农业类村庄一是应重点围绕种植业及林果业发展，立足区域本底资源优势，抓好高标准农田建设，改善耕地质量；推广先进农机装备，提升农业机械化水平。二是，积极发展都市农业，推广良种良法，完善农产品质量安全追溯体系，促进农业提质增效。三是，积极推动绿色高效节水型农业发展，建立节水型、低药害绿肥型、高附加值型农产品生产体系。四是，做强优质粮食、果品、蔬菜生产基地，完善农产品加工、销售技术体系，延伸二三产业。五是，深入推进农旅融合发展，培育休闲农业、观赏农业、创意农业、体验农业、养生农业等新型业态，建设美丽宜居示范村、田园综合体、农家乐、休闲观光园等。六是，要协调好农业生产与生态保护之间的关系，发挥农业性生态空间和耕地的生态效益；滩涂农业生产应以生态功能为主，该退则退；利用道路、水系打造生态绿带，构筑网格化生态空间，提高生态承载力。

C. 生态类

生态类村镇是永济市生态保护极为重要的区域，生态环境较为脆弱，生态敏感性强，保护与发展的矛盾突出。该类村镇要牢固树立"绿水青山就是金山银山"理念，坚持节约优先、保护优先，严守生态保护红线，保稳助升沿中条山与黄河的生态保育带的生态功能。针对黄河流域湿地，一方面应加强河湖治理、水旱灾害防御、水土流失治理等工程建设，防控水环境风险，保障水质稳定达标，提高防洪标准，提升水资源保障能力。另一方面，应积极推进水生态治理，修复湿地生态，改善湿地环境，助推黄河中下游湿地生态示范区建设，发挥湿地生态在农业生产中的重要作用。针对中条山地区，一是助力打造以涵养水源为主的南部生态公益林建设区、以水土保持为主的西部生态公益林建设区和以发展经济林为主的东北部商品林建设区。二是对现有天然林持续管护，控制水土流失，与林场共同形成南部屏障带，强化坡度超过15°土地的生态功能。

总之，对生态类村镇的发展应优先保护生态环境、自然资源、人文资源，不宜发展工业、规模养殖业等产业，同时禁止生态保护区域内进行土地开发，避免破坏生态、造成水土流失；村镇建设应因地制宜、尊重自然、尊重历史，保护好不同历史阶段的农村风貌。

6.1.3 临泽县

6.1.3.1 村镇建设与资源环境现状

临泽县位于甘肃省河西走廊中部，是张掖盆地的重要组成部分。县境内海拔

1356~2170 m，地势南北高、中间低，南部为祁连山区，北部为合黎山剥蚀残山区，中部为黑河水系冲积形成的走廊平原区。其中中部土地肥沃、水草茂盛、物产丰富，是临泽县精华地带，也是人口分布的主要地带。临泽县现下辖7个镇（沙河镇、新华镇、平川镇、板桥镇、蓼泉镇、鸭暖镇、倪家营镇），71个行政村，总人口14.6万人，其中农业人口12.53万人，占85.62%。临泽县是传统的灌耕农业区，粮食作物、蔬菜瓜果作物、肉牛肉羊养殖、林木花卉品种丰富，其中玉米种子占到全国大田玉米用种量的13%以上，曾获"全国粮食单产冠军县"称号，被誉为"花果之乡"，在《国家主体功能区规划》中临泽县属国家限制开发区域的农产品主产区。

（1）村镇建设发展

A. 乡村人口总数居高不下，人口密度中部高南北低

2010~2018年临泽县总人口呈现先增后减最后相对稳定的发展趋势，总体增加了979人。人口分布不均衡，整体呈"中部密、南北疏"的空间分布特征。县政府驻地沙河镇人口密度多年维持在450人/km² 左右，黑河干流南岸蓼泉镇和鸭暖镇维持在140人/km² 左右，新华镇和倪家营镇分别维持在68人/km² 和61人/km² 左右；人口分布相对稀疏的为北部大面积残留山区平川镇和板桥镇，其中平川镇人口维持在25人/km² 左右，板桥镇维持在13人/km²。

B. 农作物播种面积持续扩张，粮食产量增加，经济作物产量先增后减；大牲畜、羊存栏量总体增加，猪、鸡鸭鹅存栏量总体减少

2011年临泽县农作物播种面积共34.63万亩，到2019年增长到47.78万亩。其中，粮食作物播种面积增长了8.37万亩，经济作物播种面积从2011年的6.35万亩增长到2015年的12.03万亩，2019年为10.29万亩。2011~2019年，临泽县粮食作物产量从14 531万 kg持续增加为16 832万 kg，增加了2301万 kg，增加率为15.83%；经济作物产量先从31 478万 kg增加为50 983万 kg，然后减少为32885万 kg，总体增加4.47%。

与2011年相比，2019年临泽县大牲畜、羊存栏量分别增加0.83万头、5.56万头，存栏量分别为13.51万头、19万头；猪存栏量从8.95万头增为10.51万头后，2019年减少为5.16万头；鸡鸭鹅存栏量从44万只增为44.81万只后，2019年减少为24.05万只。2011~2019年，临泽县除鲜蛋产量减少45.34%外，牛奶、山羊毛、绵羊毛、山羊绒和骆驼毛产量分别增加116.10%、26.67%、49.83%、26.67%和282.86%，牛奶和骆驼毛产量增长幅度较大。

C. 农业总产值持续向好，增长幅度高达91.95%；农民人均纯收入稳步增加，在张掖市排名靠前。

2011~2019年，临泽县农、林、牧、渔及其服务业均有不同程度变化。其中，林业产值先增后减，总体减少32.51%；其余产业产值均持续增加，牧业产值增长幅度高达183.96%。2019年，农业和牧业产值最高，其次分别为农林牧渔服务业、林业和渔业。2010~2019年，临泽县农民人均纯收入从5886元稳步增加到15 932元，连续翻了近3倍。

D. 居民住房面积不断扩张、基础设施不断完善、社会保障水平不断提高

随着经济社会的发展，临泽县村镇房屋面积扩张近20万 m²，居民房屋面积扩张5.87

万 m², 总体上 2011~2015 年扩张幅度较大, 2015~2019 年有所收紧; 农村小学、中学师校比均呈现先增后减的趋势, 2019 年农村小学师校比为 9.69, 农村中学师校比为 75; 农业机械化水平不断提高, 机播面积占比从 69.3% 到 76.08% 再到 80.99%, 机收面积占比从 39.72% 持续上升为 65%; 农村参加社会养老保险占比 2011 年几乎为 0, 到 2015 年达到 62.76%, 之后略微降低, 2019 年为 58.03%; 参加农村合作医疗占比一直稳定在 95% 以上。

(2) 资源环境约束

A. 水资源先天不足, 供需矛盾突出

临泽县属大陆性荒漠草原气候, 四季分明, 冬季寒冷而漫长, 夏季炎热而短暂; 日照长, 太阳辐射强, 年平均日照小时数为 3038.4h, 昼夜温差大, 年平均气温为 9.4℃; 降水稀少, 蒸发量大, 年平均降水量为 168.8mm, 年平均蒸发量为 1646.7mm, 水资源先天不足, 水资源主要靠黑河干流地表河流补给, 占地表水资源总量的 92.45%。南北部分布有许多季节河, 中部多湖泊沼泽。全县地表水多年平均径流量为 12.8 亿 m³, 地下水综合补给量为 5.2 亿 m³。源于祁连山的黑河、梨园河是流经县境的两大河流, 平均径流量分别为 10.5 亿 m³ 和 2.3 亿 m³。

地下水是水资源的重要组成部分, 是关系经济社会长远发展的重要战略资源, 是维系良好生态环境的重要控制性因素, 特别是在西北干旱内陆地区, 地下水资源发挥着其他水源无法替代的作用。近年来, 临泽县地下水开发利用量逐年增大, 地下水在水资源利用总量中的比例不断上升。由于地下水资源的逐年开发利用, 部分地区地下水超采, 目前为一般超采区, 超采区面积为 191.97km², 超采量为 986.73 万 m³, 涉及廖泉镇、新华镇、倪家营镇 (表 6-5)。地下水资源的过度开发利用导致了一系列生态和环境问题, 超采区地下水位下降, 植被退化、土地沙化、荒漠化加剧, 已危及区域供水安全、粮食安全和生态安全, 制约区域经济社会的可持续发展和生态环境的良好循环。

表 6-5 临泽县地下水超采区范围及超采量

县区	超采区名称	包含乡镇	超采区面积/km²	平均下降速度/(m/a)	实际开采量/万 m³	可开采量/万 m³	超采量/万 m³
临泽县	临泽浅层中型一般超载区	廖泉、新华	127.08	0.04	1577.66	813.31	764.35
	临泽浅层小型一般超载区	倪家营	64.89	0.19	631.75	409.37	222.38
合计			191.97				986.73

B. 可利用土地资源紧张, 承载力不高

根据临泽县 2017 年土地变更调查结果显示: 全县土地总面积 272 975.49hm², 按照土地规划用途分类, 其中农用地 59784.71hm², 约占全县土地总面积的 21.9%; 建设用地 7562.43hm², 约占全县土地总面积的 2.77%; 其他未利用土地 205 628.35hm², 约占全县土地总面积的 75.33%, 受水资源限制, 可利用土地资源十分紧张。

临泽县水资源主要集中在横穿东西全境的黑河两岸和南北走向的一级支流梨园河两岸，中部地区为泉水地带，北部和西南部地区水资源贫乏。全县资源环境承载力总体较弱，依据地表水和地下水位埋深承载力呈现不同层次的带状空间分布格局，承载力一般区域主要集中在中部地区，较好区域主要分布在城区周围村庄以及北部地区黑河两岸村镇一带，较差区域位于北侧靠近沙漠地区的区域和南侧区域。临泽县土地开发利用限制因素较多，以沙地、荒地和裸地为主的自然保留地占土地总面积的比例较大。据调查，临泽县建设用地总规模7562.43hm^2，其中农村居民点用地面积占53.51%，人均农村居民点面积达287.97m^2，远超过150m^2/人的国家标准。全县可开垦土地后备资源集中分布在板桥镇北部及倪家营镇南部的戈壁，但因受环境保护、矿产资源开发利用、土壤质地、灌溉条件等因素限制，开垦耕地后备资源难度较大。

C.生态环境脆弱性高，农业生产污染严重

受干旱气候影响和水资源约束，临泽县境内林地面积较少，生态系统服务价值较低，有村庄和农业分布的地区相对高于外围沙漠戈壁、土石山区，河流两岸地区高于其他地区，农业灌溉平原区高于南北山区。

临泽县村镇土地以农业生产为主，随着农业经济发展，化肥、农药及塑料薄膜的污染日趋严重。据统计，2010~2019年，临泽县农用化肥施用折纯量从10 483.18t持续增加到13 298.21t，增长了26.85%；农用塑料薄膜使用量增长比例高达83.66%，从1236.2t持续增长到2270.4t。分乡镇来看，2019年鸭暖镇、蓼泉镇、新华镇农业化肥使用量达9000t以上；板桥镇、平川镇、沙河镇次之，达到5000t以上；倪家营镇最少，为3534.2t。其中，氮肥用量占比各镇均较高，蓼泉镇、平川镇在30%~40%，其余镇均为50%以上；氮肥占比在10%~30%；钾肥占比，平川镇达36.21%，蓼泉镇为15%，其余镇均在10%以下；复合肥占比，蓼泉镇、板桥镇达30%，沙河镇达20%，新华镇、平川镇、鸭暖镇达10%，倪家营镇为7.01%。

6.1.3.2 村镇建设与资源环境协调性分析

（1）评价指标与方法

A.评价指标

农业型地区主要功能是农业生产和生活活动，村镇建设资源环境承载力评价需重点考虑水、耕地资源和耕地环境、生态环境、水环境等资源环境系统，并从生产生活对资源环境的需求和资源环境对生产生活的支撑两个维度出发构建指标体系（表6-6）。

本研究根据临泽县各村镇经济社会发展与资源环境基础，选取村镇可利用土地总面积、耕地面积、居住用地总面积、非居住建设用地总面积反映耕地资源承载力；选取村镇可利用水资源总量、生活用水总量、农业用水总量、生态用水总量反映水资源承载力；选取海拔高度与坡度、粮食产量、农药和化肥使用量反映耕地环境承载力；因临泽地质灾害发生率较低，本研究不作考虑，选取林地、草地、水域覆盖率，垃圾处理率反映生态环境承载力；临泽县地表水水质全部为Ⅱ类、地下水水质全部为Ⅲ类，地区间并无明显差异，故以污水处理率、卫生厕所改造率反映水环境承载力。其中，土地资源数据及粮食产量、卫生厕所改造数据来源于临泽县《2018各镇经济社会发展提要本》；可利用水资源总量来源于临泽县水文局《2018年度计划用水总量控制表》；用水定额均来源于《甘肃省行业用水定额（2017版）》，其中生活用水定额为40L/（人·天）、农业用水定额平均为800m³/（亩·a），生态用水定额为2L/m²·d；海拔高度与坡度通过DEM提取；化肥使用量来源于《2018临泽县统计年鉴》；生活垃圾处理率和污水处理率来源于临泽县环保局和临泽县《2018各镇经济社会发展提要本》。

表6-6 临泽县村镇建设资源环境承载力评价指标体系

目标	子系统		指标层	具体指标说明	功效性
临泽县村镇建设资源环境承载力评价	资源系统	耕地资源 支撑	土地资源规模	村镇可利用土地总面积	正指标
			耕地资源规模	村镇耕地总面积	正指标
		耕地资源 压力	居住用地规模	村镇居住用地总面积	负指标
			建设用地规模	村镇非居住建设用地总面积	负指标
		水资源 支撑	水资源规模	村镇可利用水资源总量	正指标
		水资源 压力	生活用水规模	村镇生活用水总量	负指标
			农业用水规模	村镇农业用水总量	负指标
			生态用水规模	村镇生态用水总量	负指标
	环境系统	耕地环境 支撑	地形地貌	村镇海拔高度、坡度	负指标
			土壤质量	村镇粮食产量	正指标
		耕地环境 压力	土壤污染	村镇农药、化肥使用量	负指标
		生态环境 支撑	生态本底	村镇林地、草地、水域覆盖率	正指标
		生态环境 压力	生态破坏	村镇地质灾害发生情况	负指标
				村镇垃圾处理率	正指标
		水环境 支撑	水质类别	村镇地表水、地下水水质类别	正指标
		水环境 压力	环境污染	村镇污水处理率	正指标

B. 评价方法

1）资源环境承载力评价：资源环境承载力符合综合效应原理，即多种资源环境因素共同决定承载力的大小。综合临泽县各村庄资源、环境子系统支撑和压力指标，采用熵权法测度村庄的资源环境承载力大小。具体公式如下：

$$\mathrm{RD}_{ij}=\sum_{i=0}^{n} R_{ij} \times W_{j}$$

式中，R_{ij}为i村庄j资源、环境子系统各指标标准化值；W_j为熵权法得出的j资源、环境子系统各指标权重值；RD_{ij} 为 i 村庄 j 资源、环境子系统承载力指数值。

2）资源环境承压状态评价：以"承载体"与"压力体"互馈状态为评价的核心，重点探究经济社会活动对资源环境的承载压力状态。根据临泽县各村庄资源、环境子系统支撑与压力的比值关系构建村镇建设资源环境承载状态模型：

$$D_{ij}=\frac{VC_{ij}}{RE_j}$$

式中，VC_{ij} 为 i 村庄 j 资源、环境子系统压力指数；RE_{ij} 为 i 村庄 j 资源、环境子系统支撑指数。当 $D_{ij}=1$，表示 i 村庄 j 资源、环境子系统承载状态为平衡型；当 $D_{ij}<1$，表示 i 村庄 j 资源、环境子系统承载状态为盈余型；当 $D_{ij}>1$，表示 i 村庄 j 资源、环境子系统承载状态为超载型。

（2）评价结果

A. 资源环境承载力

1）耕地资源承载力：指数值为 0.29~0.79，均值为 0.58。①承载力较高的村庄遍布在梨园河两岸乡镇及南部倪家营镇，耕地丰富，人均耕地面积多数达 4 亩；板桥镇、鸭暖镇和倪家营镇部分村庄形成显著的高值集聚区。②承载力较低的村庄主要集中在城区周边，人均住房面积和建设用地相对较多，以及部分人多地少（不足 2 亩/人）的村庄，如南台村、梨园村靠近丹霞景区以餐饮、住宿业为主，五三村、西关村靠近城区，人均耕地不足 1.5 亩。沙河镇形成显著的低值集聚区。

2）水资源承载力：指数值为 0.38~0.78，均值为 0.68。①承载力较高的村庄分两种情况，一是人口较少且耕地灌溉面积不多因此用水量较少的村庄，二是耕地较多因此享有更多水资源分配总量的村庄。新华镇形成显著的高值集聚区。②承载力较低的村庄主要集中在廖泉镇，人口较多，且以耗水量较大的蔬菜、林果业种植为主，因此形成显著的低值集聚区。

3）环境承载力：指数值为 0.19~0.68，均值为 0.36。①承载力较高的村庄集中在城边沙河镇及倪家营镇，垃圾、污水处理设施较齐全，处理率达 90%，卫生厕所普及率均达 50%，其中倪家营镇达 90%；以及个别林地面积较多，生态环境较好的村庄，因此形成显著的高值集聚区。②承载力较低的村庄年化肥使用量较多，耕地污染较大，垃圾、污水处理率和卫生厕所普及较低，以新华镇尤为突出，因而形成显著的低值集聚区。

4）综合承载力：指数值为 0.26~0.74，均值为 0.48。①承载力较高的村庄以倪家营镇和城区周边村庄为主。倪家营镇因丹霞景区驱动经济社会全面发展，城区周边沙河镇环境整治力度较大综合承载力也较高，因此形成显著的高值集聚区。②承载力较低的村庄集中在北部各镇核心地区，与环境承载力低值区高度重合，人多地少的廖泉镇和平川镇东部形成显著的低值集聚区（图 6-14）。

B. 资源环境承压状态

根据村庄资源环境系统支撑指数与压力指数的比值关系，将村镇建设资源环境承压状态划分为五种类型，分别为强盈余型、弱盈余型、近平衡型、弱超载型和强超载型（表 6-7）。其中，盈余型和超载型代表发展不充分或发展过度两种状态，强和弱代表发展

| 第6章 | 其他案例区

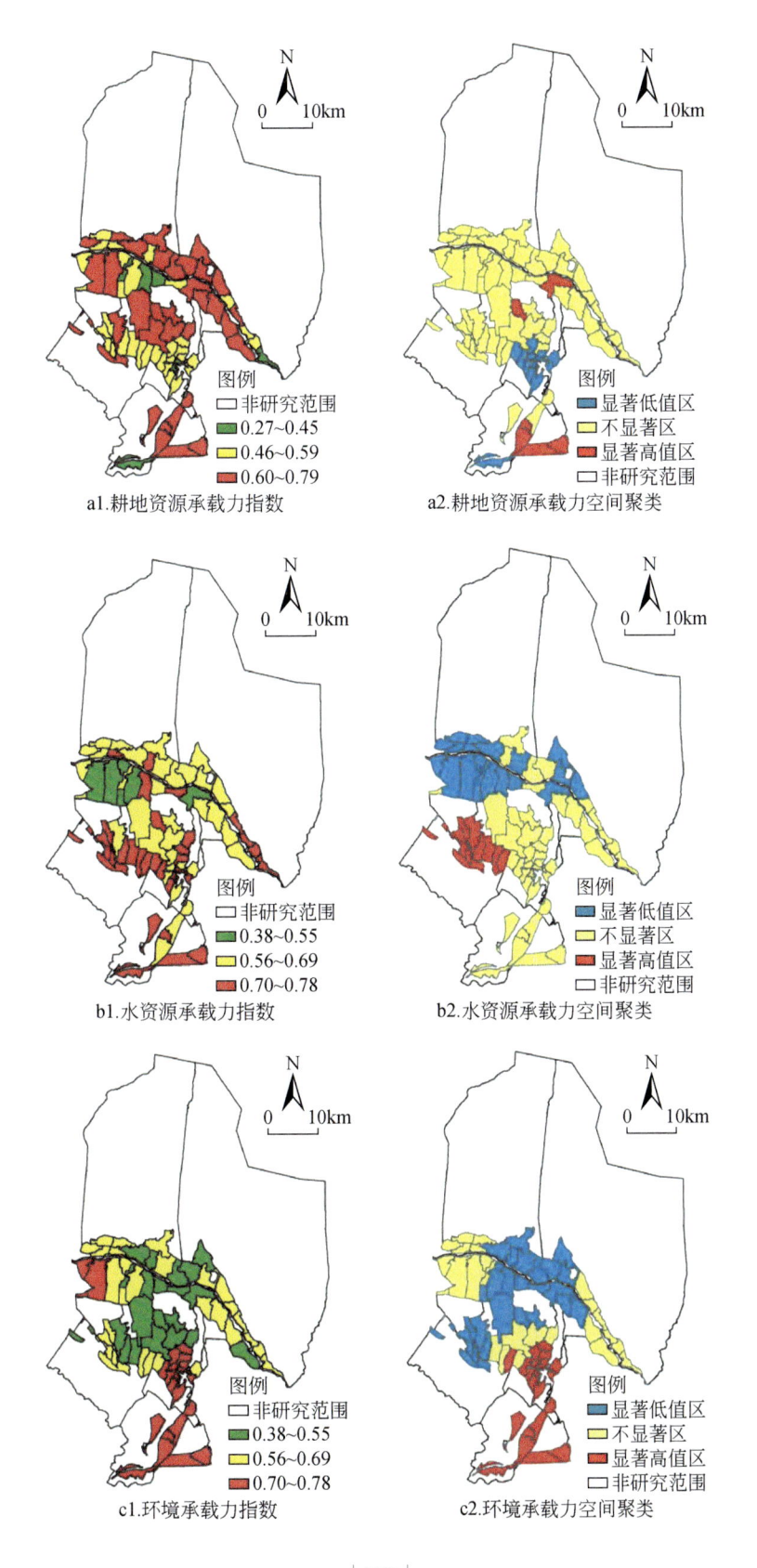

a1.耕地资源承载力指数　　a2.耕地资源承载力空间聚类

b1.水资源承载力指数　　b2.水资源承载力空间聚类

c1.环境承载力指数　　c2.环境承载力空间聚类

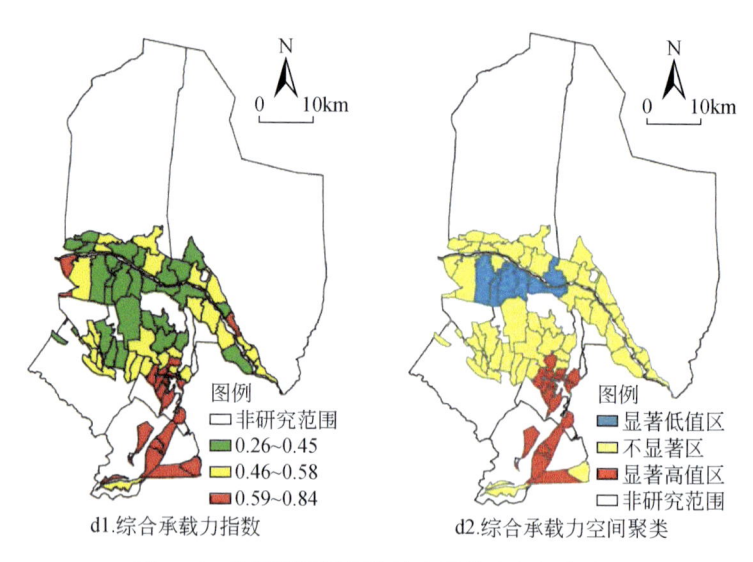

图例
非研究范围
0.26~0.45
0.46~0.58
0.59~0.84

d1.综合承载力指数

图例
显著低值区
不显著区
显著高值区
非研究范围

d2.综合承载力空间聚类

图 6-14 临泽县资源环境综合承载力空间分异图

的程度；一般村镇建设和资源环境承载很难维持绝对的平衡状态，因此本研究将比值关系靠近 1 的村镇识别为近平衡型。

表 6-7 村镇建设资源环境承压状态类型划分

D 值区间	承压状态	承载类型
≤0.80	盈余	强盈余型
（0.80,0.90）		弱盈余型
[0.90,1.0]	平衡	近平衡型
（1.0,2.0）	超载	弱超载型
≥2.0		强超载型

1）耕地资源承压状态：根据耕地资源压力与支撑指数的比值关系，村庄承压状态可划分为强超载、弱超载、近平衡、弱盈余和强盈余 5 种类型。①超载型村庄共有 18 个（含强超载 8 个，弱超载 10 个），占比为 25.35%，分布在城区周边、丹霞景区周边及人多地少的廖泉镇，村庄居住和建设用地占地面积较多；②近平衡型村庄共有 3 个，占比为 4.23%，分布在城区周边超载型外围；③盈余型村庄共有 50 个（含强盈余 43 个，弱盈余 7 个），占比为 70.42%，除新华镇和廖泉镇外，意味着各镇村庄均为盈余型。其中，沙河镇形成显著的耕地资源承压状态高值集聚区，意味着未来村镇建设过程中要注意保护耕地资源。

2）水资源承压状态：根据水资源压力与支撑指数的比值关系，村庄承压状态可划分为弱超载、近平衡、弱盈余和强盈余 4 种类型。①超载型村庄共有 35 个（全部为弱超载），占比为 49.30%，全部分布在黑河南岸；②近平衡型村庄共有 15 个，占比为 21.13%，以平川镇和倪家营镇为主；③盈余型村庄共有 21 个（含强盈余 13 个，弱盈余 8 个），占比为 29.58%，主要集中在新华镇和板桥镇。其中，城区周边村庄和廖泉镇形成显著的水资源承压状态高值集聚区，新华镇形成显著的水资源承压状态低值集聚区，表明未来村镇建设过程中要注重节约用水，进一步优化水资源空间分配格局。

3）环境承压状态：综合水、土、生态环境压力与支撑指数得到比值关系，村庄环境承压状态可划分强超载、弱超载、近平衡、弱盈余和强盈余 5 种类型。①超载型村庄共有 56 个（含强超载 14 个，弱超载 42 个），占比为 78.87%，除南部倪家营镇外，遍布其余乡镇；②近平衡型村庄共有 5 个，占比为 7.05%，以倪家营镇为主；③盈余型村庄共有 10 个（含强盈余 4 个，弱盈余 6 个），占比为 14.08%，村庄林地较多或环境治理改善较好（如倪家营镇）。其中，廖泉镇及平川镇东部形成显著的环境承压状态高值集聚区，意味着未来村镇建设过程中要注重环境保护，减少环境污染（图6-15）。

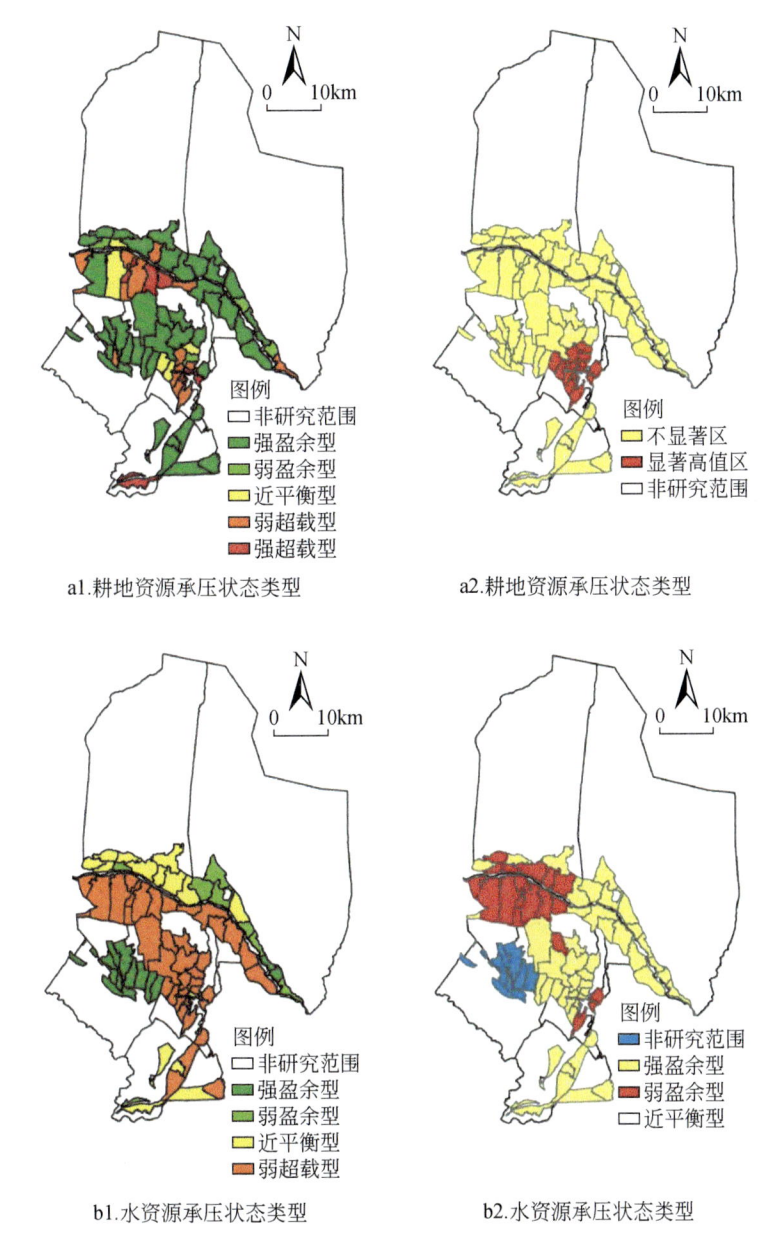

a1.耕地资源承压状态类型

a2.耕地资源承压状态类型

b1.水资源承压状态类型

b2.水资源承压状态类型

c1.环境承压状态类型　　c2.环境承压状态类型

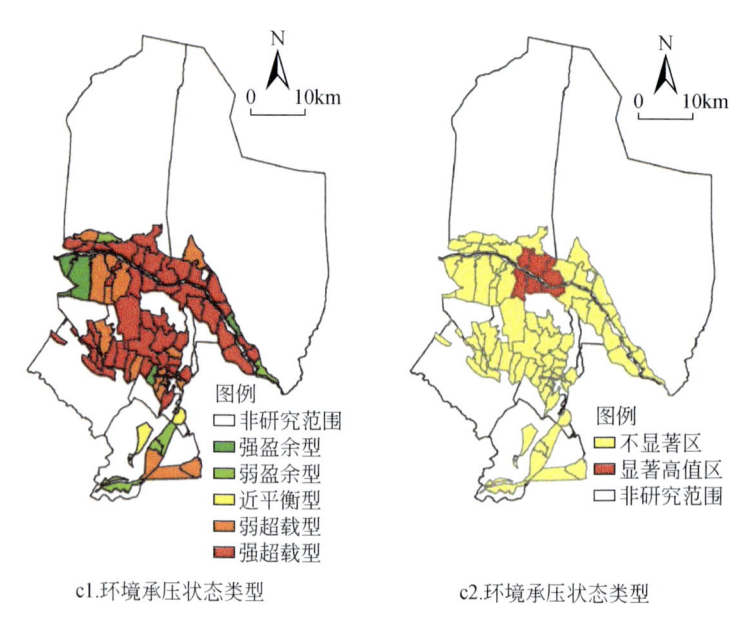

图 6-15　临泽县村镇建设资源环境承压状态空间分异图

6.1.3.3　村镇建设与资源环境协调模式

（1）政府协同治理模式

村镇建设依赖资源环境，资源环境又受村镇建设影响，而人是协调村镇建设与资源环境关系的调控者，政策制度是润滑剂，政府协调治理体系在其中起着关键作用。总结而言，当前临泽县形成了政府协同治理的模式。

A. 通过"三变"改革盘活闲置资源

作为甘肃省农村"三变"改革试点县，临泽县正在以南台村为试点全面推进"三变"改革（资源变资产、资金变股金、农民变股东），对村庄内所有资源进行确权登记以充分保证农民的利益，通过"村集体＋公司＋合作社＋农户"的利益联结方式，盘活农村闲散资源和整合社会闲散资金，并制定入股政策使村民积极参与其中。利益联结机制激发农村发展内生动力，使原来家庭分散的经营模式扩展为家庭农场、专业合作社或农村企业经营等规模化生产，使单一化的种养殖业扩展到生产加工业再到旅游服务业，村庄不仅实现产业化建设、规模化发展、集约化经营、组织化管理目标，促进农业生产增效、农民生活增收、农村生态增值。

B. 深化水权制度，建设节水社会

水资源紧缺是干旱农区的主要特点，近年来临泽县通过"控制总量、盘活存量、节水优先"等措施深化水权制度改革，大力推进节水型村镇建设。在统筹考虑城镇化发展、粮食安全、产业布局需求基础上，将水权归类到生活、农业和生态等行业，并形成"镇—村—户"三级水权分配和确权登记工作。将市政府下达的全县总量指标按核定的水权下达分解到各镇，并且明确地下水开采限量和生态用水基本需求量；各镇根据分配的水权总量，按照"生活优先，统筹兼顾"的原则下发到各村；各村再以人畜数量、灌溉面积和用水定额为依据，进一步确定各农户的生活和农业用水量，公示确认后建立水权确权登记数据库。按照逐级分配的原则，在水资源总量红线范围内，为提高水资源承载能力和满足生产、生活、生态用水提供了保障。

C. 加强土地整治，提高利用效率

临泽县目前耕地资源承载力不高与压力并存，必须努力提高土地利用效率，实施"优质粮食工程"，巩固和提升粮食生产能力。加强耕地保护和建设，确保现有耕地数量稳定、质量提升，对一户多宅的农户进行严格控制，对闲置宅基地进行复垦，严格管控新建宅基地的面积；加强农田水利基础设施建设，大力推进河湖水系连通、戈壁农业供水、梨园河河道治理、湖泊治理等重点水利工程建设，持续发展农业高效节水灌溉；加快农业机械化发展水平，聚焦玉米制种、畜禽养殖、高原夏菜、戈壁农业等机械化发展的关键环节、薄弱环节，积极引进推广玉米去雄作业、农作物秸秆综合利用、粪污高效处理、蔬菜育苗移栽、农业物联网、全程机械化集成配套等农机新技术、新机具，着力破解制约主导特色产业发展的瓶颈问题。着眼节水、节肥、节药、节能，加大深松整地、水肥一体化、高效植保、残膜回收、农产品储藏保鲜、精深加工等技术推广力度，助力现代农业绿色生态发展。加强农业信息技术设施建设，围绕玉米制种、病虫害绿色防治、水肥一体化应用、设施农业生产、畜禽养殖等领域，研发、引进适应临泽农业的信息技术、产品、应用和服务，大幅提升农业生产的能力和水平，重点推广一批高效节水、机械化作业、生态农业生产、生态健康养殖、物联网等先进适用技术。完善农业激励机制，提高农民生产积极性。调整耕地补贴政策，改变当前以种粮面积为标准的补贴方式，根据粮食产量划分阶梯式的补贴标准，并对种粮大户进行差异化奖励，从而调动农民的生产积极性。

D. 优化产业结构，促进转型升级

以蓼泉、平川、沙河三镇为重点，建设优质蔬菜产业示范基地；以平川、板桥为重点，建设葡萄生产基地；以鸭暖、平川西片为中心，建立加工番茄、甜叶菊、脱水蔬菜特色种植示范基地，走以"专、精、特"为特征的农业转型发展之路；以倪家营丹霞景区、平川锁龙潭、丹霞大道连接沙柳公路的文化旅游和戈壁农业示范带为依托，发展万寿菊、油牡丹、薰衣草等特色种植和梨、桃、杏等特色林果采摘园，积极发展休闲度假农业。以倪家营、平川、板桥、鸭暖等镇和农林牧场等沿山、沿滩地区为重点，大力发展以生产优质肉牛、肉羊为主的养殖场区。做优玉米制种产业，引导制种企业和农民专业合作社集中连片流转土地，切实提高土地利用率和产出效益，实行规模化种植、集约化经营、标准化生产、机械化操作、信息化管理。做大草畜产业，大力推广专业合作社带农户的养殖业发展模式，引导发展集中养殖、规模养殖、绿色养殖，在饲草转化利用和畜产品加工销售上实现新突破，推进现代畜牧业全产业链发展。做强蔬菜产业，以标准化、品牌化生产和引进加工企业，建设稳定的外销市场作为重点，以龙头企业、专业合作社等新型经营主体为依托，以标准化、规模化生产基地为支撑，以绿色无公害有机蔬菜创品牌，以智能化管理降成本、扩规模，用绿色有机和现代智能助推蔬菜产业提质增效，打造全省优质蔬菜生产示范基地，创建全国农产品质量安全示范县。大力发展以农耕文化为魂、田园风光为韵、村落民宅为形、生态农业为本的乡村旅游，以旅游为契机促进一二三产融合发展。

E. 开展空间治理，加大生态保护

生态是生存之本、发展之基，也是临泽县固有的特色和优势。把"绿"和"水"作为最亮的生态特色，把"净"和"美"作为城乡共同的追求，深入贯彻落实绿色循环低碳发展理念，统筹山水林田湖草综合治理，加快转变生产生活方式，以改善农村生态环境和生活环境为突破口，把农村作为景区建设，把村庄作为景点打造，深入开展环境综合整治，因地制宜建设美丽乡村，促进农村生产、生活、生态协调发展。开展资源环境承载能力和国土空间开发适宜性评价，科学划定生态、农业、城镇三类空间和生态保护红线、永久基本农田、城镇开发边界三条主要控制线。在严格保护好生态安全和农产品供给安全的前提下，有序布局各类开发建设活动，注重开发管控，引导人口和产业布局等与水土资源、生态环境等承载能力相适应。积极实施祁连山（黑河流域）山水林田湖草生态保护与修复试点、黑河湿地生态环境保护与修复治理、14万亩生态公益林补水工程、湿地生态环境保护和生态系统修复等项目。组织实施沙化土地封禁保护试点，建立沙化土地封禁保护区。积极开展草原有害生物综合防治和退化草场治理修复，加强草原生态环境监测预警，全面提升草原生态系统功能。承接落实国家现有生态补偿政策，逐步实现森林、草原、湿地、荒漠、水流、耕地等重点领域和禁止开发区域、重点生态功能区生态保护补偿制度全覆盖，建立与经济社会发展状况相适应的生态补偿制度和多元化补偿机制，努力走出一条适合临泽县实际，生态文明建设与转型发展相结合的路子。

（2）村镇建设经验模式

结合详细的实地调研与部门座谈获得的资料信息，分析总结提炼当前阶段临泽县形成的可复制、可推广的协调模式，为村镇承载力提升提供参考借鉴。

A. 产业互惠共生模式

玉米制种和畜牧养殖是临泽县的支柱产业，每年产生大量玉米秸秆、玉米芯和畜禽粪便。临泽县通过建立经济增长与生态环境改善的动态均衡机制，初步探索形成了"玉米制种—秸秆饲草—养殖业—沼气产电—沼渣肥田—种植业"的废弃资源与农牧业产业互惠共生模式，使经济链条上产业具有良好的互补性和共享性关系，形成一个互利共生的循环经济产业圈（图6-16）。通过建立秸秆和玉米芯饲料化利用、堆肥发酵就地就近还田、养殖+有机肥生产+种植、养殖+沼气（发电）+沼渣（沼液）还田利用、粪污分户收集集中处理等多种模式，不仅促进了村镇农作物秸秆及畜牧养殖粪便等废弃资源的利用，为农民带来额外收入，还能减少环境污染，实现经济效益与生态效益的双丰收。

农产品种植是临泽县的支柱产业，全县种植了近30万亩玉米制种，大量废弃的玉米秸秆和玉米芯堆放影响景观、燃烧污染环境。因此，临泽县引导、鼓励种植户对秸秆进行打包，采用包膜青储技术作为饲料喂养牲畜、基料化利用技术生产食用菌。例如，汇隆化工公司用玉米芯生产糠醛，同时配备节能燃渣锅炉，将生产糠醛产生的废渣作为燃料烧锅炉，为糠醛生产提供热能，实现锅炉无煤供热，年节省标准煤约为2000t。畜牧养殖也是临泽县重要的支柱产业，针对不同类型不同区位的养殖场区，临泽县积极探索不同的资源利用模式,如牛粪进入沼气池发电,用于奶牛场生产生活用电;沼渣、沼液作为有机肥还田用于制种玉米和蔬菜种植;养猪场与葡萄园配套运行,猪粪经过高温灭菌发酵,作为葡萄苗木的优质底肥;猪尿及冲洗猪舍的废水经过生物灭菌发酵,作为葡萄苗木的营养液滴灌。

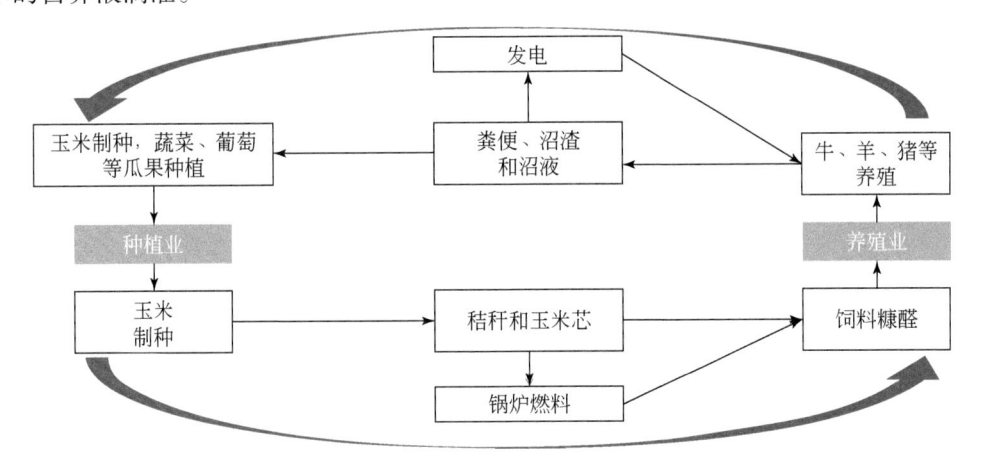

图 6-16　临泽县村镇产业互惠共生模式

B. 生态建设融合模式

临泽县在村镇建设过程中牢固树立"绿水青山就是金山银山"的理念,把绿色发展和生态保护理念融入村镇建设的全过程,把"绿"和"水"作为最亮的生态特色持续推进美丽村镇建设,探索生态保护与村镇建设的融合模式(图6-17),以此实现村镇可持续发展。

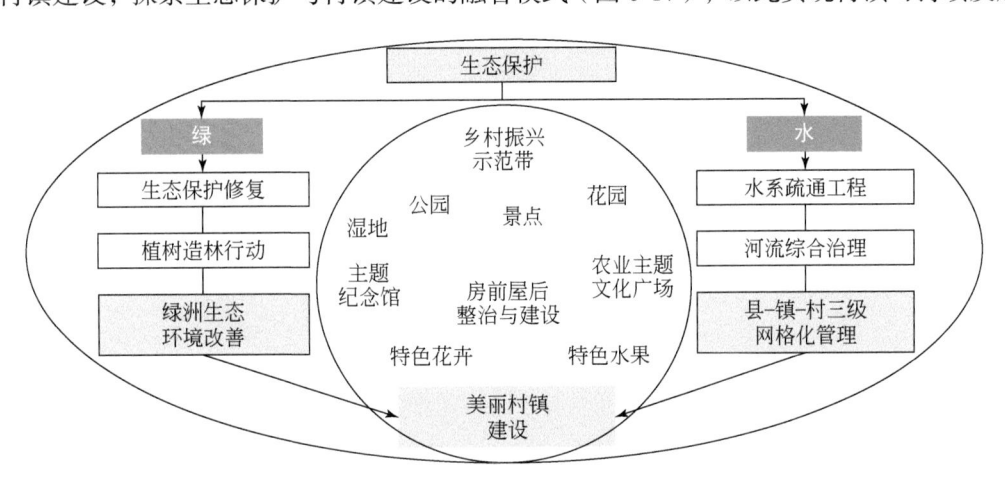

图 6-17　临泽县村镇生态建设融合模式

气候干旱和生态脆弱是临泽县的典型特征,多年来临泽县坚持"山水林田湖草"生命共同体的理念,严格实施生态保护修复工程,通过"以点带面、示范推进"的形式,把绿色发展和生态保护理念融入村镇建设的全过程,持续推进大规模植树造林行动,大力实施水系畅通工程,推动黑河、梨园河河流综合治理,加大湿地生态保护,恢复原有自然生态,全面改善生态环境。同时，设立县、镇、村三级河（湖）长管理体系，按照"县级一季一巡查、镇级一月一巡查、村级半月一巡查"的要求，加强水污染执法巡察，并形成镇村社三级网络化管理网，引导群众积极参与河道环境保护，夯实生态底线。在美丽村镇建设上，临泽县坚持一村一策、就地取材、变废为宝，建设各类公园、湿地、景点、农耕文化广场和主题纪念馆，以乡村振兴示范带为重点，扎实推进农户前后院改造工程，打造家家门前有花、院中有景的村容村貌。按照"畜禽进小区、后院改庭院、民居变民宿、牛棚变菇棚"的思路，结合旅游专业村建设，鼓励农户发展以乡村民宿为主的旅游经济，支持农户在公路沿线发展特色林果、特色花卉等产业，实现生态经济双赢的美丽村镇建设格局。

C. 环境社会和谐模式

临泽县在生态环境保护的基础上，全力推进全域无垃圾行动，探索新制度新政策促进农村垃圾分类收集与处理，并组织开展"美丽庭院"创评和"月末周五"环境卫生集中整治活动，在全县形成"户分类、社收集、村集中、镇转运、县处理"的垃圾生态无害化分类集中处理模式，不仅使村镇人居环境得到治理，还促使村民垃圾分类意识的提高，从而形成良好的生活作风。

根据农村常见生活垃圾存在状况，临泽县将垃圾分为纸质品类、塑料制品类、玻璃类、旧衣物类、有毒有害物类五大类。同时，依托各种渠道开展"分类投放、分类收运、分类利用、分类处置"宣传引导，向村民普及垃圾分类收集相关知识，提升废旧资源循环利用意识。为鼓励村民养成垃圾分类的文明习惯，临泽县探索了一套生活垃圾分类奖励制度（图6-18），纸质品类补助标准为0.4元/kg、塑料制品类为1元/kg、玻璃类为0.1元/kg、旧衣物类为0.2元/kg、有毒有害物类为1元/kg。为调动群众参与环境卫生整治的积极性，以示范村为首创造性地推行了"巾帼家美积分超市"积分兑换制度，积分奖励标准为纸质品类0.8积分/kg、塑料制品类2积分/kg、玻璃类0.2积分/kg、旧衣物类0.4积分/kg、有毒有害物类2积分/kg，以积分在超市兑换相应物品，既激发和调动群众参与环境卫生整治的积极性和主动性，也提高了资源可利用回收率。为了扎实推动垃圾分类处理工作，临泽县实施城乡垃圾标准填埋场扩容提标工程，城区配备清扫清

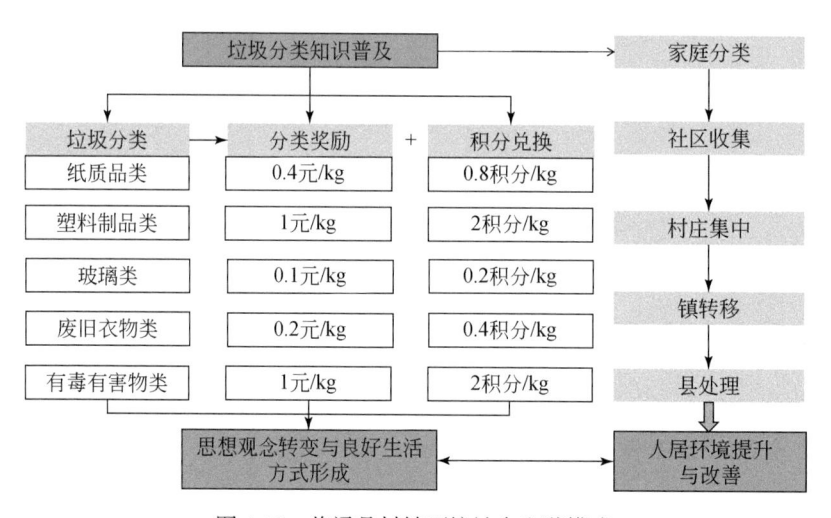

图6-18 临泽县村镇环境社会和谐模式

运作业车23辆，垃圾箱（斗）400多个，为每个乡镇配备垃圾清运车，在村、社建设垃圾集中收集点、垃圾斗、垃圾分类回收站，为农户配备分类式垃圾桶。这种模式在全国范围尤其是西北经济发展相对落后、人居环境相对脆弱、农民参与积极性不高的广大农村地区具有极大的推广运用价值。

6.1.3.4 村镇建设资源环境承载力提升路径

（1）村庄主导功能分类

首先，将有明确功能定位的国有临泽农场划分为农业种植功能，国有临泽牛场划分为畜牧养殖功能，沙河林场和五泉林场划分为生态保育功能。其次，根据临泽县地处西北干旱区和生态环境脆弱的特征，将南部祁连山区和北部合黎山剥蚀残山区及中部贯穿东西的黑河水系等组成的国有土地全部划分为生态保育功能。对于所有村庄，根据经济社会发展现状，按照优势功能判定规则划分，对于优势功能不唯一的村庄，根据发展现状及需求而定。临泽县在《国家主体功能区规划》中属国家限制开发区域的农产品主产区，在《甘肃省主体功能区规划》中属于张掖（甘州—临泽）重点开发区域，发展方向为充分利用农畜产品资源丰富的优势，提高农畜产品市场占有率和竞争力。因此，依据临泽县国家农产品主体功能定位，确定农产品生产功能为全域大部分村庄的主导功能。《张掖市落实国家主体功能区建设试点示范方案三年工作计划（2015—2017年）》将临泽县板桥镇、平川镇北部地区划分为生态保护空间；将临泽县除城市发展空间、禁止开发区及北部荒漠植被封育保护区之外的区域，包括《甘肃省主体功能区规划》中的农产品主产区和重点开发区中承担农产品生产的区域定位为农业生产空间。因此，临泽县全域形成了以农业生产和生态保育为主的国土空间格局。近年来临泽县依托乡村振兴战略，打造特色产业和培育经营主体，促进农业提质增效、农民稳定增收；构建了包括玉米制种、蔬菜制种、甜叶菊、芦笋、花卉、特色经济林及木本中药材等特色产业种植和肉牛、奶牛、生猪、羊、家禽等畜牧养殖为主的农业产业体系，特色农畜产品加工和凹凸棒石精深加工为主的工业经济，以及劳务输出、乡村旅游业等产业结构；同时人民居住生活和社会保障体系不断完善。总体而言，临泽县全域村庄形成了种植主导、畜牧主导、农牧均衡、农旅融合、产城融合、劳务主导、工业加工、生活保障、生态保育等具体村庄主导功能类型（图6-19）。

（2）村庄分类提升路径

A. 种植主导型

该类型村庄农业产业结构单一，以蔬菜种植和玉米制种为主，蔬菜种植均以出售原材料为主，农产品附加值不高；玉米制种收入徘徊不前，基本没有增收空间；基础设施建设不完善，但农业发展基础相对较好、耕地相对丰富，村庄建设资源环境承载有一定盈余。这些村庄需要借助乡村振兴契机提升农业创新力、竞争力和全要素生产率，扩大社会有效投资，培育新产业、新业态、新模式，需引进内联农户、外联市场、引导生产、深化加工、带动辐射能力强的龙头企业，解决村庄发展不充分的问题。推进农村生活垃圾就地分类和

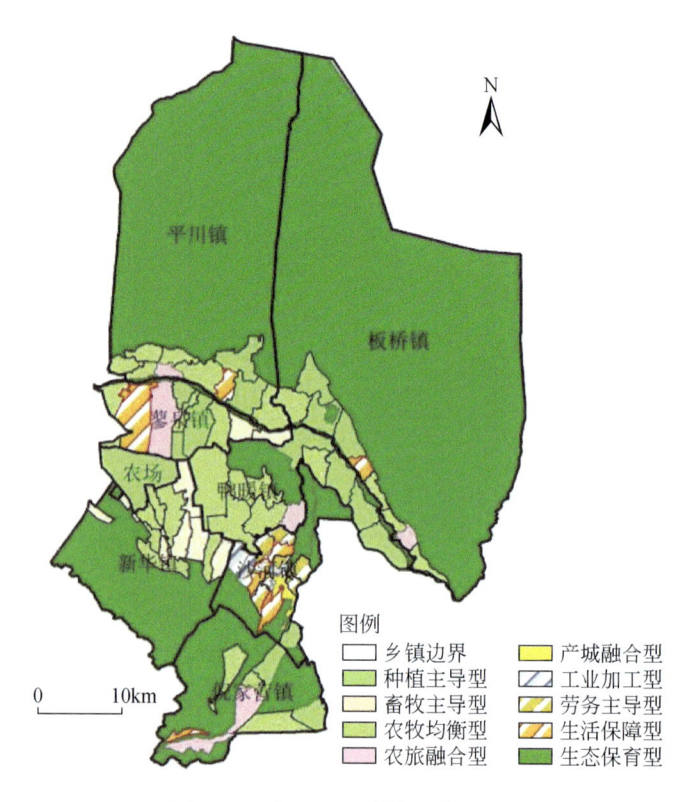

图 6-19 临泽县全域村庄建设类型

资源化利用，以乡镇政府驻地和中心村为重点梯次推进农村生活污水治理，加快推进农村厕所革命。同时加强农田水利基础设施建设，加快农业机械化发展水平和农业信息技术设施建设，实行规模化种植、集约化经营、标准化生产、机械化操作、信息化管理，提高村庄农业农村现代化水平。

B. 产镇融合型

该类型村庄主要集聚在县城周边土地资源紧缺的沙河镇。城边村因政策导向和区位优越性对于经济发展和村庄建设的需求机会更高，在大量集聚务工人口的同时，基础设施建设增加了水土资源及生态环境的负重，对于城区周边个别耕地资源少、承载力低、承压状态大的村庄，可考虑作为城镇化扩展区。还有部分新建宅基地面积在 300~600m²，且存在建新不拆旧现象的村庄，以及种植业发展过分依赖农药、化肥和地膜导致农业污染严重，或蔬菜种植采用地下水灌溉、地下水位下降、土地沙化严重的村庄，在未来发展中要确保实有耕地数量稳定、质量提升，对一户多宅的农户进行严格控制，对闲置宅基地进行复垦，严格管控新建宅基地的面积。以生态环境友好和资源永续利用为导向，加快推动形成农业绿色生产方式，以资源和环境承载力为前提，创新农业生产方式，优化产业结构和生产力布局，大力推广节地、节水、节肥、节药和生态农业新技术。

C. 综合发展型

该类型村庄空间相对分散，各乡镇均有涉及但处于边缘。这些村庄在未来发展中应以农村"三变"改革（资源变资产、资金变股金、农民变股东）为动力，盘活村庄闲散资源和整合社会闲散资金，制定利益联结机制激发村庄发展内生动力，引导制种企业和农民专业合作社集中连片流转土地，使原来家庭分散的经营模式扩展为家庭农场、专业合作社或农村企业经营等规模化生产，使单一化的种养殖业扩展到生产加工业再到旅游服务业，促进农民生活增收。进一步深化水权制度改革，各镇根据市级分配的水权总量，以村庄人畜数量、灌溉面积确定生活和农业用水量，确保地下水开采限量和生态用水基本需求量，大力推进节水型村庄建设。坚持"山水林田湖草"生命共同体理念，严格实施生态保护修复工程，设立县—镇—村三级管理体系，通过"以点带面、示范推进"的形式，把绿色发展和生态保护理念融入村庄建设的全过程，激励农户发展乡村民宿、特色林果、特色花卉等产业，聚力打造集湿地生态保护、特色产业发展于一体、三次产业交叉融合发展的引领示范区。

D. 种养融合型

该类型村庄主要集聚在中北部地区，这些村庄能够一定程度利用资源环境发展产业经济，但村庄设施建设还不完善，人力资本相对欠缺，协调水平提升空间还较大。这些村庄在未来发展中要把基础设施建设和人才建设作为农村发展的重点，通过开展农业农村信息化综合示范基地建设，推动互联网与农业生产、经营、管理、销售、服务等环节加速融合，培育网络化、智能化、精细化、品牌化的"种养加销"现代农业新模式。依托特色种植养殖业、设施农业、旅游产业、农产品加工、农村电商等用工需求，鼓励农村劳动力就近就业；创办农村合作社、种养大户、家庭农场、小微企业等新型经营主体，促进返乡创业带动村民就业。实施新型职业农民培育工程，以专业大户、家庭农场主、农民合作社带头人、农业企业骨干等为主要对象加快培育新型职业农民。引导民间资本协同开展农村人居环境整治工程、智慧农业工程、农产品精深加工、农村物流交易中心等建设，集聚所有优质资源推动乡村转型升级，打造乡村振兴示范基地。

6.2 农产品主产区

6.2.1 永宁县

6.2.1.1 村镇建设与资源环境基础概况

永宁县隶属宁夏回族自治区银川市，地处宁夏银川平原引黄灌区中部，东临黄河、西靠贺兰山，与银川市西夏区、金凤区、兴庆区接壤，在《国家主体功能区划》中属限制开发的农产品主产区。县域面积934km^2，辖5镇、1乡、1个街道办事处、2个区属农场，共有67个行政村、17个社区居委会。2020年，永宁县常住总人口为321 618人，其中城镇人口为207 698人，乡村人口为113 920人，城镇化率为64.58%；农林牧渔总产值为35.03亿元，三次产业结构比为17.8∶24.1∶58.1；粮食作物播种面积为256 212hm^2，园林水果种植面积为11 022hm^2，是"中国西部四季鲜果之乡""现代农业示范县的农作物高产区"和重要的商品粮基地县，粮食、蔬菜、水产品、鲜奶等人均产量居西北地区前列。

2008 年，被评选为"国家农产品质量安全县"；2012 年，被评为"全国休闲农业与乡村旅游示范县"，并被科学技术部确定为"西部干旱地区设施农业示范基地"。

永宁县地势西高东低，海拔介于 1108~2525m，处于银川平原中部，地形平坦宽阔，土壤深厚。县域西部山区分为贺兰山地、洪积扇地、老阶地和风沙地，东部为银川平原，由贺兰山东麓洪积平原和黄河冲积平原组成。永宁县属于中温带干旱气候区，大陆性气候特征十分明显，夏季暑短，冬季寒长，干旱少雨，蒸发量大，气候干燥；≥10℃的积温平均为 3245.6℃，年均无霜期为 158 天左右，年均日照时数达 2886.7h，热量充足，光能资源丰富，良好的温度和日照条件可满足多数农作物的生长需求。境内有惠农渠、汉延渠、唐徕渠、西干渠四大灌溉渠。黄河自南向北流经李俊、望洪、杨和、望远四镇，县境内河长 32.5km²，年均过境水量为 320 亿 m³。

6.2.1.2 村镇建设与资源环境承载力协调性分析

（1）村镇可利用土地面积不足，土地资源约束趋紧

根据永宁县土地生态适宜性评价结果，全县可利用土地面积约为 101.53km²，占县域总面积的 10.87%。2010~2018 年，永宁县未利用地面积减少了 2839hm²，耕地减少了 840hm²，林地减少了 462hm²，草地减少了 40hm²，农村居民点用地减少了 23hm²，与此同时，城镇用地增加了 3492hm²，其他建设用地增加了 690hm²，水域增加了 22hm²；人均耕地面积由 2.28 亩 / 人下降为 2.18 亩 / 人，耕地资源压力明显增大。特别是在快速城镇化背景下，大量耕地和生态用地转化为城镇建设用地，村镇建设的后备可利用土地资源明显不足。

（2）村镇可利用水资源量有限，水安全面临较大挑战

永宁县境内河流湖泊纵横交错，湖泊面积约 2400hm²。季节性水流包括永清沟、第一排水沟、永二干沟、中干沟，流经总长度为 138.5km，生态功能河流水系包括黄河、西部水系。黄河自南向北流经永宁东部边界，全长 32.5km。全县多年平均地表水资源量为 0.16 亿 m³，平均年径流深 17.2mm，年径流系数 0.1 万 m³/km²，因此全县地表水资源可利用量极少。多年平均地下水资源量为 2.07 亿 m³，地下水可开采量为 1.09 亿 m³，占地下水总量的 48.23%。县内工业及人畜饮水，抽取的地下水平均每年为 1683 万 m³，地下水资源利用率为 15.4%。2020 年地表水红线指标为 4.88 亿 m³，地下水为 0.43 亿 m³。全县用水量的 97.3% 来自于黄河，但黄河受气候变化影响突出，枯、平水年水量变化较大，村镇建设水资源供给安全方面依然面临较大挑战。

（3）生态资源供给与需求矛盾凸显，生态保育压力大

永宁县生态环境脆弱，地形地貌较为复杂，境内有贺兰山地、洪积扇地、河老阶地、风沙地等五个地貌单元。重要生态功能区主要包括 1 个自然保护区、4 个饮用水源地和 22 个风景名胜区以及林地、园地。这些区域具有重要生态服务功能和保护价值，在维护区域生物多样性和生态安全等方面发挥了重要作用。但随着农业产业化和城镇化的快速推进，

建设用地面积不断扩展，自然生态空间面积不断萎缩，区域生态资源供给与县域村镇建设需求之间的矛盾不断凸显，生态条件对村镇建设的限制性程度逐渐增强，县域生态空间保育和生态功能维护面临较大压力。

（4）环境污染问题突出，村镇建设环境复杂多变

永宁县水域环境化学需氧量、氨氮和总氮等指标均处于超标状态。2010~2020年全县工业废气排放总量呈先上升后下降趋势，2016年排放量最高，达到740亿 m^3，二氧化硫和氮氧化物排放总量也保持下降的趋势；工业固体废物生产量由47万t下降为29万t，但工业固体废物综合利用率和处理能力依然较低。2020年城市空气质量优良天数为279天，优良天数比例为78%，县域环境污染问题依然突出。

随着村庄快速撤并和新型农村社区建设，大量农村人口向县城和社区集聚，同时因距离省会城市银川较近，城市人口以旅游、休闲、体验乡村生活为目的向乡村地区周期性流动，但由于村镇及社区环境配套设施和接待服务能力建设不足，增加了村镇污染物收集、处理负担，村镇地区越来越多的点上污染逐渐转变为面上压力，2020年永宁县农村污水处理率仅为48%。在土地流转和发展酿酒葡萄种植等特色农业产业背景下，单位耕地面积使用的化肥、农药和农膜量依然较高，这种规模化生产一方面增加了水资源供给压力，另一方面增加了土壤和水环境的污染风险。同时，全县农业有机废弃物资源化利用水平偏低，2020年全县农作物秸秆综合利用率为80%。

6.2.1.3 村镇建设与资源环境承载力提升路径

（1）村镇主导功能分类

根据《永宁县乡村振兴总体规划（2018—2035年）》，综合考虑村镇生产、生活、生态用地，以及人口、产业等特征，将永宁县村镇分为综合发展型、种养结合型、葡萄种植型、蔬菜种植型和城郊融合型5类（表6-8）。其中，杨和镇和望远镇作为城市中心和副中心，基础设施水平和城镇化水平较高，随着产业联动、物流发展、交通建设的加强，带动了商贸服务、旅游服务和现代农业等多个产业的发展，推动了工业化、城镇化和农业产业化的进程，故划为综合发展型村镇；李俊镇农业灌溉条件优越，是优质粮食生产基地，

表6-8 永宁县各村镇类型划分

乡镇名称	产业类型	村镇类型
李俊镇	优质粮食产业、蔬菜产业、设施园艺产业、草畜产业	种养结合型
闽宁镇	葡萄产业、畜牧养殖产业、文化旅游业、光伏产业	葡萄种植型
杨和镇	蔬菜产业、休闲农业产业、文化旅游产业	综合发展型
望洪镇	优质粮食产业、蔬菜产业、设施园艺产业	蔬菜种植型
望远镇	蔬菜产业、设施园艺产业、生物制药、电气制造、保健食品、农副产品加工、建材、化工、物流产业	综合发展型
胜利乡	优质粮食产业、休闲农业产业、经果林产业、园艺蔬菜产业、娱乐旅游产业	城郊融合型

特色种植业和草畜产业融合发展，故划分为种养结合型村镇；闽宁镇葡萄种植面积大，产值高，葡萄酒产业成为永宁县重要的支柱产业之一，故划分为葡萄种植型村镇；望洪镇蔬菜产业稳定发展，在保证内供的同时供外销售，故划分为蔬菜种植型村镇；胜利乡优质粮食产业及鲜果蔬菜产业发展良好，农业休闲旅游持续推进，城郊差距不断缩小，故划分为城郊融合型村镇。

（2）村镇建设与资源环境承载力协调模式

永宁县在村镇建设与资源环境要素开发利用实践中形成了富有区域特色的发展模式（图6-20）。在县域层面集中表现为：①全面统筹城乡发展，以新型城镇化推进特色小城镇和中心村建设，即县城周边的村落向县城集中，乡镇周边的村落向乡镇中心区集中，其他村落逐渐向附近小城镇和中心村集中，县里集中力量在小城镇和中心村配齐基础设施、完善服务功能，打造新型农村社区中心，促进了土地资源的节约集约利用和城乡融合发展。②深化拓展"政府推动、市场驱动、多级联动、广泛发动"的"闽宁协作"模式，发挥贺兰山东麓水土光热资源优势，率先将葡萄酒产业等特色产业打造为村镇经济转型、改善生态环境、保障农民增收致富的支柱产业，形成了龙头企业带动、三次产业联动发展的新模式。③作为限制开发的农产品主产区，永宁县在确保粮食安全基础上，大力发展蔬菜、林果产业，优化特色蔬菜和林果的产业链条，推进蔬菜和林果的种植、加工、物流派送、市场销售等三产融合发展，形成了"供港蔬菜"产业发展新模式。

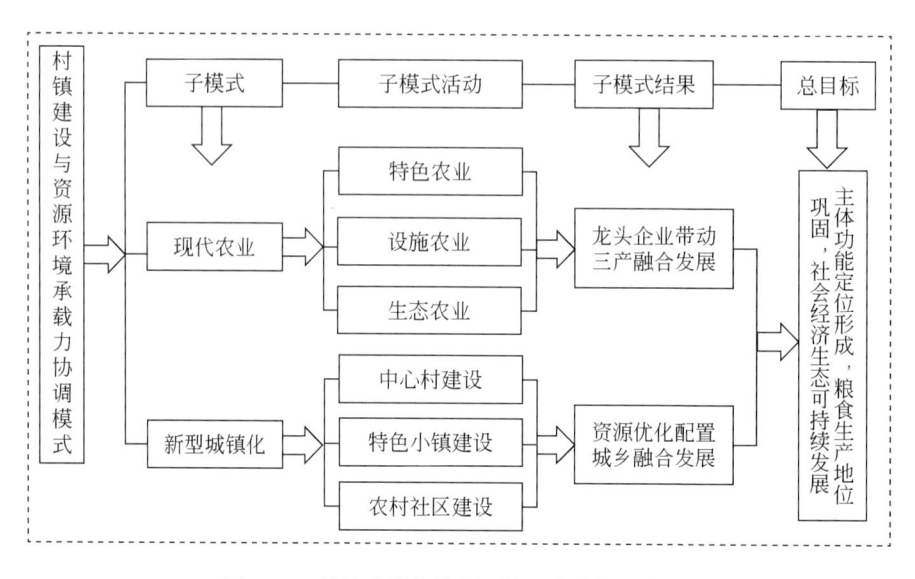

图6-20 村镇建设与资源环境承载力协调模式

在村镇层面值得注意的是，闽宁镇立足地域资源环境优势，积极建设高标准有机葡萄种植基地，引进品牌酒庄入驻，以"公司+基地+农户"组织模式，推动村镇葡萄酒产业快速发展。同时，积极发展特色畜牧养殖、光伏产业和以"吊庄"历史、红酒文化、特色种植为主题的旅游产业，推广"互联网+品牌+旅游"模式，初步形成了"以文化旅游服务业为抓手、特色新型光伏产业为核心、特色养殖为主导、特色种植和劳务产业为引擎"

的现代产业结构体系，实现了三次产业的联动发展。李俊镇通过全面开展集体产权制度改革，开展"种植+加工+营销"全产业链开发，以蔬菜种植为重点，推进合作社和企业建设，形成了集生产、包装、销售于一体的订单式、专业化营销种植模式，带动了村集体经济的发展壮大和农户的增收致富。

（3）典型村镇建设资源环境承载力提升路径

A. 城郊融合型

胜利乡地处银川市南端、永宁县城西北部，距银川市中心城区14km，距永宁县城8km，位于城市近郊区，地理位置优越，交通条件便捷，城乡统筹发展优势明显。村镇发展需要立足胜利乡农业基础、旅游资源、交通条件及市场优势，构建"农业+旅游+劳务"的产业结构体系，同时，以周边地区工业体系为依托，培育胜利乡特色工业产业，促进村镇经济发展。

1）推动特色农业发展。围绕设施园艺、露地瓜菜、经果林、优质粮食4大农业主导产业，建设村镇特色产业基地，大力发展绿色农业、效益农业、休闲农业和创新农业，推进农业标准化生产。

2）推动旅游休闲产业发展。落实全域旅游发展战略，挖掘区域旅游资源，依托"西部水系"、三沙源、闽宁产业城、创业谷、设施园艺等优势资源，大力发展生态旅游业和观光休闲采摘旅游业，推动"农业+旅游"深度融合，打造"现代休闲旅游特色小镇"和"四季鲜果之乡"。

3）强化劳务产业服务体系。面向银川、永宁、望远和三沙源，扩大劳务派遣公司和劳务经济带头人规模，建立政府服务平台，组织就业创业培训，建设就业创业信息、法律咨询和维权保障服务体系，打响胜利就业品牌。

4）培育工业产业。借助临近望远工业园区、闽宁工业园区及银川市和永宁县的区位优势，寻求产业转移与合作机会，培育胜利乡特色工业企业，带动村镇经济发展。

B. 种养结合型

李俊镇是典型的种养结合型村镇，初步形成了"一园、两带、四个万亩基地"的产业结构体系（即万亩草畜产业园、两处高效农业产业带、万亩有机水稻生产基地、万亩露地鲜食葡萄基地、万亩露地瓜蔬种植基地、万亩供外蔬菜基地）。需要围绕农业产业主导地位，以提高农产品市场竞争力和农产品质量安全为目标，全面推进农业标准化生产，构建以优质粮食产业以基础、以畜牧养殖业为重点、种养殖业良性互动的现代农业产业体系。

1）巩固发展优质粮食产业。统筹农田水利设施建设，完善喷灌、滴管、渠道等灌溉设施，建立高效节水的农业灌溉体系，加快推进中低产田改造和高标准农田建设，夯实农业发展基础，为粮食生产提供物质支撑；加速传统农业改造升级，推广现代农业生产方式，以李俊镇东方育苗中心为核心，培育种植高产优质水稻，实现粮食作物良种覆盖，提升粮食作物机械化水平，促进农业产业规模化、组织化、品牌化发展；深化农业与高新技术的融合发展，以李俊镇设施蔬菜生产基地为模板，推广农业物联网技术应用，打造智慧农业（粮食）示范区，提升粮食作物生产规模、品质和效率。以宁化村、西邵村、李庄村为中心，推动有机水稻生产规模化、标准化和品质化，建设宁化万亩有机水稻生产示范区，打造黄河金岸优质粮食生产基地。

2）建设草畜产业标准化基地。实施农牧结合的绿色养殖工程，打造宁化优质牧草种植基地，建设宁化优质肉牛生态示范养殖基地，打造优质牛羊肉产业链深加工基地，提高种养产业经济效益；开展"粮改饲"改革试点工作，加快构建种养结合模式，扩大青储玉米、黑麦草、苜蓿等优质饲草种植，推动草畜产业平衡发展；加大优质良种牲畜繁育，全面推广营养调控、精准喂饲、环境治理等技术，推动畜牧业绿色、循环、高效发展。

C. 特色产业型

a. 葡萄种植型

"贺兰山下·葡萄美酒"是永宁县葡萄产业发展的生动展现，葡萄产业是全县核心的特色产业之一。闽宁镇自然条件优越，葡萄产业发达，是贺兰山东麓葡萄酒产业核心区和典型的葡萄种植型村镇，境内引进了德龙、立兰、中粮等葡萄酒龙头企业，建成酒庄13家，葡萄种植面积近8万亩，年产葡萄酒2.6万t，综合产值约9.3亿元。

1）建设高标准葡萄基地。坚持规划引领葡萄产业发展，科学制定闽宁镇葡萄产业发展规划，统一规划酒庄布局、公共服务和基础设施建设；统一流转农户闲置土地，合理利用土地资源，协调葡萄种植用水供应，为葡萄产业发展提供自然基础；以培育优良葡萄品种为基础，改造现有葡萄种苗基地，推进优质种苗基地建设；推广"浅清沟、斜上架、深施肥、统防统治、节水及水肥一体化"等葡萄种植技术，推进低质低产葡萄园区提质改造，建设高标准酿酒葡萄种植基地，推动酿酒葡萄绿色生产。

2）培育葡萄产品知名品牌。着力打造"贺兰山下·葡萄美酒"这张"紫色名片"，主动整合优质葡萄资源，建设品牌酒庄，培育目标市场，加强宣传推广，打响贺兰山东麓葡萄酒品牌，打造数字化、智能化葡萄产区，培育国际国内具有核心竞争力的葡萄产业经济体。同时要以企业为主体，坚持高端酒庄酒和大众化消费并重，推广"大产区、大酒庄"经营模式，以打造世界知名葡萄酒产区、选育名优葡萄品种和苗木、建设特色名优葡萄园、挖掘产区葡萄酒文化内涵、培育知名葡萄酒庄品牌和驰名酒庄酒品牌为主攻方向，增强区域葡萄产业品质和品牌。

3）推动葡萄产业融合发展。将葡萄产业作为产业融合发展的重要抓手，探索"葡萄+文化+旅游"的产业融合发展新模式，延伸葡萄产业链，提高产业附加值，提升综合效益。首先，要延长葡萄深加工产业链，积极招商引资，加快闽宁葡萄产业扶贫示范园建设，推动橡木桶、酒瓶、包装箱、商标、酒杯、酵母等葡萄酒衍生产业发展；其次，要深入挖掘区域葡萄酒文化内涵，加快葡萄酒产业与文化产业融合发展，营造浓厚的葡萄酒文化氛围，提升葡萄产业文化附加值，增强葡萄产业核心竞争力；最后，要以葡萄种植基地为依托，鼓励葡萄健康休闲旅游业发展，推动葡萄产业和旅游休闲业的深度融合。

4）强化技术创新和人才支撑。加强产学研协同创新，推广抗寒、抗旱、优质葡萄嫁接苗等葡萄生产科技，提高葡萄酒产业科技含量，推动科技成果转化运用；依托宁夏大学葡萄酒学院、北方民族大学葡萄与葡萄酒创新中心以及相关科研院所、企事业单位，从基地建设、种植、酿酒、品酒、营销、管理等重点环节入手，推动葡萄产业专业人才队伍建设。

b. 蔬菜种植型

望洪镇是全县著名的农业大镇和供港蔬菜基地，现有设施农业334.75hm^2，温棚1685

栋，拱棚 426 栋，其中设施蔬菜 858 栋，完成高标准农田建设片区 7 个共 5478hm^2，供外蔬菜种植企业 13 家，供港蔬菜流转土地 2.3 万亩，总产量 1.36 万 t，总产值 3.1 万元。望洪镇乡村农业基础设施完善，无公害供港蔬菜是其重要的特色产业。

1）优化蔬菜种植结构，延长蔬菜产业价值链，增强产业竞争优势。以市场需求为导向，积极引进蔬菜新品种，调整优化蔬菜种植业产业结构，合理安排蔬菜种植品种和上市时间，增加蔬菜产业市场竞争力；此外，需要加大招商引资力度，积极引进各类蔬菜生产、加工、运输项目，推广蔬菜分级、包装、保鲜、储运模式，延伸蔬菜产业链，提高产品附加值。

2）探索农业产业发展新模式、新体系。以"板桥模式"为引领，采取"合作社+园区+农户+技术服务+订单"的产业化运营模式，以及产、供、销为一体的技术服务体系，探索设施蔬菜、粮菜套种、粮菜轮作、地膜蔬菜、喷灌栽培等蔬菜产业发展模式，打造以生产标准化、管理规范化、运营市场化为标准，集蔬菜育苗、新品种新技术展示示范及培训为一体的蔬菜社会化综合服务站，为农户提供产前、产中、产后全过程综合配套服务，助力供港蔬菜产业高质量发展。

3）发展有机生态循环蔬菜，推动蔬菜产业提质增效。积极引进先进农业种植技术、经验和模式，实现蔬菜高效生产、施肥和灌溉，构建集"蔬菜种植—病虫害绿色防治—农作物秸秆回田"为一体的有机生态循环模式，强化蔬菜质量安全管理，提升蔬菜产业的知名度和影响力，提高有机供港蔬菜的产品价值。

4）推动水—土—蔬菜协同发展。水土资源是蔬菜产业发展的自然基础，需要科学厘定水—土—蔬菜三者关系，实现水土资源和蔬菜产业的良性协同发展。该区域过度开采地下水问题突出，供外蔬菜合理轮作、修建蓄水池、缩小蔬菜规模、丰富蔬菜品种等措施能有效解决村镇地下水下降问题；此外，加快土地流转经营，推动蔬菜种植规模化、集约化和专业化发展，能有效提高土地利用效率，实现资源环境与村镇发展的良性互动。

6.2.2 永丰县

6.2.2.1 村镇概况

永丰县位于赣江流域、吉泰盆地区，地处雩山山脉向吉泰盆地的过渡地带，行政上属江西省吉安市。全县辖 8 镇、13 乡、3 个国有场，215 个行政村（社区），县域总面积 2712km^2，常住人口约为 39 万人。2021 年全县 GDP 达 211 亿元，农村居民人均可支配收入 2.2 万元，城镇居民人均可支配收入 3.9 万元。

（1）人口

全国第七次人口普查显示，永丰县常住人口为 38.8 万人，比 2010 年人口减少了近 4 万人，年均减少约 4000 人；全县共有 11.9 万家庭户，家庭户人口 36.6 万人，户均 3.08 人，比 2010 户均减少 0.92 人；城镇人口为 18.9 万人，乡村人口为 19.9 万人，城镇化率 48.7%，与 2010 年相比，城镇人口增加了 5.2 万人，乡村人口减少了 9.2 万人，平均每年减少约 9000 人。

永丰县每个乡镇约有 10 个行政村，镇的行政村数量多为 10 个以上，乡的行政村数量多不到 10 个。据统计部门资料，2018 年乡镇农户规模多数为 3000~6000 户，多的可达上万户，少的也在 1000 户以上。各乡镇下辖的社区及行政村农户规模一般为 300~500 户，超过 1000 户的行政村主要分布在赣江支流的恩江盆地和恩江支流的藤田河盆地的各乡镇，200 户以下的行政村多分布在南部和中部山区的乡镇。全县行政村（含社区）户籍人口规模介于 350~4800 人，平均值为 1571 人，中位数为 1333 人（图 6-21）。行政村（含社区）平均人口规模在 2000 人以上的乡镇中，既有 3 万人规模以上的佐龙乡、藤田镇，也有 1.5~2 万人规模的恩江镇和瑶田镇；人口规模 1 万人以下的乡镇中，行政村人口规模介于 800~1500 人。其中，有 6 个超过 4000 人规模的行政村，5 个在藤田镇，1 个在恩江镇；有 7 个不到 500 人的行政村，分布在沙溪镇、陶唐乡、七都乡、龙岗乡和潭头乡。人口规模最大的行政村是恩江镇花园村，人口规模为 4853 人，最小的为陶唐乡娄元村，人口规模不到 400 人。

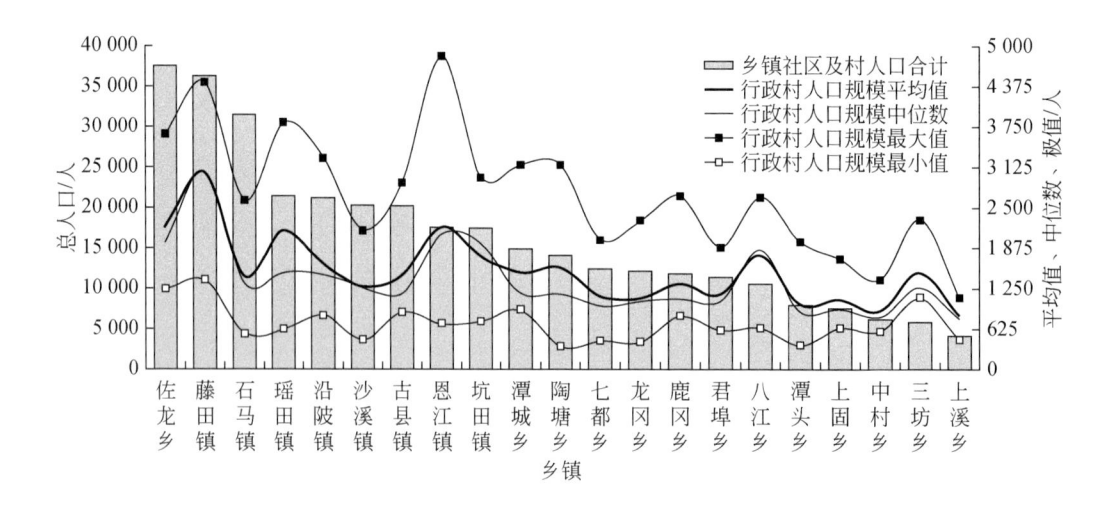

图 6-21 永丰县各乡镇社区及行政村户籍人口规模

（2）乡村经济

永丰县是江西省的国家级农产品主产区，2020 年 GDP 三产结构为 12∶44∶44，和吉安市 11∶44∶45 的三产比基本一致，第一产业增加值占吉安市的 9.8%，第二产业、第三产业的增加值均占吉安市的 8.7%，第一产业地位略微突出。

2000 年以前，永丰县是吉安市的"粮油之乡""轻工业小镇"，农业产值占工农业总产值的 75% 以上，轻工业产值约占工业总产值的 3/4。2000 年以后，政府开始扶持有色金属、碳酸钙、医药等产业发展，同时，农业开始从传统农业向绿色农业转型。近十年来，农业产值比例逐步下降，工业和服务业产值比例逐年上升，并逐步建立了以新型建筑材料、医药、绿色产业为主的产业经济体系，形成石头经济、食品医药、资源循环利用等三大主导特色产业。

农业生产上，从以粮油为主的农产品生产，开始转向以粮食为主，粮菜果茶等多种经营的绿色农业产品生产。农作物类型多样，包括粮食、油料、蔬菜、瓜果、烟叶、中药材、莲子和甘蔗等，其中粮食作物产量约占吉安市的9%。2020年粮食作物种植面积占农作物总播种面积的73.9%，其中水稻播种面积约占农作物播种面积的3/4；经济作物播种面积中，46.6%的是蔬菜。农户的土地经营收入主要来源于蔬菜等经济作物种植，绿色蔬菜、油茶、白茶等农林产品供应省内外，并建成以坑田辣椒、佐龙有机芦笋、沙溪白莲等本地特色品牌为主的市级蔬菜标准园。

根据2018年的统计数据（图6-22），永丰县农作物播种面积超过5000hm²的乡镇有7个，包括佐龙乡、古县镇、沿陂镇、坑田镇、藤田镇、潭城乡、石马镇，主要分布在恩江盆地和藤田盆地；播种面积不到2000hm²的乡镇有4个，为上固乡、三坊乡、上溪乡、中村乡，主要分布在南部山区。

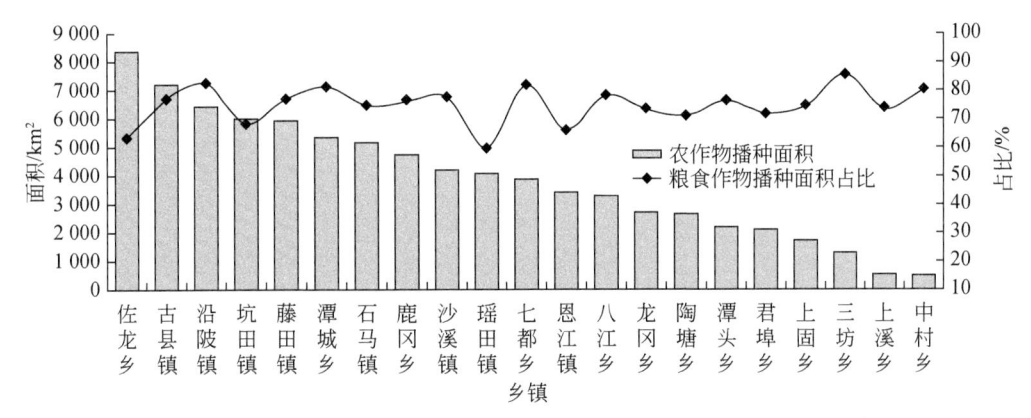

图6-22 永丰县各乡镇粮食作物播种面积及占农作物总播种面积的比例

（3）村镇设施

永丰县交通运输方式为公路，没有铁路，县城到最近的井冈山机场约有1.5小时车程，县城到最远的乡镇约有1.5小时车程，各村都通公路，交通较为便利。2018年行政村宽带普及率为100%，有线电视普及率为90%，有85%的村通公共交通，100%的村实现垃圾集中收集处理。行政村自来水普及率约为80%，有1/3的农户是依靠分散供水工程。此外，山区电网供电可靠性差，无法满足用电高峰期的负荷需求。

由于乡村人口减少，村庄小学、幼儿园教育生源不足，规模在缩小；城区生源增多，教育设施建设还未跟进，暂不能满足需求。乡镇卫生院（所）规模偏小，人员和设施配备只为临时门诊需求，无法适应应急突发事件的应诊需求。据统计显示（图6-23），2018年永丰县万人医疗卫生机构床位数约40张，万人执业/助理医师数约11人，同期，吉安市分别为35张和17人，江西省分别为54张和19人。全县医疗卫生机构床位数和执业医生/助理数几乎全集中在县政府驻地恩江镇，其余乡镇万人医疗卫生机构床位数和执业/助理医师数均低于全县平均水平。

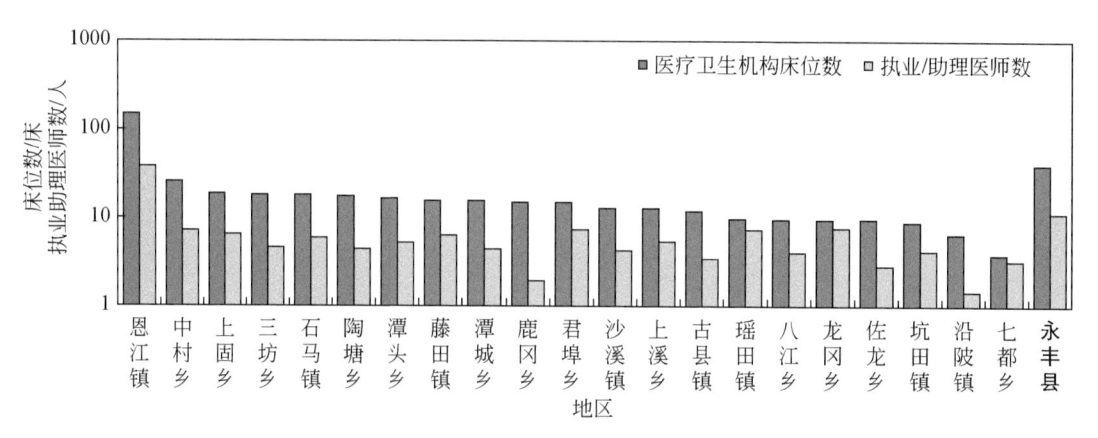

图 6-23 永丰县 2018 年各乡镇医疗机构和人员配置

6.2.2.2 村镇建设承载力限制因素及协调性分析

（1）土壤侵蚀敏感，山洪及地质灾害风险高，多数村镇受土地资源约束

永丰县四面环山，山地丘陵占地面积大，素有"七分半山一分半田，一分水面、道路和庄园"之称，县域北部以岗地为主，中南部以盆地、丘陵和低山为主。土壤类型主要为红壤，粘性较高，在植被覆盖不高的地方易发生水力侵蚀。永丰县森林覆盖率在 70% 以上，森林主要分布在四周山丘，恩江盆地和藤田盆地耕地、居民点分布集中，植被盖度低，是土壤侵蚀的中高风险区。

永丰县位于我国暴雨多发区，年暴雨日数 4~7 天，24 小时极值降雨量可超过 200mm，在坡度超过 25°、森林覆盖稀疏地区，山洪灾害的危险性较高，在区域分布上，和本县土壤侵蚀的风险区重合度较高，加重了土壤侵蚀的敏感程度。

县域南部山区是江西省地质灾害的重点防御区，南部 1 镇 7 乡均位于崩塌、滑坡和泥石流高易发区，除位于恩江盆地的恩江、沿陂、坑田 3 镇和佐龙乡的大部分区域外，其余乡镇均位于崩塌、滑坡和泥石流中易发区，中部 3 镇 1 乡还是地面塌陷高易发区。

根据永丰县生态保护红线划定成果，全县生态保护红线面积约 4.6 万 hm^2，约占县域总面积的 17%。如在生态保护红线基础上，再除去坡度 25° 以上的地区、地质灾害避让区，以及除生态保护红线外的其余生态重要区域，永丰县村镇建设和耕地可利用土地面积合计约占县域总面积的 1/3，主要分布在恩江和藤田盆地、国道 322 和省道 219 两侧，除这些地区外，其余乡镇则不同程度受土地资源约束。从各行政村受可利用土地资源约束而不适宜进行村镇建设的区域面积看（图 6-24），有 63 个行政村村镇建设不适宜面积占行政村面积的比例超过 3/4，包括龙冈、三坊、上溪和中村 4 乡的全部村庄和君埠、潭头 2 乡的绝大部分村庄，约占全部行政村数量的 29.3%；有 117 个行政村不适宜村镇建设的土地面积占村庄面积的 1/3~3/4；仅有 36 个行政村有 2/3 的村庄面积适宜村镇建设，约占全部行政村数量的 16.7%。

因为村镇建设适宜区也是种植业适宜区，所以未来"一江一河、两盆地"将是承担永丰县农产品供给功能和人口集聚功能的重点地区。而这"一江一河"又是全县重要的水资

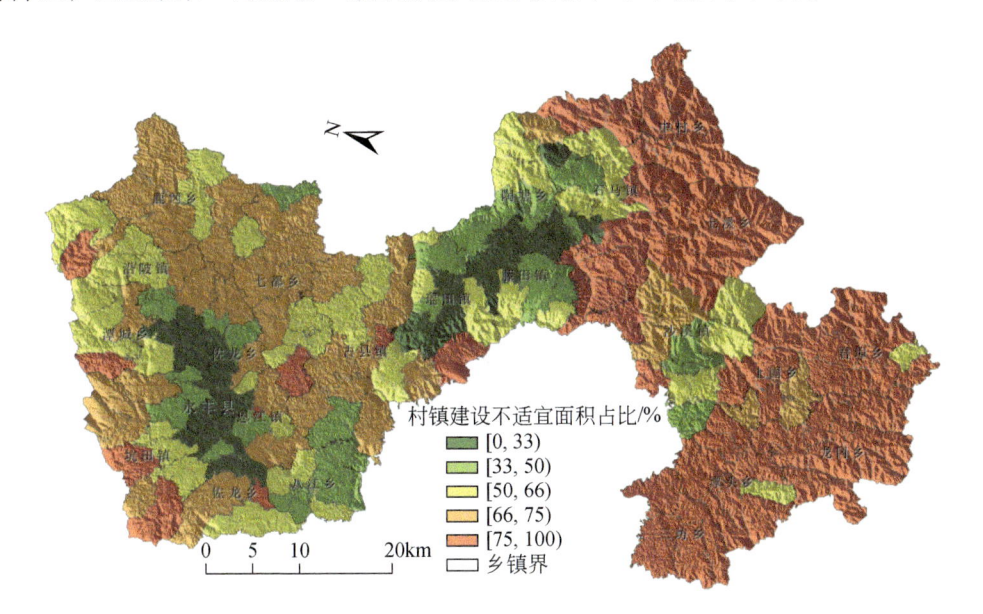

源保障区，因而未来"两盆地"将面临较大的水资源和水环境保护压力。

图 6-24　永丰县村镇建设不适宜区占各村面积的比例

（2）建设用地利用效率低，城镇建设用地匹配与其集聚功能不相协调

如表 6-9，2010 年，按"六普"人口和土地"二调"数据计算，永丰县人均建设用地（城镇村居民点及工矿用地，下同）为 210.3m^2；2020 年，按"七普"人口和 2017 年土地"二调"变更数据计算，人均建设用地为 249.2m^2，按土地"三调"数据计算，人均建设用地 284.3m^2。近十年来，永丰县人均建设用地超国家标准（90m^2/人，镇规划标准，下同）2.3~3.2 倍。按 2020 年户籍人口计算，土地"二调"变更和土地"三调"的人均建设用地分别为 195.9 和 223.4m^2，相当于国家标准的 2.2~2.5 倍。

表 6-9　永丰县人均建设用地规模　　　　　　　　（单位：m^2）

人口数年份		2010 年	2020 年	
土地数年份		土地"二调"	2017 年"二调"变更	土地"三调"
常住人口人均	建设用地	210.3	249.2	284.3
	城镇居民点	88.5	99.4	82.2
	农村居民点	239.4	352.6	425.4
户籍人口人均	建设用地	—	195.9	223.4
	城镇居民点		78.6	65.0
	农村居民点		275.3	332.1

从城乡看，城镇居民点常住人口人均城镇居民点面积大致符合国家标准（80~100m²/人），户籍人口仅为国家标准的最低限值（60~80m²/人）。农村居民点远超国家标准，常住人口2010年人均建设用地相当于国家标准（100m²/人）的2.4倍，2020年达4倍以上。

如城镇居民点用地按90m²/人、农村居民点按100m²/人测算（实地调研农村住宅用地按90m²/人规划），城镇人均建设用地略显紧张。一方面城镇公共服务用地建设不足，县城部分幼儿园、小学班级超员，1/2左右的小学教育用地达不到人均标准。另一方面，虽十年间城镇人口增加了5万余人，但统计口径显示，2020年城镇户籍人口为23.9万人，比"七普"常住人口多了近5万人，户常比为1.26，说明至少约有1/5的户籍人口（户籍与常住差值/户籍人口）处于有户无人的状态，这与本地吸引就业能力不强有很大的关系。2020年，永丰县建设用地单位面积产值不到吉安市平均水平的90%，与东部发达地区更相去甚远。也就是说，由于城镇集聚功能建设不足，乡村人口向城镇的集聚主要是利用教育资源，而收入来源中，相当部分还是依靠区外务工或务农。上述情形，一方面造成了城镇公共服务资源的拥挤，另一方面也使部分居民的收入主要依靠县外资源或县内农业资源，形成城镇建设用地资源紧张和利用低效并存的局面。

2020年，永丰县农村统计户籍人口为25.5万人，户常比为1.28，说明约有21.9%的户籍人口处于有户无人的状态。由于近十年农村人口是净流出，说明至少有21.9%的村庄建设用地处于低效或闲置的状态。江西省农户户均宅基地的标准不超过180m²，每户人口按3.1人计算，人均住宅用地58.1m²，如按占40%的村庄居民点用地比例折算，人均为145.2m²，则永丰县现状常住人口居住用地是江西省标准的2.9倍，户籍人口居住用地是省标准的2.3倍。假如村庄宅基地按全部户籍人口的省标准建设，那么照此计算，至少有14%的农户宅基地处于闲置或低效利用状态[①]。

（3）耕地质量总体较好，耕地保护压力较大

永丰县现状耕地中，水田和平地占绝对比例，水田占比达94.7%，坡度6°以下耕地占比为88.8%。耕地相对集中连片，2017年土地"二调"变更数据显示，相对集中连片的万亩田有7片，约占耕地总面积的23%；千亩田有115片，约占耕地总面积的42%（图6-25）。耕地产能较高，据吉安市耕地质量等级调查（刘积福，2010），基本农田中将近一半为国家（经济）等别的7~8等地。江西省2021年调查年鉴统计显示，2012~2020年，江西省50个产粮大县中，永丰县粮食作物播种面积和粮食产量均处于中游偏上水平，播种面积占总50个县合计播种面积的19%左右，粮食产量占18%左右。吉安市统计局数据显示，近十年来，永丰县粮食作物播种面积、产量和稻谷产量大体维持在吉安市13个县（市、区）总量的9%左右的水平。

永丰县有96.8%耕地被列入耕地保护任务，其中永久基本农田占耕地总面积的81.2%。2010年以来永丰县耕地面积减少了7.5万亩，其中水田和旱地分别减少了5.5万亩和2.0万亩。根据江西省50个产粮大县统计数据，永丰县粮食生产在50个产粮大县中

---

① 宅基地闲置率=[((户籍人口人均居民点用地–省标准)÷常住人口人均居民点用地)÷常住人口户均人口]×100。

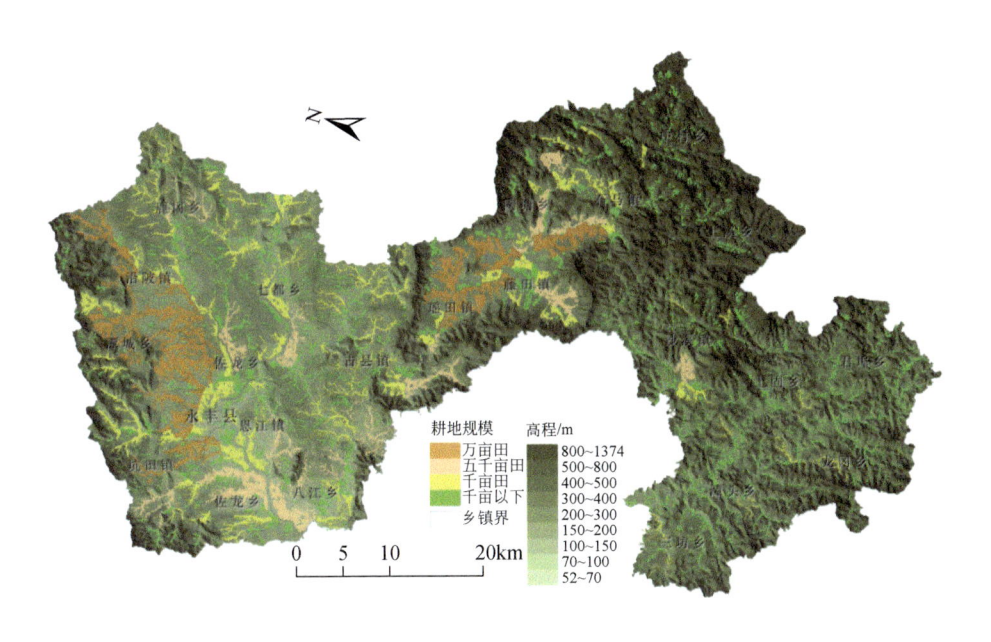

图 6-25　永丰县集中连片耕地规模

的排位，在播种面积排位不变的情况下，产量从 2012 年的第 18 位，下降到 2020 年的第 21 位。

在耕地保护和粮食生产任务的压力下，提高单位面积粮食产量成为必要的途径。近年来，耕地环境压力出现上升趋势。根据 2009~2017 年的统计数据，永丰县农作物总播种面积占吉安市的比例，从 2009 年的 9.4% 下降到 2017 年的 9.1%；农作物单位面积化肥施用（折纯）量从 2009 年相当于吉安市的平均水平的 1.1，上升到 2017 年的 1.3。根据江西省第三次农业普查，永丰县早稻和双季晚稻亩均化肥施用量水平列居吉安市第一位，规模经营户上述两种作物的亩均化肥用量高出吉安市平均水平的 11%，普通经营户两种作物的亩均化肥用量高出吉安市平均水平 14%~15%。从耕地耕作层来看，永丰县耕地地力有下降趋势。根据当地农业部门耕地质量监测报告，2017 年和 2018 年耕层土壤板结问题较为突出，有耕作层变浅、生物群落退化趋势。2017 年监测点水稻单产为 483.6kg/ 亩，亩均化肥折纯量为 20.6kg，不施肥对照区平均产量为 209.9kg/ 亩，地力贡献率为 43.4%；2018 年监测点水稻单产为 477.2kg/ 亩，亩均化肥折纯量为 20.02kg，不施肥对照区平均产量为 162.0kg/ 亩，地力贡献率为 33.9%。

（4）农村人口流失严重，村庄环境设施配置不足

永丰县 2020 年劳动力适龄人口（15~59 岁）比 2010 年减少了 7.3 万人，60 岁以上人口增加了将近 2 万人。农村劳动力减少更甚，根据实地调查，藤田镇 2018 年农村劳动力约占总人口的 61%，其中 78% 为乡村从业人员；乡村从业人员中，58% 为离镇外出从业人员，其中 70% 又是出省从业人员；本镇农业从业人员占乡村从业人员的比例不到 30%。2018 年永丰县农村老、妇、幼留守人员约占总人口（统计口径）的 4.3%（图 6-26），全县有

12个乡镇该比例高于全县平均水平，低于全县平均水平的主要分布在恩江盆地及周边地区。

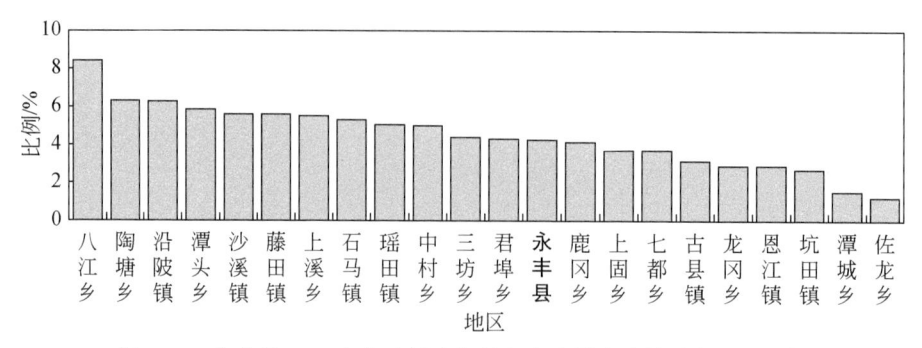

图6-26　永丰县2018年各乡镇老妇幼留守人员占乡镇总人口的比例

根据江西省2016年第三次农业普查，永丰县生活垃圾集中处理或部分集中处理的村庄占村庄总数的85.2%，低于吉安市90.9%的平均水平，在全市各县区中排名倒数第4；生活污水集中处理或部分集中处理的村庄仅占村庄总数的0.9%，低于吉安市8.8%的平均水平，在各县区中排名倒数第1；完成或部分完成改厕的村庄占村庄总数的87.4%，低于吉安市94.1%的平均水平，在各县区中排名倒数第2。

2018年开始，永丰县逐步实施100%行政村的生活垃圾集中收集，处理方式主要为填埋。2018年8月~2019年7月，全县共收集处理生活垃圾7.5万t，如按城镇人均生活垃圾产生量0.5kg/d、农村人均生活垃圾产生量1.25kg/d核算，2018~2019年全年全县生活垃圾收集处理率约为60%。如分别以镇、乡作为城镇人口和乡村人口生活垃圾收集处理量粗略估计，城镇生活垃圾收集处理率超过150%，乡村生活垃圾收集处理率不到20%。这种情况也从侧面反映出永丰县乡村人口具有较高的外出流动情况，特别是劳动力人口的流动。

永丰县污水集中处理设施建设相对滞后，县城污水处理厂超负荷运行，排水管网雨污合流。乡镇中除藤田镇外，其余均无集中污水处理厂，乡镇污水缺乏分散处理的设施配置，基本处于直排状态。

6.2.2.3　承载力提升途径

（1）村庄主导功能分类

按照村庄的资源环境特征，综合考虑村镇可利用建设用地、可利用种植业用地、生态保护红线，以及人口、村庄现状建设特征，将永丰县村庄主导功能分为3大类4小类（图6-27）。

第一类，综合类，包括2小类：产镇融合主导功能村，包括人口较多、村庄基础设施较好，可利用建设用地比较充裕的村，有两块集中的区域——藤田盆地、县城与恩江镇，其余主要分布在各乡镇驻地及其附近的村庄，整体上北部的分布数量要略多于南部地区；特色产业与保护主导功能村，包括旅游、特色养殖和传统村落保护村，

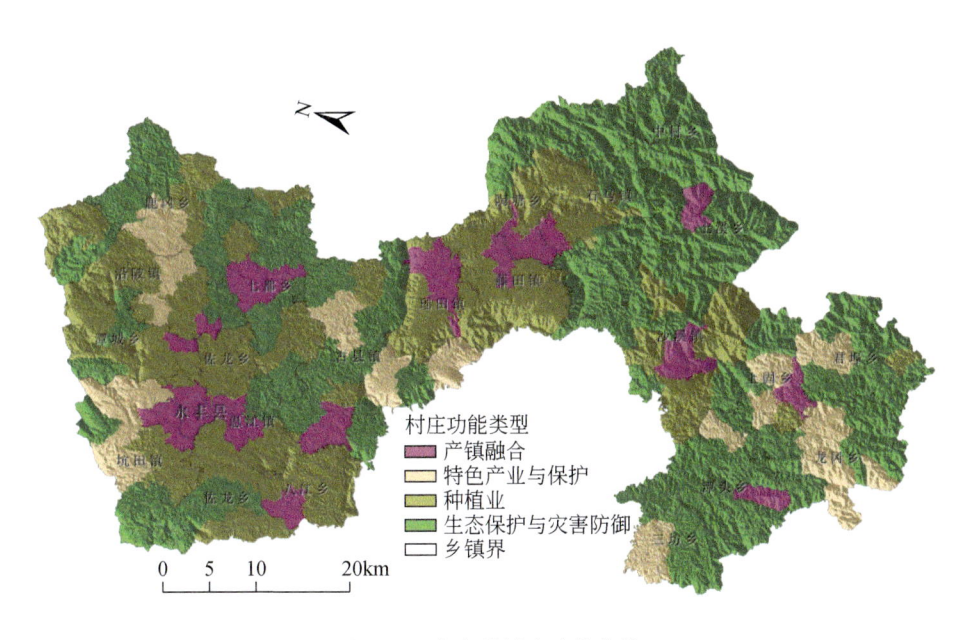

图 6-27　永丰县村庄功能分类

有 3 块相对集中区域，分别为北部的坑田—佐龙、沿陂—鹿冈，中西部的古县镇，南部的龙冈乡和君埠乡。

第二类，农业类，主要为种植业主导功能村，包括规模经营面积较大，种植业发展较好，可利用耕地潜力较大的村。主要分布在北部和中部，北部村庄的分布数量要多于南部地区，主要分布在沿陂、佐龙和八江三乡镇，中部集中分布在藤田镇和瑶田镇，南部则主要分布在沙溪镇。

第三类，生态类，主要为生态保护与灾害防御主导功能村，集中分布于南部山地高丘区各乡镇，村镇建设和种植业适宜用地少的村，多处于生态保护红线区和地质灾害高风险区，未来以生态保育为主要功能。

（2）承载力提升途径

A. 深化高效农业基地化建设，稳固农业类村庄保耕地稳粮食的功能

永丰县历史上就是江西省重要的以水稻为主的粮食作物的生产区，主体功能区定位以来，粮食生产功能进一步强化。近年来在江西省和吉安市主要的粮食生产大县中，在维持粮食播种面积总量的情况下，粮食产量在全省的位次略有下降。在保耕稳粮的压力下，耕地的高投入也导致耕地出现了板结现象。

永丰县有一定规模的集中连片耕地数量，适宜基地化农业的发展。未来应利用好规模耕地资源，围绕打造规模高效、功能多样化的农产品基地，培育以水稻为主，有机蔬菜、白茶、白莲、油茶、中药材、菌菇等农作物为特色的种植业生产体系。在空间布局上，依托恩江、藤田河两大优质耕地的集中地区，推动沿恩江、藤田河的万亩田、千亩田建设。利用永丰县地理区位优势，通过农产品电子商务体系的建设，加快农产品物流、交易与结

算等平台的发展。

B. 加快完善综合类村镇的公共服务体系，提升村镇集聚服务功能

由于地方经济实力不高，财力不足，村镇公共服务设施投入长期缺乏，导致目前永丰县综合类村镇的公共服务体系的短板突出，主要表现为"县城挤、乡镇弱、村庄缺"的问题。长此发展下去，将会不断加剧村镇人口流失，农业劳动力长期不足的矛盾。未来应在稳固耕地和粮食生产基地的同时，建设好提供人口和增税产业集聚功能的综合类村镇的建设，为稳定一定规模的人口和增强地方经济实力做出贡献。

积极挖潜县城和藤田镇建设用地存量，通过土地利用的空间功能和业态调整，缓解供需矛盾，提高供给效率。依托乡村振兴战略和美丽乡村建设，优化城—镇—乡—村交通基础设施布局，推进基础设施高等级化、标准化进程，加快融入区域交通网络，构筑美丽乡村风景线。依托规划供水设施的建设，推动城乡供水一体化和规模化。依托原有污水处理厂和规划新建污水处理厂的建设，提高乡镇污水的日处理能力，同时结合村镇小型污水处理设施的建设，实现乡村污水有效收集、就近处理、达标排放。积极适应市场需求，依托医疗设施的提标建设和教育设施功能拓展建设，扩大医疗卫生服务设施和教育服务设施的服务范围。

C. 结合矿山生态修复和地质灾害防治，提升生态类村镇的生态屏障功能

永丰县河流水系较多，河网密度为 0.023km/km^2。境内主要有两条江河水系，以位于沙溪镇的瑶岭为界，一条是乌江（恩江）水系，干流恩江贯穿县城，一级支流为藤田河，自南而北贯穿县境，源头在县域南部的石马镇；另一条是孤江水系，源于赣州市兴国县，是赣江东岸最大支流，是永丰县水电开发的主要地区。两条水系均以南部的雩山山脉为源区，也是全县生态类村镇分布的主要地区，同时，是地质灾害的高易发区和全县生态保护红线分布的主要区域。

依托生态保护红线的管制政策，强化雩山山脉生态屏障功能，推动雩山山脉水源涵养功能的整体保护。结合生态保护红线的调整工作，进一步明确控制线，优化生态空间保护范围，对省级以上公益林、坡度大于 25°的地区统一纳入生态管控范围。依托孤江、乌江两条水系综合治理，稳定Ⅱ类水环境质量和 100% 的达标优质地表水断面，构建孤江、乌江（恩江）生态清水走廊。对恩江上游地区的生态村镇，依托生态公益林建设，进行水土流失协同治理。依托国家级水土流失重点治理区规划，增强流域水土保持能力，提升生态类村镇水源涵养与生物多样性服务功能，营造自然生境，保护物种多样性。同时，以恢复山体原始自然生境为主要途径，分类实施矿山山体修复。

6.2.3 西和县

6.2.3.1 村镇概况

西和县位于秦岭山脉西段的陇南山地北侧，地处黄土高原到秦巴山地的过渡地带，属于嘉陵江支流西汉水流域，行政区划上属甘肃省陇南市。全县辖 17 个镇、4 个乡、384 个行政村、10 个社区居委会，县域总面积 1858km^2，现状人口规模 40 万左右，2020 年全县

GDP 为 33.6 亿元,农村居民人均可支配收入为 7830 元,城镇居民人均可支配收入为 2.6 万元。

(1) 人口

西和县"七普"常住人口为 35.1 万人,比"六普"人口减少了 4.2 万人,年均减少约 4200 人。全县共有 10.6 万家庭户,家庭户人口为 34.7 万人,户均 3.3 人,比 2010 户均减少 1.1 人;城镇人口为 9.8 万人,乡村人口为 25.3 万人,城镇化率为 27.9%;与 2010 年相比,城镇人口增加了 4.9 万人,乡村人口减少了 9.1 万人,平均每年减少约 9100 人。

全县 20 个乡镇中,有 1 个万户镇,为县政府驻地汉源镇,2020 年常住户数约 1.7 万户,人口约 5 万人。除汉源镇外,还有 8 个镇人口超过 2 万人,包括十里镇、何坝镇、西峪镇、洛峪镇、卢河镇、长道镇、姜席镇和石堡镇;4 个乡和石峡镇、大桥镇的人口规模均在 3000 户、万人以下。

2019 年行政村户籍人口规模统计显示(图 6-28),行政村户籍人口规模介于 200~7200 人,平均值为 1012 人,中位数为 882 人。人口较多的汉源镇,行政村户籍人口规模介于 550~7200 人,平均值为 2425 人,中位数约为 1300 人;十里、何坝、石堡、长道、西峪、卢河、稍峪 7 镇行政村户籍人口平均规模都在 1000 人以上;太石河乡和晒经乡平均规模在 500 人以下;其他乡镇行政村户籍人口的平均值和中位数都在 500~1000 人。最大值为汉源镇南关村,户籍人口规模超过 7000 人,最小值为太石河乡胡山村,仅 196 人。

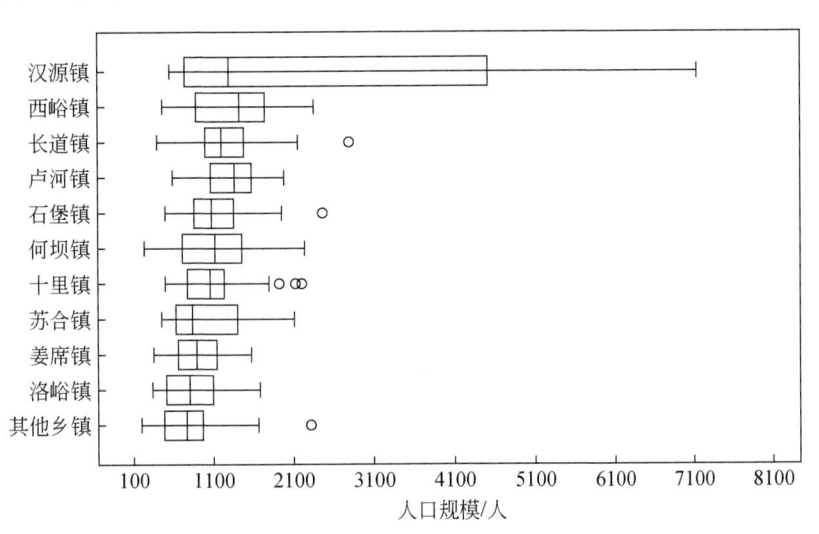

图 6-28 西河县乡镇的行政村户籍人口规模

(2) 乡村经济

西和县是甘肃省的省级农产品主产区,2021 年三次产业结构比为 22∶19∶59,与陇南市的 19∶25∶56 水平相比,产业结构水平略低,工业化水平不足。第一产业增加值占陇南市的 9.0%，第二产业、第三产业的增加值分别占陇南市的 5.8% 和 8.2%，第一产业优势明显。

西和县是陇南市的产粮大县，2020 年粮食产量 15.1 万 t，占陇南市粮食总产量的 18.3%，以小麦、玉米和薯类为三大粮食作物，薯类产量超过全市的 1/3，列居第 1 位，小麦产量占全市的 16.5%，居全市第 2 位。人均粮食产量 432.4kg，超过全市平均水平的 1/4，为全市第 3 位。

尽管西和县粮食生产在陇南市保持优势地位，但近年来粮食作物播种面积呈下降趋势（图 6-29）。统计显示，2012~2020 年，西和县粮食作物播种面积减少了 0.8 万 hm²，三大粮食作物的播种面积，小麦增加了 0.3 万 hm²，薯类作物减少了近 1 万 hm²，玉米基本保持不变；三大作物播种面积占粮食作物的比例，小麦增加了 13.8%，薯类作物减少了 14.4%，玉米基本保持不变。2021 年粮食生产规模保持稳定，粮食作物播种面积达 3.7 万 hm²，其中小麦为 1.6 万 hm²，薯类作物为 1.4 万 hm²。粮食作物产量达 15.6 万 t，其中夏粮产量为 5.1 万 t，秋粮产量为 10.4 万 t，分别比 2020 年增长 2% 和 3.6%。

a.粮食作物播种面积及产量占比情况

b.三大作物占粮食作物播种面积的比例

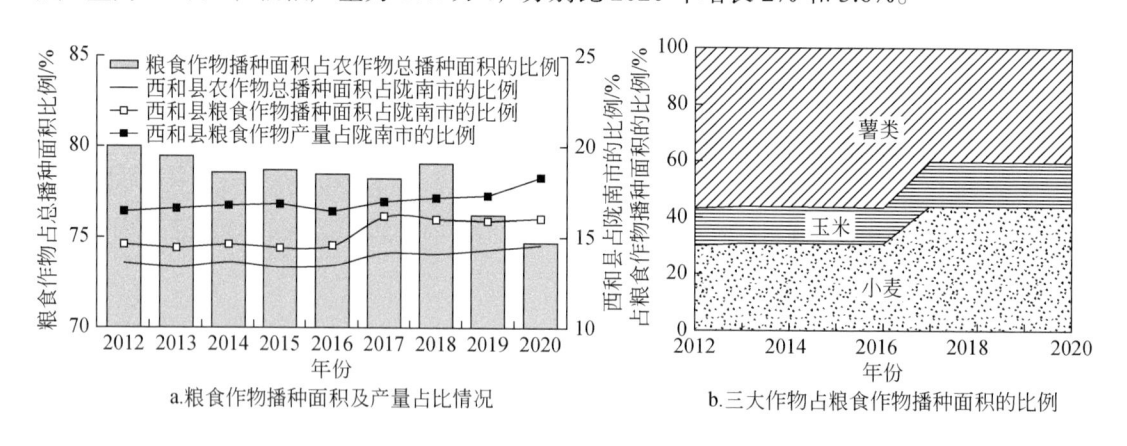

图 6-29 西和县粮食作物生产的变化

除粮食生产外，西和县近年来在蔬菜、经济林果、中药材、畜禽养殖业方面也得到快速发展。蔬菜主要以何坝、大桥、蒿林 3 镇为主，发展设施蔬菜。经济林果形成南椒北果的格局，北部长道、石堡、苏合等镇以苹果标准化种植为主，中部西峪、石堡等镇大力扶持八盘梨种植基地，南部大桥、蒿林、太石河等乡镇主要以花椒种植为主。中药材初步形成了以半夏为主，冬花、柴胡、党参、黄芪等多种中药材大宗生产的格局。养殖业以养鸡和养猪为主，目前建成 11 家脱温育雏（鸡）中心，2021 年全县鸡存栏达到 81.5 万只（其中放养鸡存栏 17.2 万只）、出栏 100 万只（其中放养鸡出栏 55.2 万只）。在兴隆、卢河、西峪、石堡等中东部乡镇肉猪养殖规模 500 头以上的合作社有 10 家，2021 年全县生猪存栏达到 5.9 万头、出栏达到 9.7 万头。此外，建设 100 只以上规模化养羊基地 3 个；在石堡、西峪、兴隆等乡镇通过流转土地种植饲用玉米、甜高粱等优质牧草 1 万亩，发展养牛业；2021 年，全县羊存栏 3 万只、出栏 3.1 万只；牛存栏 1.5 万头、出栏 1.8 万头。

（3）村镇设施

"十三五"末，西和县行政村宽带覆盖率达100%，自来水覆盖率为95%，公共交通覆盖率为94%，有线电视覆盖率为48%，生活垃圾集中处理覆盖率为50%，生活污水集中处理的村仅有1个；行政村自来水户籍用户普及率为80%，常住户普及率为75.7%（图6-30）。2020年，已实现村村通和巷道硬化全覆盖，已实现自然村通动力电、行政村网络全覆盖，98.6%的村完成农村饮水安全工程。

西和县教育资源在陇南市属于中等偏上水平，存在"城里挤、乡里弱、村里空"问题。2020年普通高中学校数在全市居第三位，15岁及以上人口常住人口的平均受教育年限为7.5年，比十年前增加了0.9年。全县小学教育中，千人小学生6~7所学校，每个小学教师负担学生15~16名，校均学生160~170名。统计显示，2020年全县万人执业（助理）医师人员数为16.7人，刚及陇南市平均水平的90%，为甘肃省平均水平的63%。

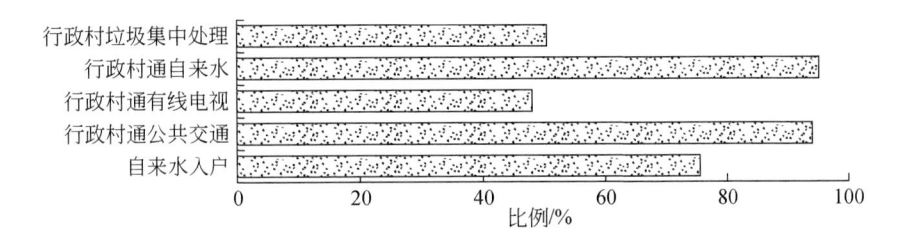

图6-30 西和县村庄基础设施建设状况

6.2.3.2 村镇建设承载力限制因素及协调性分析

（1）地震地质灾害风险高，土壤侵蚀敏感，多地受山洪灾害威胁

陇南山地地处青藏高原向秦岭山地的俯冲地带，构造活动较为活跃，多数乡镇地震动峰值加速度为0.2~0.3，西和县20个乡镇，有16个地震动峰值加速度为0.3，地震烈度区划位于Ⅶ级区，是2008年汶川地震的重灾区。西和县位于陇南山地北端，西秦岭向黄土高原过渡地带，地形坡度25°以上区域超过全县土地面积的1/4，15°以上区域占全县土地面积的58.2%，森林覆盖率为38.6%，属于水土流失中度敏感区。

西和县地质灾害主要以崩塌和滑坡为主，大中型规模的主要分布在县城附近的乡镇（图6-31a）。晒经乡、姜席镇、十里镇、兴隆镇、洛峪镇、大桥镇、石堡镇、汉源镇、何坝镇、石峡镇等乡镇的部分村庄主要受泥石流灾害威胁；六巷乡、西高山乡、洛峪镇、长道镇、姜席镇、稍峪镇、汉源镇、卢河镇、兴隆镇、何坝镇、洛峪镇、石峡镇等乡镇的部分村庄主要受滑坡、不稳定斜坡和泥石流威胁。

西和县多年平均年降水量为500~600mm，年暴雨日数为1~2天，南部和东部山区村镇易受山洪灾害威胁。山洪灾害威胁区域主要分布在南部和东部山区，其中以蒿林乡、太石河乡、大桥镇的西汉水干流及其支流太石河两岸和晒经乡的晒经河北岸相对集中（图6-31b）。

（2）农村劳动力流失严重，农村居民点用地利用低效

西和县是陇南市人口第三大县，也是陇南市近年来人口流失最多的县。2015~2020年，陇南市减少人口约 8 万人，其中西和县减少约 2 万人，占全市的 1/4。2010~2020 年，西和县人口减少率达 10.7%。如图 6-32 所示，各乡镇中，除汉源镇和西峪镇外，其余乡镇人口均在减少，减少规模最大是人口超过 2 万人规模的姜席镇和十里镇，十年间人口减少规模分别为 5700 余人和 6500 余人。除汉源、西峪和石堡 3 镇外，其余 17 个乡镇十年间人口的减少率均超过全县平均水平，大桥镇、苏合镇、姜席镇、马元镇、西高山镇、晒经乡、蒿林乡和六巷乡减少率均超过 20%，其中减少率最高的西高山镇，达 26.4%。

2010~2020 年，西和县 0~14 岁人口减少了 4600 余人，15~64 岁人口减少了 4.8 万人，65 岁及以上人口增加了 1.1 万人；65 岁及以上人口占总人口的比例上升了 4.0 个百分点，15~64 岁人口比例下降了 5.4 个百分点，其中，15~59 岁劳动力适龄人口比例下降了 5.0 个

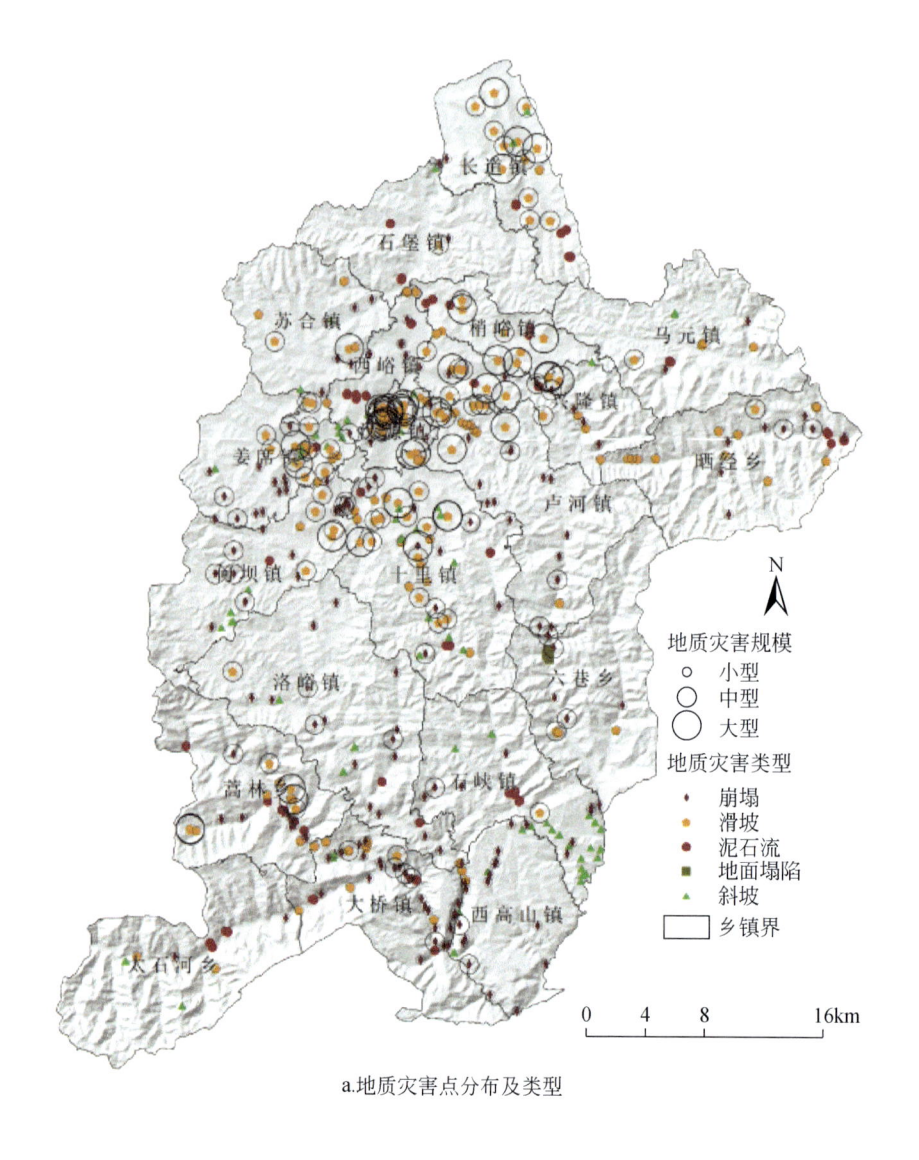

a.地质灾害点分布及类型

b.山洪灾害风险区分布

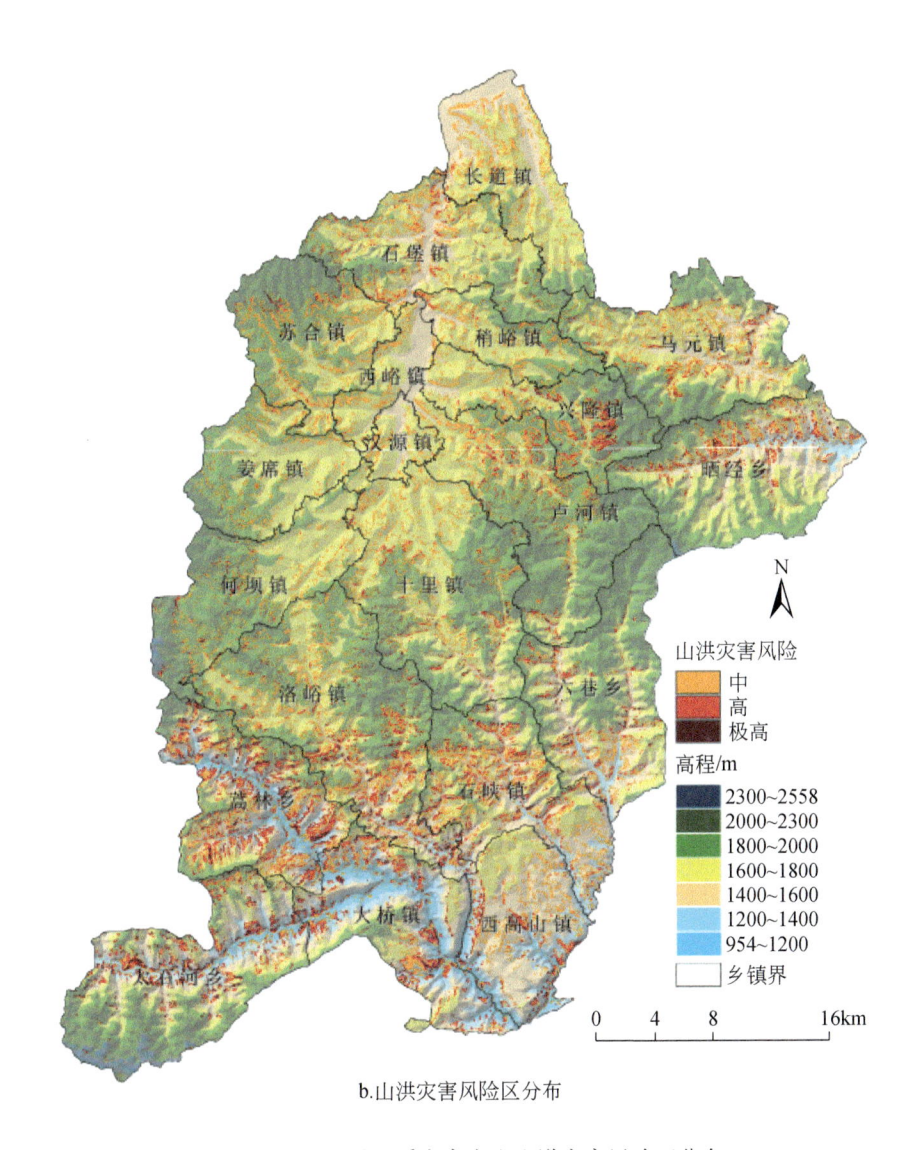

图 6-31　西和县地质灾害点和山洪灾害风险区分布

百分点，人口显著老龄化。如按农村劳动力 15~64 岁计算，2010~2020 年西和县劳动力负担系数增加了 12.2%，由 4 个人负担 1 个非劳动力，变成 3 个人负担 1 个非劳动力。与陇南市相比，2020 年劳动力负担系数略高于全市平均水平。

统计显示，西和县在陇南市是属于劳动力资源中农业从业人员占比较高的县。2019年全县乡村从业人员中有 59.2% 人口从事农业活动，从业人员中的女性劳动力占比为 45.5%（陇南市为 44.6%），略高于陇南市平均水平。

如表 6-10 所示，2010 年，按"六普"人口和土地"二调"数据计算，西和县人均建设用地（城镇村及工矿，下同）为 177.1m²；2020 年，按土地"三调"数据计算，人均建设用地为 248.6m²。近十年来，西和县人均建设用地超过国家标准（90m²/人，镇规划标准，下同）的 2.0~2.8 倍。按 2020 年统计口径的户籍人口数计算，土地"三调"的人均建设用

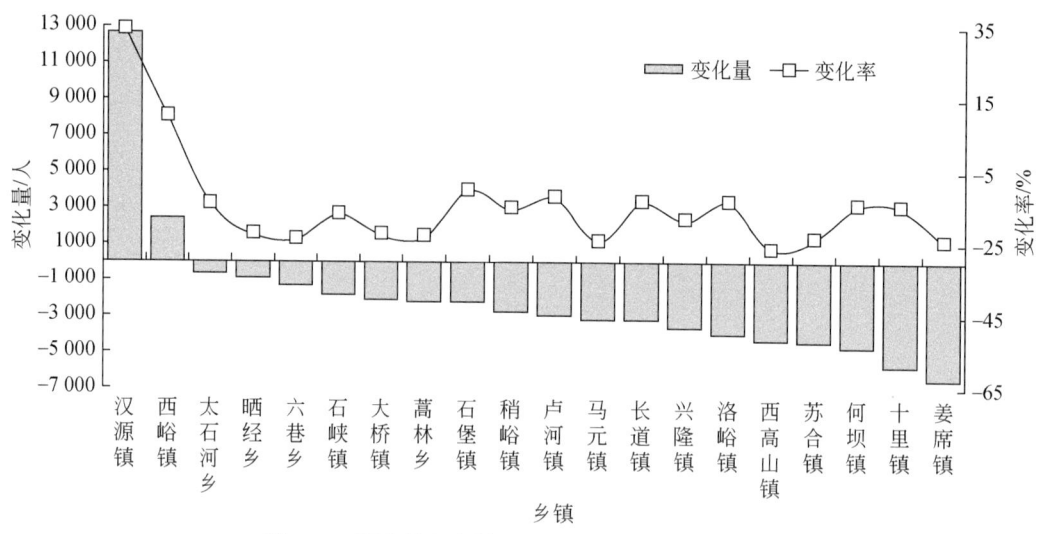

图 6-32 西和县各乡镇 2010~2020 年人口变化情况

地为 195.6m², 约为国家标准的 2.2 倍。从城乡看，城镇居民点常住人口人均城镇居民点面积大致符合国家标准（80~100m²/人），农村居民点远超国家标准，常住人口 2010 年人均建设用地相当于国家标准（100m²/人）的 1.7 倍，2020 年达 2.7 倍。2020 年城镇人口人均城镇居民点用地为 64.9m²，不满足相应的国家标准，而农村人口人均农村居民点用地面积达 214.8m²，约为国家标准的 2.1 倍。

表 6-10 西和县人均建设用地规模 （单位：m²）

项目	2010 年	2020 年
常住人口人均建设用地	177.1	248.6
常住人均城镇居民点用地	83.7	83.6
常住人均农村居民点用地	172.5	271.4
户籍人口人均建设用地	—	195.6
户籍人均城镇居民点用地	—	64.9
户籍人均农村居民点用地	—	214.8

如城镇居民点用地按 90m²/人、农村居民点按 100m²/人测算（实地调研农村住宅用地按 90m²/人规划），则西和县城镇人均建设用地略显紧张，农村居民点利用效率较低。2020 年西和县户籍人口为 44.6 万人，户常比为 1.26，估算至少约有 21.3% 的户籍人口（户籍与常住差值/户籍人口）处于有户无人的状态。2020 年农村户籍人口为 31.97 万人，户常比为 1.26，估算至少约有 20.9% 的户籍人口处于有户无人的状态。由于 2010~2020 年农村人口是净流出，说明有超过 1/5 的村庄建设用地处于低效或闲置的状态。甘肃省农户户均宅基地标准不超过 133m²，每户人口按 3.3 人计算，人均住宅用地为 40.3m²，如按占 40% 的村庄居民点用地比例折算，人均为 100.8m²，现状乡村常住人口人均用地是甘肃省

标准的 2.7 倍，户籍人口用地是省标准的 2.3 倍。假如村庄宅基地按全部户籍人口的省标准建设，那么照此计算，至少有 19% 的农户宅基地处于闲置或低效利用状态。

（3）耕地自然质量不高，耕地承载力潜力有限

按照甘肃省农用地质量评价标准，西和县耕地国家自然等别平均为 12.4，质量较好的西峪镇、汉源镇、长道镇、何坝镇、苏合镇和姜席镇，平均等别为 12.1，主要分布在西汉水支流漾水河谷、西礼盆地周边；较差的石峡镇、马元镇、大桥镇、蒿林乡、六巷乡、晒经乡和太石河乡，平均等别为 12.6，主要分布在南部山区太石河谷地和东部山丘区。

2020 年，西和县耕地面积为 5.8 万 hm²，99.8% 为旱地，2/3 以上为 15°以上的坡耕地，其中陡坡耕地占耕地面积的比例超过 1/5，2020 年耕地梯田化率达 15% 左右。2010 年以来耕地面积减少了 1.5 万 hm²（土地利用图斑面积），其中将近一半为 6°~15°的缓坡地，另外一半为坡耕地。

从耕地分布来看，西和县土地"二调"基本农田面积为 6.6 万 hm²。如图 6-33 所示，

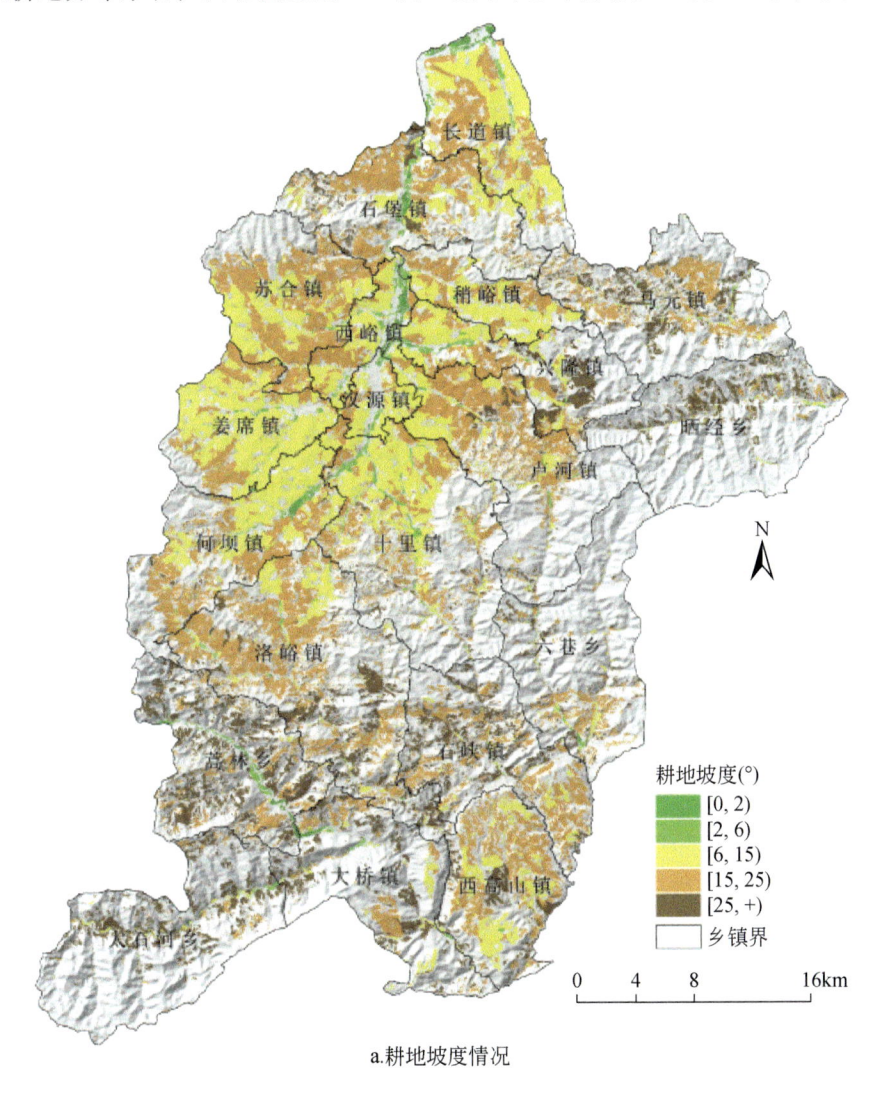

a.耕地坡度情况

b. 耕地集中连片情况

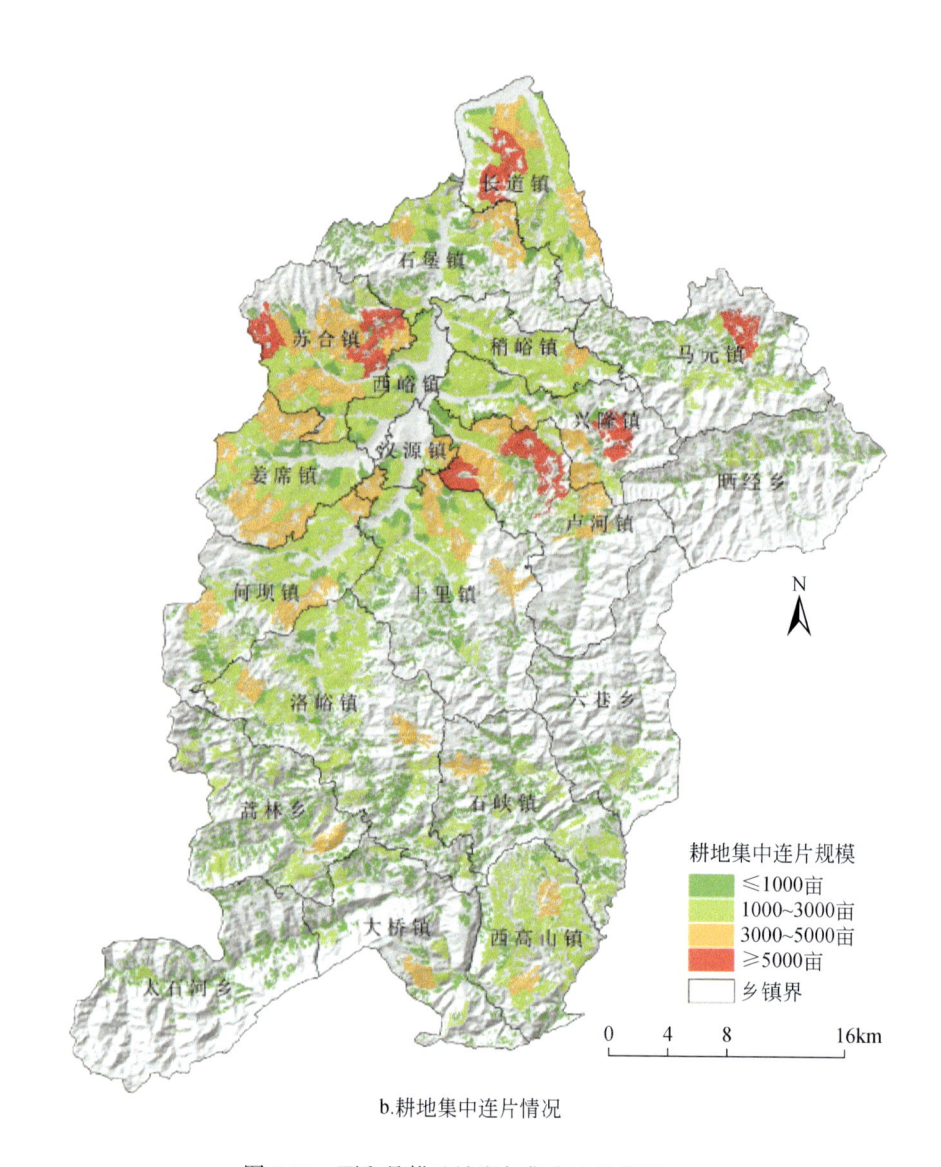

图 6-33　西和县耕地坡度与集中连片规模

集中连片千亩以上的农田面积为 4.5 万 hm^2，约占基本农田面积的 68.2%；其中 5000 亩规模的农田有 10 片，3000~5000 亩规模的农田有 50 片，两者合计约占基本农田面积的 1/4。千亩以下的分散农田约占基本农田面积的 32.9%，占总片数的 90%。"十四五"规划全县耕地保有量为 5.7 万 hm^2，永久基本农田保护面积为 4.4 万 hm^2，占现状耕地面积的 75.9%。也就是说，如土地"二调"划定的基本农田，原则上不能被建设用地占用，则未来建设用地的扩张将会受到严格限制。

西和县位于西礼盆地，是陇南市仅次于徽成盆地的第二大盆地，水资源承载力（包括地表水和地下水）水平，在陇南市仅次于同处西礼盆地的礼县。但因受自然条件和水土流失敏感的影响，目前西和县农田基本设施建设远不能满足实际需求。全县现状耕地有效灌溉面积为 0.6 万 hm^2，灌溉农田保灌率为 80%。全县年平均气温为 8.4℃，年均降水量为 533mm，无霜期为 183 天，农作物一年两熟，受降水年变化、极端降雨和山地小气候的影响，农田易受旱灾和风雹灾害的影响。2016 年，西和县作物受灾面积为 9.9 万亩，粮食作物成灾面积达 6.3 万亩；2019 年，作物受灾面积为 1.1 万亩，粮食作物成灾面积为 0.5 万亩。

（4）村镇环境设施建设不足，水环境压力高

西和县村镇环境设施十分缺乏，城区现有污水处理厂一座，位于稍峪镇社河村，汉源镇 7 个社区和范庄村、中山村目前可以纳厂处理；在建农村污水处理设施 5 处，分别为长道镇和何坝镇的两处镇污水处理厂、何坝镇黄江水库水源地保护区污水收集处理工程、洛峪镇洛峪中学学校污水收集处理示范点、太石河乡崖湾村湿地污水处理工程。除上述地区外，其余乡镇驻地和村庄均缺乏完善的排水系统，雨水一般沿路边沟沿、自然河道排放。2019 年西和县行政村农户水厕覆盖率乡镇平均值为 5.6%[①]，中位数是 2.3%；最高的是汉源镇，为 31.4%，低于 1% 的有 8 个镇，农村居民点几乎均为无监管的自然排放（表 6-11）。

表 6-11　西和县各乡镇生活污水集中处理行政村覆盖率　　　　（单位：%）

乡镇	覆盖率	乡镇	覆盖率	乡镇	覆盖率	乡镇	覆盖率
姜席镇	66.7	马元镇	42.9	石峡镇	7.1	苏合镇	5.0
汉源镇	64.3	长道镇	15.8	西峪镇	6.3	何坝镇	3.4
洛峪镇、大桥镇、十里镇、兴隆镇、卢河镇、稍峪镇、晒经乡	100						
石堡镇、西高山镇、蒿林乡、太石河乡、六巷乡	0						

6.2.3.3　承载力提升途径

（1）村庄主导功能分类

按照村庄的资源环境特征，综合考虑村镇可利用建设用地和种植业用地、生态保护红线和生态保护空间，以及人口和村庄发展，将西和县村庄主导功能分为 3 大类 4 小类（图 6-34）。

---

①资料来源：http://www.xihe.gov.cn/.

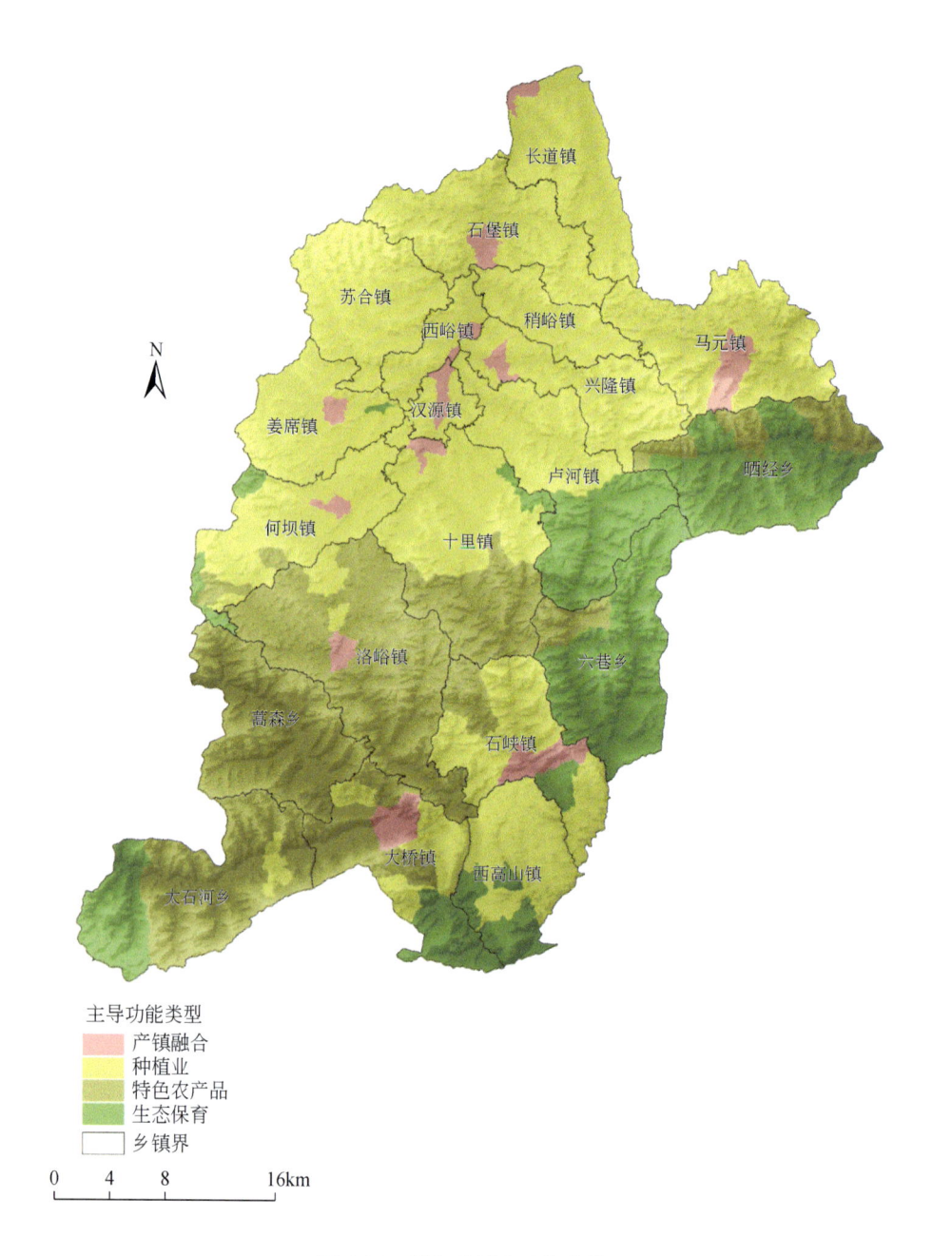

图6-34 西和县村庄功能分类

第一类，综合类，包括1类，即产镇融合主导功能村，包括人口较多、村庄基础设施较好，可利用建设用地比较充裕的村。集中分布在西礼盆地漾水河谷地，由北向南从长道、石堡到西峪、兴隆、汉源，沿国道G7011和省道S218分布。其他零星分布区域除4乡外，主要作为各镇的镇区。

第二类，农业类，包括2小类：一类为种植业主导功能村，包括农田集中连片，适宜千亩田以上规模经营的村，主要以小麦、玉米和蔬菜、苹果为主要经营作物，耕地坡度相对平缓，利于农田基本建设；集中分布在两片区域，一片为北部漾水河谷地及其周边丘陵坡旱地，另一片分布在南部西汉水干流谷地，以西高山镇、石峡镇和大桥镇较为集中。另一类为特色农产品村，耕地规模一般较小，且多坡耕地，主要分布在南部山区耕地面积潜力较大的村。

第三类，生态类，包括1类，为生态保育主导功能村，主要沿南部和东部山区分布，村镇建设适宜用地少，耕地少且规模较小，多位于水土流失敏感区，未来以逐步搬迁和生态保育为主要功能。

（2）提升途径

A. 推广"梯田农业"模式，提升全县和种植业村镇耕地的承载力

西和县耕地面积大，坡耕比高，耕地梯田化程度低，水土流失严重，是长江上游水土流失重点防治区之一，全县水土流失面积占土地面积的70%~80%（杨一群，2016），加之，降水时空分配不均，地质灾害点位多，山洪灾害易发，极大地影响了耕地潜力的发挥。2012年西和县被列为全国坡耕地水土流失综合治理工程试点县，其中，耕地梯田化试点面积占水土流失治理任务面积的95%（张文，2022）。多年试点区的经验证明，立足大生态建设，实施坡耕地梯田化改造，发展"梯田农业"模式，在保障生态安全的同时，改善农业生态条件，试点区村镇和农户收到了显著的经济、社会和生态效益，提升了耕地的承载力（何栋等，2021）。

根据西和县目前农业发展面临的短板，未来应一方面加大水利工程建设，依托漾水河重点生态治理项目，推进兴隆河、卢河、大柳河、六巷河、稍峪河、马元河、洛峪河、白水河山洪灾害治理工程，补齐村镇防洪体系短板；另一方面，继续推进沟道治理、水土流失综合治理，实施"一水七河"水生态修复治理，建成全县防洪抗旱减灾体系、水资源配置和高效利用体系、水利基本网络体系和水生态文明体系，全面提升生态安全保障和农业生产潜力。

在"保耕稳粮"的同时，应依托本地特色农产品资源优势，着力培育以果蔬、畜禽、药材等特色农产品种养及加工的产业集群。围绕"一村一品""一乡多品"和"一县多品"建设，创建何坝镇现代农业、长道镇苹果、西峪镇八盘梨、高庙山和王家梁中药材、大桥镇花椒、西峪镇生猪、晒经六巷中蜂、洛峪镇肉牛、西汉水设施蔬菜等优质农产品品牌，打造稳固的"北果南椒""北蔬南梨"、粮经合理轮作、药材提质减量的优质农产品生产格局。

B. 以村镇基础设施和公共设施建设为重点，提升综合类村镇的综合承载力

西和县县—乡镇—村公路网目前等级不高，且易受地质灾害影响而毁损；城乡便利性供水工程还未实现村村覆盖，医疗教育资源供应紧张；环境设施更是公共设施的短板，乡镇覆盖率低，行政村更缺乏。

未来应以县城和重点镇为重点，加快基础设施和公共服务设施的建设，提升县城和重点镇的综合承载力。第一，通过实施国省道和县乡公路的升等改造，推进以高等级公路为主骨架的联网路、出口路建设，提高村镇与铁路、机场、站场的连接通道和旅游路、

产业路、林区路的畅达度。第二，加速推进城乡公交一体化，完善公共交通基础建设，逐步形成"以县城为中心，东西贯通、南北畅联、安全环保、高效快捷"的公共交通网络，全面实现县际通高速、乡乡通国省道、村村通沥青（水泥）路和班车的目标。第三，依托县域中部人口密集区供水重点工程，加快构建民生水利保障体系，大力提高农村供水保障力度。第四，严格执行水环境安全保障制度，依托矿山环境治理和生态修复、土壤修复等工程项目，提高矿山和重污染企业重金属和工业废渣、废水、废气等重点污染物排放的监管力度；依托县城污水管网改造、工业园区污水处理厂和长道镇污水处理工程，加快城镇污水处理设施、生活垃圾和医疗危险废物无害化处理设施建设，加大城镇环境综合整治力度；依托重点行政村沟渠塘清淤疏浚，粪污、污水收集处理基础设施建设，农村户厕和行政村公厕改造建设，生活垃圾处理基础设施建设等农村环境整治和农村生活污水处理工程项目，配套完善县城和重点乡镇的污水收集排放管网建设，按实际需求实施村庄生活污水收集、处理工程，建设填埋场或焚烧站，逐步提高污染物收集处理的村庄覆盖面。第五，依托长道镇、大桥镇、何坝镇新型城镇化、产业和城镇化示范园区、生态搬迁新镇等工程，以及大柳河、姚河、康河、石峡河流域及姜席镇、卢河镇、六巷乡人居环境改善与治理、文化旅游发展、循环经济示范区等乡村振兴规划项目，提高重点乡镇社区基础设施和公共设施服务能力，提高土地利用效率。第六，依托县城和重点镇建设，规范推进特色小镇建设，培育文化、旅游、康养产业和配套服务业集聚点，推进城乡融合发展。

C. 控制生态类村庄的人口规模，提升生态服务能力

生态类村庄主要分布西和县东部中高山区，为县内河流的天然分水岭，是西和县生态红线保护区域，降水量较充沛，植被面积大。

未来应控制人口规模，大力恢复营造水源涵养林，充分发挥"天然水库"的作用，防止水土流失。同时，结合乡村振兴战略的深入实施，挖掘特色景观旅游资源，配套全县以乞巧、仇池古国、三国文化为特色旅游资源开发，打造以自然景观为主的生态旅游景点。

6.2.4 米林县

6.2.4.1 村镇概况

米林县位于雅鲁藏布江中下游，喜马拉雅山脉东端北麓，行政上隶属西藏自治区林芝市。全县辖 3 镇、5 乡，66 个行政村及 1 个居委会，县域总面积约 9494.57km²。米林县是多民族聚居的边境县，边境线长 180km，现状人口为 2.62 万人，包括 17 个少数民族，主要有藏族、珞巴族、门巴族等。2020 年米林县 GDP 为 19.63 亿元，三次产业比例为 9：45：46。2020 年农牧民人均可支配收入 2.21 万元，城镇居民人均可支配收入 3.65 万元。

（1）人口

米林县 2020 年常住人口 2.62 万人，比 2010 年人口增加了 3342 人；家庭户为 7560 户，户均 3.06 人，比 2010 户均减少 0.71 人；城镇人口为 5915 人，乡村人口为 2.03 万人，城

镇化率为22.6%。

米林县乡镇人口规模不到1万人（表6-12），一般人口规模在2800~3300人，人口最多的是米林镇，为6440人，最少的南伊乡，仅有776人。乡镇所辖行政村数差异较大，多的如卧龙镇有18个、扎西绕登乡有10个，少的如南伊乡和米林镇仅有3个，平均为8~9个。

行政村平均为60户左右，260~270人。米林镇规模最大，所辖3个行政村均为百户以上村，人口户数在110~170户（图6-35），人口一般在400~600人（图6-36）。除米林镇外，其余乡镇的行政村，村均户数规模大多数在百户以下，村均人口规模大多数不到400人；最少的南伊乡，3个村的户数在50户以下，人口规模在200人以下。

表6-12 米林县乡镇人口规模和行政村数

乡镇	2020年人口数/人	行政村数
米林镇	6 440	3
派镇	2 515	9
卧龙镇	4 964	18
丹娘乡	1 871	6
南伊乡	776	3
扎西绕登乡	3 993	10
里龙乡	2 396	8
羌纳乡	3 221	9
米林县	26 176	66
平均值	3 272	8.25
中位数	2 868	8.5
极值	776~6 440	3~18
标准偏差	1 810.87	4.77

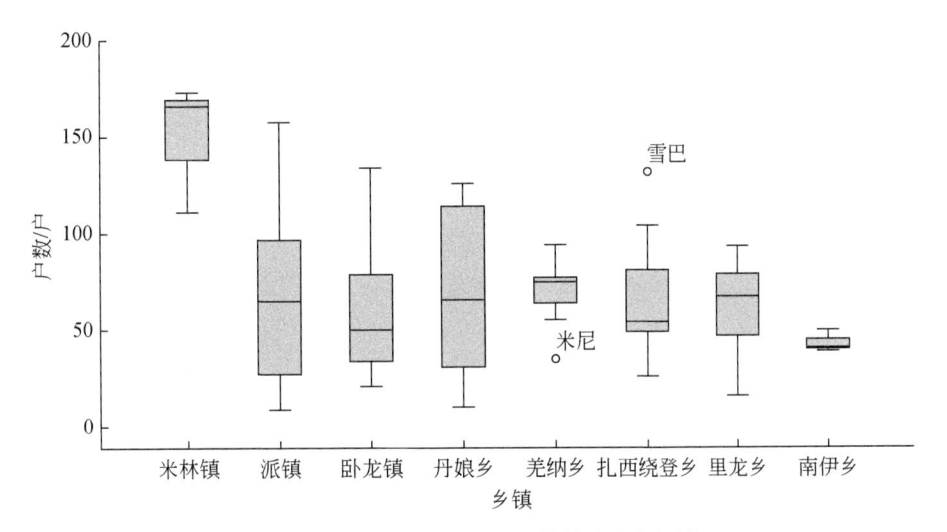

图6-35 米林县各乡镇行政村村均户数规模

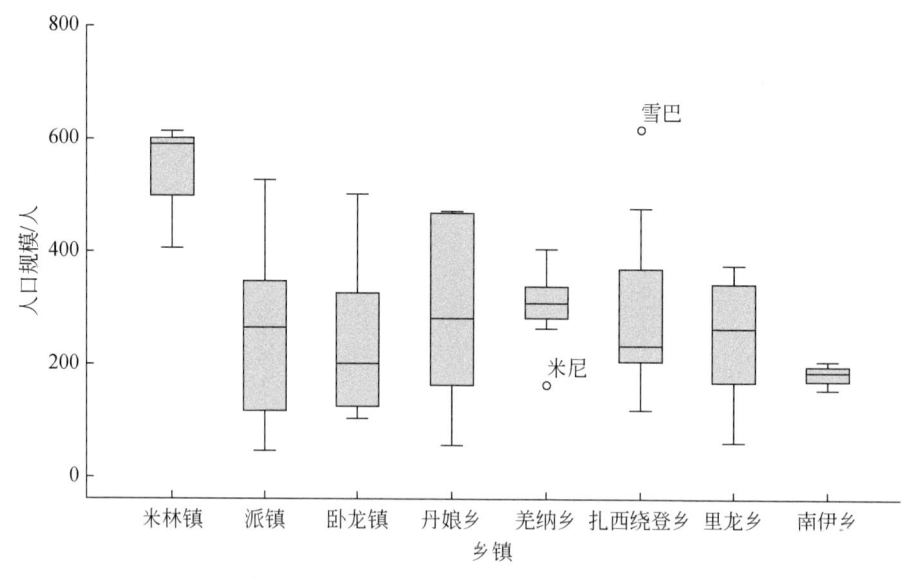

图 6-36 米林县各乡镇行政村村均人口规模

（2）农业生产

米林县为半农半牧县，乡镇人口中有45%~50%的乡村从业人员，其中农业从业人员约占乡村从业人员的82%，约占乡镇总人口的37%。2020年，米林县农林牧渔业总产值为2.32亿元，其中，种植业产值为1.05亿元，牧业产值为9962万元。种植业以粮食和油料生产为主，主要农作物有小麦、青稞、油菜、豌豆、荞麦等；另外，还有苹果、梨、核桃、桃等经济作物。2020年，粮食播种面积为2568hm^2，其中小麦为1778hm^2，青稞为520hm^2，油料为373.7hm^2；粮食作物产量为9405.6t，其中小麦为5285.5t，青稞为2407.6t，油料为593.6t。牧业以养牛和养猪为主，藏猪和藏鸡是主要的地方特产。2020年末，牲畜存栏总数为14.69万头（只），肉总产量为1233.5t；大牲畜存栏为7.59万头，牛存栏为6.83万头，牛肉产量为921.8t，牛奶产量为4230.7t；猪存栏为6.87万头，猪肉产量为287.6t；羊存栏为2400只，羊肉产量为24t，绵羊毛产量约1000t。

农业生产规模较大的乡镇为羌纳乡、扎西绕登乡、派镇、卧龙镇和里龙乡，5乡镇是米林县人口规模仅次于米林镇的乡镇，也是行政村数量较多的乡镇。粮食生产主要集中在羌纳乡、扎西绕登乡和派镇，3乡镇粮食产量将近占全县的60%，其中羌纳乡将近占全县的1/4。牧业生产主要集中在扎西绕登乡、卧龙镇和里龙乡，3乡镇牲畜存栏总头数将近占全县的60%，其中扎西绕登乡占全县的20%~25%。

（3）基础设施

米林县区位条件较好，交通基础设施建设较快。县境内有机场、铁路和高速公路，林芝机场到米林县城仅约20km，车程不到半小时，县政府驻地距林芝市政府所在地巴宜区约70km、1小时车程左右。因位于雅鲁藏布大峡谷景区的核心地区，在旅游业的带动下，县城到乡镇、乡镇到行政村都通公路，但受地形限制，公路等级不高，多为县道、乡道、县城到乡镇、乡镇到行政村的通行时间少则 1 小时，多则 2~4 小时，甚至更长。

米林县村镇环境设施建设不足，目前仅垃圾收集可以满足各村的需求，水环境处理设施建设严重不足，不能适应越来越旺盛的旅游业发展需求。

6.2.4.2 村镇建设承载力的限制因素及其协调性分析

（1）可利用土地面积少，地震地质灾害风险高，生态保护功能区面积大

米林县海拔 4000m 以上区域占县域总面积的 67.8%，坡度 35°以上区域占县域面积的 31.4%，地形起伏度 100m/9hm^2（耕地和村庄斑块的 1/4 分位数分别为 10hm^2 和 8.8hm^2）以上的面积约占县域面积的 50%。森林面积占县域面积的 33.5%，冰川积雪面积占县域面积的 11.9%，河湖湿地等水域面积占县域面积的 3.5%，根据可利用土地资源的地形限制评价，村镇建设地形适宜区占县域总面积的 10.8%（图 6-37）。

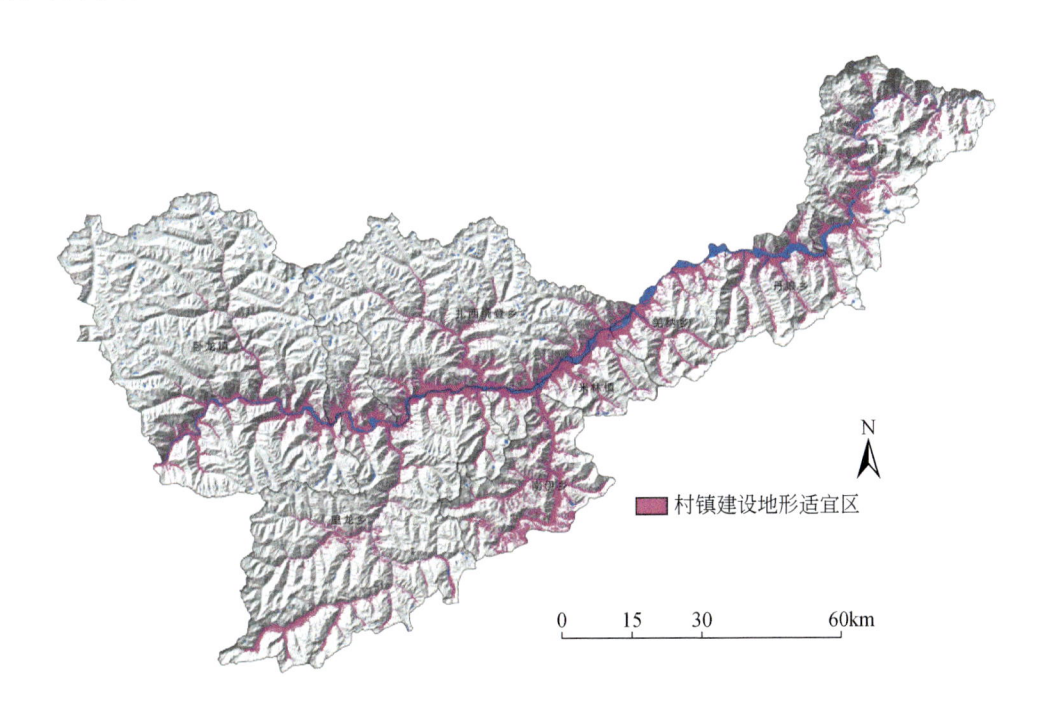

图 6-37 米林县村镇建设地形适宜区

米林县在地质构造上属于雅鲁藏布缝合线区域，雅鲁藏布两岸分别为喜马拉雅山脉和念青唐古拉山脉，喜马拉雅山呈西南—东北方向形成对西北—东南方向延伸的念青唐古拉山的冲顶之势，受印度板块嵌入、拱抬和流水深切的影响，巨山深谷发育，周边地震地质活动活跃，地震地质灾害风险较高。21 世纪以来，伴随气候变暖，冰川融化趋势加快，冰雪灾害发生的频率和强度也随之升高。地质灾害点主要沿雅鲁藏布河谷分布，与村镇建设的地形适宜区重合度高（图 6-38）。

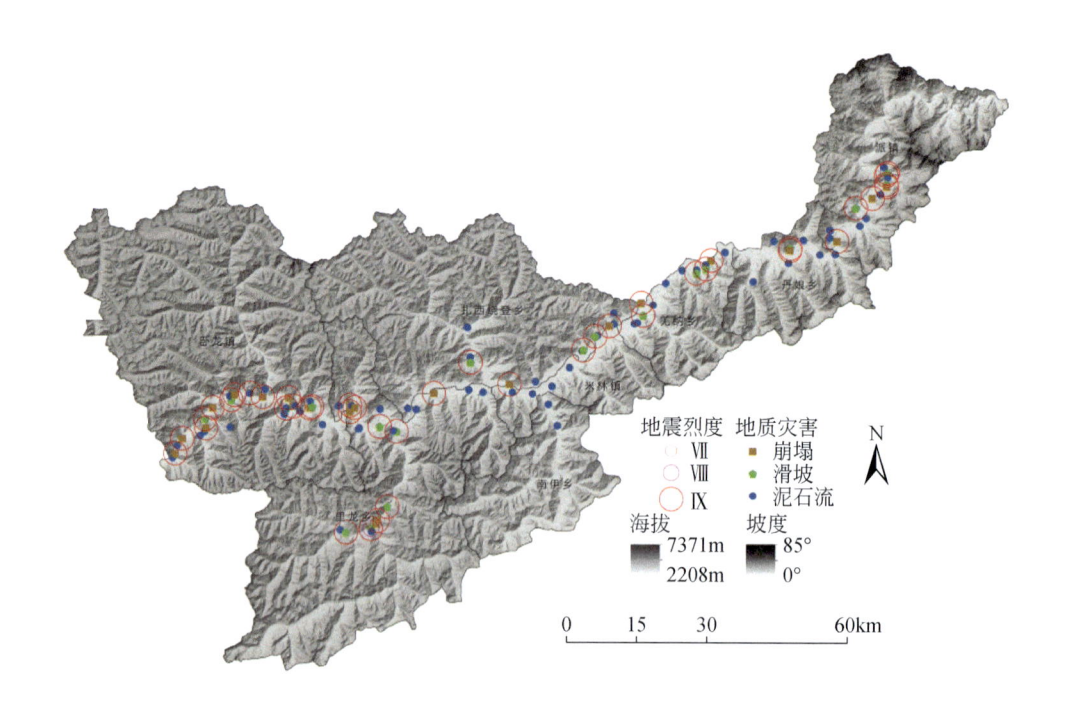

图 6-38 米林县地质灾害点分布

米林县生态保护红线区域面积为 7805km², 占县域面积的 80.7%。米林县因位于青藏高原东南部寒温性针叶林向热带偏干性季雨林的过渡地带, 生物多样性丰富度高。雅鲁藏布大峡谷被称为"世界上生物多样性最丰富地区""植物类型天然博物馆""生物资源的基因宝库", 因而米林县成为以生物多样性保护、水源涵养、水土保持为主要功能的生态保护重要区域。生态重要性地区占县域总面积的 79.4%, 生态较重要地区的面积占县域面积的 10.1%, 总计有 90% 以上的面积受不同类型和程度的生态限制（图 6-39）。

（2）村镇人均可利用土地资源相对充裕, 农村居民点土地利用效率较低

米林县是西藏自治区农产品主产区, 虽然可利用土地面积少, 但人均可利用的土地资源相对充裕。2017 年建设用地（人工地表）面积为 17.3km², 交通用地占比约为50%, 实际村镇居民点建设用地约为 8.65km², 人均为 332.8m²。全县镇村居民点用地为994.54hm²; 耕地面积为 4503.74hm², 人均为 2.6 亩; 园地和交通用地分别为 257.5hm² 和935.86hm²。

受地形和生态限制, 村镇居民点和耕地几乎都分布在雅鲁藏布河谷两岸的台地、缓坡地中。按现状城镇居民点用地规模测算, 城镇人口人均居民点用地为 195.3m², 超过镇规划标准, 如按 90~140m² 的标准计算, 还有 2000~7000 人的城镇人口的土地潜力。目前, 建设用地不足县域总面积的 0.2%, 其中 3/4 的建设用地又是农村居民点用地。根据土地"二调"数据（图 6-40）, 米林县人均居民点面积为 407.7m², 米林镇、派镇和卧龙镇 3镇平均人均居民点面积为 358.0m², 丹娘乡、南伊乡、扎西绕登乡、里龙乡和羌纳乡 5 乡平均人均居民点面积为 464.2m²。其中, 丹娘乡、南伊乡、羌纳乡人均超过 500m², 扎西

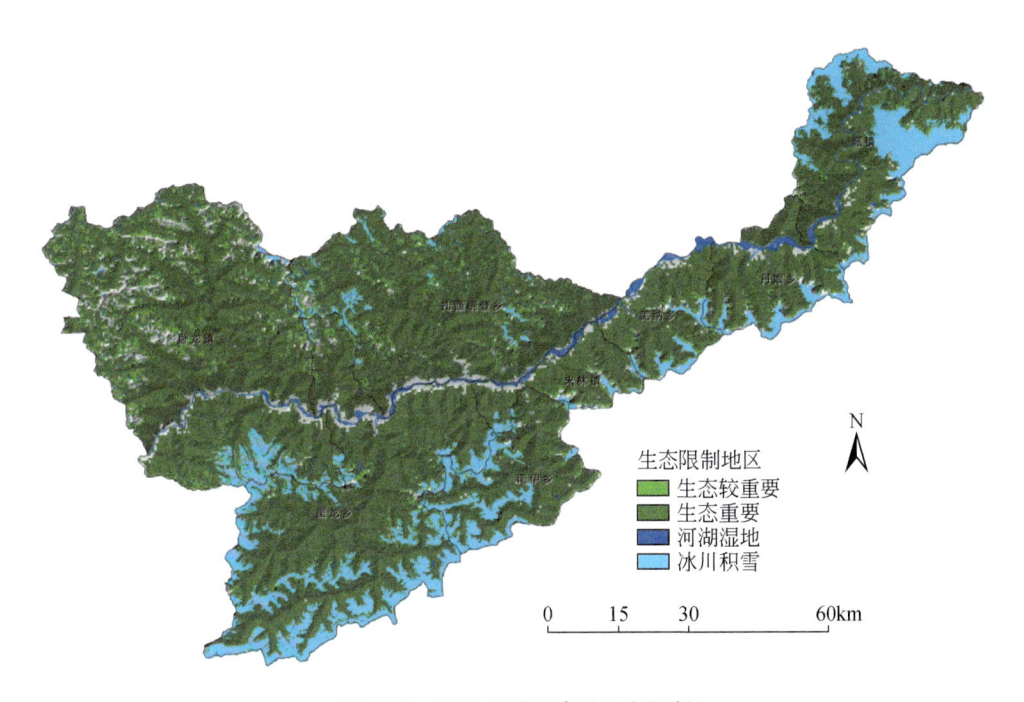

图 6-39 米林县村镇建设生态限制

绕登乡、里龙乡、米林镇和卧龙镇低于米林县平均水平。乡村人口人均乡村居民点用地为 469.7m²，因村庄比较分散，村庄道路面积占比较高，如按宅基地占农村居民点的 1/3 比例、户均 3 人计算，则现状户均宅地基为 465m²，远高于西藏自治区农户宅基地标准的最高值（350m²/户），如按宅基地占农村居民点的 1/2 比例，则超过自治区标准最高值的 1 倍以上。

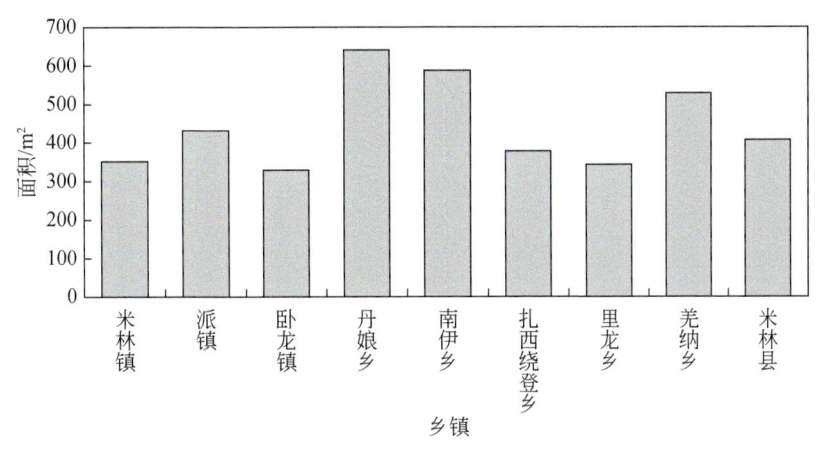

图 6-40 米林县乡镇人均居民点面积

米林县现状人均耕地面积为 3.8 亩，受热量条件限制，耕地粮食生产潜力不高，小麦亩产量为 200kg 左右，青稞亩产量约为 300kg。按小麦亩产 800~1000kg 的一般水平估算，人均耕地需求约为 3.2~4 亩/人，现状水平恰好位于这个区间值。各乡镇中，派镇、丹娘乡、羌纳乡均超过4亩/人，分别为9.4亩/人、7.2亩/人、4.6亩/人。粮食作物一般年份产量为920万kg左右，耕地粮食潜力约为350kg/人，2020年人均粮食产量为359kg。因本地养殖业多为自然放养，对人工种植饲料需求少，故人均年需求粮食可按300kg测算。按此标准，米林县的耕地粮食承载力也恰好满足本地人口需求。不过，虽热量资源不足，但米林县水资源丰富，耕地多分布于雅鲁藏布江两岸，灌溉比较方便，现状耕地中有88.7%为水浇地。因此，未来采取保温技术，提升耕地生产潜力的可能性还是比较大的。

（3）农户收入中非农经济占比较高，很大程度缓解了土地的压力

西藏自治区是中央政府长期实施财政补贴和东部发达省份援建的重点地区，林芝市是广东省重点援建地区，米林县是珠海市重点援建地区。米林县各村镇转移性收入主要来源于国家和地方政策性补贴、保护生态等的转移支付，以及个别村民直接参与旅游业和基础设施建设服务的收入。例如，派镇加拉村居民收入来源主要为国家政策性收入、林下采集（林芝、虫草）和运输，所占比例分别为50%、40%和10%；直白村通过参与旅游服务获取的收入占到人均收入的30%。旅游业收入成为农牧民收入的主要来源，依托雅鲁藏布大峡谷的旅游业，当地居民或通过雇工方式参与旅游业，获得工资性收入；或通过开办家庭旅馆、组建旅游专业合作社等方式提供旅游服务获取收入；或直接从景区经营企业中获取旅游分成。运输业也是米林县农牧民收入的重要补充。以加拉村某农户为例，其固定工资为2.4万元/年，交通运输收入为20万元/年，林下采集收入为5000元/年，国家政策性补贴为9000元/年，交通运输收入占其总收入的84%左右。

米林县派镇农村经济非农收入中，绝大多数为第三产业收入，2017年第三产业收入占农村经济总收入的54.5%，各行政村中占比最高的为派村，接近3/4；最低的达林村，也超过1/3。第三产业收入中，占比最高的是其他收入，占全镇第三产业收入的29.9%，各村也在25%以上。各村除其他项收入外，加拉村和派村交通运输收入较高，索松村、格嘎村和派村商业饮食收入较高，格嘎村、多雄村和派村劳务输出收入较高（图6-41）。

高比例的中央财政补贴和农户转移支付收入，是缓解资源环境压力，保障村镇建设与资源环境承载力协调发展的重要原因。

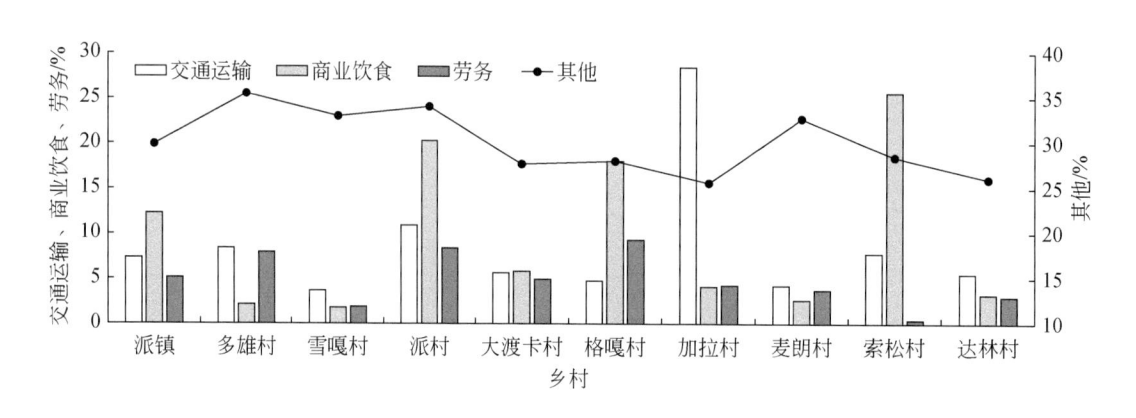

图6-41 米林县派镇各村非农收入占农村经济收入的百分比

6.2.4.3 承载力提升途径

（1）村庄主导功能分类

按照村庄的资源环境特征，综合考虑村庄人口、农业和旅游业发展的前景，以及边疆村镇的建设，将米林县村庄分为3大类（图6-42）。

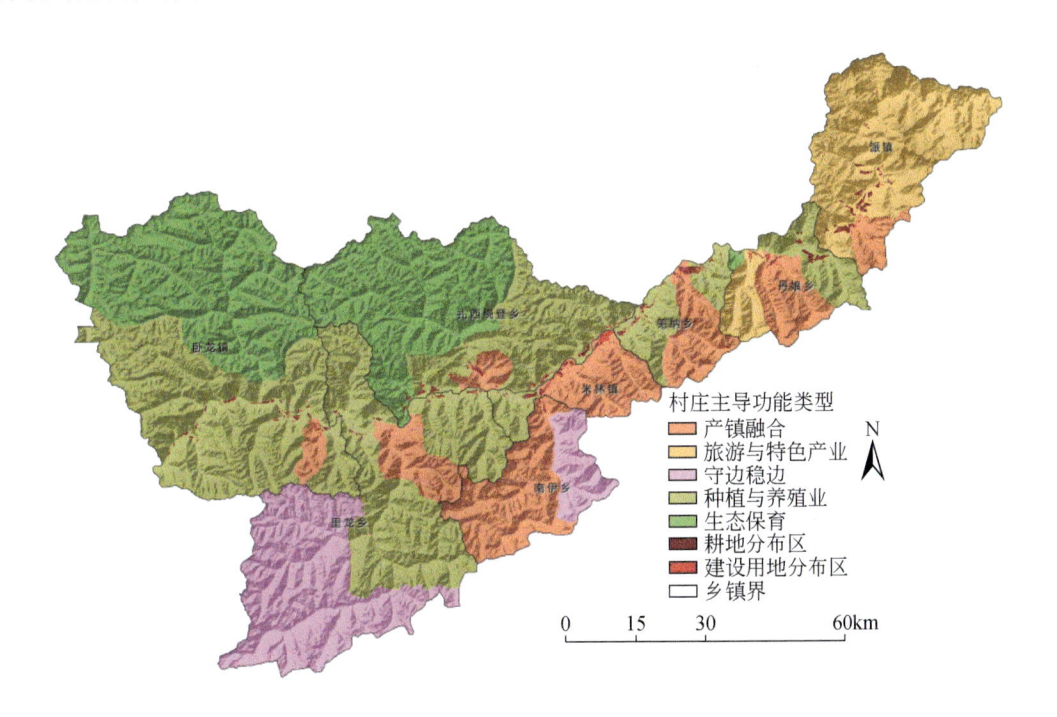

图6-42 米林县村庄分类

第一类，综合类，包括3小类：一是产镇融合主导功能村，主要为县城、各乡镇社区，需要优先实施基础设施、公共服务设施布局的区域，以及重点产业园布局的地区；二是旅游与特色产业主导功能村，主要是位于雅鲁藏布大峡谷景区核心地带的村庄，根据旅游业发展的需求，进行村镇设施和产业建设；三是守边稳边主导功能村，主要是位于边境，出于守边固边需要，进行建设的村庄。综合类村庄以强化村镇建设、适度吸纳人口为主要功能。

第二类，农业类，包括1类，种植与养殖业主导功能村，主要是位于雅鲁藏布江河谷两岸，耕地资源较好，种植业发展便利，以粮食保障和特色养殖业肉产品供给为主，兼营特色林果业。

第三类，生态类，包括1类，即生态保育主导功能村，多位于高海拔和远离河谷的地区，以及因地质灾害不宜人口居住的地区，未来以逐步搬迁和生态保育为主要功能。

根据不同类型村镇建设功能和主要限制因素，需要分类施策，确定承载力提升途径。

（2）承载力提升途径

A. 以村镇环境治理能力建设为重点，提升综合类村镇的综合承载力

米林县地域面积大，人类活动强度不大，环境容量较大，目前大气和水环境质量较优，主要监测站点的大气环境质量和的水环境质量均为Ⅱ级及以上水平。未来随着村镇基础设施的全覆盖，以产镇融合、旅游业和固边稳疆为主导功能的村镇建设及相应的人类活动也会得到快速发展，环境压力、特别是水环境压力会随之上升。目前，米林县水污染物处理设施建设不足，全县乡镇污水处理设施覆盖率不到50%，村庄更低；生活垃圾无害化处理率、污水处理率分别不到90%和80%。

米林县自2017年确立旅游产业龙头地位以来，年接待游客量逐年攀升，2017年接待游客75.2万人次，实现综合收入6.8亿元，发放2015年旅游惠民资金863.08万元，惠及2757人。2019年接待游客达86.48万人次、实现旅游收入7.82亿元，兑现旅游惠民资金达815万元，全县3545名农牧民群众参与旅游服务，收入达3200万元，109家星级家庭旅馆创收1456万元，增长50.1%。2020年接待游客达160万人次，旅游综合收入达14.5亿元，全县3745名农牧民群众参与旅游业服务，实现综合创收6994.9万元，兑现旅游惠民资金962万元，惠及2247人，人均受益4200元。

未来首先应依托机场产业园和林芝—米林同步建设，重点完善县城环境设施建设，提升以县城为中心的村镇污染物收集和处理能力。其次，加快乡镇社区的污水和生活垃圾收集处理设施建设，提高以乡镇所辖村庄污染物处理的覆盖面。再次，以控制旅游活动强度，提升旅游环境容量和服务质量为指导思想，加快景点门户、社区、村庄的环境设施和公共服务设施建设，提高景区、重点村庄和农牧户污染物收集处理的水平。最后，建立完善的县—镇—村统筹的污水和垃圾分类收集处理体系，确保2025年全县重点村镇污水和垃圾收集处理率达到90%以上。

B. 推进农业高质量发展，提升农业类村庄耕地和草地的承载能力

米林县作为西藏自治区的农产品主产区，也是林芝市的粮食主产区之一。根据林芝市振兴传统农牧业，落实"米袋子""菜篮子"的安排，未来粮食产量稳定在2万t以上，其中米林县至少承担1/3~1/2的任务。除粮食保障任务外，米林县规划特色林果产业，建设万亩苹果基地，新增高品质水果产业带2000亩、水肥一体化提升改造2000亩，打造以羌纳片区为主的绿色食品产业园，构建全产业链，提升农产品附加值。养殖业围绕藏香猪品牌，规划扩大藏香猪养殖规模，新增藏香猪养殖6万头。另外，为支持藏医药产业的发展，也要扩大藏药材种植面积。

根据林芝市和米林县的发展需求，未来提升农产品服务功能：第一，应加大优质耕地的保护力度，提升农田基础设施水平，推广水肥一体化技术，稳定以小麦、青稞为主的粮食生产，稳步提升粮食保障功能。第二，结合万亩苹果基地建设，打造高标准、高品质以苹果为主的林果业生产基地。第三，采用农户—政府—企业联盟模式，结合西嘎、邦仲、麦朗等美丽乡村试点地区建设，推广"小庭院、大经济"模式，挖掘以苹果为主的林果业生产潜力，扶持适宜本地特色的林果业向高质量发展。第四，扶持以藏香猪为品牌的适度规模化养殖，在严格保护环境的同时，适当扩大养殖规模。拓展畜牧产品的

产业链，增强深加工能力，提高牧民养殖业的单体收入，缓解草场压力。第五，依托藏医药企业和南伊乡藏医药产业园，因地制宜开展药材规模种植，提升药材加工能力，增强农户经营性收入。第六，结合珠海市对口支援米林县工作计划和"十四五"援藏规划项目，推动"7+2"消费援藏平台珠海门店入驻横琴口岸，加快米林农副产品"走出去"的步伐。

C.控制生态类村庄的人口和产业规模，巩固扶贫攻坚成果

米林县生态类村庄有5个，分别为卧龙镇阿拉塘村、角木那村、普龙村，扎西绕登乡章达村、吞布容村，丹娘乡白拉村。卧龙镇的3个村，位置偏远，地势较高，共有百余户，600~700人，主要依靠牧业和林果业，人均收入低于全县平均水平。扎西绕登乡的2个村，有百余户，500~600人，人均收入低于全县平均水平，主要依靠种植业和牧业。丹娘乡白拉村有30余户，100余人，位于雅鲁藏布江北岸的高台地上，交通不便，人均年收入不到1万元。

因米林县村庄多是沿雅江河谷分布，村庄边界范围从雅江河谷上溯至两侧山顶，多数村庄均有靠近河谷便于村庄建设和耕作的条件，而生态类村庄或因远离河谷，或是生态限制区面积较大、耕地较少，发展受限。因而，该类村庄未来的重点任务：一是以生态保护为主，控制人类活动规模，逐步提高生态服务功能。二是结合乡村振兴规划的村庄撤并搬迁工程和重点攻坚工程，通过政策和工程措施，控制人口规模。三是对远离河谷，不便于开展村庄建设和耕作的卧龙镇3村和丹娘乡白拉村，可通过移民迁建工程，实施村庄撤并，外输部分人口。

总体上，米林县因生态重要性程度高、生态保护面积大，生态和环境保护功能极为重要，无论哪类村庄，都应坚持全域生态保护的原则；无论是旧的社区改造，还是新的园区建设、新的村庄建设，都应坚持生态保护和环境保护设施优先的原则，这是提升承载力的首要途径。

6.3 重点生态功能区

6.3.1 凤县

6.3.1.1 村镇建设与资源环境基础概况

凤县位于陕西宝鸡西南部，地处秦岭腹地嘉陵江源头，东连太白、渭滨，南接留坝，西邻甘肃两当，北靠陈仓。具体地理位置介于33°34′57″N～34°18′21″N，106°24′54″E～107°7′30″E之间，南北长80.5km，东西宽70.9km，总面积约为3187km²。凤县下辖双石铺镇、黄牛铺镇、凤州镇、红花铺镇、河口镇、坪坎镇、留凤关镇、平木镇和唐藏镇9个镇，县政府驻地为双石铺镇，此外还包括马头滩林场和辛家山林场等林地分散分布。

凤县境内主要山脉呈东西走向，地势东北高，西南低，嘉陵江自东北向西南穿境而过。嘉陵江、中曲河谷发育有小型断陷盆地与宽谷坝子，其余山地大部为林草覆盖。凤县海拔在900~2700m，西北隅与甘肃省两当县交界处透马驹山海拔为2739m，为境内最

高点。凤县属暖温带山地气候，在大气环流及秦岭阻隔作用影响下，气候特点表现为垂直变化明显，小气候差异大，光热条件不足；降水集中，分布不均；冬季无严寒，夏季无酷热；气温日差较大。凤县年日照平均为1840.3h，年日照率为42%，是宝鸡市各县区日照最少的县。凤县属长江流域，有1km以上的河溪714条，总长有2394.4km，各河溪以嘉陵江、中曲河为干流，形成两条树枝状水系网。凤县主要是以长江水系一级支流嘉陵江为主，嘉陵江流域宝鸡段全长为102km，流域面积为2472.4km^2，多年平均径流量为56.27亿m^3。凤县土地利用现状类型主要有14类，其中林地面积占比最大，约为2533.32km^2，其次是自然保留地，约为354.68km^2，耕地约为147.42km^2，这三类用地约占总面积（3187km^2）的95.24%。其余土地利用类型按照面积依次为：水域＞牧草地＞园地＞农村居民点用地＞城镇用地＞采矿用地＞其他独立建设用地＞铁路用地＞设施农用地＞水工建设用地＞特殊用地。凤县生态用地资源潜力巨大，农业与城镇发展用地整体受限，耕地与基本农田保护，以及土地集约利用下的存量发展是凤县未来土地利用的关键。

6.3.1.2 村镇建设与资源环境承载力协调性分析

（1）人居环境污染严重

凤县水资源丰富，可以很好地支撑居民生产生活；其年平均径流总量为11.57亿m^3，其中自产径流为7.8亿m^3，入境客水量为3.77亿m^3。中水年约为9.16亿m^3，枯水年约为7.85亿m^3。但是，由于辖区内有大量废弃的尾矿和年产15万t锌冶炼厂，对当地的土壤和河流造成了严重的重金属污染。各村镇的污水处理系统简陋，污水大多未经过处理直接排放到了农田和河流。农村超量使用农药、化肥、地膜的情况在当前没有做到完全杜绝，特别是沿河有大量农田，农药和化肥残留物容易随雨水进入河中。凤县212省道和316国道是车辆通行专用道路，这两条道路紧靠嘉陵江或主要支流。近年来，危化品车辆通过凤县境内较多，平均每天在500辆左右，经常会发生交通事故，严重威胁嘉陵江凤县段的流域水质和生态环境安全。

（2）人口老龄化显著，农村空心化严峻

从数量来看，从2010年到2018年凤县总人口数量在逐年减少，从2010年的100 258人至2018年的92 998人（图6-43），9年时间总人口减少了7260人，人口减少比例为7.24%。

如表6-13所示，凤县人口结构向老龄化方向发展，2018年60岁及以上人口数量众多，占总人口的比例为21.99%，劳动力数量为36 149人，青壮年人口养老负担较大。各乡镇人口结构存在一定差异，唐藏镇、黄牛铺镇60岁以上人口比例高达29.26%、29.18%，老龄化特征最为显著，而留凤关镇60岁及以上人口比例为17.62%，16岁以下人口有1407人，青壮年劳动力较为充足，人口负担较轻。凤县总体上人口以流出为主，在此通过常住人口与户籍人口的比值来表示流动人口比例，流动人口比例大于1表明人口以流入为主，流动人口比例小于1则表明人口以流出为主。2018年凤县流动人口比例达0.71，人口大量流出，

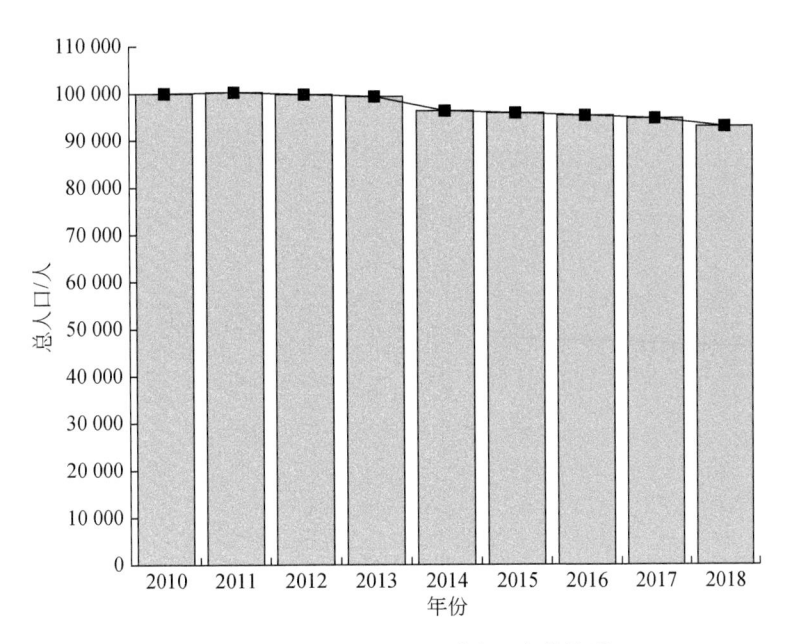

图 6-43 凤县 2010~2018 总人口变化情况

乡村空心化问题较为严峻。就各乡镇而言，红花铺镇、河口镇、唐藏镇流动人口比例分别为 0.98、0.96、0.90，人口流出现象不明显，凤州镇、黄牛铺镇、双石铺镇人口流出现象显著，其中双石铺镇流动人口比例为 0.45，说明乡村在外打工和在外居住人口数量众多，劳动力流失问题突出。

表 6-13 凤县各乡镇人口情况（2018 年）

乡镇名称	60 岁及以上人口	16 岁以下人口	劳动力数量	常住人口数	户籍人口数	流动人口比例
凤州镇	1 928	1 210	6 020	9 588	13 812	0.69
河口镇	2 160	1 223	3 789	10 681	11 082	0.96
红花铺镇	769	350	1 218	3 586	3 656	0.98
黄牛铺镇	1 345	605	3 323	4 609	7 211	0.64
留凤关镇	2 086	1 407	6 451	11 842	13 654	0.87
平木镇	1 813	1 087	3 977	7 383	9 080	0.81
坪坎镇	401	293	1 192	1 616	2 247	0.72
双石铺镇	2 704	1 884	7 366	12 296	27 396	0.45
唐藏镇	1 362	587	2 813	4 655	5 190	0.90
凤县	14 568	8 646	36 149	66 256	93 328	0.71

（3）产业结构单一，生态环境压力大

从凤县三次产业的产值及在凤县总产值中的占比情况和凤县产值结构的发展情况（图6-44），可以看出 2010~2017 年间，凤县经济总体呈现稳步上升的态势，三次产业总产值从 2010 年的 66.57 亿元升至 2017 年的 180.1 亿元，增长幅度高达 170.54%，2018 年由于霜冻的影响，总产值有所下降，该变化趋势说明凤县的总体经济水平逐年稳步提高。2010~2017 年间，除个别年份的轻微浮动外，凤县的第一产业和第三产业产值均呈现平稳下降趋势，第二产业呈现稳固上升趋势。并且从三次产业的占比情况来看，第二产业的占比远远高于第一产业和第三产业，且第一产业占比最低，该变化趋势说明，凤县逐渐形成了以第二产业为主导的"二三一"产业发展格局。在该产业发展的格局下，虽然凤县经济总产值上升显著，但是凤县的经济发展主要依靠矿产资源，该种发展模式会对当地的生态环境产生巨大的压力，产业结构转型升级任务迫切。

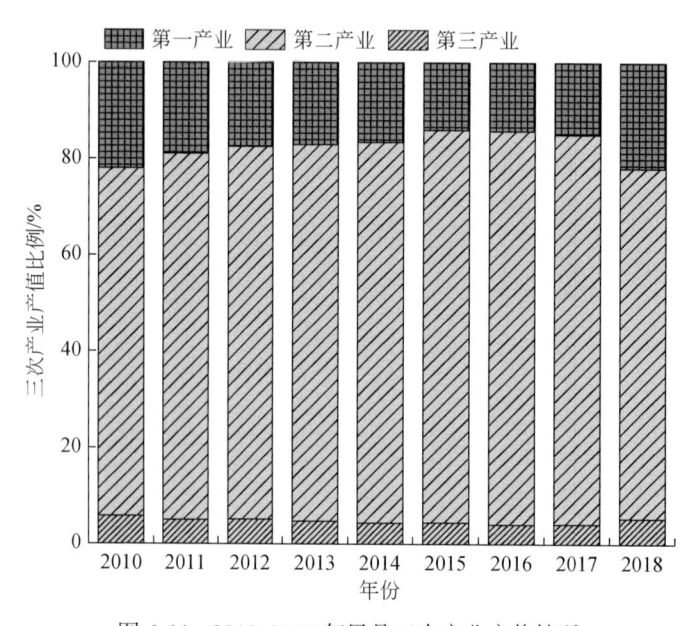

图 6-44　2010~2018 年凤县三次产业产值情况

总体来看，凤县经济的二元结构强度逐渐呈增加趋势，农业 GDP 比例和农业相对生产率严重偏低，非农业与农业生产力差距呈现扩大趋势。出现这种情况的主要原因是，凤县依靠矿产资源开发推动工业化和城镇化，不能带动地方工业，也不能和农村经济发生关联，且凤县的农村主要以小农经济为主，农业现代化相对较弱，农村的剩余劳动力不能及时有效地转移。同时，凤县地处秦岭，交通相对不便，市场化程度低，新技术和新工艺应用推广滞后，传统农业转型较慢，农业生产率偏低，二元经济结构问题越来越突出。

（4）耕地质量与农业的不适应

对于耕地质量而言，凤县耕地质量相对较低，大多数属于低等地，耕地质量主要有 4 个限制因子，其中坡度限制是凤县耕地质量的主导限制因子，面积达 6075 公顷，占凤县耕地总面积的 55%,其次分别是裸岩限制和有机质 – 坡度限制,分别占凤县耕地总面积的 41.50% 和 3.44%。农业适宜性整体水平偏低,但无明显整片区的短板制约农业发展约束因子,虽然面积受限,但承载规模适中。结合耕地地力评价的立地条件、土壤性状、土壤管理和剖面结构,凤县耕地地力评价等级整体处于一般偏弱水平,其中三等地分布面积最广,四等和五等地面积较分散分布于较大面积,一等和二等地较集中分布于嘉陵江、小峪河、旺峪河、车道河等流域附近。

6.3.1.3 村镇建设与资源环境承载力提升路径

（1）村镇主导功能分类

根据《凤山县国土空间总体规划（2021—2035 年）（草案）》,将村镇类型划分为综合型、农牧型、生态型 3 类（表 6-14）。其中,双石铺镇和平木镇作为人口和经济集中区,城市化水平和经济发展水平持续增长,矿产开采、旅游和特色农业在经济发展中起主导作用,多种产业之间交互作用推动了村镇的经济发展、提高了居民收入水平,所以将其划分为综合型村镇;河口镇和留凤关镇兴办农林、畜禽、水产等农产品加工业,蔬菜产业和旅游业广布在区域内,由于旅游业多是利用村域自然资源,因此保护了现有的良好生态环境,故将其划分为生态型村镇;红花铺镇主导产业为花椒、食用菌、苹果、核桃、蔬菜、药材种植及林麝、中蜂、畜禽养殖等,并且大力发展休闲农业和乡村旅游,所以划分为农牧型村镇。

表 6-14　凤县各村镇类型划分

乡镇名称	产业类型	村镇类型
双石铺镇	矿产开采、旅游和特色农业	综合型
河口镇	传统工业、文化旅游和特色农业	生态型
红花铺镇	休闲农业、乡村旅游业、蔬菜产业、药材种植业、畜禽养殖	农牧型
留凤关镇	蔬菜产业、畜牧养殖业、旅游业	生态型
平木镇	蔬菜产业、药材种植业、果林产业	综合型

（2）村镇建设与资源环境承载力协调模式

凤县在社会经济发展过程中,存在着城乡二元结构明显、区域差异与不平衡、乡村零散、产业结构不合理等突出问题。基于村镇空间优化需求,结合乡村中人口、产业、土地、环境等要素现状与未来发展定位,应大力通过空间重构与治理来推进经济结构优化。从上位规划来看,宝鸡市"十四五"规划纲要内容强调未来五年优化国土空间布局,以资源要素空间统筹规划利用为主线,强化空间功能分区管控,构建以宝鸡市域内中部地区为重点开发区、北部地区为农产品主产区和南部地区为重点生态功能区的空间功能格局。支持经济发展和集聚人口的政策进一步向城市化地区聚焦,把支持农业发展的政策进一步向农产品主产区聚焦,将支持生态环境保护的政策特别是生态保护修复的政策进一步向生态功能区聚焦。以秦岭保护和渭河整治为重点，推进全市大生态建设，凤县在筑牢山河生态安全屏障方面发挥了重要作用。因此，针对凤县村镇建设与资源环境不协调问题，结合县域城镇化地区、农业主导区、生态保护区村镇建设实际，兼顾各区内部村镇类型，分区分类设计村镇建设资源环境承载力提升路径（图6-45）。

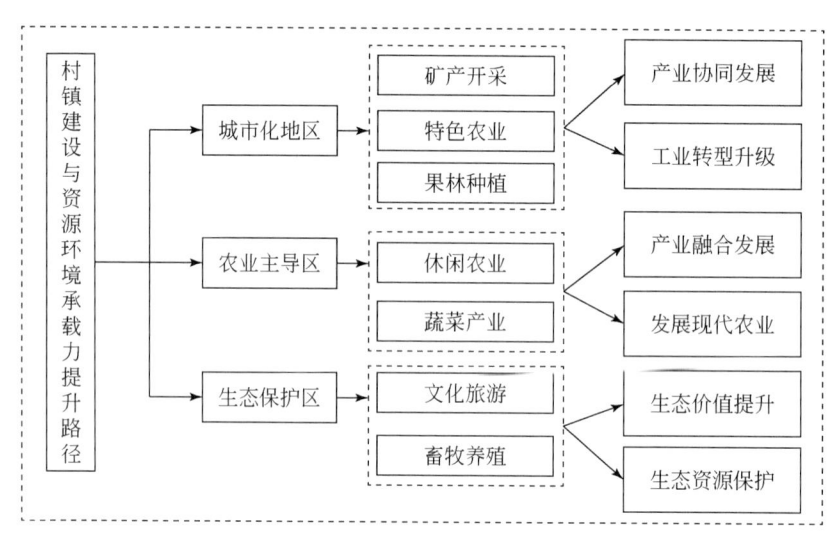

图6-45 村镇建设资源环境承载力提升模式

（3）典型村镇建设资源环境承载力提升路径

A. 综合型村镇

针对综合型村镇所存在的矛盾，应当借力城乡关系，走城乡融合发展之路，尤其关注城乡产业协同发展、居业协同发展，统筹城乡基础设施建设及城乡基本公共服务设施均等化。尤其要采取措施促进城乡产业协同发展，实现乡村经济多元化和农业全产业链发展，建立健全有利于农民收入持续稳定增长的机制。

凤县应该从推进城乡要素双向自由流动和公共资源合理配置方面作为突破口，改进城乡空间资源聚类整理，进行城乡空间格局整备，开展土地整备与设施保障，从而提升吸引力促进人才入乡就业创业。对于生产空间、非农业发展水平高，村镇要素集聚及"潜力优势度"村庄分类中城镇辐高的区域，可作为试验区，大力强化产业支撑，推动特色农业、特色产业、特色林下经济等多元素跨界融合，助力乡村产业发展。同时，积极鼓励集体经济组织及其成员采取自营、出租、入股、合作等方式，盘活用地。

加快工业转型升级，坚定不移走资源消耗低、转化增值高、循环利用好、生态效益佳、具有凤县特色的新型工业化道路。从第二产业绝对占优的地区生产总值构成比逐步提升第一产业和第三产业比例，重点将工业类型由有色金属产业为主的发展模式转向农副产品加工、特色旅游产业、新型材料产业、生物医药产业、新能源产业等方面，推动产业融合发展。

统筹布局生产、加工、物流、研发、服务等功能，积极创建一批特色产业园、产业村、产业带，突出建设蔬菜、花椒、苹果、核桃、中蜂、中药材、林麝及林麝饲草优势特色产业集群。聚焦农业人才队伍建设，实施高素质农民培育计划，强化科技支撑能力，创新农业生产经营模式，推行"户办场、场入社、社联企"模式，培育壮大家庭农场、农民合作社、农业产业化龙头企业等新型经营主体，积极发展农业产业化联合体、产业联盟、社会化服务组织，发展多种形式的适度规模经营，打造现代农业经营体系。

B. 生态型村镇

针对生态型村镇所存在的矛盾，其提升路径是充分利用生态空间，开发生态用地资产资本化。生态资产资本化是协调自然保护与经济发展的有效手段，也是凤县未来实现产业转型和生态服务价值市场化的坚实基础。凤县生态用地面积占比很大，除了生态环境保护红线等严格保护外，大面积的乔木林地、灌木林地、部分天然牧草地和竹林地等都具备重要的生态资本价值。

凤县村镇可以借鉴生态资本化典型案例模式，寻找适宜路径，基于秦岭腹地独特优势，从生态文化、旅游产品、空气、山珍、中药材、旅游产业带等，在生态资源上通过稀缺性、产权归属性等方面细化存在价值和使用价值，同时加大投资力度和创新投资模式，转变为生态资本，提高生态型生产要素增值性，从而提炼出生态产品，依托生态市场平台转变为交换价值，通过价值实现和开发收益反哺生态资源保护与生态建设。例如，把握数字经济、互联网经济、5G和人工智能等新一代信息技术变革机遇，进一步探索商业模式创新，大力发展社交平台，推动平台经济业态多样化发展，通过拓展风险智慧信息平台等科技方式助推宣传力度，纳入宝鸡"一带一路"经贸投资格局，打通生态旅游与绿色品牌渠道。

C. 农牧型村镇

针对农牧型村镇所存在的矛盾，由蓝图式向实用化、多元化和联动化发展转型。由于自然环境条件优越，秦岭生态环境保护应充分发挥"山水林田湖草"的自然资源禀赋优势，结合凤县乡村振兴战略实施和乡镇级国土空间规划三类空间格局，塑造特色，塑造样板，同时，按照"资源优势—旅游要素—文化产业"新模式的思路深度挖掘和培育凤县乡村风貌特色和产业元素的链条式发展，延伸空间资源要素的整合与管理。对于潜力优势度高的特色村庄要编制好实用性村庄规划，充分利用村庄自身特色和资源优势，培育特色产业，注重农、文、旅产业融合发展。

提升产出效率是农业发展和产业兴旺的突破口，农业作为产业门类的一种，要充分挖掘生产要素，大力提升凤县农业生产要素配置，尤其在农业基础设施配套、农业劳动力投入强度、农产品加工化程度和农业产业结构方面加大投入力度。有效推进农机专业合作社等新型农机化服务组织，加大农业生产过程中各种先进适用机械的推广力度，提高农业生产全程机械化程度。大力培育新型农业经营主体。以推进适度规模经营、实现小农户与现代农业发展有机衔接。鼓励土地向专业大户、家庭农场、合作社集中，在市场引领、政策扶持、项目带动下发展各类规模农业经营主体、建立示范性经营主体。

以发展现代农业目标为定位，提升特色农业。发展新主体、新产业、新业态，聚力建设优质专用粮食、优质果品、绿色蔬菜、优质畜产品和区域特色产品生产基地或供应链基地。尝试建设全国最大的林麝养殖及科研基地和特许经营大鲵养殖基地，实施标准化养殖业工程。例如，学习太白高山蔬菜和设施蔬菜模式，发展本土绿色种植业，着力打造南部秦岭地理标志的优质中药材生产基地、秦岭山区核桃和花椒等干杂果生产基地及名优农特产品示范基地；集中连片、规模化发展设施蔬菜、食用菌等特优品种，打造一批区域化、规模化、标准化设施农业生产基地；大力发展绿色养殖，聚焦"中国蜜都"目标，打造全国优质蜂产品基地。

6.3.2 门源县

6.3.2.1 村镇建设与资源环境概况

门源回族自治县（简称门源县）地处青藏高原东北隅、祁连山东段、青海省东北部、海北藏族自治州东南部。东邻甘肃省天祝县，南接青海省大通县、互助县，西与青海省祁连县、海晏县毗邻，北与甘肃省甘南县、山丹县、武威市接壤。全县东西长为156.24km，南北宽为103.99km，县域面积为6902.26km²，下辖12个乡镇、109个行政村、292个自然村，村镇主要沿交通干道呈"东南—西北"走向分布。2018年门源县总人口为162 405人，其中城镇人口为37 584人，农牧业人口为124 821人，城镇化率为23.14%。2018年，门源县地区生产总值为30.46亿元，社会销售品零售总额为10.81亿元，人均可支配收入为16 372元，三次产业结构比为29.38 : 19.24 : 51.38。门源县农作物播种面积为4.04万hm²，其中，粮食作物播种面积为1.69万hm²，粮食总产量为9.46万t（青稞产量为5.12万t），油菜播种面积为2.96万hm²，油料总产量为3.71万t，是青海省重要的商品油基地和青稞制种基地。门源县是典型的青藏高原高寒牧业区，畜牧业发达，2018年末存栏各类牲畜为59.18万头（只），肉类总产量为1.69万t，畜牧业增加值为5.46亿元，是全国草地生态畜牧业实验区、省州现代高效畜牧业示范基地和牛羊育肥贩运基地。门源县旅游业发达，是青海省重要的旅游休闲地，年旅客运输量达179万人次，旅客周转量为6363万人/km，旅游接待人次为312.88万人次，旅游综合收入达8.75亿元。全县现有各类学校121所，教育经费总支出达44229.75万元，各类卫生机构共计189个，卫生技术人员为817人，全年拨付卫生经费共计5932万元。

门源县属高原寒温湿润性气候，降水集中、雨热同期，年均降水量为520mm，降水呈现"中部平原少、南北山地多"的空间格局。县域内河网密布，享有"众水之源"的美誉，黄河二级支流——大通河境内流程达176km，集水面积为5204.79km²，年均流量为49.14m³/s，水能资源理论蕴藏量为64万kW，境内有纳子峡水库、五色湖等湖泊10余个，总储水量达8.85亿m³。2018年全县水资源总量为18.34亿m³，人均水资源量为11 292.70m³/人，人均水资源量远高于全国平均水平（1971.80m³/人），但低于青海省平均水平（16 018.30m³/人）。2018年全县用水总量为0.60亿m³，其中农业用水和生活用水较多，农业用水量为0.53亿m³，生活用水量为0.06亿m³，生态用水和工业用水较少。此外，门源县作为河湟地区和河西走廊地区的重要水源涵养区和补给地，水质条件优越，主要为Ⅱ类水及以上水平，但TN和TP两项指标均处于超标状态。

门源县地处青藏高原东北部，海拔高度2388～5254m，山地面积占比为83.1%，盆地面积占比为16.9%，呈现"南北高、中部低"的地形特征。全县耕地总面积为2.97万hm²，人均耕地面积为0.25hm²，远高于全国平均水平（0.10hm²）；境内各类草地面积为

45.73万hm², 可利用草场面积为41.45万hm², 牛羊存栏量达54.46万头, 羊单位草地面积为0.45hm², 远低于青海省平均需求水平（1.78hm²）, 草畜矛盾突出; 区域森林资源丰富, 森林总面积为38.27万hm², 森林覆盖率达39.29%, 辖区内有青海省面积最大的天然林区——仙米国家森林公园。

门源县高原风光绚丽多彩, 人文景观雄伟壮丽, 旅游资源得天独厚。境内有青海省面积最大的仙米天然林区、堪称高原奇观的百里油菜花海、绚丽多彩的草原风光及闻名遐迩的岗什卡雪峰, 形成了西部草原雪峰、中部百里油菜花海、东部仙米国家森林公园的三大核心旅游景区; 境内有辛店文化遗址、浩门古城、克图三角城、金巴台古城、完卓古城、边墙、岗龙岩雕等历史古迹, 彰显了区域厚重的历史文化底蕴; 有70余座清真寺及仙米、珠固古佛寺, 亚洲第一高位的"大坂山隧道""水电走廊"坝区风景等人文景观, 丰富了区域独特的人文内涵。

6.3.2.2 村镇建设资源环境承载力协调性分析

（1）人口流失严重，乡村主体老弱化问题突出

从空间分布来看, 门源县村镇人口分布呈现"中部高、西北和东南低"的空间格局。其中, 浩门镇人口规模最高, 常住人口为5.38万人, 占全县总人口的38.87%; 青石嘴镇、泉口镇和东川镇人口规模较高, 都超过了1万人; 西滩乡、麻莲乡、阴田乡、北山乡、仙米乡和珠固乡人口规模较小; 苏吉滩乡和皇城乡人口规模最小。中部冲积平原地区地形平坦、水土资源丰富、积温条件较好, 因而人口地域分布以浩门河谷盆地为中心, 呈圈层式半闭环型结构。

从人口变化来看, 受户籍政策、地理区位和新型城镇化等因素影响, 2010～2020年门源县常住人口呈现明显的空间流动特征, 全县常住人口减少了0.94万人。其中, 浩门镇人口聚集能力较强, 是全县人口的主要集聚区, 人口年均增长率为3.95%, 其余乡镇人口规模都呈现不同程度的下降趋势, 皇城乡人口流失最为严重, 村镇常住人口年均减少了6.58%; 东川镇、泉口镇、苏吉滩乡和西滩乡村镇人口流失规模较高, 村镇常住人口分别年均减少4.15%、3.60%、3.41%和3.18%; 青石嘴镇、麻莲乡、阴田乡、北山乡、仙米乡和珠固乡人口流失率相对较小, 但都明显高于全县平均流失率（-0.65%）(图6-46)。此外, 伴随着乡村青壮年人口流失, 乡村主体老弱化问题日益突出, 青石嘴镇、麻莲乡和阴田乡三个乡镇15~59岁人口比例都在65%以下, 分别为62.25%、63.23%和61.21%, 同时有10个乡镇65岁及以上老年人口比例超过7%。值得注意的是, 苏吉滩乡和皇城乡虽然人口流失问题严峻, 但是主要流失对象为老人与小孩, 青壮年劳动力流失较少, 乡镇15~59岁人口比例较高, 分别为83.89%和83.76%, 这主要与其畜牧业发达, 经济收入水平较高密切相关。随着农村人口的流失, 宅基地"人走屋空""建新不拆旧"等矛盾凸显, 村庄空心化现象突出, 农村地域经济功能和社会功能整体弱化。

（2）土地利用方式粗放，农业生产潜力低

从建设强度看, 门源县村镇建设强度较大, 农村存量用地基数大, 土地利用方式粗放，土地集中利用、复合利用和立体利用的潜力较大，合理规划村庄建设用地，提高土地利用效益对村镇发展至关重要（图6-47）。全县村庄建设用地面积不断扩张，由2010年的321.97万 m^2 增长到2016年的329.17万 m^2，人均村庄建设用地面积由249.53m^2增长到265.97m^2，人均村庄建设用地远高于国家标准（140m^2），在农牧业人口收缩和村庄建

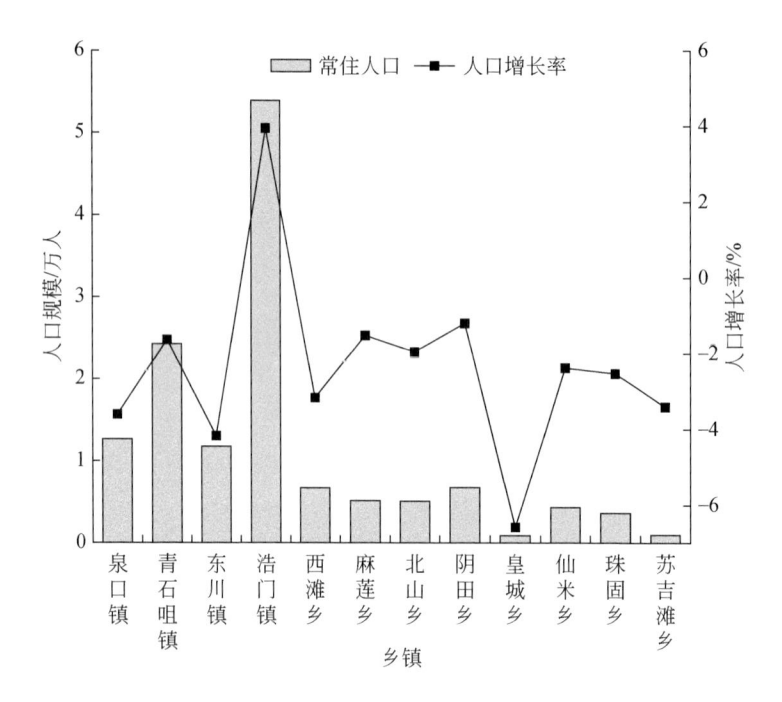

图 6-46 2010~2020年门源县村镇人口变化状况

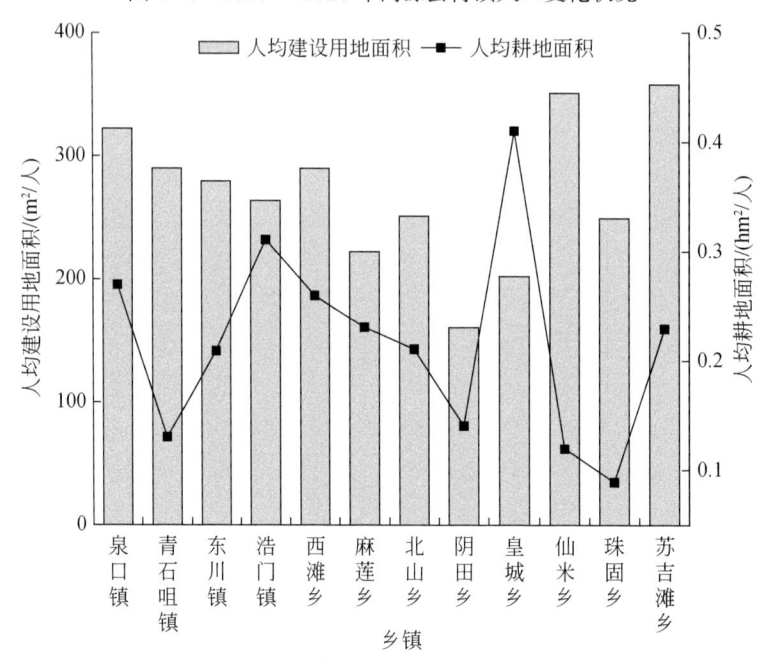

图 6-47 门源县村镇土地资源承载状况

设用地扩张的双重驱动下，门源县村庄建设用地粗放低效特征不断强化。其中，苏吉滩乡、仙米乡人均建设用地面积最大，分别为357.87m²、351.17m²，同时该乡镇地广人稀、人口分散的区域特征，使得村镇建设用地利用更加低效；泉口镇、青石咀镇、西滩乡和东川镇的人均建设用地面积次之，分别为321.94m²、289.83m²、289.69m²和279.78m²，基本高于全国平均标准一倍，建设用地低效特征明显；此外，浩门镇、北山乡、麻莲乡等乡镇的人均建设用地面积也明显高于全国平均标准。

从村镇耕地资源看，门源县耕地资源丰富，除珠固乡外，乡镇人均耕地面积均高于全国平均水平（0.10hm²），但是全县约73%的耕地缺乏有效灌溉设施，山旱地和中低产田多，高标准农田比例低，耕地质量差、土地碎片化严重、机械化程度低等问题突出，又受到地形、光照、降水等自然条件约束，导致该地区农业生产潜力低，土地产出效益不高。其中，皇城乡人口少，人均耕地面积最高（0.41hm²），但是其耕地产出极低，畜牧业较为发达，所以耕地大多用于种植饲草，耕地非粮化特征明显；青石咀镇人口密集，人均耕地面积较低（0.13hm²），略高于仙米乡和珠固乡；珠固乡耕地面积和人口规模均较低，因而人均耕地面积最低（0.09hm²），低于全国平均水平，同时该地区山高坡陡、谷狭沟深、温度偏低，耕地质量较差，耕地资源压力大；仙米乡人口少，多高山峡谷，耕地主要分布在海拔3000m以下的沟谷底部，耕地分散且面积小，虽然人均耕地面积（0.12hm²）略高于全国平均水平，但是耕地质量差，土地产出低，耕地资源压力大；浩门镇、泉口镇、东川镇等乡镇虽然人口规模大、密度高，但是该地区耕地面积广阔、地势平坦、水热条件较好，所以耕地产出效益高，土地资源压力相对较小。此外，由于自然、历史等原因的影响，县域中西部地区形成了众多的农牧业生产"飞地"，"飞地"普遍远离所辖乡镇，提高"飞地"管理能力和土地利用效率可为乡村振兴提供切实的土地保障。

（3）草畜矛盾突出，草场退化严峻

门源县是典型的青藏高原高寒牧区，草地资源丰富，畜牧业发达，但随着畜牧量的逐年增加，草畜矛盾日益加剧，天然草场退化问题日益严峻。2010年门源县天然草场退化总面积达18.76万hm²，约占全县草场总面积的41%，较1980年的7.65万hm²增加了11.11万hm²。其中，轻度退化面积达10.88万hm²，约占退化草场总面积的58%，占全县草原总面积的23.78%；中度退化面积达5.07万hm²，约占退化草场总面积的27%，占全县草原总面积的11.08%；重度退化面积为2.81万hm²，约占退化草场总面积的15%，占全县草原总面积的6.14%。此外，退化草场主要分布在农区冬春草场、夏秋草场和牧区部分秋季草场及夏季草场，而牧区冬春草场基础设施较为完善，近年来，舍饲比例逐渐提高，因此牧区冬春草场退化程度相对较轻[①]。

随着草场退化加剧和牲畜数量增加，门源县草畜矛盾问题日益突出（表6-15），合理刻画门源县草畜平衡状况及其演化趋势，是解决门源县草畜矛盾和推动畜牧业可持续发展的科学基础。为此，参照《资源环境承载能力监测预警技术方法（试行）》，并结合青

---

① 数据来源：《门源县志》。

海省实际情况,将载畜平衡状况划分为载畜不足(<-10%)、载畜平衡(-10%~10%)、临界超载(10%~15%)、超载(15%~30%)和严重超载(>30%)5个等级(蔡福,2018),在综合考虑门源县草地产草量和补充饲料规模的基础上,计算门源县载畜平衡情况。2010年门源县各类草场总面积达45.54hm²,可利用草场面积为38.67万hm²,约占草场总面积的85%,可利用草场平均亩产鲜草为266.34kg,理论载畜量为81.11万羊头,年底各类牲畜共计56.19万头,折合为95.68万羊头,超载牲畜1.46万羊头,载畜平衡指标为17.96%,属于超载状态。2017年门源县各类草场总面积为45.77万hm²,可利用草场面积为41.44万hm²,约占草场总面积的90.60%,可利用草场亩产草量为293.17kg(陈芳正,2019),年末牲畜存栏量为59.18万头(牛13.05万头,羊46.13万头),按1头牛折合4只羊,每只羊单位标准日食草量(鲜草)为4kg(陈季贵,2009),可知门源县合理载畜量为82.82万羊头,实际载畜量为110.62万羊头,超载牲畜27.80万羊头,载畜平衡指标为33.58%,处于严重超载状态。2010~2017年门源县可利用草场面积由38.67万hm²上升至41.44万hm²,可利用草场面积增长率为7.16%,实际载畜量由95.68万羊头上升为110.62万羊头,实际载畜量增长率为15.61%,实际载畜量增长率是可利用草场面积增长率的2倍,草场供给能力的增速明显滞后于牲畜养殖规模的扩张速度,导致草畜矛盾问题日益严重。

表6-15 2010~2017年门源县草畜平衡评估状况

年份	可利用草场面积/万hm²	实际载畜量/万羊头	合理载畜量/万羊头	载畜平衡指标/%	草畜平衡状况
2010	38.67	95.68	81.11	17.96	超载
2017	41.44	110.62	82.82	33.58	严重超载

考虑到数据的可获取性和行政级别的一致性,在衡量村镇尺度草畜平衡状况时,以调研的11个典型案例村为研究对象进行分析,对调研村的实际载畜量和理论载畜量进行估算,并进一步将草畜平衡状况划分为超载、载畜不足两类(表6-16)。结果表明,扎麻图村、孔家庄村、大庄村、桥滩村和梅花村的实际载畜量与草场规模相适应,草场面积充足,实际载畜量小于理论载畜量,可以适当扩大牲畜养殖规模,充分发掘草场潜力,其中扎麻图村作为典型的纯牧业村庄,草场面积为13 313.34hm²,占11个调研村草场总面积的33.07%,牛羊养殖规模大,耕地面积和村庄人口规模均较少,畜禽业基本上完全依靠草场供给,耕地难以提供草料补给。小沙沟村、头塘村、二道崖湾村、药草梁村、却藏村和寺尔沟村的草场面积不足,实际载畜量超过草场的理论载畜量,草场整体处于超载状态,应通过控制牲畜养殖规模和种植饲料作物等途径,促进草畜平衡发展。可见门源县草畜矛盾在小尺度范围内存在明显的空间差异性,草畜不平衡状况主要包含草场未充分利用、草场过度放牧两种形式,应根据各地区的实际情况,有针对性地制订草场开发利用对策,实现草地资源高效利用和畜牧业有序发展的良性互动。

表 6-16 门源县 11 个典型调研村草畜平衡评估状况

调研村	牛存栏量/头	羊存栏量/只	村庄草地面积/hm²	实际载畜量/羊头	合理载畜量/羊头	草畜平衡状况
小沙沟村	340	3 500	465.33	4 860	1 402	超载
头塘村	4 000	11 000	1 343.87	27 000	4 048	超载
二道崖湾村	2 280	3 550	1 683.73	12 670	5 071	超载
扎麻图村	5 300	9 000	13 313.34	30 200	40 100	载畜不足
药草梁村	320	7 000	2 000.00	8 280	6 024	超载
孔家庄村	120	1 500	1 400.00	1 980	4 217	载畜不足
却藏村	750	6 000	400.00	9 000	1 205	超载
寺尔沟村	3 950	4 400	2 710.67	20 200	8 165	超载
大庄村	1 007	2 586	4 200.00	6 614	12 650	载畜不足
桥滩村	504	6 945	6 680.00	8 961	20 120	载畜不足
梅花村	780	4 500	6 066.67	7 620	18 273	载畜不足

注：牛、羊存栏量和村庄草地面积数据来源于村委调查问卷；合理载畜量由计算间接得到

近年来，门源县不断探索、创新农牧结合模式，有效促进了种植业结构调整和畜牧业发展提质增效，产生了良好的经济效益、社会效益和生态效益，但是门源县草畜矛盾问题仍然突出。草畜平衡与牧民增收之间的固有矛盾、牧民群众生态环境保护意识低、牧区基础设施（牲畜棚圈、围栏等）建设薄弱、饲草种植风险大等问题是阻碍牧区草畜平衡发展的主要原因，全县需要紧紧围绕"粮草兼顾、农牧结合、种养联动"的产业结构调整模式，通过"圈窝子、弃耕地、退耕地、压减低产田"等发展方式，扩大饲草料种植面积，推广草田轮作模式，挖掘饲草料生产潜力，加快建设富有资源特色的饲草产业，实现牧区草畜配套和种养平衡发展。

6.3.2.3 村镇建设与资源环境承载力协调提升路径

（1）村镇主导功能分类

根据门源县《乡村镇振兴战略规划（2018—2022 年）》，综合考量村镇资源环境条件和经济社会发展状况，将门源县村镇类型划分为生态保育型、牧业主导型、农牧结合型和城乡融合型 4 类（表 6-17）。其中，珠固乡和仙米乡位于仙米国家森林公园范围，划为生态保育型村镇；苏吉滩乡和皇城乡有丰富的草场资源，牲畜存栏量高，划为牧业主导型村镇；浩门镇属于县政府驻地，基础设施建设水平和城镇化水平较高，因此划为城乡融合型村镇；其余乡镇均具有半农半牧的特点，划为农牧结合型村镇。

表 6-17 门源县各村镇类型划分

乡镇名称	产业类型	村镇类型划分
浩门镇	旅游、商贸、农副产品加工、农牧业	城乡融合型
青石咀镇	商贸和旅游产业发展	农牧结合型
泉口镇	现代农业、生态旅游	农牧结合型
东川镇	种植业、乡村旅游、农副产品加工	农牧结合型
北山乡	种植业、舍饲畜牧业、乡村旅游、劳务经济	农牧结合型
阴田乡	种植业、舍饲畜牧业、乡村旅游、劳务经济	农牧结合型
麻莲乡	种植业、舍饲畜牧业、乡村旅游、劳务经济	农牧结合型
西滩乡	种植业、农畜产品加工、乡村旅游、劳务经济	农牧结合型
珠固乡	乡村旅游、舍饲畜牧业	生态保育型
仙米乡	生态、旅游、舍饲畜牧业、民俗体验、林下经济	生态保育型
苏吉滩乡	生态畜牧业和草原旅游	牧业主导型
皇城乡	生态畜牧业、草原雪峰及蒙古族文化旅游	牧业主导型

（2）"政府＋企业＋农户＋组织"的良性互动模式

门源县村镇建设长期以来受城乡二元管理体制的影响，随着改革开放推进、城市发展转型和城乡关系的演变，村镇建设呈现出主体老弱化、发展动力不足、资源环境约束等问题。在参照国内外村镇建设发展经验的基础上，根据门源县村镇建设发展实际特征，构建"政府＋企业＋农户＋组织"等多元主体参与的村镇建设动员与治理机制（图6-48），

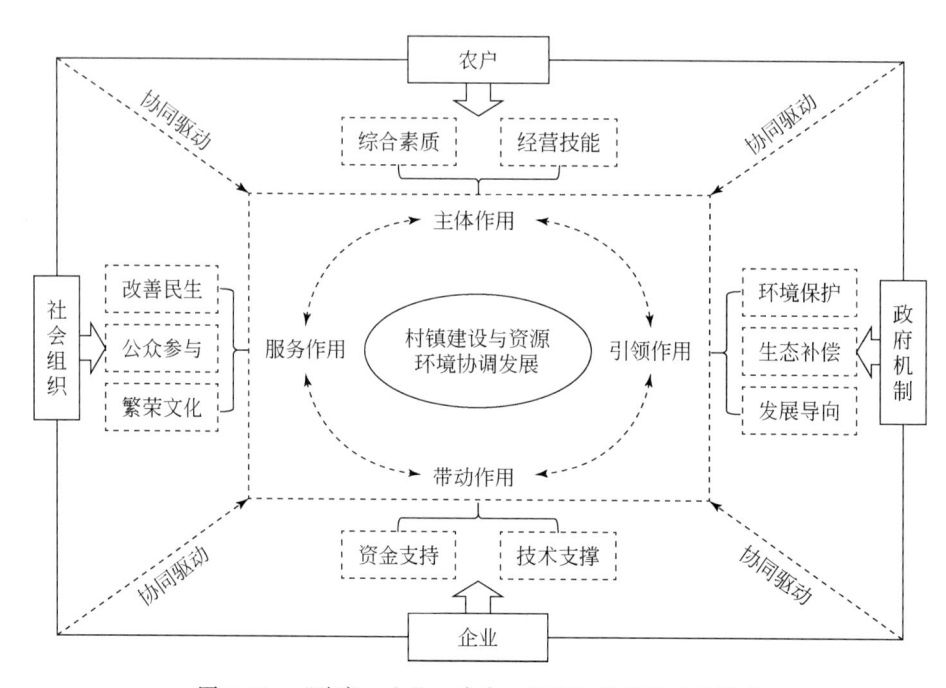

图 6-48 "政府＋企业＋农户＋组织"的良性互动模式

统筹村镇生产、生活和生态空间发展，探索科学合理的村镇发展路径，对推动青藏高原高寒牧区村镇建设与资源环境的协调发展具有重要意义。

A. 发挥政府在区域生态环境保护中的引领作用

生态环境保护是村镇建设与发展的基础，门源县村镇资源环境管理粗放，资源利用效率低效，牧区大规模的畜禽养殖和乡村生产、生活污水及生活垃圾的无序排放，加剧了区域生态环境压力，亟须完善村镇环境保护治理法规，建立长期有效的环境保护追责机制，将村镇环境治理成效纳入政府绩效考核，为生态宜居的美丽乡村建设提供制度保障。此外，门源县作为国家重点生态功能区，在我国生态环境保护中具有重要的战略地位，需要加大对该地区生态建设的转移支付力度，针对区域开展生态恢复和环境治理工作的支付成本，提出有效、合理、可行的补偿手段，构建具有明确区域生态补偿意向的政策保障体系，建立长期有效的区域生态补偿机制。

B. 强化农民在村镇建设中的主体作用

村民是村镇建设的主体，人力资本是村镇建设的核心生产要素，实现乡村振兴目标，需要尊重农牧民意愿，调动广大农牧民积极性，激发农牧民内生发展动力，培养一批"有文化、懂技术、会经营"的新型农民，提高农民的综合素质。目前，门源县村镇教育水平整体偏低，乡村优质教师大量流失，农民素质整体较低，需要汲取韩国、日本等国家的成功经验，重视村民教育培训，发挥村民主体在村镇建设中的能动性，切实增强村镇可持续发展能力：①重视教育事业发展，提高农民综合素质，为乡村振兴提供智慧引领。②加强草场畜牧业和油菜种植业等专业技能培训，推动种养殖业发展提质增效，为乡村发展注入产业动能。③增强村民经营服务能力，提升旅游服务业发展质量，为农村增收致富再添新动力。

C. 构建"政府＋企业＋农户＋组织"的良性互动机制

实现乡村的持续健康发展，不仅要发挥政府的引领作用，也需要社会组织、企业和农户等主体的积极参与，构建"政府引领、企业带动、农户参与、社会组织服务"的良性互动作用机制。要在坚持门源县国家重点生态功能区战略定位的基础上，挖掘村镇发展潜力，激发村镇内生活力，加快推进农牧业现代化发展，推动全域旅游和产业融合发展，健全现代农牧业经营体系。此外，需要抓住对口援建的重要契机，积极招商引资，构建"政府＋企业＋农户"等主体良性互动的利润分配机制，保证村镇经济的高效有序运行。

（3）典型村镇提升路径

A. 生态保育型村镇

生态服务是村镇地域系统的重要属性，保护和修复生态环境是村镇发展的前提与基础。门源县地处祁连山国家级自然保护区，生态环境脆弱、战略地位突出、保护任务艰巨，要坚持生态本底保护优先的基本原则，积极探索生态发展新模式，实现农牧民增收和生态环境保护的双赢（图6-49）。

从生态保护视角来看，生态保育类村镇要围绕门源县重点生态功能区的生态战略定位，严格执行生态红线管控要求，加大生态环境保护力度，统筹"山水林田湖草"综合治理，认真做好退耕还林还草、国土绿化等生态修复工程，可以从以下方面构建

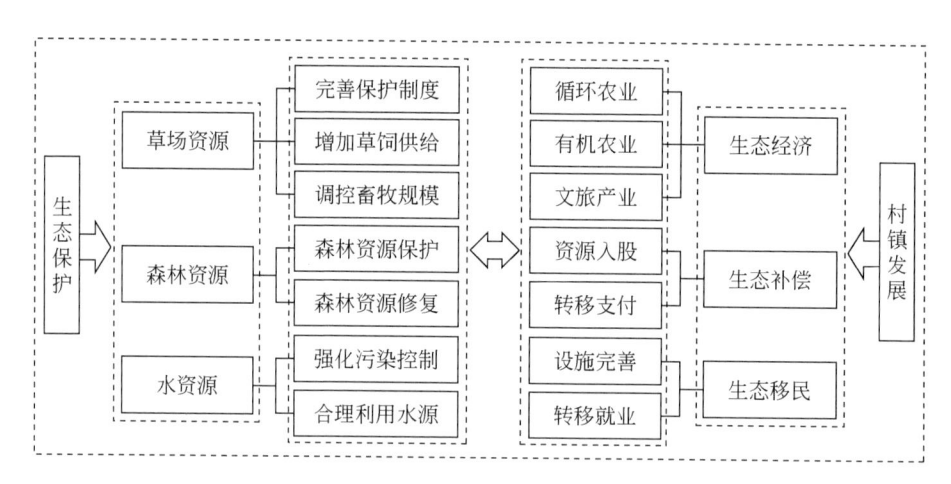

图 6-49 生态保育型村镇提升模式

门源县乡村生态体系：①促进草原生态系统良性发展。落实草场轮牧、休牧及禁牧制度，改良"三化"草场，培育优质饲草基地，增加饲草补给规模与质量，合理规控畜牧规模，提升畜牧业发展质量，推动草畜平衡发展。②加强森林植被保护与修复力度。严格执行林地保护制度，增强天然林保护力度，深入推进林业重点生态工程建设，通过造林、育林、护林等途径，深化推进森林植被修复工作。③加强乡村水源地保护。门源县是河湟地区和河西走廊重要的水源涵养区和补给地，要加强重点乡镇水源保护区的污染防治和监管工作，防治生活污水、生活垃圾、农业面源污染等生产生活污染，同时也要合理开发利用水资源。

从经济发展视角来看，生态保育类村镇发展，需要积极探索生态资源开发新路径，鼓励生态农业、有机农业、循环农业、文旅产业等生态产业发展，实现生态保护与经济发展的良性互动，构建多元、绿色、高效的经济发展模式。同时，要因地制宜、分类施策，通过土地、林地、资金、劳动等资源入股方式，将区域生态价值转化为经济价值，实现生态资源与经济发展的良性互动，也要高度重视村镇生态保育工作的付出，加强财政转移支付力度，构建长期有效的生态补偿机制，增加农牧民经济收入。此外，可以通过易地扶贫搬迁、生态移民搬迁、合村并点等方式，引导农牧民自愿搬迁，统筹解决基础设施、生态保护和产业发展等问题，促进农牧民就地就近安居和转移就业，妥善解决生态保护与村镇发展的基本矛盾。

B. 牧业主导型村镇

牧业主导型村镇草场资源丰富，畜牧业发达，草原退化问题严峻，推动草畜平衡发展是实现牧业主导型村镇可持续发展的关键，可以通过完善草场保护制度、增加饲草补给来源、科学调控养殖规模、提升畜牧业发展质量和创新村镇收入途径等方式推动牧业主导类村镇转型发展（图 6-50）。

首先需要加快基本草原划定和草原确权承包，全面实施禁牧、休牧和草畜平衡制度，贯彻落实草原生态保护补助奖励政策，创新草场生态保护方式，为草场资源保护注入制度动力。其次，要按照"农牧结合、种养联动、循环互动"的经济发展思路，推行"粮改饲"种植，建设良种化、高产化、规模化的优质饲草料生产基地，增加优质饲草储备和补给来源，推广"放牧+饲草料基地+袋装青储（窖储）+补饲"草地生态畜牧业经营模式，从供给侧缓和草畜矛盾。同时，需要在科学测算草地资源承载力的基础上，合理调控畜牧业养殖规模，推行按类划区轮牧，实现按草配畜，将养殖规模控制在草地可自然恢复的承载力范围之内，从需求侧为草畜平衡发展助力（黄晶，2021）。此外，要以"扩优、抓特、提质"为重点，以草食畜为主，发展节粮型畜牧业，将原有自然粗放式放牧向舍饲集约化饲养转变，建设高标准养殖小区，提升畜牧业发展质量，更要注重产业链的延伸和产业价值的提升，在传统牧业发展的基础上，构建以种养殖、加工、生产、销售为一体的现代农牧产业体系，增强村镇产业发展核心竞争优势。最后，要结合门源县全域旅游的总方针，充分挖掘区域绚丽多彩的草原风光、人文习俗和历史资源，积极创建草原风情旅游区，打造高原特色休闲观光农牧业基地，推动村镇旅游业发展，扩宽乡镇收入途径。

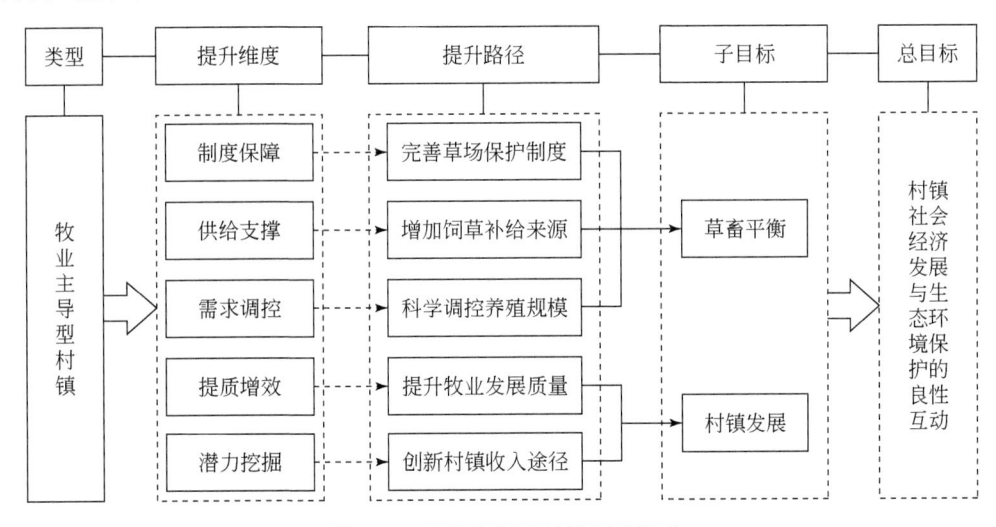

图 6-50 牧业主导型村镇提升模式

C. 农牧结合型村镇

该类型村镇具有半农半牧、农牧结合的特征，要高度重视村镇产业培育、融合和转型发展。首先要以区域传统农牧业为基础，依靠现代科学技术，推动特色产业多元、绿色、高效发展。其次，要加强农业农牧民种养殖技能培训，提升农牧民综合素质，构建新型职业农牧民队伍；此外，在综合考虑资源环境承载力和作物适应性的前提下，合理优化农业种植结构和区域布局，积极发挥农业优质产区作用，以市场为导向，发展中药材种植、林下养殖等山地经济、农副产品深加工和观光休闲旅游业，促进农牧业产业链延伸和三次产业深度融合。最后，通过政策倾斜鼓励企业到农村投资发展农牧业项目，在村企合作或农牧业合作社的组织模式下逐步发展壮大村集体经济和乡村产业，构建以种养殖、加工、生产、销售为一体的标准化、规模化的现代农牧产业体系。

D. 城乡融合型村镇

该类型村镇地理区位优越，社会经济发达，应坚持高起点定位，在原有规模基础上，合理规划城乡布局，统筹城乡发展空间，充分发挥核心区域的集聚与带动作用，促进城乡资源要素合理流动，推进城郊融合发展，推进产业增效、环境提质、服务升级、内涵挖潜，保护乡村原有风貌，建设宜居宜业美丽乡村。例如，浩门镇应立足村镇产业基础、人居环境、文化习俗等要素，强化村镇产业优势、环境优势、竞争优势，建设留得住"乡愁"、具有"村落记忆"的新型城乡空间，在形态上保留乡村传统风貌，在治理上体现城市现代要素，逐步强化服务城市发展、承接城市功能外溢、满足城市消费需求的核心功能，建设成服务"三农三牧"的重要载体和面向周边乡村的生产生活服务中心。

第 7 章 结论与展望

7.1 主要结论

本书在开展村镇建设与资源环境承载力协调性评价理论研究的基础上,探究了中国村镇建设资源环境承载力的限制性,构建了中国村镇建设资源环境分区分类方案,阐明了中国村镇建设与资源环境承载力的协调模式,重点剖析了典型案例区村镇建设与资源环境协调性特征,并提出了面向不同主体功能区村镇建设需求的资源环境承载力提升路径。主要结论如下:

1)村镇是在特定的自然环境条件下,经过长期的自然、经济和社会文化等因素共同作用而形成的乡村聚落,资源环境是村镇建设的自然基础,承载力是自然基础(承载体)对村镇建设活动(承载对象)的支撑能力。村镇建设主要包括村镇居住、产业、基础设施、生态环境等方面,是村镇居民生产和生活的物质基础,也是村镇社会经济发展的体现。这种多要素组合的地域单元决定了发展路径的复杂性和非线性,既有城镇化的趋势,也有村镇化的倾向,以及村镇空废化的现实。村镇建设因区位差异、资源禀赋差异而呈现出多元化的发展模式。资源环境作为村镇地域系统的重要组成部分,深刻影响着村镇聚落建设与村镇发展。新时期以来,村镇建设资源承载力及其协调性逐渐成为村镇地域空间可持续发展的重要判别依据。而村镇建设与资源环境协调关系受到城乡要素流动、市场经济价值导向、政策体制干预等方面的共同作用,尤其是村镇地域系统内部的要素变化、结构变迁和功能演进,深刻影响着村镇建设与资源环境的协调状态,这些要素交互作用构成村镇建设与资源环境协调性变化的动因机制,形成了不同形式的具有区域特色的村镇建设与发展模式。西方发达国家的实践经验表明,基于村镇建设主导功能类型,科学利用地方水、土、生态等方面的资源优势,发展特色农业并延伸产业链等是实现村镇振兴发展的重要途径。

2)中国村镇建设受各类资源环境要素的共同影响、相互制约,地形地貌、水土资源、气象条件、生态环境等对村镇建设均存在不同方面、不同程度的约束作用。在村镇建设资源环境承载力评估实践中,宏观尺度村镇建设资源环境承载力限制性因素主要涉及气候要素、土地和水、生态和灾害等。在不同区域,各要素的限制性和重要性存在显著的差异性。中国华北平原、东北平原区域地形平坦,农业生产条件好,但水资源需求量大,尤其是华北平原地区地下水过度开采,缺水问题突出,水资源成为限制该区域村镇建设的重要因素。青藏高原北部、新疆地区和黄土高原村镇建设主要受生态、水资源限制，该区域降水量少，蒸发量大，生态脆弱性较高，是中国重要的生态安全屏障，生态地位重要，同时青藏高原地区农业生产受海拔和热量的限制也比较大。云贵高原区域农业生产主要受地形地质条件限制，该区域地势起伏大，地面崎岖破碎，导致耕地分散，田块窄小、利用率低，加之，地质灾害和喀斯特地区石漠化的影响，农业生产和村镇建设受到较大限制。中国南方平原丘陵区对村镇建设的约束作用相对较小，且该区域属亚热带季风气候区，降水丰沛，河网密布，为农业发展提供了充足水资源，但该区域人多地少，耕地资源紧张，同时快速城镇化、工业化导致的生态环境约束作用也非常突出。四川盆地虽然地形较为平坦，可利用土地面积较大，但部分区域地质构造活跃，地质灾害对该区域村镇建设造成一定的限制。

3）中国村镇建设资源环境分区分类工作从创新村镇建设与资源环境协调理论入手，采用综合地理区划的方法，提出了全国层面的村镇建设资源环境类型区划基本方案，并与村镇主导功能分类相衔接，实现了宏观层面村镇建设资源环境约束因子判别和微观尺度村镇建设重点管控的综合集成。其中，村镇建设资源环境类型区划是在村镇资源环境本底评价的基础上，结合建筑气候区划、建筑热工区划和农业区划等区划成果，按照全国村镇建设的现状特征，并考虑资源环境承载力的限制性因素，以及可利用水资源、可利用土资源的空间配置状况，将全国划分为东部、西北和青藏3大村镇区域、10个村镇地区和36个村镇区。村镇区是分区分类推进村镇建设、促进村镇建设与资源环境协调发展、实现乡村振兴的重要基础。村镇建设主导功能类型是对村镇地域自然、经济、社会等多方面发展特征在地域空间上差异性的客观表达，是基于全国县域主体功能定位，根据村镇人口规模、用地结构、产业结构和生态保护等关键指标划分的村镇类型，包括3个一级类：综合功能村镇类、农业功能村镇类和生态功能村镇类；7个二级类：产镇融合主导功能村镇类、商贸旅游主导功能村镇类、种植业主导功能村镇类、畜牧养殖业主导功能村镇类、水产养殖业主导功能村镇类、生态保育主导功能村镇类和生态灾害防治主导功能村镇类。

4）改革开放以来，中国村镇建设呈现出明显的阶段变化特征，村镇建设与资源环境协调性呈现显著的地域差异性，村镇地域资源环境开发利用强度及其引发的资源环境问题日渐凸显，由此形成了具有鲜明地域特色的村镇建设与发展模式。改革开放40余年来，中国村镇建设经历了制度性抑制村镇建设（1949~1978年）、工业化驱动村镇建设（1979~2000年）、城镇化带动乡村转型（2001~2012年）和城乡融合发展（2013年至今）四个阶段。在此过程中，各地区基于村镇自身资源特色，在政府政策的引导催化下，充分发挥资源优势，促进村镇经济社会持续发展，但农村发展不充分、城乡发展差距拉大的问题不容忽视。尽管形成了借助市场机制，延伸农业产业链和价值链等村镇建设主要模式，但并未有效解决我国村镇建设与资源环境可持续发展问题。由于不同功能类型村镇的人地关系地域系统要素演化状况和结构不同，其村镇建设与资源环境协调路径必然不同。为此，本书在解析城乡资源置换机制、城乡融合发展机制、特色资源要素组合发展机制、生态保育型村镇发展机制基础上，提出了面向非农产业发展主导类、农产品供给主导类、乡村旅游主导类、生态保育主导类和多功能复合类等不同主导功能类型村镇需求的村镇建设与资源环境承载力协调模式，为有针对性地整合村镇资源要素、解决村镇建设问题、有效缓解村镇建设的资源环境压力、不断强化村镇地域主导功能、提高不同类型村镇资源环境综合利用效率提供了重要依据。

5）通过对村镇资源禀赋和产业发展等条件的诊断，在明确村镇功能定位导向的基础上，整合村镇地区水、土、人力等资源，结合产业培育和发展、生态保育、文化传承，以及基础设施、公共服务设施建设等项目的实施，重建村镇生态空间、生活空间、生产空间和文化空间，实现人居空间整洁化、生态空间文明化、产业空间集约化、文化空间多样化，是推进村镇建设与资源环境协调发展的科学路径。本书通过将重点案例区县的深度剖析与不同主体功能区典型县的调查分析相结合，深刻认知了我国村镇建设与资源环境现状、协调性状态、基本经验等，有针对性地提出了村镇建设与资源环境协调度提升路径。在重点案例区县的剖析中发现，地处干旱绿洲农业区的甘州区村镇，以水资源为主要约束因子，水资源量不足、用水效率低下、生态环境退化等问题成为制约区域村镇建设及其资源环境承载力协调性的短板因素；地处太湖流域的溧阳市村镇，以水环境和土地资源为主要约束因子，水环境胁迫、耕地资源不足、宅基地利用率低等问题成为影响区域村镇建设与资源环境承载力协调性的短板因素；地处长江中游平原的沅江市村镇，集中表现为耕地资源、水资源和环境承载力对村镇建设的限制及其引发的不协调问题。在不同主体功能区典型县分析中发现，城镇化地区村镇受中心城市的影响，资源利用效率普遍较高，村镇产业结构受市场环境和城市消费结构的影响较大，青壮年劳动力流失快，村镇建设面临城市用地扩展、产业转移、污染物空间迁移和劳动力不足等问题。农产品主产区村镇，受水土资源、劳动力和全国粮食作物宏观布局的影响突出，村镇建设面临水资源过量开采、地下水位下降，以及部分区域水环境质量下降的压力。重点生态功能区县村镇因人口规模较小，在城镇化和工业化背景下人口流动的区域性强，在产业上多采取"农业＋旅游"的发展模式，由此产生的资源环境压力程度表现不一。为此，在落实乡村振兴战略、推动美丽乡村建设实践中要因地制宜，充分考虑不同地区村镇建设资源环境限制性因素和村镇建设主导功能，设计差异化的村镇建设与资源环境承载力协调模式及提升路径，为在国土空间上分区分类推进村镇建设与资源环境协调发展提供科学依据与技术支撑。

7.2 展望

开展村镇建设与资源环境承载力协调性评价的目的在于，为我国村镇建设资源环境承载力测算提供关键指标和相关参数；为编制乡村振兴规划，科学有序统筹村镇建设、农业生产与生态保护等功能空间，实现乡村振兴提供科学支撑。因此，在理论探究和案例分析的基础上，阐明村镇建设与资源环境承载力协调关系、解析村镇建设与资源环境承载力协调度分异规律、探索村镇建设与资源环境承载力协调模式的应用实践，是面向国家乡村振兴战略和国土空间规划需求的重要研究方向。

1）村镇建设与资源环境承载力协调关系研究。我国地域辽阔，村镇类型多，水土资源及生态环境差异大，村镇建设与资源环境承载力关系复杂，不同区域的承载力主导约束因素不同，不同类型村镇建设对资源环境的影响机理不同。面向国家乡村振兴战略实施和美丽乡村建设的目标，深入剖析村镇"五化"现象，系统分析我国村镇资源环境及组合特征，揭示村镇建设规模、模式、发展方向与资源环境供给能力的协调关系与分异规律，识别不同区域/类型村镇绿色宜居的建设目标、主要问题、约束因子和限制指标，形成村镇资源环境承载力评估的分区理论，是未来需要深入研究的关键科学问题。同时，承载力研究随着人地矛盾的加剧，已成为区域可持续发展和可持续性科学研究的重要领域。承载力测算涉及承载对象和承载体两方面，村镇承载体具有生态与农业的主导属性，乡村生态空间是区域重要生态保障，乡村生产空间兼具生态功能，因此显著区别于城市区域承载体。如何在辨析村镇建设与资源环境作用机理的基础上，以美丽乡村建设为目标，确定两者定量关系是承载力测算的难点与核心问题，也是未来需要深入研究的重要方向。

2）村镇建设资源环境承载力测算指标与关键参数研究。按照承载力评价的目标要求，界定村镇建设资源环境承载力评价的目标函数，选择评价指标，设计指标分类体系；选择不同类型的参照区进行实测检验，提炼通用性承载力指标，分析指标的尺度效应，研发承载力评价的关键指标和重要参数甄别技术，建立多尺度村镇建设资源环境承载力评价的指标体系。针对区域类型特点的水土资源性状、数量与生态安全约束的正确评估与测算，是精确、高效、合理开发与保护资源环境，振兴乡村的前提和基础，开展代表性区域—县域—村镇的水、土和生态等要素的承载机制分析和多过程模拟，揭示村镇建设的水土资源约束及环境胁迫机理，明确村镇建设生态安全等级，确定土地利用结构、水土资源利用效率、水资源利用上限、水质保护底线等承载力核心指标的阈值与量化标准，建立村镇水土生态要素承载力测算原理，是未来村镇建设资源环境承载力评估需要重点解决的问题。

3）村镇建设与资源环境承载力评估的应用实践探索。资源环境承载力评估是引导资源在空间上优化配置的重要依据。国家"十一五"规划纲要中提出"根据资源环境承载能力、现有开发密度和发展潜力，统筹考虑未来我国人口分布、经济布局、国土利用和城镇化格局，将国土空间划分为优化开发、重点开发、限制开发和禁止开发四类主体功能区"。此后，资源环境承载力评价逐步被应用于全国主体功能区规划、全国国土规划、全国城镇体系规划，以及灾后重建规划等一系列重大空间布局规划之中。在市县"多规合一"试点和《省级空间规划试点方案》中，评估资源环境承载能力被作为一项重要的基础性工作。党的十九大报告中提出了"实施乡村振兴战略"，《中共中央 国务院关于实施乡村振兴战略的意见》提出"到2050年，乡村全面振兴，农业强、农村美、农民富全面实现"的目标。面向乡村振兴目标，新时期村镇建设除了与乡村居民点建设相关的内容外，也应涵盖农业发展、农村环境整治、农民增收等方面的内容。特别是针对我国经济社会发展与资源环境不协调的态势由城市向农村蔓延的局面和乡村衰退的现实状态，协调村镇建设与资源环境的关系成为现阶段乡村振兴亟待解决的突出问题。因此，从村镇资源承载力（如土地资源承载力、水资源承载力）、环境承载力（如大气环境承载力、土壤环境承载力）和生态承载力等方面，编制村镇建设资源环境承载能力动态监测预警的技术流程、评价体系、集成方法与类型划分等技术要点，科学评价村镇建设资源环境承载能力，开展村镇建设与资源环境承载力调查评估的应用实践探索，服务国家乡村振兴战略和美丽乡村建设的资源环境承载力测算与提升需求，是未来需要探索的重要方向。

参考文献

蔡海生, 陈美球, 赵小敏. 2003. 脆弱生态环境脆弱度评价研究进展 [J]. 江西农业大学学报, (2):270-275.
曹璐, 谭静, 魏来, 等. 2019. 我国村镇未来发展的若干趋势判断 [J]. 中国工程科学, 21(2):6-13.
柴舟跃. 2016. 发达地区转型时期村庄生态化更新规划与策略研究 [D]. 杭州：浙江大学博士学位论文.
陈百明. 2001. 中国农业资源综合生产能力与人口承载能力 [M]. 北京：气象出版社.
陈传美, 郑垂勇, 马彩霞. 1990. 郑州市土地承载力系统动力学研究 [J]. 河海大学学报 (自然科学版), (1):56-59.
陈兰. 2011. 不同村庄类型的农村居民点整理研究 [D]. 重庆：西南大学硕士学位论文.
陈昭玖, 周波, 唐卫东, 等. 2006. 韩国新村运动的实践及对我国新农村建设的启示 [J]. 农业经济问题, (2):72-77.
陈卓, 许彩彩, 毕如田, 等. 2020. 基于不同城市化发展阶段的山西省城镇建设用地适度集约利用研究 [J]. 中国土地科学, 34(6):103-111.
程国栋. 2002. 承载力概念的演变及西北水资源承载力的应用框架 [J]. 冰川冻土, 24(4):361-367.
崔明, 覃志豪, 唐冲, 等. 2006. 我国新农村建设类型划分与模式研究 [J]. 城市规划, (12):27-32.
邓玲. 2019. 绿色发展理念下资源环境承载力研究进展及对策 [J]. 当代经济, (10):78-81.
狄雯华, 王学军. 1997. 环境政策的公平与效率分析 [J]. 中国人口·资源与环境, (3):62-66.
董文, 张新, 池天河. 2011. 我国省级主体功能区划的资源环境承载力指标体系与评价方法 [J]. 地球信息科学学报, 13(2):177-183.
樊杰, 周侃, 陈东. 2013. 生态文明建设中优化国土空间开发格局的经济地理学研究创新与应用实践 [J]. 经济地理, 33(1):1-8.
樊杰, 王亚飞, 汤青, 等. 2015. 全国资源环境承载能力监测预警 (2014 版) 学术思路与总体技术流程 [J]. 地理科学, 35(1):1-10.
封志明, 杨艳昭, 江东, 等. 2016. 自然资源资产负债表编制与资源环境承载力评价 [J]. 生态学报, 36(22):7140-7145.
冯朝圣. 2017. 全域旅游视角下甘肃乡村旅游产业发展对策探析 [J]. 柳州职业技术学院学报, 17(6):26-29.
冯健. 2005. 经济欠发达地区县域发展模式与战略——以河南省兰考县为例 [J]. 地理学报, 24(5):811-821.
付强, 刘东, 李天霄. 2010. 三江平原地下水承载能力综合测算模型的构建及其应用 [J]. 水土保持研究, 17(2): 182-185.
高辰. 2013. 我国农村金融服务现状及发展对策 [J]. 对外经贸, (3):109-111.
高吉喜. 2001. 可持续发展理论探讨：生态承载力理论、方法与应用 [M]. 北京：中国环境科学出版社.
高文杰, 连志巧. 2000. 村镇体系规划 [J]. 城市规划, 24(2):30-33.
管临刚, 董吕平. 2013. 金大田村：变废弃地为田园式生态公园的美丽乡村 [J]. 新农村, (10):18.
郭怀成, 唐剑武. 1995. 城市水环境与社会经济可持续发展对策研究 [J]. 环境科学学报, (3):363-369.
郭怀成, 赵智杰. 1994. 我国新经济开发区水环境规划研究 [J]. 环境工程学报, 2(6):14-22.
郭敬生. 2015. 城乡发展一体化：信念、制度、规则、法治与组织 [J]. 农业经济, (10):84-85.

郭艳军, 刘彦随, 李裕瑞. 2012. 农村内生式发展机理与实证分析——以北京市顺义区北郎中村为例 [J]. 经济地理, 32(9):114-119.

何栋, 张弘, 赵小荣, 等. 2021. 西和县水土保持工作成效与做法 [J]. 中国水土保持, (5):64-65.

何仁伟. 2018. 城乡融合与乡村振兴：理论探讨、机理阐释与实现路径 [J]. 地理研究, 37(11):2127-2140.

贺灿飞, 毛熙彦, 等. 2016. 村镇区域发展与空间优化：探索与实践 [M]. 北京：北京大学出版社.

洪亘伟, 刘志强. 2009. 我国城镇密集地区新农村建设类型研究 [J]. 城市发展研究, 16(12):70-74.

洪阳, 叶文虎. 1998. 可持续环境承载力的度量及其应用 [J]. 中国人口·资源与环境, (3):57-61.

虎陈霞, 郭旭东, 连纲. 2010. 村镇土地资源集约利用评价与影响因素分析——以四川省葛仙山镇为例 [J]. 生态环境学报, 19(12):2881-2886.

黄敬军, 姜素, 张丽. 2015. 城市规划区资源环境承载力评价指标体系构建——以徐州市为例 [J]. 中国人口·资源与环境, 25(S2):204-208.

黄少安. 2018. 改革开放40年中国农村发展战略的阶段性演变及其理论总结 [J]. 经济研究, 53(12):4-19.

贾伟, 高小红, 谷晓天, 等. 2020. 湟水流域土地资源环境承载力分析 [J]. 环境监测管理与技术, 32(6):13-17.

蒋和平. 2018. 改革开放四十年来我国农业农村现代化发展与未来发展思路 [J]. 农业经济问题, (8):51-59.

蒋晓辉, 黄强, 惠泱河. 2001. 陕西关中地区水环境承载力研究 [J]. 环境科学学报, (3): 312-317.

蒋友燏, 闵晓蕾. 2018. 基于乡村文化资源的内生创意系统 [J]. 装饰, (4):34-38.

焦晓云. 2015. 新型城镇化进程中农村就地城镇化的困境、重点与对策探析——"城市病"治理的另一种思路 [J]. 城市发展研究, 22(1):108-115.

李耕玄, 刘慧, 石丹雨, 等. 2016. 日本"一村一品"的启示及经验借鉴 [J]. 农村经济与科技, 27(11): 172-174.

李琳娜, 璩路路, 刘彦随. 2019. 乡村地域多体系统识别方法及应用研究 [J]. 地理研究, 38(3):563-577.

李敏, 王海星. 2012. 农业废弃物综合利用措施综述 [J]. 中国人口·资源与环境, 22(S1):37-39.

李祥龙, 刘钊军. 2009. 城乡统筹发展创建海南新型农村居民点体系 [J]. 城市规划, 33(S1):92-97.

李小建, 等. 2010. 中国中部农区发展研究 [M]. 北京：科学出版社.

李小建, 胡雪瑶, 史焱文, 等. 2021. 乡村振兴下的聚落研究——来自经济地理学视角 [J]. 地理科学进展, 40(1):3-14.

李智, 张小林, 李红波, 等. 2017. 基于村域尺度的乡村性评价及乡村发展模式研究——以江苏省金坛市为例 [J]. 地理科学, 37(8):1194-1202.

林玮. 2015. 特色文化产业集群的资源开发与乡村实践 [J]. 西北农林科技大学学报(社会科学版), 15(5):89-94.

林子雁, 肖燚, 史雪威, 等. 2018. 西南地区生态重要性格局研究 [J]. 生态学报, 38(24): 8667-8675.

刘积福. 2010. 中国耕地质量等级调查与评定(江西卷)[M]. 北京：中国大地出版社.

刘继来, 刘彦随, 李裕瑞. 2017. 中国"三生空间"分类评价与时空格局分析 [J]. 地理学报, 72(7):1290-1304.

刘璐瑶, 冯民权. 2017. 几种水质评价方法在涑水河的应用与比较研究 [J]. 黑龙江大学工程学报, 8(3):6-14.

刘敏, 聂振龙, 王金哲, 等. 2017. 华北平原地下水资源承载力测算 [J]. 南水北调与水利科技, 15(4): 13-18, 33.

刘明光. 2010. 中国自然地理图集 [M]. 北京：中国地图出版社.

刘仁志. 2010. 环境承载力理论的新认识 [A]// 中国环境科学学会学术年会. 中国环境科学学会学术年会论文集 (2010)[C]. 北京：中国环境科学出版社.

刘彦随. 2007. 中国东部沿海地区乡村转型发展与新农村建设 [J]. 地理学报, 62(6):563-570.

刘彦随. 2011. 中国新农村建设地理论 [M]. 北京：科学出版社.

刘彦随. 2018. 中国新时代城乡融合与乡村振兴 [J]. 地理学报, 73(4):637-650.

刘彦随，陈聪，李玉恒．2014.中国新型城镇化村镇建设格局研究[J].地域研究与开发，33(6):1-6.
刘玉，刘彦随，郭丽英．2013.基于SOFM的环渤海地区乡村地域功能分区[J].人文地理，(3):120-126.
刘载祐，赵民．2016.传统价值延续与现代化之路探索的全民实践——论韩国1970年代的新村运动[J].国际城市规划，31(6):20-24.
龙花楼，刘彦随，邹健．2009.中国东部沿海地区乡村发展类型及其乡村性评价[J].地理学报，64(4):426-434.
龙花楼，邹健，李婷婷，等．2012.乡村转型发展特征评价及地域类型划分——以"苏南—陕北"样带为例[J].地理研究，31(3):495-506.
卢英方，周文理，谭静．2014a.英国城乡规划系统、理论和实践[J].小城镇建设，(9):24-31.
卢英方，周文理，谭静．2014b.英国村镇保护与建设[J].小城镇建设，(8):72-77.
陆大道．2012.区域可持续发展研究的兴起与作用[J].中国科学院院刊，27(3):290-300, 319.
罗其友，马力阳，高明杰，等．2018.县域农业资源承载力评价预警系统构建初探[J].中国农业资源与区划，39(2):1-7.
罗其友，伦闰琪，杨亚东，等．2019.我国乡村振兴若干问题思考[J].中国农业资源与区划，40(2):1-7.
罗守贵，曾尊固，王伟伦．2001.苏南地区可持续农业与农村发展模式探索[J].地理研究，20(2):247-256.
罗秀丽，杨忍．2022.农村建设用地整治的空间生产机制及其效应——以广东省窑塘村为例[J].自然资源学报，37(8):2085-2101.
吕祖宜，林耿．2017.混杂性：关于乡村性的再认识[J].地理研究，36(10):1873-1885.
廖丹凤．2019.日本大分县全球重要农业文化遗产保护与发展经验及其启示[J].农学学报，9(1): 62-64.
马杰，郑钦玉，邬彬，等．2009.以新型工业化推动农业产业化促进现代农业发展——对沅江市农业发展的调查与思考[J].现代农业科学，16(3):240-241.
闵庆文，张丹，何露，等．2011.中国农业文化遗产研究与保护实践的主要进展[J].资源科学，33(6): 1018-1019.
苗长虹．1998.我国农村工业发展型式研究[J].地理学报，53(3):270-278.
牟海省，刘昌明．1994.我国城市设置与区域水资源承载力协调研究刍议[J].地理学报，49(4):338-344.
牛晓楠，倪欢，陈国光，等．2022.福建省生态保护重要性评价[J].生态学报，42(3):1130-1141.
牛文元．2012.中国可持续发展的理论与实践[J].中国科学院院刊，27(3):280-289.
彭培泳．2010.我国农村生态环境法律保护研究[D].杨凌：西北农林科技大学硕士学位论文．
彭新万．2009.现代乡村发展理论述评及其对灾后农村重建的启示[J].理论与改革，(1):146-148.
彭再德，杨凯，王云．1996.区域环境承载力研究方法初探[J].中国环境科学，(1):6-10.
秦月，秦可德，徐长乐．2014.长三角制造业转型升级的粘性机理及其实现路径——基于"微笑曲线"成因的视角[J].地域研究与开发，33(5):6-10, 26.
丘宝剑．1986.全国农业综合自然区划的一个方案[J].河南大学学报，(1):21-28.
曲卫东，斯宾德勒．2012.德国村庄更新规划对中国的借鉴[J].中国土地科学，26(3):91-96.
任美锷．1950.四川省农作物秤力的地理分布[J].地理学报，16(1):1-22.
单霁翔．2007.从"功能城市"走向"文化城市"[M].天津：天津大学出版社．
邵超峰，王雪妍．2022.把生态做成产业 把产业做成生态[EB/OL]:https://baijiahao.baidu.com/s?id=1730593749145840079&wfr=spider&for=pc [2022-04-20].
申明锐，张京祥．2015.新型城镇化背景下的中国乡村转型与复兴[J].城市规划，39(1):30-34.
申明锐，沈建法，张京祥，等．2015.比较视野下中国乡村认知的再辨析——当代价值与乡村复兴[J].人文地理，146(6):59-65.
申晓艳，丁疆辉．2013.国内外城乡统筹研究进展及其地理学视角[J].地域研究与开发，32(5):6-12.
施雅风，曲耀光．1992.乌鲁木齐河流域水资源承载力及其合理利用[M].北京：科学出版社．

孙久文, 易淑昶. 2020. 大运河文化带城市综合承载力评价与时空分异 [J]. 经济地理, 40(7):12-21.

孙中全. 2020. 坚持"七个突出"全力推进永济高质量转型发展 [J]. 前进, (6):52-54.

唐相龙. 2011. 日本乡村建设管理法规制度及启示 [J]. 小城镇建设, (4):100-104.

唐佐其, 李瑞敏, 谯文浪, 等. 2020. 西南岩溶山区地下水资源承载能力测算——以贵州省七星关区为例 [J]. 地质通报, 39(1): 124-130.

陶俊, 杨敏红. 2022. 农村公共文化服务体系与乡村旅游的融合发展——以浙江德清总分馆改革为例 [J]. 图书馆论坛, 42(2):45-55.

屠爽爽, 龙花楼, 李婷婷, 等. 2015. 中国村镇建设和农村发展的机理与模式研究 [J]. 经济地理, 35(12):141-147, 160.

王成, 冀萌竹, 代蕊莲, 等. 2022. 村镇建设用地扩展与生态环境效应的耦合协同规律及类型甄别——以重庆市荣昌区为例 [J]. 地理科学进展, 41(3):409-422.

王浩. 2003. 西北地区水资源合理配置和承载能力研究 [M]. 郑州: 黄河水利出版社.

王华, 陈烈. 2006. 西方城乡发展理论研究进展 [J]. 经济地理, (3):463-468.

王开运, 邹春表, 张桂莲. 2007. 生态承载力复合模型系统与应用 [M]. 北京: 科学出版社.

王磊, 刘圆圆, 任宗悦, 等. 2020. 村镇建设与资源环境协调的国外经验及其对中国村镇发展的启示 [J]. 资源科学, 42(7):1223-1235.

王宁, 刘平, 黄锡欢. 2004. 生态承载力研究进展 [J]. 生态农业科学, 20(6):278-281.

王韬钦. 2017. 沅江市农业品牌建设发展的启示 [J]. 中国农业会计, (9):20-21.

威廉·福格特. 1981. 生存之路 [M]. 张子美, 译. 北京: 商务印书馆.

文琦, 郑殿元. 2019. 西北贫困地区乡村类型识别与振兴途径研究 [J]. 地理研究, 38(3):509-521.

吴丹丹, 吴杨, 马仁锋, 等. 2022. 浙江美丽乡村空间格局及可持续发展模式研究 [J]. 世界地理研究, 31(2):363-375.

武凤阳, 王晖. 2016. 贵州省资源环境承载力综合评估研究 [J]. 资源与产业, 18(6):68-73.

武小龙, 谭清美. 2019. 新苏南模式: 乡村振兴的一个解释框架 [J]. 华中农业大学学报(社会科学版), 140(2):24-32, 169-170.

夏方舟, 吴頔, 严金明. 2017. 生态红线区管理: 英国科研专用区的历史脉络与经验借鉴 [J]. 地域研究与开发, 36(1):143-147, 180.

夏军, 朱一中. 2002. 水资源安全的度量: 水资源承载力的研究与挑战 [J]. 自然资源学报, 17(3):262-269.

夏增禄. 1988. 土壤环境容量及其应用 [M]. 北京: 气象出版社.

肖池伟. 2019. 绿色丝绸之路地形起伏度评价数据集 [DB/OL]. 国家青藏高原科学数据中心. DOI:10.11888/Geogra.tpdc.270494.

肖丽群, 邓群钊, 林永钦, 等. 2021. 新型城镇化背景下耕地保护与建设用地集约利用协同发展研究 [J]. 中国农业资源与区划, 42(9):62-71.

谢俊奇. 1997. 中国土地资源的食物生产潜力和人口承载潜力研究 [J]. 浙江学刊, (2):41-44.

谢玲, 李孝坤, 任秋爽, 等. 2017. 西南地区贫困乡村地域类型划分及减贫对策研究 [J]. 农业现代化研究, 38(5):818-826.

星野敏, 王雷. 2010. 以村民参与为特色的日本农村规划方法论研究 [J]. 城市规划, 34(2):54-60.

熊建新, 陈端吕, 彭保发, 等. 2013. 洞庭湖区生态承载力及系统耦合效应 [J]. 经济地理, 33(6):155-161.

徐凯, 房艳刚. 2019. 乡村地域多功能空间分异特征及类型识别——以辽宁省78个区县为例 [J]. 地理研究, 38(3):26-39.

徐琳瑜, 杨志峰, 李巍. 2005. 城市生态系统承载力理论与评价方法 [J]. 生态学报, (4):771-777.

徐湘博, 李静, 薛颖昊, 等. 2022. 减排固碳目标纳入农业绿色发展政策的协同机制 [J]. 农业环境科学学报, (10):1-16.

徐中民, 程国栋. 2000. 运用多目标决策分析技术研究黑河流域中游水资源承载力 [J]. 兰州大学学报 (自然科学版), 36(2):122-132.

许开录, 张立衡. 2022. 甘肃现代丝路寒旱特色农业的内涵、问题与发展对策 [J]. 生产力研究, (6):59-62.

杨敏. 2009. 珠江三角洲经济发展模式的反思与展望 [D]. 广州: 暨南大学硕士学位论文.

杨忍, 刘彦随, 龙花楼, 等. 2016. 中国村庄空间分布特征及空间优化重组解析 [J]. 地理科学, 36(2):170-179.

杨一群. 2016. 西和县实施全国坡耕地水土流失综合治理工程的做法与成效 [J]. 绿色科技, (18): 27-28.

叶超, 陈明星. 2008. 国外城乡关系理论演变及其启示 [J]. 中国人口·资源与环境, 18(1):34-39.

叶剑平, 毕宇珠. 2010. 德国城乡协调发展及其对中国的借鉴——以巴伐利亚州为例 [J]. 中国土地科学, 24(5):76-81.

叶鹏飞. 2021. 秩序与活力：乡村文化治理的问题与反思 [J]. 湖北民族大学学报 (哲学社会科学版), 39(6):69-79.

叶文虎. 1998. 认真执行可持续发展战略 [J]. 协商论坛, (7):3.

叶子航. 2019. 基于区域优势理论的"温州模式"研究 [J]. 人民论坛, (23):105-111.

虞志淳. 2019. 英国乡村发展特色解析 [J]. 小城镇建设, 37(3):16-21.

曾晨, 林楚璇, 黄文颖. 2022. 乡建设用地集约利用政策实施效果评价 [J]. 华中农业大学学报 (社会科学版), (4):202-213.

曾维华, 王华东, 薛纪渝, 等. 1991. 人口、资源与环境协调发展关键问题之一——环境承载力研究 [J]. 中国人口·资源与环境, (2):37-41.

曾维华, 王华东, 薛纪渝, 等. 1998. 环境承载力理论及其在湄洲湾污染控制规划中的应用 [J]. 中国环境科学, (S1): 71-74.

曾霞. 2018. 新型城镇化进程中的水资源问题研究 [D]. 武汉: 中南财经政法大学博士学位论文.

曾尊固, 熊宁, 范文国. 2002. 农业产业化地域模式初步研究——以江苏省为例 [J]. 地理研究, 21(1):115-124.

詹绍文, 李恺. 2019. 乡村文化产业发展：价值追求、现实困境与推进路径 [J]. 中州学刊, (3):66-70.

张博文. 2020. 甘肃特色"现代丝路寒旱农业"发展研究 [J]. 天水行政学院学报, 21(3):82-87.

张步艰. 1990. 浙江省农村经济类型区划分 [J]. 经济地理, (2):18-22.

张传国, 方创琳, 全华. 2002. 干旱区绿洲承载力研究的全新审视与展望 [J]. 资源科学, 24(2):42-48.

张笃川. 2020. 河南省乡村旅游资源环境承载力测度 [J]. 中国农业资源与区划, 41(3):293-298.

张富刚, 刘彦随. 2008. 中国区域农村发展动力机制及其发展模式 [J]. 地理学报, 63(2):115-122.

张富刚, 刘彦随, 张潆文. 2010. 我国东部沿海地区农村发展态势评价与驱动力分析 [J]. 自然资源学报, 25(2):177-184.

张京祥, 申明锐, 赵晨, 等. 2014. 乡村复兴：生产主义和后生产主义下的中国乡村转型 [J]. 国际城市规划, 29(5):1-7.

张军. 2018. 乡村价值定位与乡村振兴 [J]. 中国农村经济, (1):2-10.

张龙江, 纪荣婷, 李辉, 等. 2021. 基于主导生态功能保护的美丽宜居村镇生态建设模式研究 [J]. 生态与农村环境学报, 37(7):827-833.

张娜, 武明. 2022. 乡村振兴战略视角下甘肃农村产业融合发展探究 [J]. 今日财富, (7):19-21.

张荣天, 焦华富, 张小林. 2014. 长三角地区县域乡村类型划分与乡村性评价 [J]. 南京师大学报 (自然科学版), (3):132-136.

张书海, 阮端斌. 2020. 资源跨区域流动视角下的承载力评价——一个动态评价框架及其应用 [J]. 自然资源学报, 35(10):2358-2370.

张文. 2022. 西和县坡耕地综合治理工程建设成效与经验 [J]. 中国水土保持, (4):62-64.

张小林. 1999. 乡村空间系统及其演变研究 [M]. 南京：南京师范大学出版社.
张英男，龙花楼，马历，等. 2019. 城乡关系研究进展及其对乡村振兴的启示 [J]. 地理研究, 38(3):578-594.
郑德凤，徐文瑾，姜俊超，等. 2021. 中国水资源承载力与城镇化质量演化趋势及协调发展分析 [J]. 经济地理, 41(2):72-81.
郑健壮. 2020. 田园综合体：基本内涵、主要类型及建设内容 [J]. 中国农业资源与区划, 41(8):205-212.
郑振源. 1996. 中国土地的人口承载潜力研究 [J]. 中国土地科学, (4):33-38.
中国农业银行三农政策与业务创新部课题组，李润平. 2018. 发达国家推动乡村发展的经验借鉴 [J]. 宏观经济管理, (9):69-77.
中华人民共和国建设部. 1994. 建筑气候区划标准 (GB 50178—93) [S]. 北京：中国计划出版社.
中华人民共和国住房和城乡建设部. 2016. 民用建筑热工设计规范 (GB 50176—2016) [S]. 北京：中国建筑工业出版社.
《中国土地资源生产能力及人口承载量研究》课题组. 1991. 中国土地资源生产能力及人口承载量研究 [M]. 北京：中国人民大学出版社.
周侃，樊杰. 2015. 中国欠发达地区资源环境承载力特征与影响因素——以宁夏西海固地区和云南怒江州为例 [J]. 地理研究, 34(1):39-52.
周立三. 1993. 中国农业区划的理论与实践 [M]. 合肥：中国科学技术大学出版社.
周扬，郭远智，刘彦随. 2019. 中国乡村地域类型及分区发展途径 [J]. 地理研究, 38(3):467-481.
周扬，黄晗，刘彦随. 2020. 中国村庄空间分布规律及其影响因素 [J]. 地理学报, 75(10): 2206-2223.
竺可桢. 1964. 论我国气候的几个特点及其与粮食作物生产的关系 [J]. 地理学报, 30(1):1-13.
左停，鲁静芳. 2007. 国外村镇建设与管理的经验及启示 [J]. 城乡建设, (3): 73-76.
左其亭，马军霞，高传昌. 2005. 城市水环境承载能力研究 [J]. 水科学进展, 16(1):103-108.
Arrow K, Bolin B, Costanza R, et al. 1995. Economic growth, carrying capacity and the environment[J]. Science, 268(1): 89-90.
Allan W. 1965. The African Husbandman[M]. Edinburg:Oliver and Boyd.
Böcher M. 2008. Regional governance and rural development in Germany: The implementation of LEADER + [J]. Sociologia Ruralis, 48(4): 372-388.
Chen C L, Hickman R, Saxena S. 2015. Improving Interchanges: Toward Better Multimodal Railway Hubs in the People's Republic of China[M]. Manila: Asian Development Bank.
Douglass M. 1998. A regional network strategy for reciprocal rural-urban linkages: An agenda for policy research with reference to Indonesia[J]. Third World Planning Review, 20(1):124-154.
Edwards B, Goodwin M, Pemberton S, et al. 2000. Partnership Working in Rural Regeneration: Governance and Empowerment[M]. Bristol: The Policy Press.
Gilg A W. 1999. Countryside planning: The first half century[J]. Journal of Rural Studies, 15(2):221-222.
Goodman D. 2000. Organic and conventional agriculture: Materializing discourse and agro-ecological managerialism[J]. Agriculture and Human Values, 17(3):215-219.
Hadwen S, Palmer L J. 1922. Reindeer in Alaska[M]. Washington D. C.: US Department of Agriculture.
Higgins G M, Kassam A H, Naiken L, et al. 1982. Potential Population Supporting Capacities of Lands in Developing World[M]. Rome: Food and Agriculture Organization of the United Nations.
Jun H. 2007. Building a new countryside: A long-term task in China's modernization drive[J]. China Economist, (6):93-111.
Leopold A. 1941. The River of the Mother of God: And Other Essays by Aldo Leopold[M]. Madison: University of Wisconsin Press.
Leopold A. 1943. Wildlife in American culture[J]. The Journal of Wildlife Management, 7(1):1-6.

Leopold A. 2008. The Wilderness Debate Rages: Continuing the Great New Wilderness Debate[M]. Athens: University of Georgia Press.

Li Y. 2012. Urban-rural interaction patterns and dynamic land use: Implications for urban-rural integration in China[J]. Regional Environmental Change, 12(4):803-812.

Ma L J C. 2005. Urban administrative restructuring, changing scale relations and local economic development in China[J]. Political Geography, 24(4):477-497.

Malthus T R. 2011. An essay on the principle of population, as it affects the future improvement of society[J]. History of Economic Thought Books, 41(1):114-115.

Matthews A. 2018. The EU's common agricultural policy post 2020: Directions of change and potential trade and market effects[J]. International Centre for Trade and Sustainable Development, (11):8-17.

Meadows D H, Meadows D L, Randers J, et al. 1972. The Limits to Growth: A Report for the Club of Rome's Project on the Predicament of Mankind[M]. New York: Universe Books.

Observatory W R. 2004. An Overview of Policy and Resources for Social and Economic Development in Rural Wales[M]. Cardiff and Aberystwyth: Wales Rural Observatory.

Park C H. 1979. Saemaul: Korea's New Community Movement[M]. Seoul: Korea Textbook.

Park R E, Burgess E W. 2005. An Introduction to the Science of Sociology[M]. Chicago: The University of Chicago Press.

Ramniceanu I, Ackrill R. 2007. EU rural development policy in the new member states: Promoting multifunctionality[J]. Journal of Rural Studies, 23(4):420-429.

Saxena G, Clark G, Oliver T, et al. 2007. Conceptualizing integrated rural tourism[J]. Tourism Geographies, 9(4):347-370.

Schopphoven I. 1991. Values and consumption patterns: A comparison between rural and urban consumers in Western Germany[J]. European Journal of Marketing, 25(12): 20-35.

Scott M. 2010. Introduction to rural planning[J]. Journal of Environmental Planning & Management, 51(6):875-877.

Slesser M. 1990. Enhancement of Carrying Capacity Options-ECCO: Simulation Software for Assessing National Sustainable Development[R]. Washington: The Management of Greed Resource Use Institute.

Tangermann S. 2000. Agriculture in Germany[M]. Frankfurt am Main: Deutsche Landwirtschafts-Gesellschaft–German Agricultural Society.

Turnock D. 2002. Prospects for sustainable rural cultural tourism in Maramurey, Romania[J]. Tourism Geographies, 4(1): 62-94.

Yin M, Bertolini L, Duan J. 2015. The effects of the high-speed railway on urban development: International experience and potential implications for China[J]. Progress in Planning, 98:1-25.